Computer für Senioren

Die Anleitung in Bilden

von

Philip Kiefer

Vierfarben

Wir hoffen, dass Sie Freude an diesem Buch haben und sich Ihre Erwartungen erfüllen. Falls Sie Anregungen, Wünsche und Kommentare haben, lassen Sie es uns wissen: **service@rheinwerk-verlag.de**.

Informationen zu unserem Verlag und Kontaktmöglichkeiten finden Sie auf unserer Verlagswebsite **www.rheinwerk-verlag.de**. Dort können Sie sich auch umfassend über unser aktuelles Programm informieren und unsere Bücher und E-Books bestellen.

Autor Philip Kiefer
Lektorat Erik Lipperts
Copy-Editing Annette Lennartz, Bonn
Typografie & Layout Vera Brauner
Satz Christine Netzker
Herstellung Maxi Beithe
Covergestaltung Lisa Kirsch
Coverbilder Shutterstock: 553627801 © goodluz, 552961756 © goodluz, 553627837 © goodluz, 119507401 © ESB Professional, 12556972 © blueeyes, 122988100 © Daniel Prudek; iStock: 492697216 © CreativeNature_nl; Rückseite: iStock: 931761 © shaunl, 6739668 © Jeremy_Edwards, 50673718 © PeopleImages; Shutterstock: 101523292 © Anastasiia Markus
Druck mediaprint solutions, Paderborn

PEFC
PEFC/04-31-0810
Dieses Buch wurde auf PEFC®-zertifiziertem Papier gedruckt.
Hergestellt in Deutschland.

Bibliografische Information der Deutschen Nationalbibliothek:
Die Deutsche Nationalbibliothek verzeichnet diese Publikation in der Deutschen Nationalbibliografie; detaillierte bibliografische Daten sind im Internet über *http://dnb.dnb.de* abrufbar.

ISBN 978-3-8421-1030-4

5., aktualisierte Auflage 2025, 1. Nachdruck 2026
Vierfarben ist eine Marke des Rheinwerk Verlags.

Rheinwerk Verlag GmbH • Rheinwerkallee 4 • 53227 Bonn
service@rheinwerk-verlag.de

Liebe Leserin, lieber Leser,

Sie möchten Ihren Computer unabhängig nutzen und nicht auf die Hilfe anderer Menschen angewiesen sein. Mit diesem Buch halten Sie den richtigen Begleiter in Ihren Händen. Mit ihm lernen Sie eine Menge und der Computer wir Ihr Leben in vielen Situationen bereichern. Philip Kiefer ist nicht nur ein kompetenter Experte zum Thema, er ist seit Jahren mit den Nöten und Fragen vor allem auch von Späteinsteigern bestens vertraut und weiß aus jahrelanger Praxis, worauf es Ihnen ankommt.

Er erklärt Ihnen ganz genau, wie Sie Ihren Computer – ob nun PC, Notebook oder Tablet – mit der Tastatur, der Computermaus oder am Touchscreen bedienen. Sie lernen u. a., sich im Internet zu bewegen, Briefe und E-Mails zu schreiben, Fotos zu bearbeiten, Dateien zu kopieren und weitere Geräte anzuschließen. Bild für Bild werden Sie geübter und können schon bald sicher und geschickt mit Ihrem Computer umgehen.

Dieses Buch wurde mit größter Sorgfalt geschrieben und hergestellt. Sollten Sie dennoch einmal einen Fehler bemerken oder eine Information vermissen, freue ich mich, wenn Sie mit mir in Kontakt treten. Für Kritik bin ich dabei ebenso offen wie für lobende Worte. Doch zunächst einmal wünsche ich Ihnen viel Freude beim Lesen und Ausprobieren!

Ihr Erik Lipperts
Lektorat Vierfarben

erik.lipperts@rheinwerk-verlag.de

Inhalt

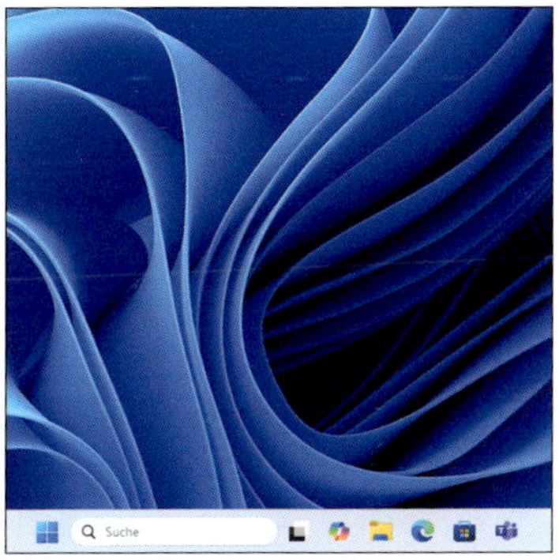

Suche

Alle
Excel
PowerPoint
Outlook (classic)
Microsoft Store
Einstellungen
Medienwiedergabe
Google Chrome
HP Audio Center
HP Enhanced Lighting

Inhalt

WLAN
UPC9903141
Gesichert
Geben Sie das Kennwort ein.
Die Verbindung kann auch durch Drücken der Taste am Router hergestellt werden.
Weiter
Abbrechen
Vodafone-248F
Mehr WLAN-Einstellungen

Anmelden
Bremen
4 h 55 min
1 h
Hannover
Bielefeld
Münster
4 h 2 min
Dortmund
Düsseldorf
Köln

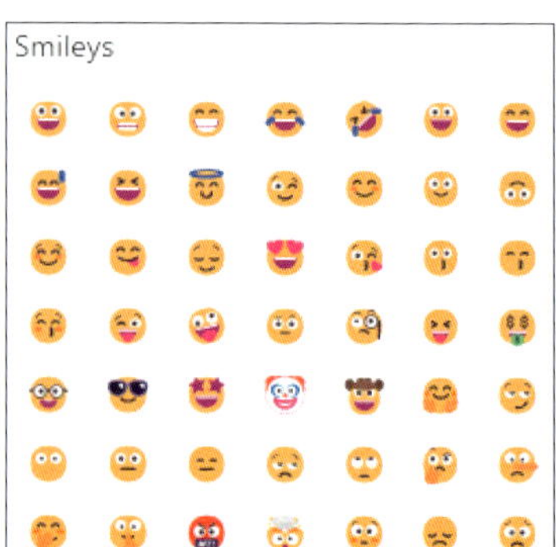
Smileys

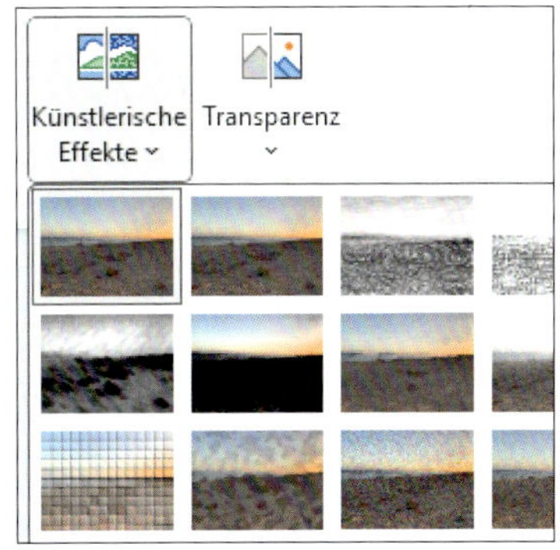

Künstlerische Effekte
Transparenz

Schriftfarbe

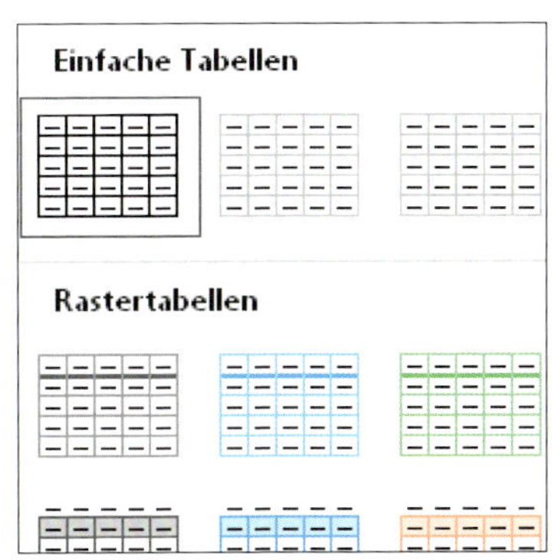

Einfache Tabellen
Rastertabellen

Inhalt

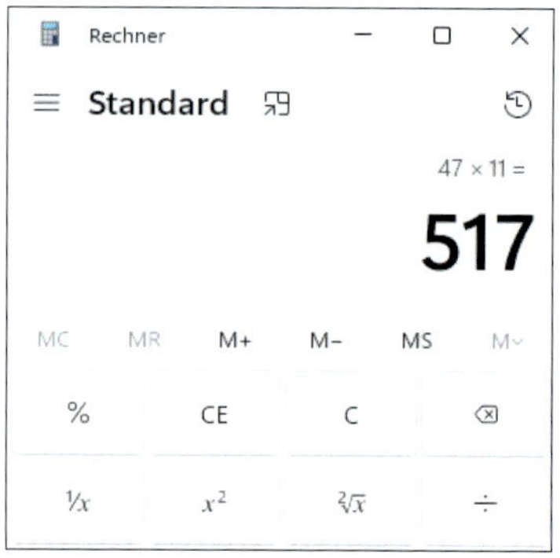
Rechner
Standard
47 × 11 =
517
MC
MR
M+
M−
MS
%
CE
C

Beispielfotos
Bildschirmfotos
IMG_3152.JPG
IMG_3153.JPG

Personalisierung
Anzuwendendes Design auswählen

Fügen Sie Ihr Microsoft-Konto hinzu
Ein Konto verbindet Ihr Gerät über Microsoft-Apps und -Dienste wie Office, OneDrive, Microsoft Edge und Microsoft Store hinweg.
Microsoft
philip.kiefer@philip.fe
Erstellen Sie ein Kennwort
Geben Sie das Kennwort ein, das Sie für Ihr Konto verwenden möchten.

Schutzbereiche
Viren- und Bedrohungsschutz
Keine Maßnahmen erforderlich.
Kontoschutz
Keine Maßnahmen erforderlich.
Firewall und Netzwerkschutz
Keine Maßnahmen erforderlich.
App- und Browsersteuerung
Keine Maßnahmen erforderlich.
Gerätesicherheit
Keine Maßnahmen erforderlich.

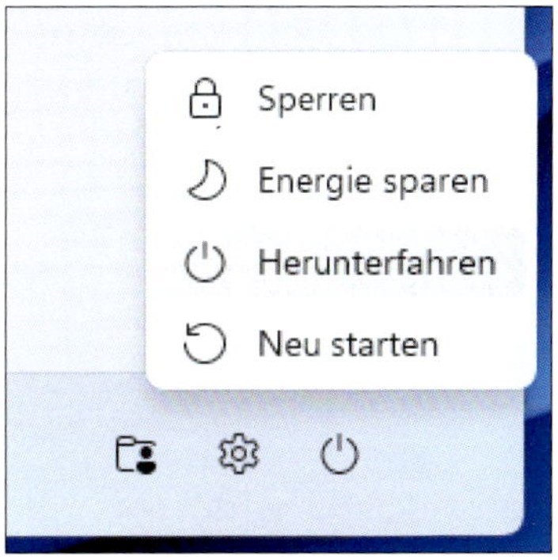
Sperren
Energie sparen
Herunterfahren
Neu starten

Kapitel 1
Desktop-PC oder Notebook?

Stellen Sie sich zu Beginn die Frage, welche Art Computer für Sie am besten geeignet ist. Notebooks sind tragbare Computer, die sich zum Surfen im Internet, Schreiben von Texten und E-Mails oder zum Musikhören eignen. Der Vorteil von Notebooks ist ihre Handlichkeit und der Akkubetrieb: Ob im Zug, im Hotel oder auf dem Balkon – Sie können überall mit einem Notebook arbeiten oder spielen. Je nach gewünschter Anwendung können Sie weitere Geräte anschließen. Ein Desktop-PC bietet mehr Anschlussmöglichkeiten; hier können Sie sich Tastatur und Bildschirm selbst aussuchen, also z. B. einen besonders großen Bildschirm wählen. Desktop-PCs sind außerdem oft leistungsstärker als Notebooks und erlauben etwa eine schnellere Bearbeitung von Fotos.

Den passenden Computer auswählen
Klein, mittel oder groß, zum Spielen, zum Internetsurfen oder zum Bearbeiten von Fotos – für jeden Zweck gibt es den passenden Computer. Lernen Sie die verschiedenen Computertypen kennen.

Bildschirm, Kopfhörer & Co. richtig anschließen
Ein Computer hat viele Anschlussplätze (Buchsen), um verschiedene Kabel einzustecken. Dabei sind je nach Gerät unterschiedliche Kabel und Stecker zu benutzen.

Den Computer schlafen legen
Wenn Sie nicht am Computer arbeiten, können Sie ihn ausschalten oder in den Energiesparmodus versetzen, sozusagen schlafen legen.

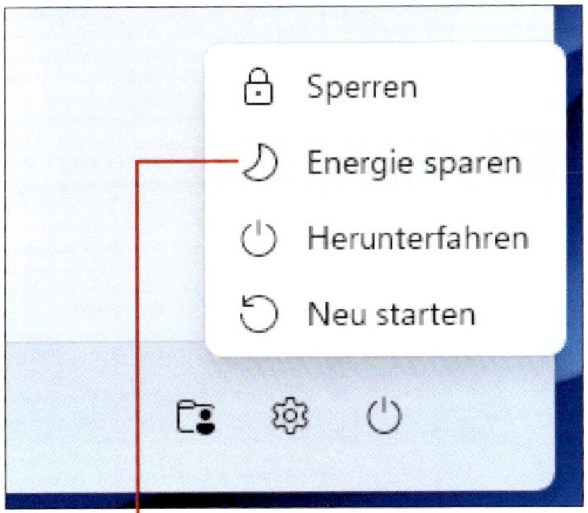

1 Ein Desktop-PC ist größer und schwerer als ein Notebook und für den stationären Gebrauch gedacht.

3 Der Computer macht auch mal Pause: Versetzen Sie ihn in den Energiesparzustand, oder fahren Sie ihn ganz herunter.

2 Damit alle Geräte funktionieren, müssen die Stecker in die richtigen Buchsen.

Welches Gerät für welchen Zweck?

1

2

3

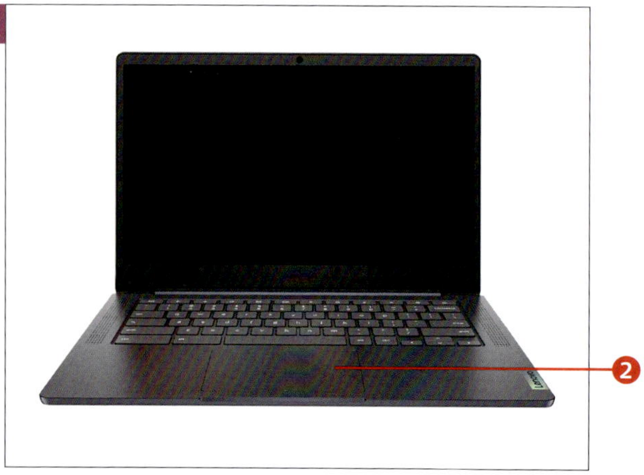

Bei der Wahl des optimalen Computers orientieren Sie sich an Mobilität, Größe, Gewicht und Leistung.

Schritt 1

Für unterwegs, aber auch für den Einsatz auf dem Sofa sind kleine, flache Computer ideal. *Netbooks* und *Ultrabooks* sind solche leichten, flachen Geräte. Netbooks sind nicht sehr leistungsstark und haben wenig Speicherplatz. Ultrabooks arbeiten schnell und mit langer Akkuleistung.

Schritt 2

Notebooks haben eine Tastatur in angenehmer Größe, auf der man längere Texte tippen kann. Größere Notebooks bieten einen entsprechend großen Bildschirm und dazu einen Zahlenblock auf der Tastatur ❶. Sie sind zum ausgiebigen Surfen im Internet gut geeignet, aber auch für viele andere Aufgaben.

Schritt 3

Die Wörter Notebook und Laptop stehen für das Gleiche: Tastatur und Bildschirm sind im Klappgehäuse eingebaut, und zur genauen Steuerung ist ein Touchpad ❷ integriert (siehe den Abschnitt »Das Touchpad am Notebook bedienen« ab Seite 32).

Schritt 4

Desktop-PCs kommen erst einmal als Kiste daher, auch wenn die »Kisten« immer kleiner werden. In sie lässt sich viel einbauen, z. B. mehrere Festplatten oder ein großer Lüfter. An die »Kiste« werden Bildschirm, Tastatur und Maus angeschlossen, diese sind also »extern« mit dem Computer verbunden. Der Vorteil: Sie können einen besonders großen Bildschirm nutzen und Tastatur sowie Maus ganz nach Ihrem Geschmack auswählen.

4

Schritt 5

Mini-PCs sind klein und finden auf dem Schreibtisch Platz. Auch hier werden Bildschirm, Tastatur und Maus extern angeschlossen. Mini-PCs sind leistungsfähig, verbrauchen aber deutlich weniger Strom als Desktop-PCs.

5

Schritt 6

Wollen Sie Ihren Computer unterwegs dabeihaben, greifen Sie zu einem kleinen Notebook. Möchten Sie zu Hause einen Computer nutzen, ihn aber auch mitnehmen können, kaufen Sie ein Mittelklasse-Notebook. Benötigen Sie einen großen Bildschirm, aber kein mobiles Gerät, ist ein PC für Sie das Richtige.

6

Notebook und PC

In den weiteren Kapiteln dieses Buches dient der Begriff *Notebook* als Oberbegriff für alle gerade vorgestellten tragbaren Computer und *PC* für die Desktop-Computer, also die in Schritt 4 und 5 beschriebenen »Kisten«. Genau genommen ist aber auch ein Notebook ein PC.

Welche Anschlüsse hat ein PC?

1

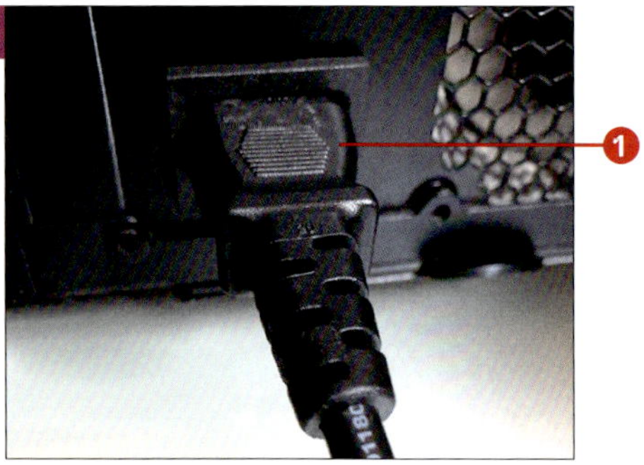

2

3

Ein PC bringt sehr viele Möglichkeiten mit, Geräte anzuschließen, wobei aber auch kabellose Verbindungen möglich sind.

Schritt 1

Ohne Strom tut sich nichts. Der Netzstecker ❶ muss beim PC immer eingesteckt und mit der Steckdose verbunden sein, da PCs keinen Akku haben. Der Anschluss befindet sich hinten am PC. Der Stecker ist ziemlich groß und passt nur in die dafür vorgesehene Anschlussbuchse.

Schritt 2

Ein Computer hat mehrere *USB-Anschlüsse*. PCs haben in der Regel mehr USB-Buchsen ❷ als Notebooks. Hier können viele *Peripheriegeräte* durch Einstecken angeschlossen werden: Tastatur, Drucker und vieles mehr (lesen Sie dazu ab Seite 278).

Schritt 3

USB-Sticks vom Typ A kommen ebenfalls in die USB-Buchsen; auf ihnen können Sie Daten speichern und sie an Dritte weitergeben. Achten Sie beim Einstecken von Sticks vom Typ A darauf, dass die richtige Steckerseite oben ist, nur dann passt der Stecker in die Buchse.

Schritt 4

Über die USB-Anschlüsse werden Daten übertragen. USB-Anschlüsse, die einen schnellen Datenaustausch ermöglichen, sind mit **SS** für *Super Speed* (»superschnell«) gekennzeichnet. Hinzu kommen USB-C-Anschlüsse ❸, mit denen z. B. Mobiltelefone mit dem PC verbunden werden können.

4

Schritt 5

Um einen Bildschirm (Monitor) anzuschließen, nutzen Sie einen *DVI-* ❹, einen *HDMI-* ❺ oder einen *DisplayPort-Anschluss* ❻.

5

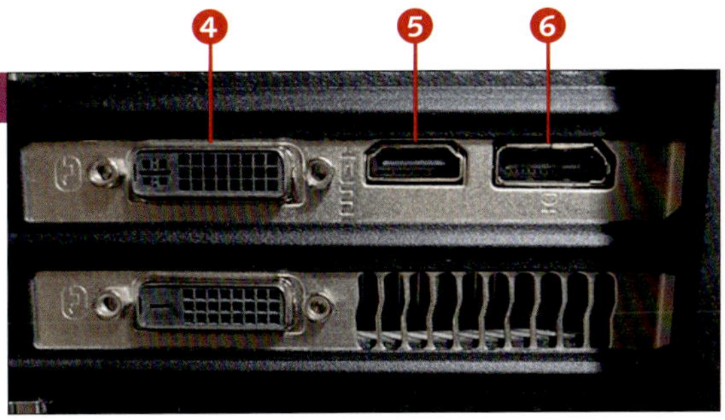

Schritt 6

Mit dem DisplayPort-Anschluss ❼ können sowohl Ton- als auch Bilddaten in hoher Qualität übertragen werden. So kann nicht nur der Monitor, sondern auch ein Fernseher an den PC angeschlossen werden. Neuere *Beamer* (Projektoren) bieten ebenfalls eine DisplayPort-Schnittstelle. Der Stecker rastet dabei in der Buchse ein, seien Sie daher vorsichtig beim Herausziehen.

6

DVI, HDMI oder DisplayPort?
Monitoranschlüsse unterscheiden sich vor allem in der Auflösung: Die schlechteste Bildauflösung bietet der DVI-Anschluss, die beste der DisplayPort.

Welche Anschlüsse hat ein PC? (Forts.)

7

8

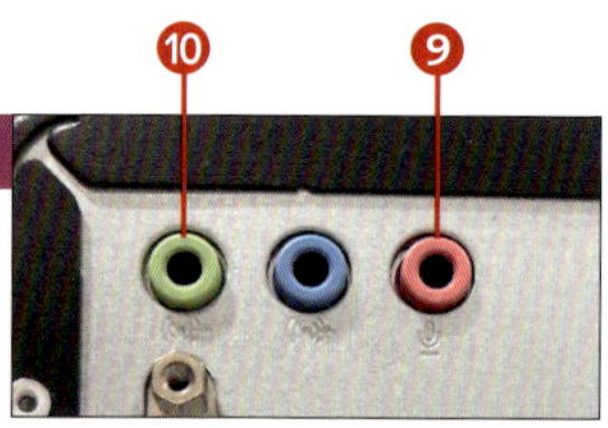

9

Schritt 7

Router und PC verbinden Sie mit einem Netzwerkkabel ❽ und stellen so eine Internetverbindung her. Diese kabelgebundene Verbindung wird auch *LAN-Verbindung* genannt (siehe den Abschnitt »Den Computer per Kabel mit dem Internet verbinden« ab Seite 74). Beim drahtlosen Internet (*WLAN*) benötigen Sie kein Kabel.

Schritt 8

Ein *Mikrofon* bringen die PCs nicht mit. Wenn Sie an einer Telefon- oder Videokonferenz teilnehmen möchten, müssen Sie ein externes Mikrofon anschließen. Viele PCs haben sowohl vorn als auch hinten am Gehäuse passende rosa Anschlüsse ❾.

Schritt 9

Kopfhörer mit Kabel schließen Sie über die grüne Kopfhörerschnittstelle ❿ an Ihren Computer an. Die kleine, runde Anschlussbuchse finden Sie vorn und hinten am PC-Gehäuse. Hier lassen sich auch Lautsprecher anschließen. Kopfhörer mit Mikrofon, genannt Headsets, schließen Sie an die beiden Buchsen an (Farben beachten!). Hat Ihr Headset nur einen runden Stecker, nutzen Sie die Headset-Buchse ⓫.

i

Wie verwendet man kabellose Kopfhörer?
Kabellose Kopfhörer schließen Sie per Bluetooth mit wenigen Klicks an. Lesen Sie dazu den Abschnitt »Geräte per Bluetooth verbinden« auf Seite 286.

Schritt 10

Wenn Sie digital fotografieren, können Sie Ihre Bilder ganz einfach auf den PC übertragen. Dazu verwenden Sie das mit der Kamera mitgelieferte USB-Kabel oder stecken die *SD-Karte* aus der Kamera in den entsprechenden Schlitz ⓬ am PC.

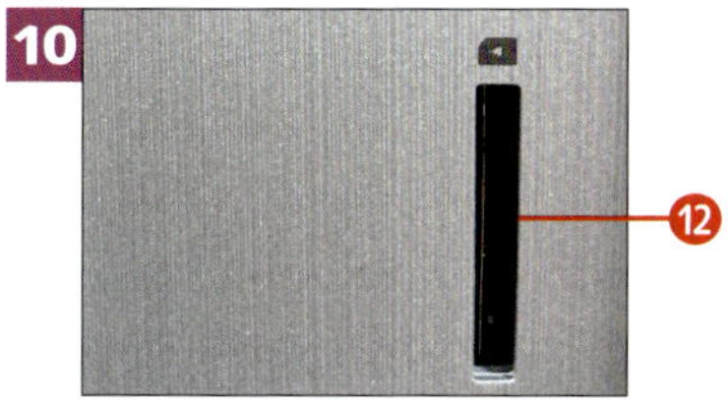

Schritt 11

Viele PCs haben ein *DVD-* oder *Blu-ray-Laufwerk*. Letzteres spielt die qualitativ besseren Blu-ray-Discs ab, aber auch CDs und DVDs. Mit dem DVD- bzw. Blu-ray-Laufwerk können Sie außerdem Ihre Daten auf beschreibbaren Rohlingen speichern.

Schritt 12

Ihr PC hat an den Seiten und hinten Lüftungsgitter, denn der Computer erwärmt sich beim Arbeiten. Durch das geräumige Gehäuse hat ein PC normalerweise genug Luft. Hat er aber viel Arbeit, setzt der Lüfter ein und kühlt den Computer. Die Lüftungsgitter setzen sich mit der Zeit mit Staub zu. Achten Sie daher darauf, dass die Lüftungsgitter nicht so verstopfen wie auf diesem Bild.

Welche Anschlüsse hat ein Notebook?

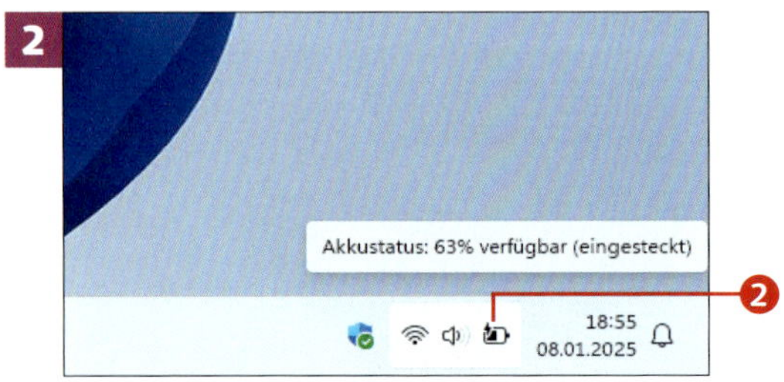

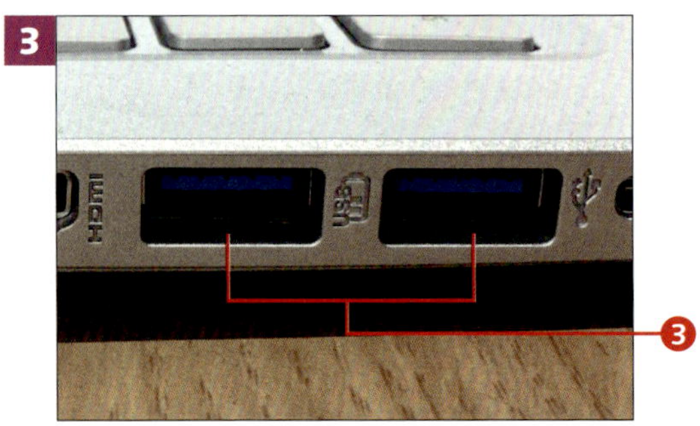

Lernen Sie die wichtigsten Anschlüsse eines Notebooks an einem Beispiel kennen.

Schritt 1

Ein wichtiger Anschluss ist der für das *Netzteil* ❶. Er befindet sich seitlich oder an der Rückseite des Notebooks. Der Stecker ist meist rund und passt nur in diese Buchse. Oft kann auch ein USB-C-Anschluss für die Stromzufuhr verwendet werden (siehe Schritt 5).

Schritt 2

Ist das Netzteil an das Notebook und an den Strom angeschlossen, wird der Notebook-Akku geladen. Eine Anzeige unten rechts auf dem Bildschirm zeigt Ihnen den Akku-Stand an ❷ (siehe Kapitel 3, »Am Bildschirm zurechtfinden«, ab Seite 44). Sie können das Stromkabel abziehen, wenn der Akku aufgeladen ist.

Schritt 3

Jedes Notebook hat mehrere *USB-Anschlüsse* ❸: Hier können viele Geräte durch einfaches Einstecken angeschlossen werden (*Plug and Play*), eine Maus, ein Drucker und vieles mehr (siehe Kapitel 11, »Zusätzliche Geräte verwenden«, ab Seite 278).

Akku immer voll aufladen?

Neuere Notebook-Akkus können Sie nicht überladen. Nur eine völlige Entladung mögen die Akkus nicht – spätestens bei 10 % sollte das Notebook wieder an den Strom.

Schritt 4

Achten Sie beim Einstecken des USB-Steckers darauf, dass die richtige Seite oben ist. Der Stecker passt dann genau in die Buchse ❹. Verwenden Sie die richtige Buchse, damit weder Stecker noch Buchse beschädigt werden und das angeschlossene Gerät funktioniert.

Schritt 5

Immer mehr Notebooks verfügen über USB-Anschlüsse vom Typ C: Diese Stecker sind abgerundet ❺, und es besteht keine Gefahr mehr, sie falsch herum in die Buchse zu stecken. Über alle USB-Anschlüsse werden Daten übertragen.

Schritt 6

Um einen *Beamer* (den Nachfolger der Overhead-Projektoren), Ihren Fernseher oder einen externen Bildschirm anzuschließen, nutzen Sie den *HDMI-Anschluss* ❻. Falls vorhanden, können Sie auch den *DisplayPort* nutzen, der ein noch besseres Bild liefert.

Welche Anschlüsse hat ein Notebook? (Forts.)

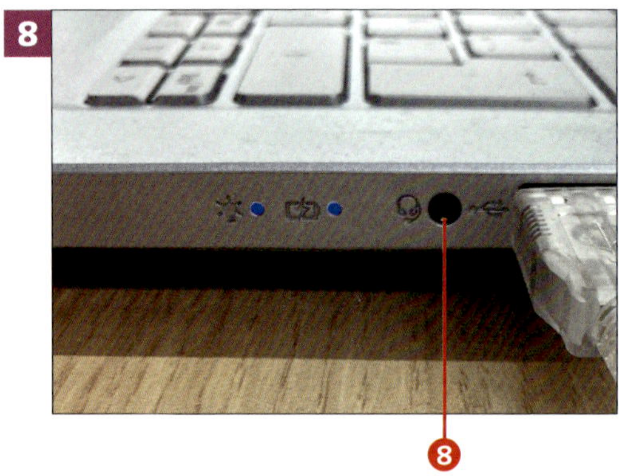

Schritt 7

Notebooks haben eine Netzwerkbuchse ⑦, in die nur Kabel mit speziellen Steckern passen. Die Abdeckung im unteren Teil drücken Sie mit dem Stecker nach unten und schieben ihn dann in die Buchse. Mit dem Anschluss kann eine Verbindung zu einem *Router* und somit eine lokale Internetverbindung (*LAN*) hergestellt werden (siehe Kapitel 4, »Internet zu Hause und unterwegs«, ab Seite 70).

Schritt 8

Auch ein *Mikrofon* kann an das Notebook angeschlossen werden. Die meisten Notebooks haben zwar ein eingebautes Mikrofon, manchmal ist aber ein Mikrofon vor dem Mund vorteilhaft. Viele Notebooks haben einen Kombianschluss ⑧ für ein *Headset*, bei dem ein Mikrofon direkt am Kopfhörer befestigt ist.

Schritt 9

Einen Kopfhörer schließen Sie entweder über die Headset- oder über die Kopfhörer-Schnittstelle ⑨ an Ihr Notebook an. So können Sie in Ruhe Musik oder Ihre Gesprächspartner im *Videochat* hören. Die Anschlussbuchse ist klein, rund und trägt ein Kopfhörersymbol.

Schritt 10

Einige große Notebooks verfügen noch über ein DVD- bzw. ein Bluray-Laufwerk. Damit können Sie Filme und Musik abspielen oder Daten von DVDs lesen. Mit diesem Laufwerk können Sie aber auch Ihre Daten auf DVD- oder Blu-ray-Rohlingen speichern.

10

Schritt 11

Die Bilder Ihrer *Digitalkamera* übertragen Sie ganz einfach auf das Notebook. Dazu verwenden Sie das mit der Kamera mitgelieferte USB-Kabel ⑩ oder stecken die SD-Karte aus der Kamera in den entsprechenden Schlitz ⑪ am Notebook.

11

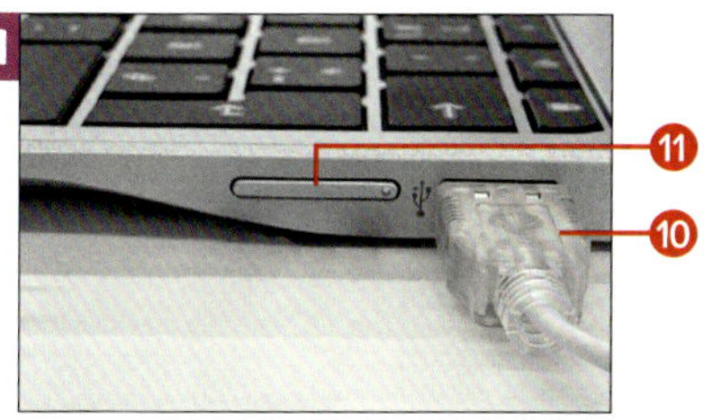

Schritt 12

Zur Diebstahlsicherung eines Notebooks verfügen viele Geräte über eine spezielle Buchse, die mit einem *K* für *Kensington-Schloss* gekennzeichnet ist ⑫. Hier werden keine Daten übertragen, sondern Sie können ein spezielles Schloss mit Stahlseil daran anschließen. Das Seil kann dann z. B. an einem Möbelstück befestigt werden.

12

Datenübertragung mit Bluetooth

Mit Bluetooth können Sie drahtlos Daten auf Ihren Computer bzw. von Ihrem Computer auf ein anderes Gerät (z. B. Kopfhörer) übertragen. Es arbeitet nur auf kurzen Distanzen. In Ihr Notebook ist meist schon ein Bluetooth-Empfänger eingebaut; bei PCs ist eventuell ein Adapter nötig. Sobald über die Windows-**Einstellungen** das Gerät »virtuell« hinzugefügt wurde, können Sie Daten zwischen den Geräten austauschen.

Den Computer ein- und ausschalten oder in den Energiesparmodus versetzen

1

2

3

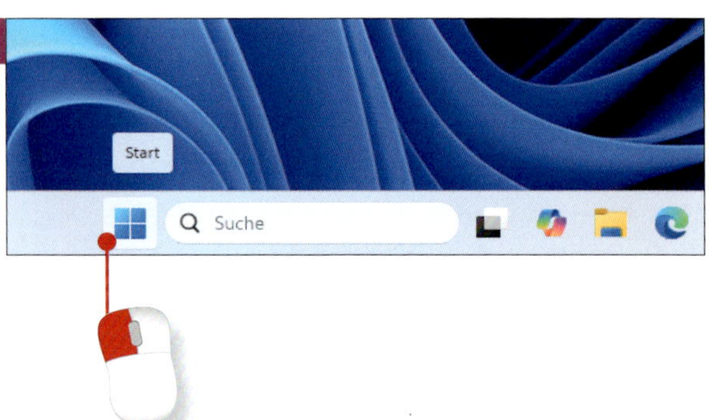

Sie schalten den Computer mit einem Einschaltknopf ein. Beim Ausschalten haben Sie mehrere Möglichkeiten.

Schritt 1

Zum Einschalten drücken Sie die Betriebstaste ❶. Bei den meisten Notebooks ist sie über der Tastatur zu finden; bei einigen Modellen sitzt sie rechts im Scharnier. Bei PCs befindet sich der Einschaltknopf meistens vorn oben am Gehäuse.

Schritt 2

Der Computer zeigt zunächst den *Sperrbildschirm*. Zum Entsperren drücken Sie irgendeine Taste und geben – falls vergeben – Ihr Passwort oder Ihre PIN ein. Wecken Sie den Computer aus dem Energiesparmodus, sind die Anwendungen, mit denen Sie vor dem »Schlaf« gearbeitet haben, direkt geöffnet.

Schritt 3

Das Ausschalten wird beim Computer *Herunterfahren* genannt. Rufen Sie dazu das Startmenü auf: Klicken Sie unten auf das Windows-Logo, oder drücken Sie die Taste ⊞ (links unten auf Ihrer Tastatur).

Schritt 4

Das Startmenü erscheint. Klicken Sie hier auf **Ein/Aus** und dann auf **Herunterfahren** ❷. Der Computer schaltet sich ganz aus. Ziehen Sie bei einem PC niemals den Netzstecker, bevor das Herunterfahren beendet ist! Manchmal erfordert ein sogenanntes *Update*, eine Aktualisierung, einen Neustart. Dann fährt der Computer erst herunter und startet dann neu.

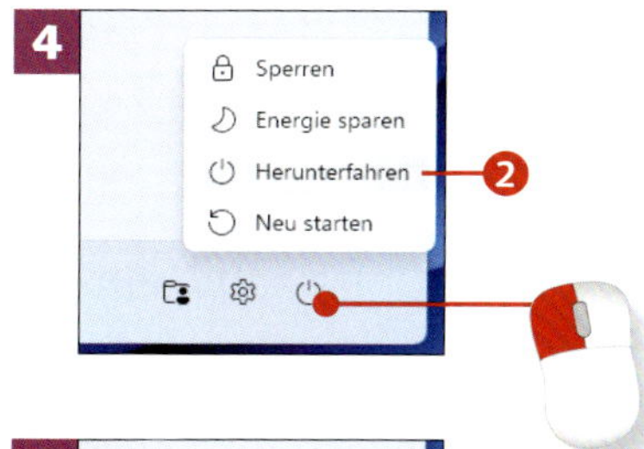

Schritt 5

Verwenden Sie die Einstellung **Energie sparen**, wenn Sie bei der nächsten Nutzung schnell weiterarbeiten möchten. Die zuletzt geöffneten Dateien und Programme stehen Ihnen direkt zur Verfügung. Das lohnt sich immer dann, wenn Sie schon nach einigen Stunden am Computer weiterarbeiten möchten.

Schritt 6

Je nach gewählter Einstellung reicht es bei einem Notebook aus, es einfach zuzuklappen. Es wird automatisch heruntergefahren oder versetzt sich in den Ruhezustand ❸.

Stand-by (Energiesparmodus) ist kein Tiefschlaf

Wenn Sie Ihren Computer in den Energiesparmodus versetzen, kann schon eine Mausbewegung ausreichen, um ihn wieder aufzuwecken. Ein Notebook sollten Sie deshalb besser herunterfahren, wenn Sie es in einer Tasche transportieren wollen, damit die Transportsicherung es schützt und das Gerät nicht durch die Bewegung angeht.

Kapitel 2
Erste Schritte mit dem Computer

Einen PC bedienen Sie mit Tastatur und Maus, ein Notebook mit Tastatur und Touchpad oder – wenn Sie möchten – ebenfalls mit einer Maus. Mit den Anleitungen und vielen hilfreichen Tipps in diesem Kapitel werden Sie schnell mit Maus & Co. zurechtkommen.

Die Tastatur benutzen
Text tippen, Zahlen eingeben, Ihrem Computer Befehle erteilen – dafür setzen Sie die Tastatur ein und sehen auf dem Bildschirm des Computers sofort Ihre Erfolge. Die Tastatur eines Computers ähnelt einer Schreibmaschinentastatur, kann aber mehr! Erfahren Sie, wie Sie mit der Tastatur nicht nur Text eingeben, sondern auch Befehle bestätigen und Sondertasten nutzen, beispielsweise, um die Bildschirmhelligkeit zu regeln.

Das Notebook mit einem Fingerwisch bedienen
Sensibel, aber sehr leistungsfähig ist das Touchpad an einem Notebook. Damit erreichen Sie jeden Punkt auf dem Bildschirm, können aber auch klicken und navigieren. Lernen Sie das Touchpad und seine Benutzung kennen.

Eine Maus über den Bildschirm laufen lassen
Ganz gleich, ob Sie etwas anklicken, verschieben oder markieren möchten: Eine Maus unterstützt Sie mit Leichtigkeit bei diesen Aufgaben. Lesen Sie, wie Sie einen PC oder ein Notebook mit einer Maus bedienen. Vor dieser Maus müssen Sie ganz sicher keine Angst haben!

① Die Notebook-Tastatur bietet Tasten zum Tippen, aber auch zum Regeln der Helligkeit des Bildschirms und der Lautstärke der Lautsprecher.

② Das Touchpad bedienen Sie mit Ihren Fingern. Sie bewegen damit den Cursor, klicken und scrollen, kurz: Sie bedienen mit dem Touchpad alles auf dem Bildschirm.

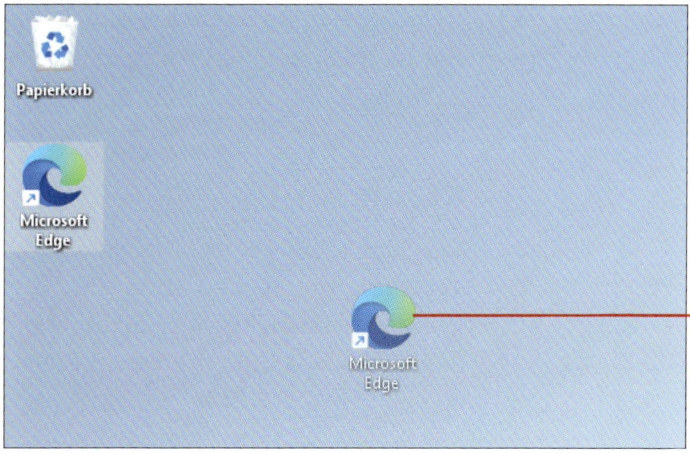

③ Auch mit der Maus steuern Sie alles auf dem Bildschirm an; mit ihr verschieben Sie beispielsweise ganz einfach Elemente.

Die Tastatur benutzen

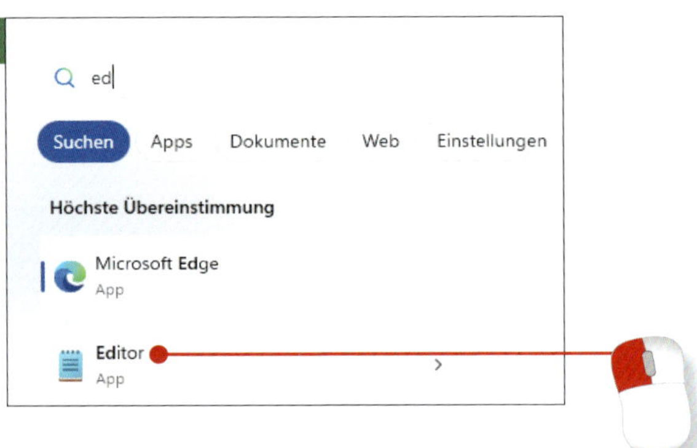

Mit der Tastatur schreiben Sie Texte aller Art, etwa Briefe oder E-Mails. Üben Sie die Funktionen der Texteingabe in aller Ruhe ein.

Schritt 1

Bei Windows erleichtert Ihnen eine einzelne Taste die Arbeit besonders: die *Windows-Taste* [⊞] ①. Sie finden sie links unten auf Ihrer Tastatur. Drücken Sie [⊞]. Sie gelangen zum *Startmenü*. Drücken Sie die Taste erneut, verschwindet das Startmenü wieder.

Schritt 2

Machen Sie sich mit der Tastatur vertraut, indem Sie etwas schreiben (tippen). Dazu öffnen Sie das sehr einfache Textprogramm *Editor*: Rufen Sie wieder das Startmenü auf, indem Sie [⊞] drücken. Tippen Sie dann einfach »ed«. Sie brauchen vorher nicht an eine bestimmte Stelle zu klicken.

Schritt 3

Das Startmenü verwandelt sich in eine Liste mit Suchergebnissen. Zuoberst sehen Sie die Programme (*Apps* genannt), die mit *ed* beginnen. Klicken Sie auf **Editor**.

Schritt 4

Das Textprogramm wird geöffnet; Sie sehen ein leeres »Blatt«. Hier können Sie Text und Zahlen eintippen. Der Computer setzt den Text da auf das »Blatt«, wo ein senkrechter Strich – der Cursor – blinkt. Durch *kurzes* Drücken z.B. der Taste [T] erscheint auf dem Bildschirm ein kleines t. Tippen Sie ein Wort ein.

Schritt 5

Ein Leerzeichen fügen Sie ein, indem Sie die große Taste am unteren Rand der Tastatur drücken, die *Leertaste*. Achten Sie immer auf den Cursor ❷. Wo der Cursor blinkt, schreiben Sie.

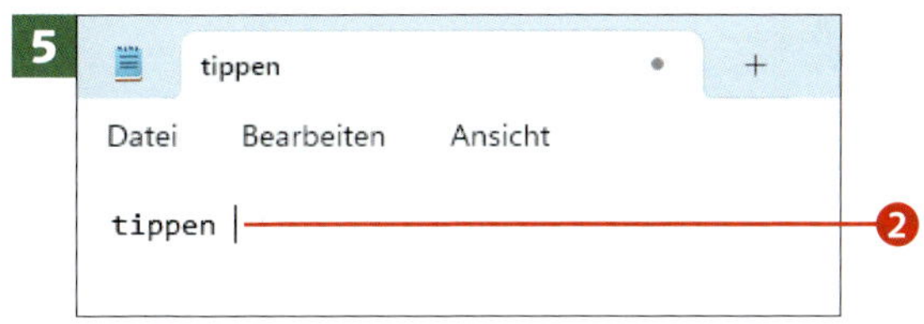

Schritt 6

Um einen Buchstaben großzuschreiben, halten Sie die Umschalt-Taste [⇧] gedrückt und tippen den Buchstaben. Lassen Sie [⇧] los, und tippen Sie den Rest des Wortes ein. Die Umschalt-Taste (auch *Shift-Taste* genannt) finden Sie jeweils links und rechts am Rand des Buchstabenblocks Ihrer Tastatur.

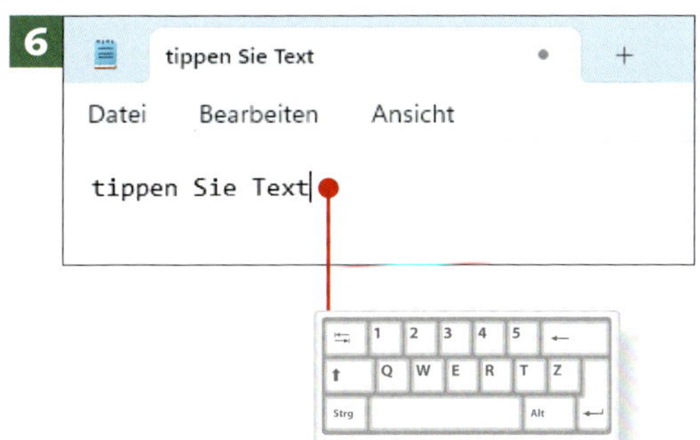

Der Cursor

Cursor ist das englische Wort für Eingabemarke oder Schreibmarke; es hat sich auch im deutschen Sprachraum durchgesetzt. Der Cursor zeigt immer die Stelle an, an der Sie aktuell auf dem Bildschirm arbeiten. Damit man ihn gut sieht, blinkt der Cursor.

Die Tastatur benutzen (Forts.)

7

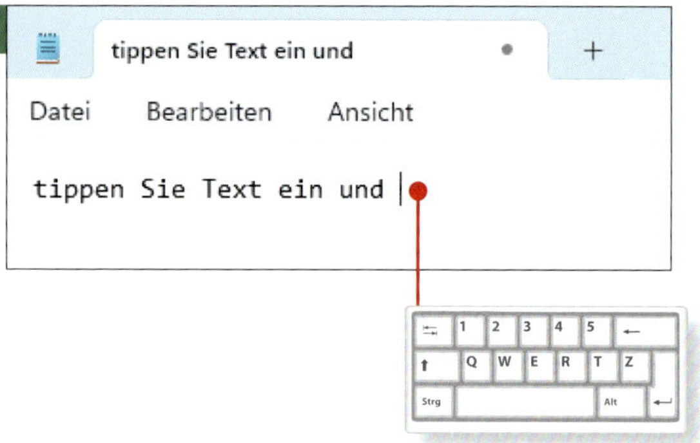

Schritt 7

Der Cursor »wandert« mit Ihrem Text mit. Tippen Sie weitere Wörter und Leerzeichen ein – Sie sehen, der Cursor befindet sich stets hinter dem zuletzt geschriebenen Wort und »wartet« blinkend auf weitere Eingaben von Ihnen.

8

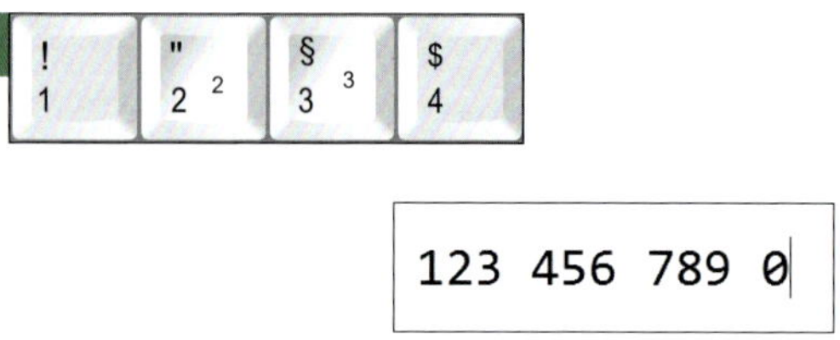

Schritt 8

Punkt und Komma finden Sie unten rechts auf Ihrer Tastatur. Die Ziffern 1 bis 9 und die 0 sind je nach Computer an zwei Stellen vorhanden: bei kleineren Notebooks nur über dem Buchstabenblock in einer Reihe, bei PC-Tastaturen und größeren Notebooks auch ganz rechts im *Nummernblock*.

9

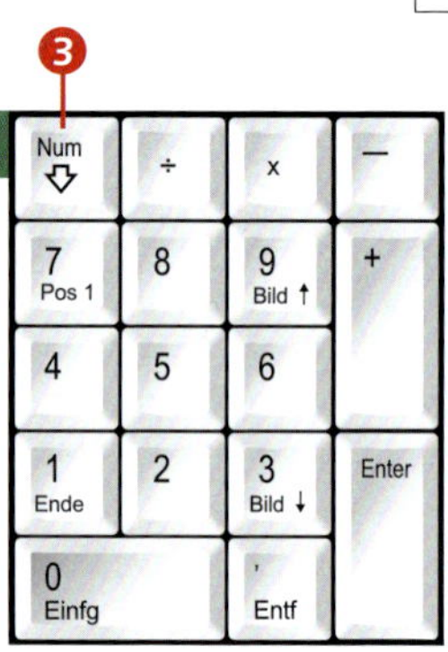

Schritt 9

Den Nummernblock rechts müssen Sie eventuell erst einschalten: Drücken Sie die Taste Num ❸. Häufig leuchtet auf der Tastatur ein Symbol oder ein Punkt, wenn der Nummernblock eingeschaltet ist. Falls nicht, tippen Sie im Editor eine Zahl im Nummernblock ein: Passiert nichts, drücken Sie zum Aktivieren einmal Num.

!

Der Cursor hüpft einfach weg!

Bei Notebooks mit Touchpad (siehe den Abschnitt »Das Touchpad am Notebook bedienen« auf Seite 32) kommt es vor, dass Sie aus Versehen das Touchpad berühren. Für den Computer ist das ein Befehl, und er versetzt den Cursor an eine andere Stelle. Führen Sie den Cursor wieder mit Maus oder Touchpad an die richtige Stelle, und klicken Sie dort.

Schritt 10

Die Tasten über dem Buchstabenblock tragen über den Ziffern auch noch andere Zeichen: Ausrufezeichen, Anführungsstriche, Klammern usw. Um diese Zeichen zu verwenden, drücken Sie gleichzeitig [⇧] und die entsprechende Taste über dem Buchstabenblock.

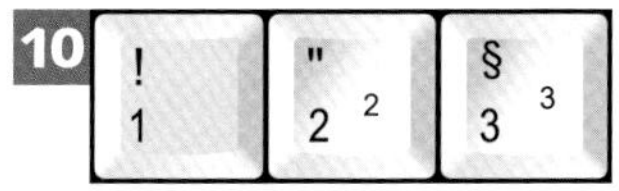

Schritt 11

Die große *Enter-Taste* [↵] am rechten Rand des Buchstabenblocks und (kleiner) rechts unten am Nummernblock hat mehrere Aufgaben: Sie erzeugen mit ihr beim Schreiben von Text neue Absätze (siehe Kapitel 7, »Texte schreiben«, ab Seite 166). Sie bestätigen damit aber auch Eingaben (*Befehle*), z. B. im Internet (siehe Kapitel 4, »Internet zu Hause und unterwegs«, ab Seite 70).

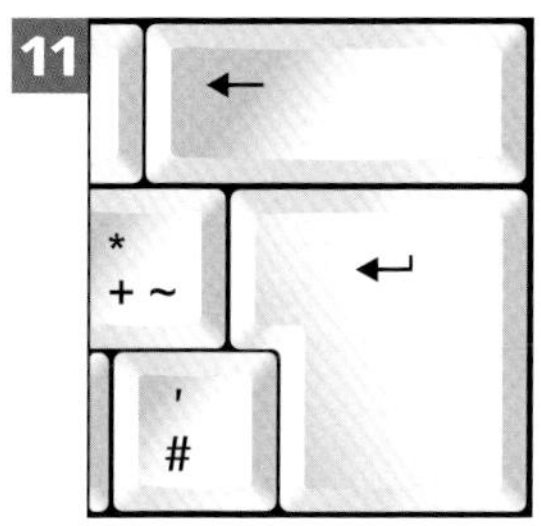

Schritt 12

Ein Wort, eine Zahl oder eine ganze Datei können Sie natürlich auch wieder löschen. Dazu bietet Ihr Computer zwei Tasten: [Entf] (»Entf« steht für »Entfernen«) und [←]. Text können Sie je nach Taste rechts oder links vom Cursor löschen (siehe dazu den Abschnitt »Den Text korrigieren« auf Seite 180).

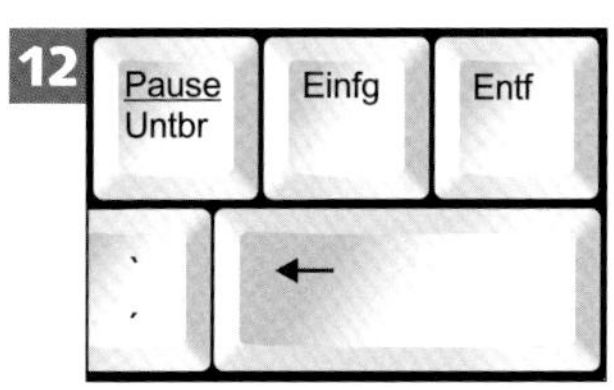

Spezialtasten verwenden

1
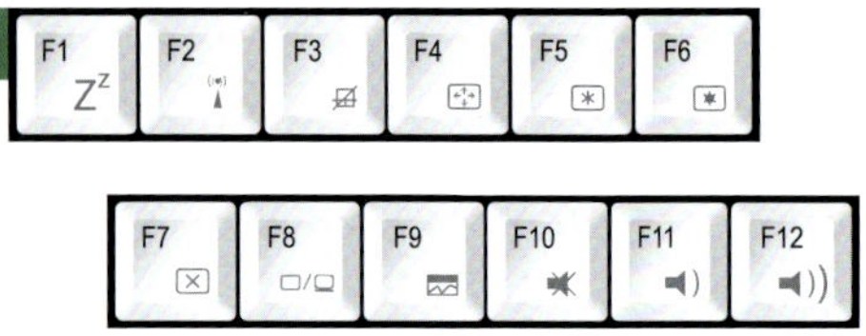

Bildschirmhelligkeit regeln, WLAN ein- und ausschalten: Bei Notebooks und vielen PCs gibt es für diese Einstellungen eigene Tasten.

Schritt 1

Am oberen Rand der Tastatur sehen Sie eine Reihe von Funktionstasten, auf denen F1 bis F12 steht. Sie sind häufig doppelt belegt und haben verschiedene Funktionen, abhängig vom Programm, in dem Sie gerade arbeiten.

2
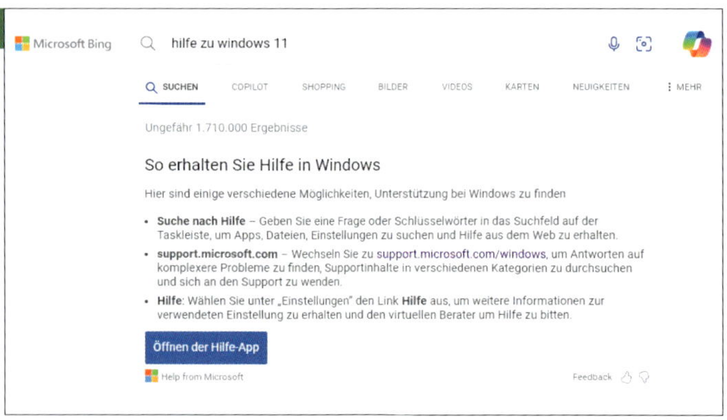

Schritt 2

Eine Ausnahme bildet die Taste F1, die in der Regel zu einer passenden Hilfeseite führt. Hier können Sie eines der angebotenen Themen anklicken oder einen Suchbegriff eingeben (siehe dazu den Abschnitt »Die Windows-Hilfe nutzen« auf Seite 318).

3
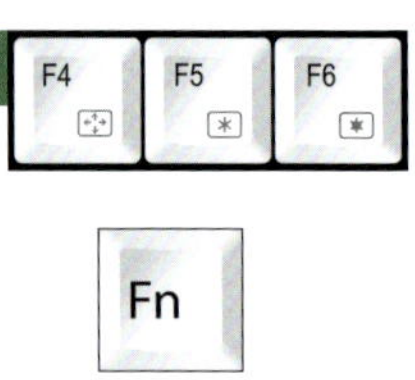

Schritt 3

Die Zeichen auf den Funktionstasten unterscheiden sich je nach Notebook. Die beiden Tasten mit der kleinen Sonne regeln z. B. die Bildschirmhelligkeit. Bei vielen Notebooks lassen sich diese Spezialfunktionen nur gemeinsam mit der Fn-Taste nutzen.

Schritt 4

Drücken Sie die kleinere Sonne (hier auf der Taste [F5]) und gegebenenfalls [Fn]. Der Bildschirm wird dunkler. Um den Bildschirm jetzt wieder heller werden zu lassen, drücken Sie [Fn] (falls bei Ihrem Computer nötig) und die Taste mit der größeren Sonne (im Beispiel ist das die Taste [F6]).

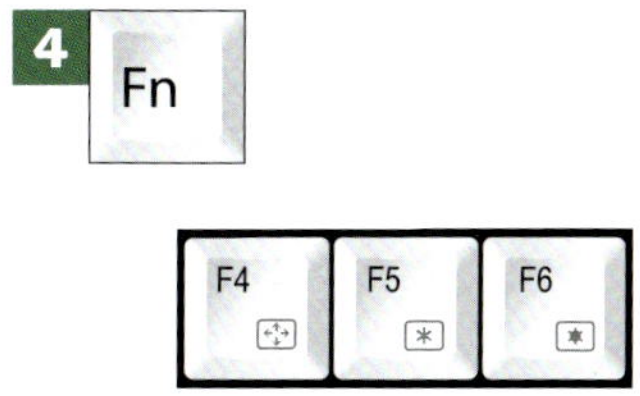

Schritt 5

Zur Lautstärkeregelung nutzen Sie die Tasten mit den Lautsprechern: Der Lautsprecher mit dem Minuszeichen oder kleinen Schallwellen macht den Ton leiser, die Taste mit dem Pluszeichen oder größeren Schallwellen erhöht die Lautstärke. Die dritte Taste mit durchgestrichenem Lautsprecher schaltet den Ton aus.

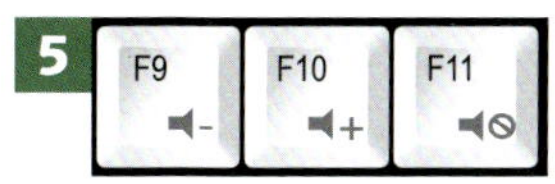

Schritt 6

Die weiteren Tasten können bei Ihrem Notebook folgende Aufgaben haben: das Notebook in den Schlafmodus versetzen ❶, WLAN ein- und ausschalten ❷, das Touchpad ein- und ausschalten ❸.

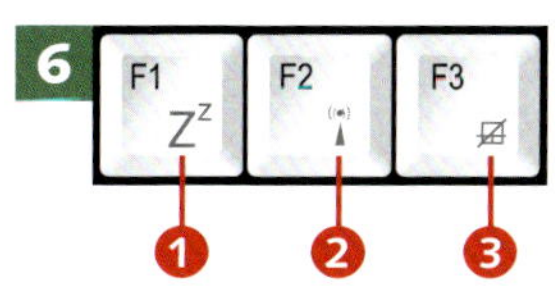

Spezialfunktionen aufrufen

Probieren Sie aus, ob an Ihrem Notebook die Tasten [F1] bis [F12] direkt ihre laut Symbol vorgesehene Spezialfunktion ausführen oder ob Sie dafür gleichzeitig [Fn] drücken müssen.

Das Touchpad am Notebook bedienen

1

2

3

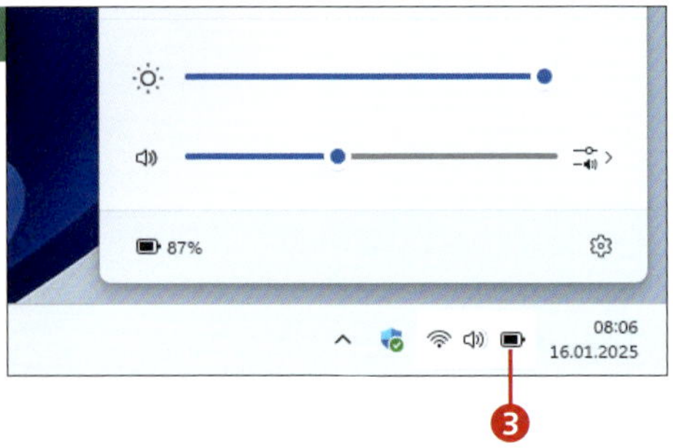

Ein Notebook verfügt in der Regel über ein Touchpad, um es ohne externen Anschluss einer Maus bequem nutzen zu können.

Schritt 1

Das *Touchpad* ❶ befindet sich unterhalb der Tastatur. Es besteht aus einer größeren abgegrenzten Fläche, über die Sie mit dem Finger streichen, und zwei Tasten. Je nach Modell sind die Tasten deutlich erkennbar, bilden nur eine Fläche, wie hier zu sehen ist, oder sind als »Wippe« in das Touchpad integriert.

Schritt 2

Setzen Sie den Zeigefinger auf das Touchpad, und bewegen Sie ihn über die ganze Fläche. Der Zeiger ❷ auf dem Bildschirm folgt dabei der Bewegung Ihres Fingers.

Schritt 3

Führen Sie den Zeiger nach rechts unten auf das Akkulogo ❸. Drücken Sie die linke Taste bzw. den linken unteren Bereich auf dem Touchpad einmal, während der Zeiger auf das Symbol zeigt: So *klicken* Sie etwas auf dem Bildschirm *an*. Das Menü mit Akkustand wird per Klick geöffnet und wieder geschlossen.

Schritt 4

Sie können auch direkt auf dem Touchpad »klicken«, müssen also nicht unbedingt die Tasten des Touchpads drücken. Führen Sie den Zeiger über das blaugrüne Symbol des Programms *Microsoft Edge* 4 am unteren Rand Ihres Bildschirms. Tippen (nicht drücken) Sie jetzt mit dem Zeigefinger mittig oder links einmal schnell und kräftig auf das Touchpad.

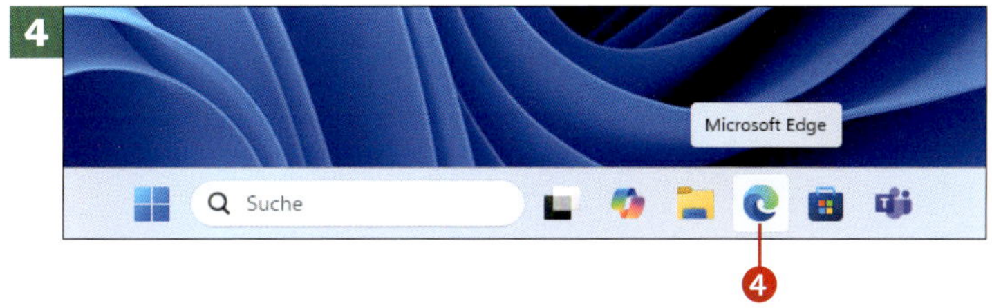

Schritt 5

Das mit dem Zeiger ausgewählte (markierte) Programm öffnet sich daraufhin: hier der Internetbrowser Microsoft Edge.

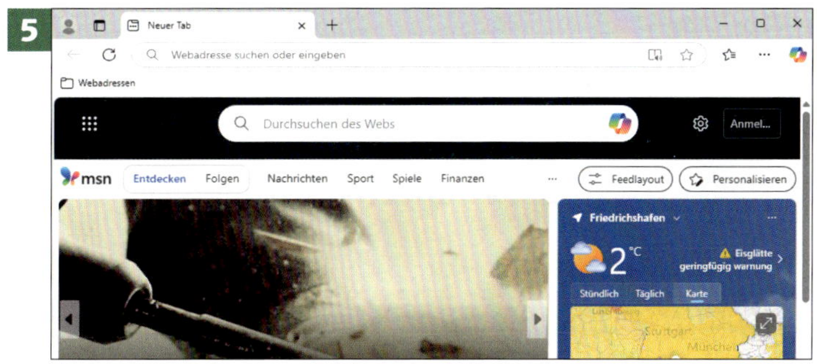

Schritt 6

Führen Sie den Zeiger in die obere rechte Ecke des Programmfensters. Klicken Sie das *Schließkreuz* 5 an – entweder mit der linken Touchpad-Taste oder durch Tippen auf das Touchpad. Edge wird wieder geschlossen. Klappt es nicht direkt beim ersten Mal, probieren Sie es einfach noch einmal.

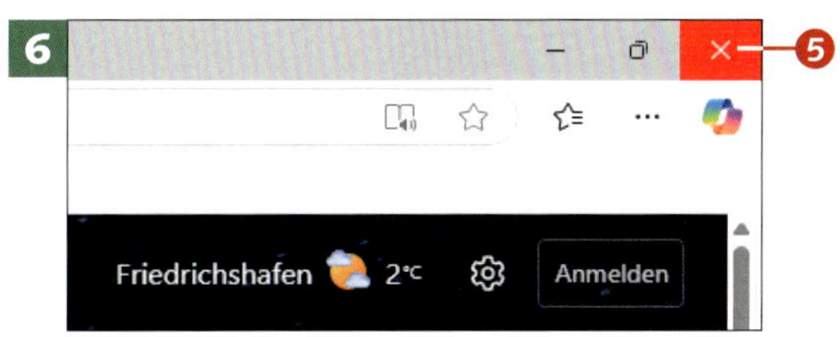

Wo genau tippen?

Tippen Sie auf der Mitte oder der linken Seite des Touchpads, denn nicht jedes Touchpad reagiert auf der rechten Seite auf Tippen.

Das Touchpad am Notebook bedienen (Forts.)

7

8

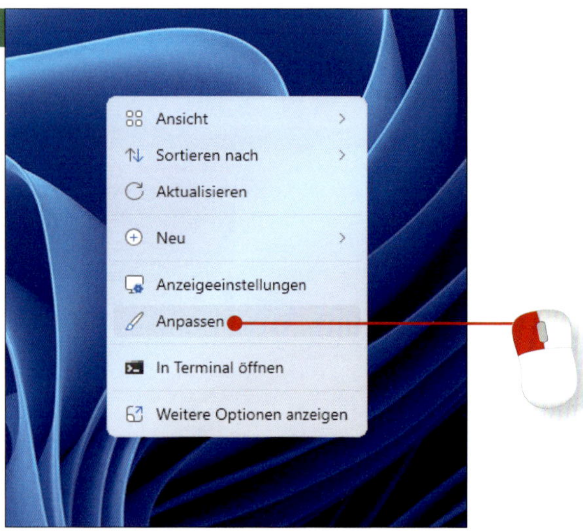

9

Noch mehr Fläche zum Tippen: der Touchscreen
Bei Computern mit berührungsempfindlichem Bildschirm, genannt *Touchscreen*, können Sie direkt auf den Bildschirm tippen oder z. B. durch Fingerspreizen die Ansicht vergrößern.

Schritt 7

Die *rechte* Taste ❻ bzw. der rechte untere Bereich des Touchpads öffnet ein *Kontextmenü*: Je nachdem, wo Sie sich gerade befinden (Desktop, Internet, Editor), wird ein anderes Menü geöffnet, wenn Sie die rechte Taste drücken. Führen Sie den Zeiger über den Desktop, und drücken Sie die rechte Taste auf dem Touchpad.

Schritt 8

Das Kontextmenü wird geöffnet. Es hält für die aktuelle Situation (hier den Desktop) passende Befehle bereit. Sie können jetzt z. B. den Desktop-Hintergrund ändern, wenn Sie auf **Anpassen** klicken. Ist das Kontextmenü einmal aufgerufen, wählen Sie die gewünschte Aktion durch Klicken mit der *linken* Taste aus.

Schritt 9

Wollen Sie keine Aktion aus dem Kontextmenü ausführen, schließen Sie es einfach, indem Sie Esc ❼ oben links auf Ihrer Tastatur drücken. Alternativ klicken Sie mit der linken Taste an irgendeine freie Stelle auf dem Desktop.

Schritt 10

Die Touchpads können noch mehr: Wenn Sie zwei Finger in der Mitte des Touchpads aufsetzen und dann spreizen, wird die Bildschirmansicht vergrößert. Probieren Sie es im Internetbrowser Edge aus. Zum Verkleinern der Ansicht ziehen Sie die beiden Finger wieder zusammen.

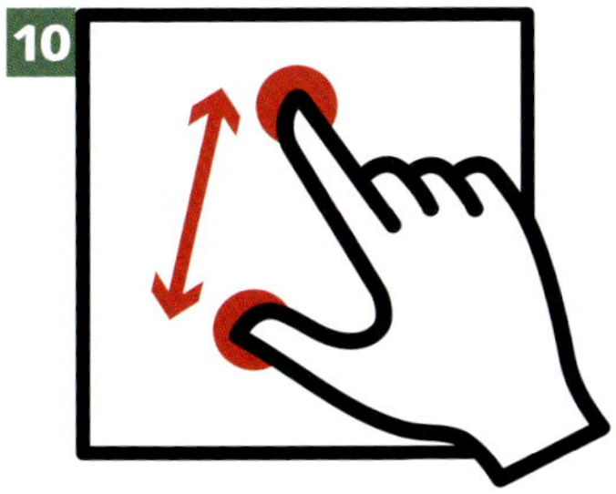

Schritt 11

Mit dem Touchpad können Sie sich auch durch lange Texte oder Internetseiten mit viel Inhalt bewegen (*scrollen*). Dazu setzen Sie Zeigefinger und Mittelfinger an den unteren Rand des Touchpads und »schieben« die Finger zum oberen Rand. So sehen Sie auf dem Bildschirm die Inhalte, die weiter unten stehen. Ziehen Sie die Finger in die umgekehrte Richtung, um wieder an den Seitenanfang zu gelangen.

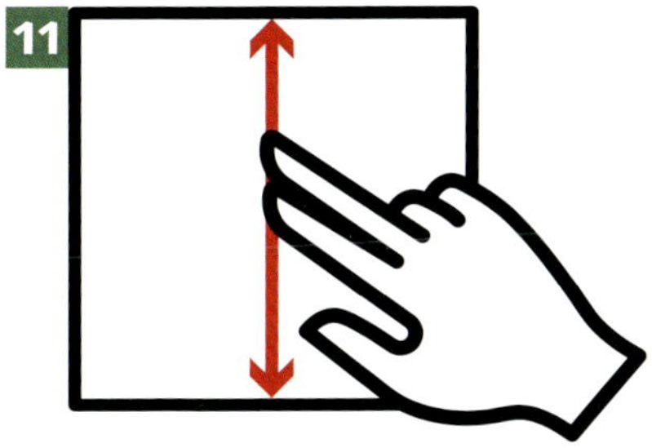

Schritt 12

Für manche Aktionen, z. B. um Bilder anzeigen zu lassen, müssen Sie doppelt klicken, also zweimal auf das Touchpad tippen, und das Bild öffnet sich.

Eine Maus anschließen

Was Sie bei einem Notebook mit dem Touchpad machen, lässt sich auch mit einer Maus erledigen. Die Maus lässt sich noch genauer steuern.

1

Schritt 1

Haben Sie eine Maus mit Kabel, dann stecken Sie den USB-Stecker in einen freien USB-Anschluss an Ihrem Computer.

2

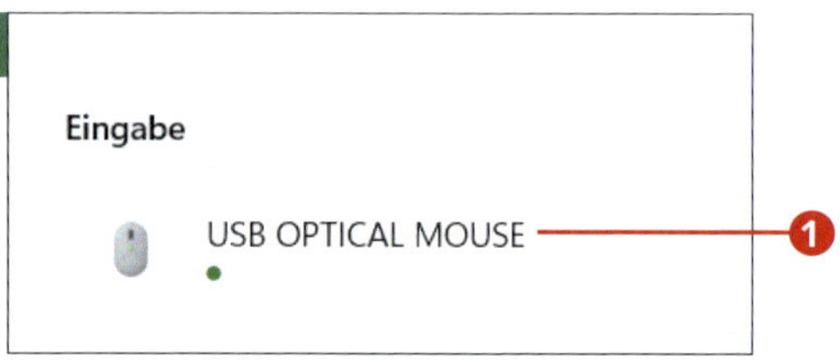

Schritt 2

Sobald Sie den USB-Stecker angeschlossen haben, ertönt ein Signalton. Windows installiert das Gerät in Sekundenschnelle und registriert es in den **Einstellungen** ❶.

3

Schritt 3

Sie können die Maus jetzt verwenden. Halten Sie die Maus so, dass Ihr Zeigefinger locker und möglichst weit vorn auf der linken Maustaste aufliegt.

Mauspad verwenden

Wenn Sie Ihre Maus auf einem Glastisch oder einer anderen glatten Oberfläche verwenden, sollten Sie ein *Mauspad* verwenden. Diese meist aus Kunststoff bestehenden Unterlagen sorgen für fehlerfreies Arbeiten mit der Maus.

Schritt 4

Eine kabellose Maus bezieht ihre Energie aus Batterien. Daher müssen Sie bei einer neuen Maus zuerst die Batterien einlegen. An der Unterseite der Maus ist entweder ein Schiebeschalter, mit dem Sie das Batteriefach öffnen können, oder Sie schieben einen Teil der Abdeckung nach außen. Legen Sie die Batterien ein, und schließen Sie das Fach wieder sorgfältig.

Schritt 5

Achten Sie darauf, dass die Maus eingeschaltet ist: An der Unterseite ist ein Schieber ❷, der auf **On** oder **An** stehen muss.

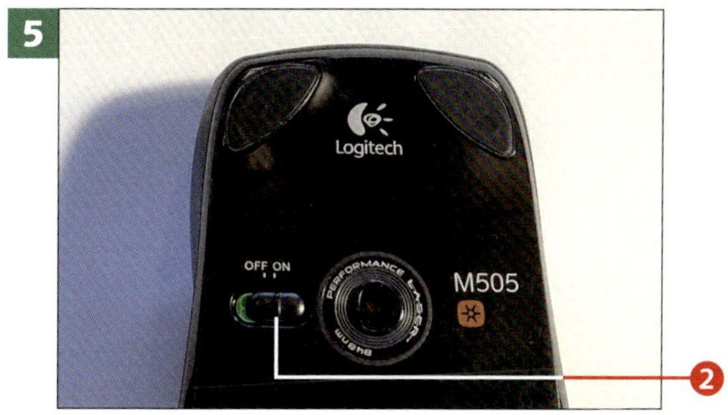

Schritt 6

Stecken Sie den USB-Stecker ❸, der die Maussignale an das Notebook überträgt, in eine USB-Buchse am Notebook. Windows lässt wieder einen Signalton hören, und nach wenigen Augenblicken können Sie die Maus verwenden. Der Stecker bleibt im Computer.

Welche Maus ist die richtige?
Eine Maus sollte weder zu groß noch zu klein für Ihre Hand sein. Sie sollten die Fingerkuppe des Zeigefingers möglichst weit vorn auf der linken Maustaste platzieren können. Gleichzeitig sollte Ihr Handballen auf dem Mauspad oder Tisch aufliegen. Müssen Sie die Hand stark krümmen, ist die Maus zu groß. Eine Handgelenkablage kann hier Abhilfe schaffen.

Mit der Maus arbeiten

Mit der Maus bewegen Sie den Mauszeiger, mit den Maustasten wählen Sie etwas aus oder öffnen ein Kontextmenü und mit dem Mausrad scrollen Sie.

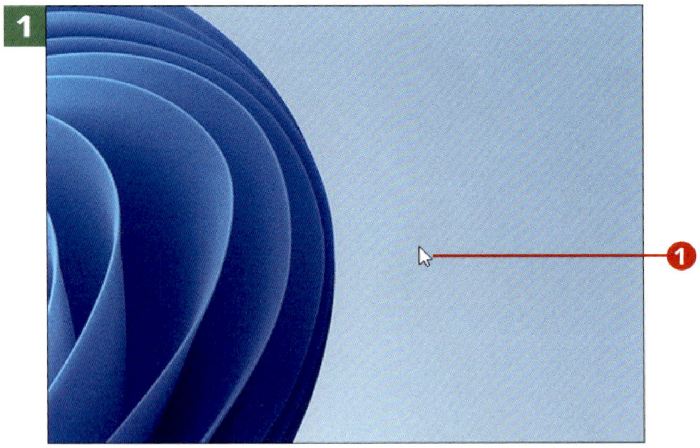

Schritt 1

Bewegen Sie die Maus. Sie sehen, wie sich der *Mauszeiger* ❶ entsprechend auf dem Bildschirm bewegt.

Schritt 2

Rufen Sie das Startmenü durch Drücken der Taste [Windows] auf. Klicken Sie mit der linken Maustaste eines der Symbole an; halten Sie dabei die Maustaste gedrückt.

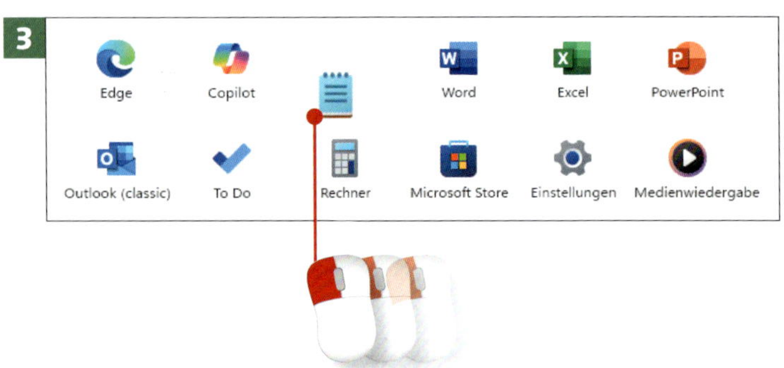

Schritt 3

Ziehen Sie das Symbol mit gedrückter Maustaste an einen anderen Platz. Lassen Sie die linke Maustaste dann los. Die anderen Symbole machen automatisch Platz. Dieses Ziehen mit der Maus benötigen Sie auch beim Verschieben von Text oder Dateien.

Klicken = einmal links klicken

Mit »Klicken« ist im Folgenden stets das einmalige Klicken mit der *linken* Maus- bzw. Touchpad-Taste gemeint. Soll zweimal schnell geklickt werden, heißt das *Doppelklick*. Um ein Kontextmenü zu öffnen, machen Sie einen *Rechtsklick*.

Schritt 4

Klicken Sie neben dem Startmenü auf den Desktop; das Menü wird geschlossen. Links oben auf dem Desktop sehen Sie den *Papierkorb*; klicken Sie ihn mit der *rechten* Maustaste an.

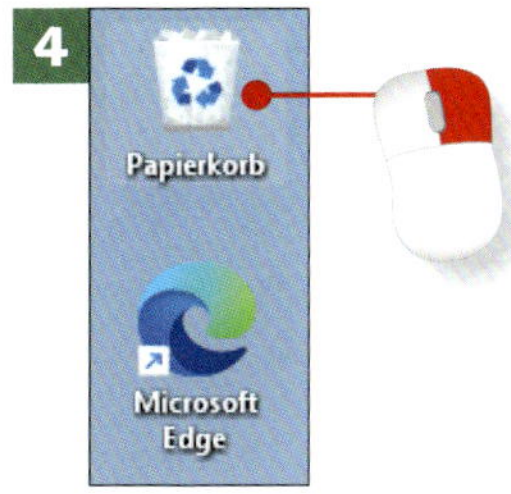

Schritt 5

Aus dem *Kontextmenü* wählen Sie **Papierkorb leeren**. Wenn Windows Sie fragt, ob Sie wirklich alles löschen wollen, klicken Sie auf **Ja**. Das Kontextmenü wird wieder geschlossen. Wenn die Möglichkeit **Papierkorb leeren** *ausgegraut* (= nicht anklickbar) ist, ist der Papierkorb gerade leer.

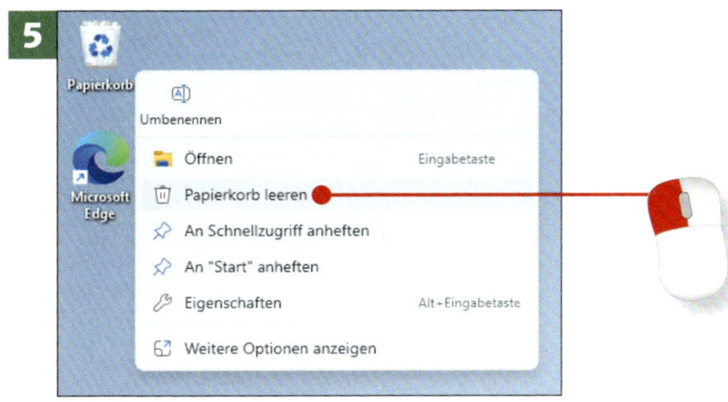

Schritt 6

Der Papierkorb lässt sich auch mit einem Doppelklick öffnen, um zu sehen, was darin ist. Zum Leeren klicken Sie oben rechts auf **Papierkorb leeren**, zum Schließen auf das Schließkreuz ganz oben rechts.

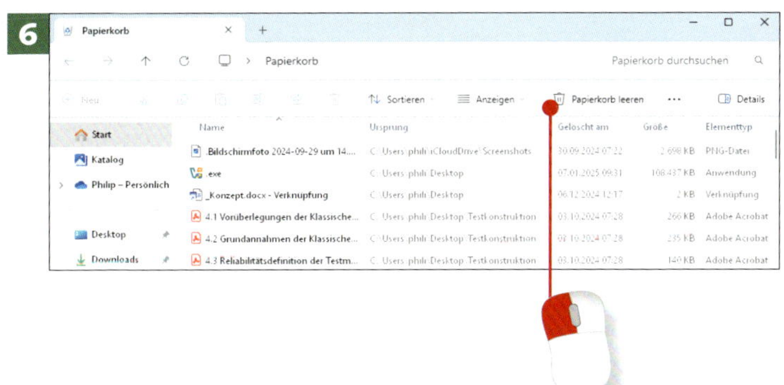

Warum gibt es überhaupt einen Papierkorb?
Der Papierkorb ist noch nicht die Endstation: Wenn Sie ein (echtes) Blatt Papier wegwerfen, liegt es zunächst auch im Papierkorb, bis Sie ihn leeren. So lange können Sie das Blatt wieder herausholen. So ist es beim Windows-Papierkorb auch: Sie können Bilder, Dokumente usw. wiederherstellen, sollten Sie voreilig gewesen sein, oder sie endgültig löschen.

Zeiger und Cursor besser sichtbar machen

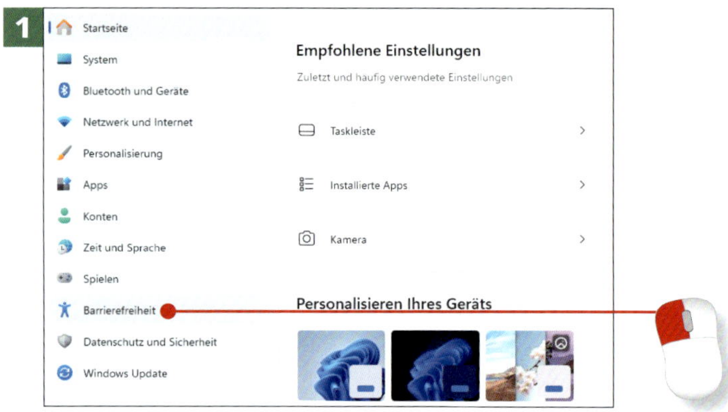

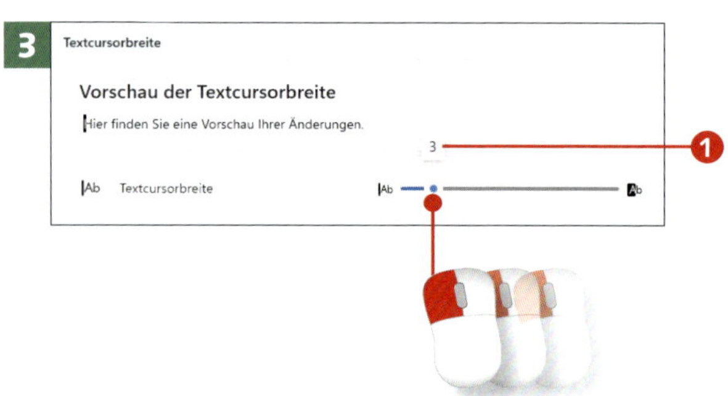

Der Textcursor ist nur ein dünner schwarzer Strich, der Mauszeiger recht klein. Wenn Sie wollen, ändern Sie die Cursordicke und Mauszeigergröße mit folgender Anleitung.

Schritt 1

Öffnen Sie die **Windows-Einstellungen**, indem Sie gleichzeitig die Tasten [Windows] und [I] drücken. Klicken Sie dort auf **Barrierefreiheit**.

Schritt 2

Die Ansicht ändert sich, und Sie sehen im großen rechten Fensterteil verschiedene Kategorien. Klicken Sie auf **Textcursor**.

Schritt 3

Um die Breite des Cursors zu ändern, klicken Sie im Abschnitt **Textcursorbreite** auf den blauen Punkt. Ziehen Sie ihn mit gedrückter linker Maustaste etwas nach rechts, bis die Zahl 3 oder 4 darüber erscheint. Im Feld darüber sehen Sie in der **Vorschau der Textcursorbreite**, wie sich Ihre Änderung auswirkt (1). Lassen Sie die Maustaste wieder los.

Schritt 4

Ihr Computer übernimmt die Einstellung automatisch. Ab sofort wird der Textcursor überall deutlich hervorgehoben, z. B. im Startmenü-Suchfeld ❷ oder beim Textschreiben im Editor ❸.

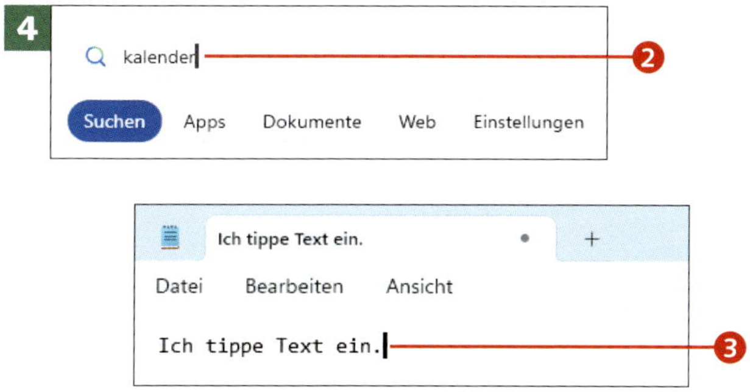

Schritt 5

Um den Mauszeiger zu vergrößern, klicken Sie unterhalb des Abschnitts **Textcursorbreite** auf **Mauszeiger und Toucheingabe**.

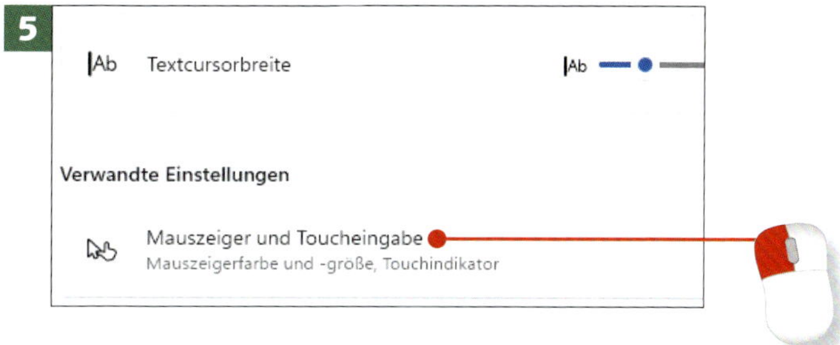

Schritt 6

Auch hier sehen Sie einen blauen Punkt, diesmal am Anfang der Linie zwischen einem kleinen und einem großen Mauszeiger ❹. Ziehen Sie mit gedrückter Maustaste den Punkt nach rechts; schon während des Ziehens vergrößert sich Ihr Mauszeiger. Lassen Sie die Maustaste bei der gewünschten Größe los. Schließen Sie die Einstellungen mit einem Klick auf das Schließkreuz oben rechts.

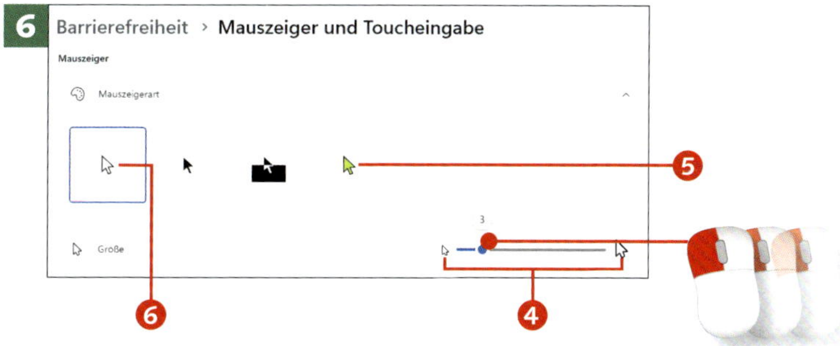

Darf's auch etwas Farbe sein?

Sie können den Mauszeiger auch einfärben: Klicken Sie dazu auf den grünen Pfeil ❺. Direkt darunter öffnet Windows eine kleine Farbauswahl, aus der Sie eine Farbe für den Mauszeiger durch Anklicken auswählen können. Auch diese Änderung wird sofort übernommen. Weiß wird der Mauszeiger wieder mit einem Klick auf den weißen Pfeil ❻.

Energieoptionen einstellen

Computer bieten verschiedene Energieoptionen, um nicht unnötig Strom zu verbrauchen. Lesen Sie hier, wie Sie die Einstellungen Ihren Bedürfnissen anpassen.

1

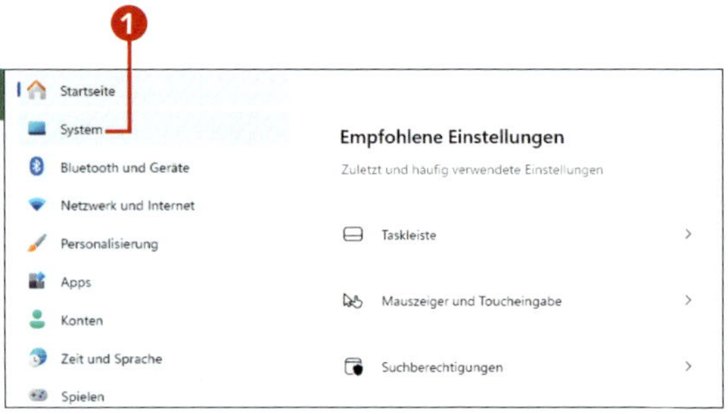

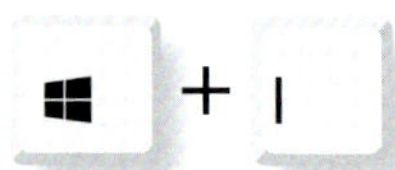

Schritt 1

Öffnen Sie wieder die **Windows-Einstellungen**, indem Sie gleichzeitig die Tasten [Windows] und [I] drücken. Wählen Sie in den Einstellungen links die Kategorie **System** ❶.

2

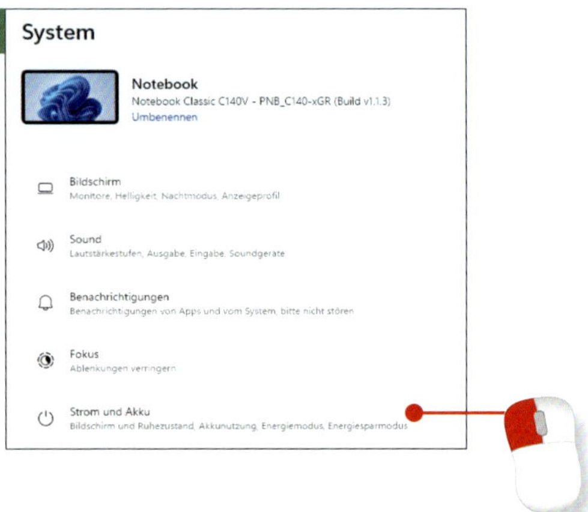

Schritt 2

Klicken Sie im großen, rechten Fensterteil auf **Strom und Akku** (Notebook) bzw. **Leistung** (PC). Wählen Sie dann **Timeouts für Bildschirm, Standbymodus und Ruhezustand**.

3

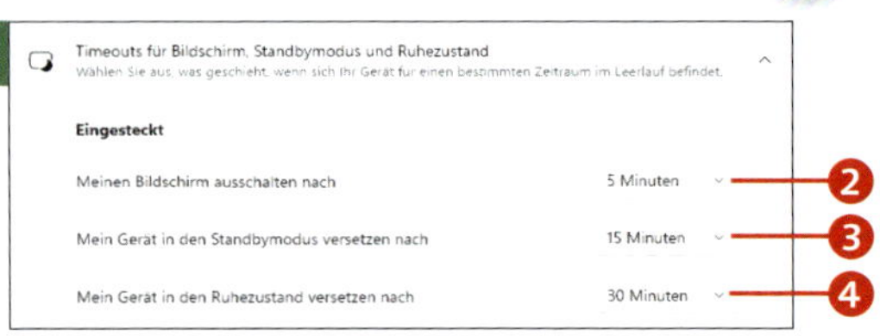

Schritt 3

Schauen Sie sich die Einstellungen – hier eines Notebooks – für den eingesteckten Zustand (Netzbetrieb) an: Wenn Sie **5 Minuten** ❷ am Computer nichts gemacht haben, schaltet sich der Bildschirm aus. Der Computer versetzt sich nach ebenfalls **15 Minuten** ❸ selbst in den Stand-by-Modus und nach **30 Minuten** ❹ in den Ruhezustand.

Der Bildschirm ist aus – und nun?

Computerbildschirme verbrauchen einiges an Energie. Deshalb ist es sinnvoll, dass sie sich schnell abschalten. Wenn der Bildschirm dunkel ist, der Computer aber noch an ist, bewegen Sie einfach die Maus oder drücken Sie eine Taste. Tut sich nichts, müssen Sie den Computer neu starten.

Schritt 4

Für Notebooks gibt es zusätzliche Einstellungen, da sie auch mit Akkuenergie laufen: Hier wird im Akkubetrieb der Bildschirm nach **3 Minuten** ❺ ausgeschaltet, der Stand-by-Modus folgt nach **10 Minuten** ❻ und der Ruhezustand nach **15 Minuten** ❼ (siehe Schritt 6).

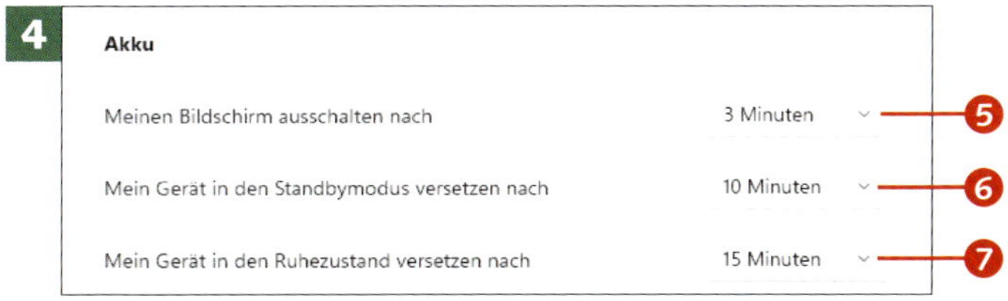

Schritt 5

Im Netzbetrieb sind 5 Minuten schnell vergangen; vielleicht möchten Sie nicht, dass der Bildschirm dann schon ausgeschaltet wird? Ändern Sie diese Einstellung: Klicken Sie auf den kleinen Pfeil neben **5 Minuten**, und wählen Sie aus der Liste durch Klicken einen anderen Zeitraum aus, hier **15 Minuten**.

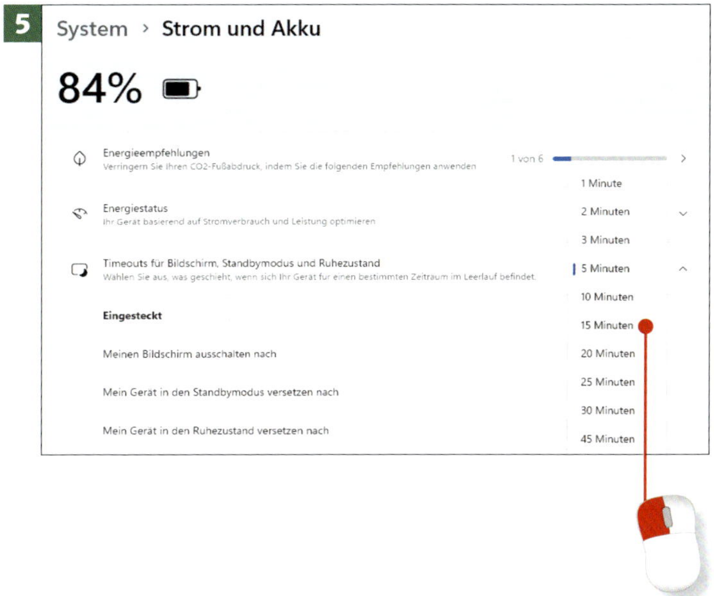

Schritt 6

Sie können auch einen generellen **Energiestatus** festlegen, der sich nach Ihrer Computernutzung richtet. Zur Auswahl stehen die Pläne **Ausbalanciert**, **Beste Energieeffizienz** sowie **Beste Leistung**. Bei einem Notebook treffen Sie die Auswahl wieder getrennt für den eingesteckten Zustand und den Akkubetrieb.

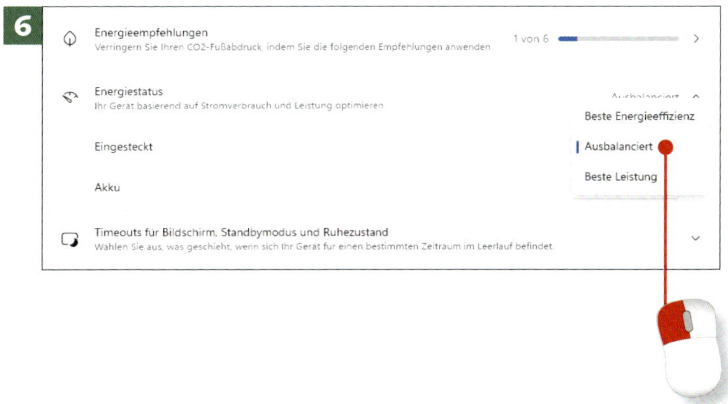

Kapitel 3
Am Bildschirm zurechtfinden

Ihr Computer ist flexibel und vielseitig. Sie können verschiedene Anwendungen gleichzeitig geöffnet haben. In diesem Kapitel lernen Sie, wie Sie Programme und die Apps genannten Anwendungen öffnen und zwischen ihnen wechseln.

Desktop und Startmenü einsetzen
Windows bringt eine leistungsfähige Steuerzentrale mit: das Startmenü. Von hier aus können Sie Apps und Programme öffnen, Einstellungen vornehmen oder den Computer ausschalten.

Apps effizient nutzen
Die Apps (Anwendungen) bringen nicht nur Farbe auf den Bildschirm. Sie sind auch leicht zu nutzen und können nach Wunsch personalisiert werden, sodass Sie sofort sehen, was in Ihrem Kalender steht und wie das Wetter heute wird.

Apps öffnen und wechseln
Texte schreiben, Fotos auf dem Notebook bearbeiten oder im Internet surfen: Für all das öffnen Sie aus einem integrierten Store geladene Apps oder anderweitig installierte Desktop-Programme. Heutzutage werden die Bezeichnungen *App* und *Programm* meist synonym verwendet. Sie können mehrere Apps gleichzeitig geöffnet lassen, z. B., um beim Surfen im Internet Ihre Lieblingsmusik zu hören.

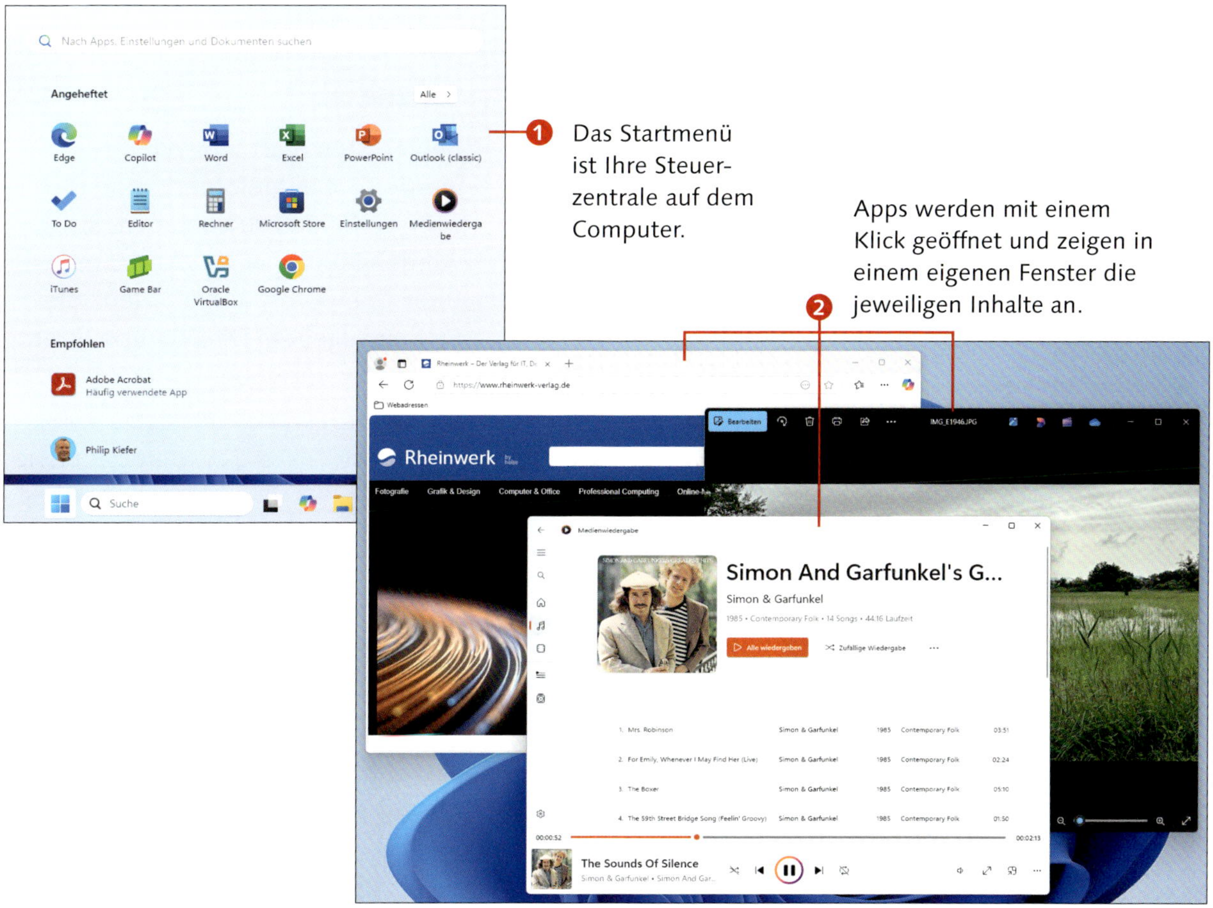

1 Das Startmenü ist Ihre Steuerzentrale auf dem Computer.

2 Apps werden mit einem Klick geöffnet und zeigen in einem eigenen Fenster die jeweiligen Inhalte an.

3 Über die Symbole in der Taskleiste wechseln Sie schnell zwischen den geöffneten Apps.

Bei Windows anmelden

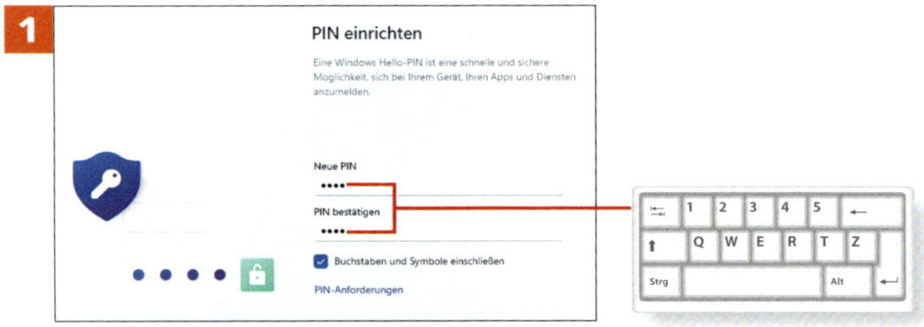

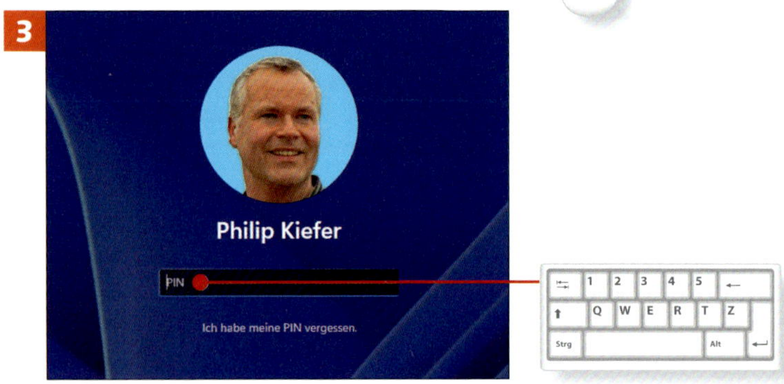

Windows merkt sich die Einstellungen, die Sie beim ersten Start vorgenommen haben. Lesen Sie hier, wie Sie sich neu anmelden.

Schritt 1

Beim ersten Start von Windows wurden Sie aufgefordert, eine PIN zum Anmelden zu vergeben. Sie werden künftig jedes Mal beim Start Ihres Computers aufgefordert, die PIN einzugeben. Dies schützt Ihren Computer vor unbefugtem Zugriff.

Schritt 2

Schalten Sie Ihren Computer ein. Er fährt hoch. Windows zeigt zuerst den *Sperrbildschirm* mit Datum und Uhrzeit. Klicken Sie an eine Stelle auf dem Bildschirm, oder drücken Sie eine beliebige Taste.

Schritt 3

Nun erscheint der Benutzername Ihres Microsoft-Kontos mit einem dunklen Eingabefeld darunter. Geben Sie hier Ihre PIN ein, und zwar exakt so, wie Sie sie beim Einrichten festgelegt haben.

Microsoft-Konto?

Windows hat Ihnen beim Einrichten des Computers vorgegeben, sich bei Microsoft anzumelden und ein E-Mail-Konto einzurichten, um möglichst viele Windows-Funktionen nutzen zu können. Dieses Microsoft-Konto hat aber nichts mit einer Bank zu tun und ist auch kostenlos. Bei der Einrichtung haben Sie Ihren Namen und Ihr Geburtsdatum eingegeben; die E-Mail-Adresse konnten Sie auswählen (siehe auch den Abschnitt »Eine E-Mail-Adresse einrichten« auf Seite 118).

Schritt 4

Direkt nach dem Tippen der letzten Ziffer werden Sie angemeldet. Sie drücken hier also *nicht* [↵]. Windows zeigt nach der Anmeldung den *Desktop*.

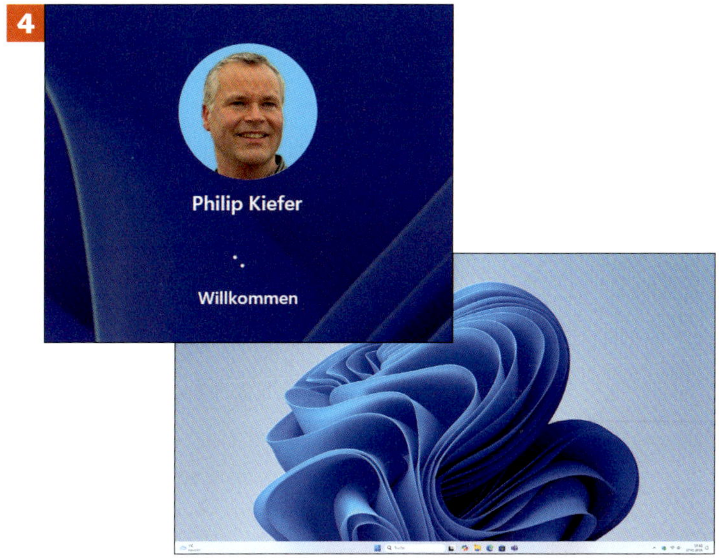

Schritt 5

Fordert Ihr Computer beim Anmelden ein Kennwort, auch *Passwort* genannt, geben Sie es in das entsprechende Feld ein. Es muss genau dem entsprechen, das Sie beim Einrichten ❶ festgelegt haben. Drücken Sie dann [↵] oder klicken Sie auf den Pfeil am Ende des Eingabefeldes.

Schritt 6

Weitere Anmeldemöglichkeiten können Sie nutzen, sofern Ihr Computer die passenden Geräte *(Hardware)* bietet: Für die *Gesichtserkennung* ist eine IR-(Infrarot-)Kamera nötig und für die *Fingerabdruckerkennung* ein Fingerabdruckleser ❷. Bei der Einrichtung erkennt Windows die Geräte und bietet die entsprechende Anmeldeoption an.

Windows kennenlernen – der Desktop

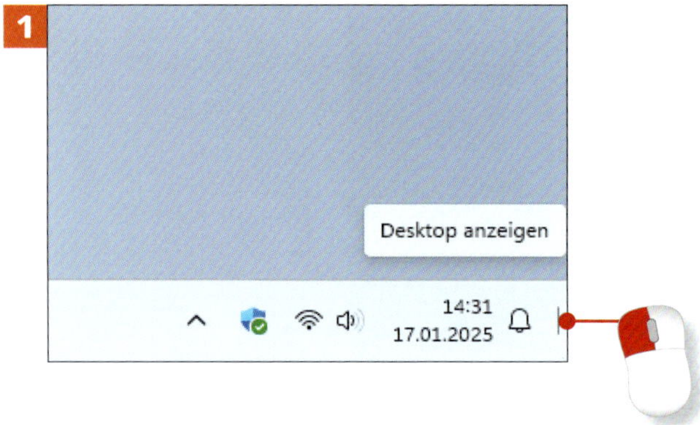

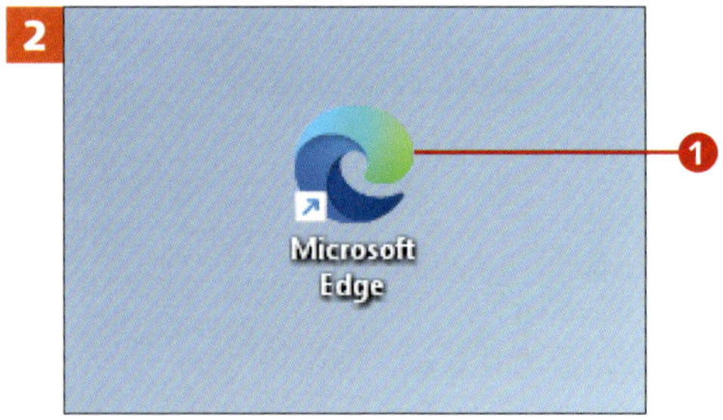

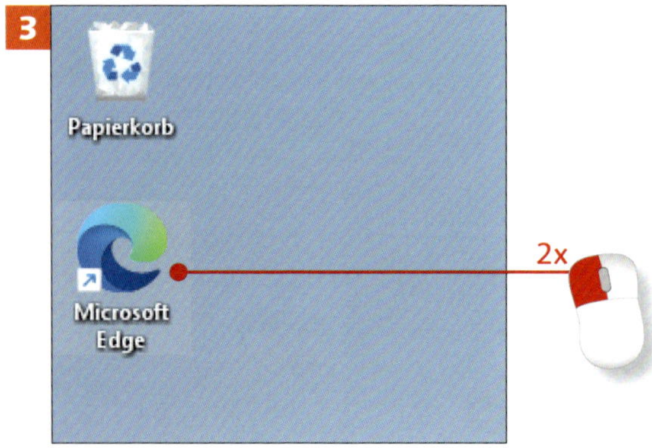

Auf dem Desktop (das ist die »Schreibtischoberfläche«) werden die App-Fenster geöffnet. Sie machen sich außerdem mit der nützlichen Taskleiste und dem Infobereich vertraut.

Schritt 1

Der Computer zeigt Ihnen nach dem Starten den *Desktop*. Sie können ihn jederzeit wieder einblenden, auch wenn Sie z. B. gerade im Internet unterwegs sind: Nutzen Sie dazu entweder die Tastenkombination [Windows] + [D], oder klicken Sie ganz unten rechts auf Ihrem Bildschirm auf den (sehr) schmalen Streifen.

Schritt 2

Neu installierte Programme und Apps legen manchmal eine *Verknüpfung* 1 auf dem Desktop an. Mit dieser Verknüpfung lassen sie sich schnell vom Desktop aus starten.

Schritt 3

Zum Öffnen einer App oder eines Programms klicken Sie doppelt auf das Symbol (die Verknüpfung). Oder Sie klicken das Symbol einmal an und drücken dann [Enter].

Schritt 4

Die Leiste am unteren Bildschirmrand des Desktops ist die *Taskleiste*. Dort sehen Sie ebenfalls Programmsymbole. Alle Programme und Apps auf der Taskleiste werden mit *einem* Klick geöffnet.

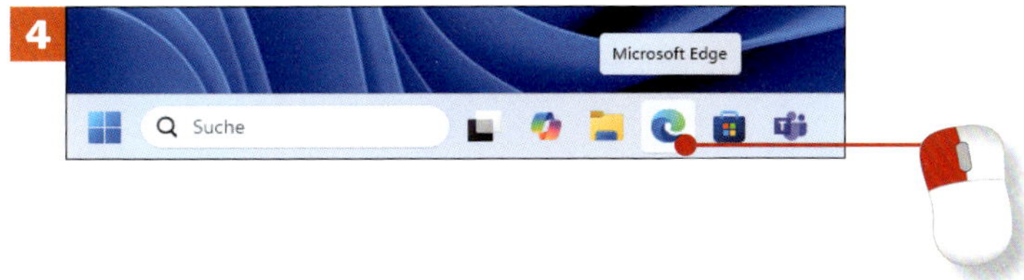

Schritt 5

Links unten auf der Taskleiste werden Ihnen verschiedene Informationen, z. B. das aktuelle Wetter, angezeigt ❷. Wenn Sie die Info anklicken, öffnet sich ein Bereich mit *Widgets* (kleinen Anwendungen), der eine bunte Auswahl an Meldungen anzeigt. Klicken Sie außerhalb des Widget-Bereichs, um diesen wieder auszublenden.

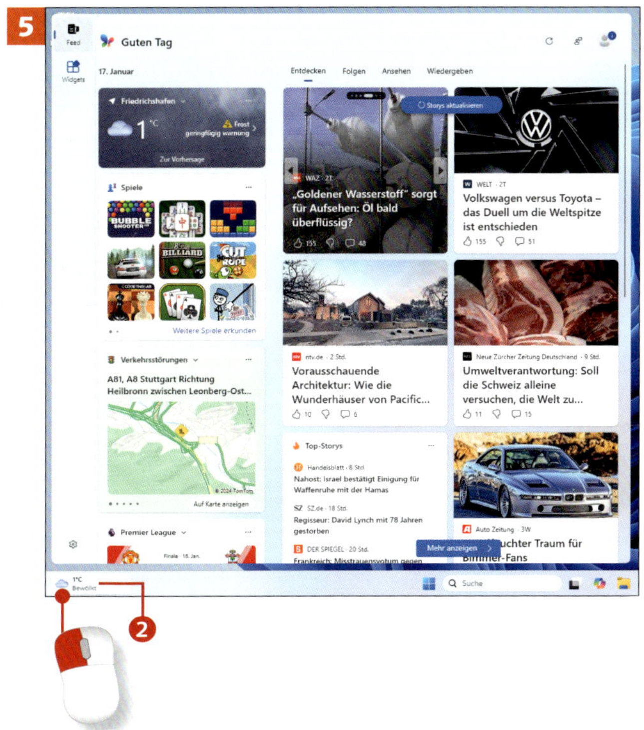

Schritt 6

Rechts unten gibt es im Infobereich einiges zu entdecken. Ohne erst klicken zu müssen, sehen Sie direkt Datum und Uhrzeit ❸. Rechts daneben zeigt eine eingefärbte Glocke an, dass es neue **Benachrichtigungen** von Ihrem Computer für Sie gibt. Klicken Sie die Glocke an.

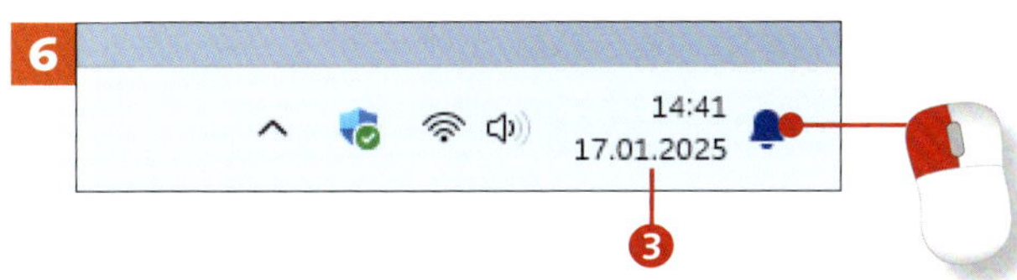

Bei mir fehlen Symbole

Je nach Version werden auf Ihrem Computer im Infobereich weniger oder andere Symbole angezeigt. Durch einen Klick auf den Pfeil können Sie die anderen Symbole aufrufen (siehe Schritt 8).

Windows kennenlernen – der Desktop (Forts.)

7

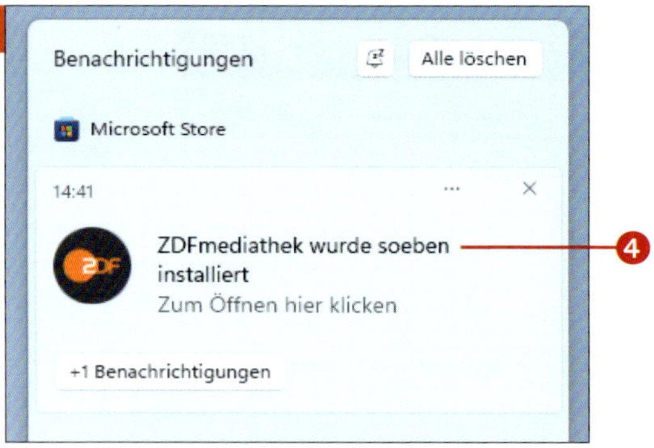

Schritt 7

Sie gelangen zum Benachrichtigungscenter. Oben sehen Sie die neuen Benachrichtigungen, z. B. zur Installation neuer Apps, zur Computersicherheit, zum E-Mail-Eingang oder zu Ihrem *Microsoft-Konto* ❹. Sobald Sie das Center geöffnet haben, verschwindet die Einfärbung der Glocke.

8

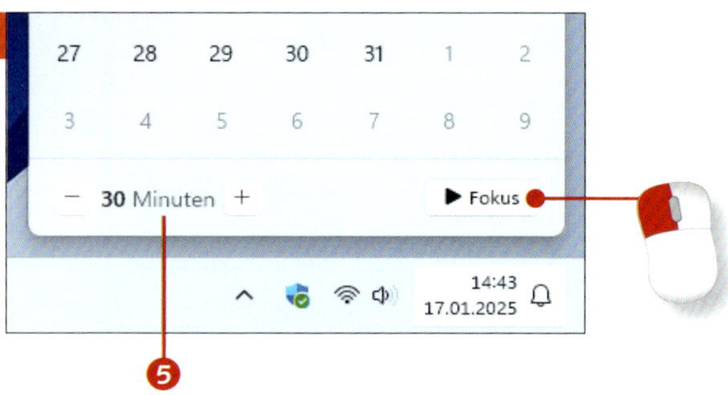

Schritt 8

Im unteren Bereich des Benachrichtigungscenters können Sie den Computer für die eingestellte Zeit ❺ auf »Nicht stören« stellen, hier **Fokus** genannt. Ein Klick auf **Fokus** genügt, und Sie erhalten für die eingestellte Zeit keine neuen Benachrichtigungen. Klicken Sie auf eine leere Stelle auf dem Desktop, um das Benachrichtigungscenter zu schließen.

9

Schritt 9

Zum *Infobereich* unten rechts gehört noch mehr: Sie können die Einstellungen für den Internetempfang ❻ aufrufen, die Lautstärke ❼ einstellen und – bei Notebooks – den Akkuladestand ❽ prüfen. Diese drei Symbole liegen auf einer Schaltfläche. Das heißt, Sie klicken eines der Symbole an und sehen dann die Einstellungen zu allen drei Themen.

Schritt 10

In der obersten Reihe ist Ihr Router ❾ aufgeführt. In der Reihe darunter gelangen Sie zu weiteren Einstellungen, z. B. **Nachtmodus**, **Mobiler Hotspot** und **Barrierefreiheit** (siehe dazu Kapitel 10, »Spezielle Einstellungen vornehmen«, ab Seite 264). Helligkeit ❿ und Lautstärke ⓫ regeln Sie hier, indem Sie den Punkt nach rechts oder links ziehen. Klicken Sie auf den Desktop zum Schließen dieser Einstellungen.

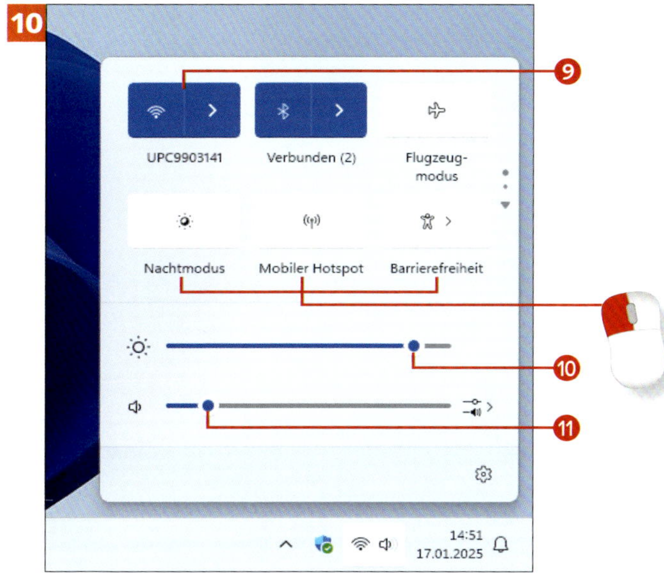

Schritt 11

Klicken Sie nun auf den kleinen Pfeil im Infobereich. Damit machen Sie ausgeblendete Symbole des Infobereichs in einem Menü sichtbar. Auch dieses Menü blenden Sie aus, indem Sie auf den Desktop klicken.

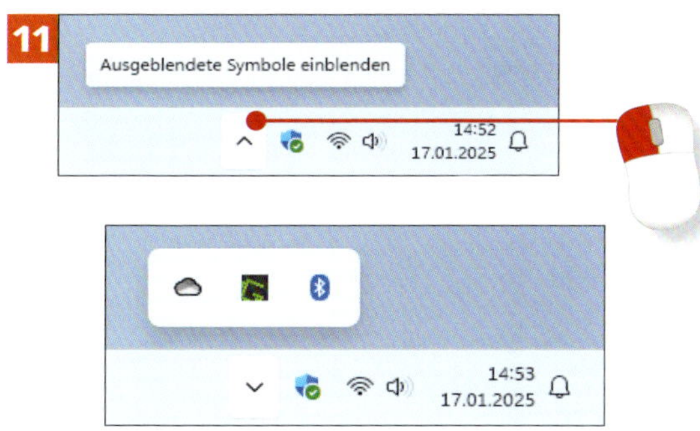

Schritt 12

Die Wolke ⓬ im Infobereich steht für die Microsoft-Cloud *OneDrive*. Dies ist ein Dienst, der Ihre Dateien nicht auf Ihrem Computer, sondern in der Cloud, also auf einem Netz vieler Rechner speichert. Das hat den Vorteil, dass Sie auch von anderen Geräten aus darauf zugreifen können.

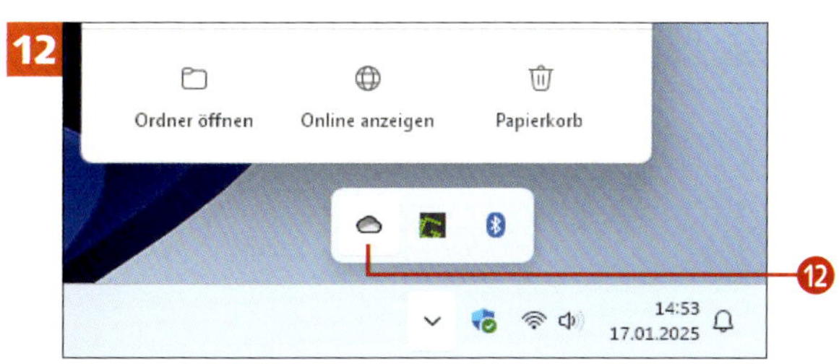

Windows kennenlernen – das Startmenü

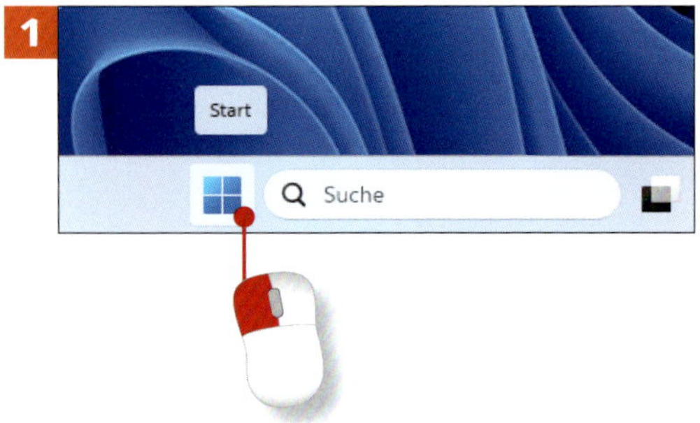

Auch über das Startmenü lassen sich Programme und Apps öffnen. Außerdem finden Sie hier alle Apps und damit viel mehr als auf dem Desktop.

Schritt 1

Rufen Sie das *Startmenü* über einen Klick auf das Windows-Logo auf. Sie können alternativ auch die Taste [Windows-Taste] auf Ihrer Tastatur drücken.

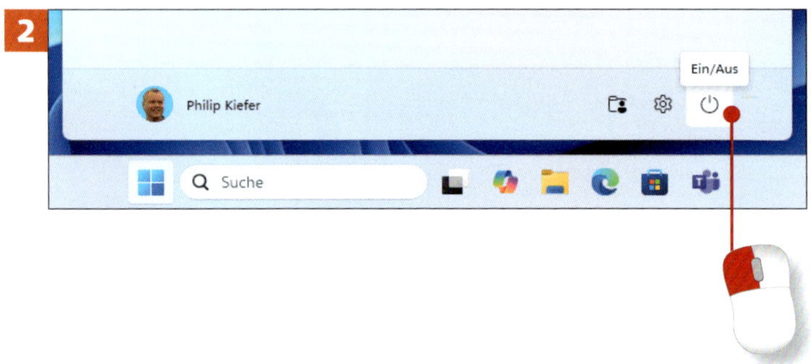

Schritt 2

Das Startmenü ist eine kleine Steuerzentrale. Achten Sie zunächst auf den untersten Teil: Hier schalten Sie den Computer aus. Klicken Sie auf **Ein/Aus**.

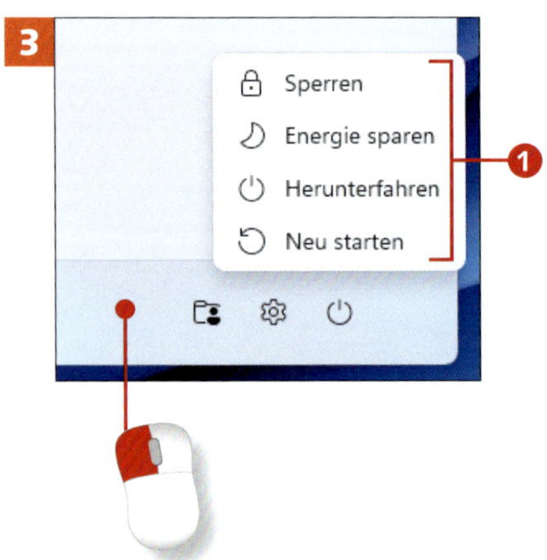

Schritt 3

Sie haben vier Möglichkeiten ❶: den Bildschirm zu sperren, den Computer in den Energiesparmodus zu versetzen, ihn herunterzufahren, also auszuschalten, oder ihn neu zu starten. Im Moment soll der Computer angeschaltet bleiben, also klicken Sie an eine »leere« Stelle im Startmenü.

Schritt 4

Im linken unteren Teil des Startmenüs steht ihr Benutzername. Klicken Sie diesen an, um Informationen zu Ihrem Benutzerkonto aufzurufen.

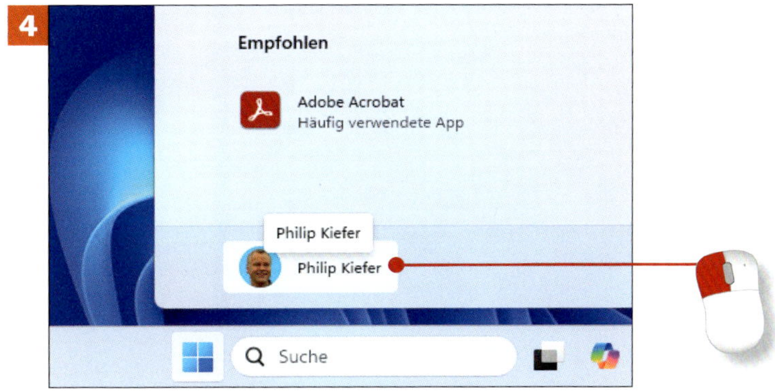

Schritt 5

Wählen Sie **Mein Microsoft-Konto**, wechselt Windows zur entsprechenden Seite der **Einstellungen**.

Schritt 6

Oben im Startmenü finden Sie die **Suchleiste**. Sobald Sie in die Suchleiste klicken, ändert sich das Startmenü und zeigt die Ansicht, die Ihnen auch bei Eingabe in das Suchfeld ❷ in der Taskleiste angezeigt wird (wie Sie die Suche nutzen, lesen Sie im nächsten Abschnitt).

App = Programm?

App ist die Kurzform für *Application*, das bedeutet »Anwendung«. Windows benutzt im Startmenü für alles den Begriff App.

Windows kennenlernen – das Startmenü (Forts.)

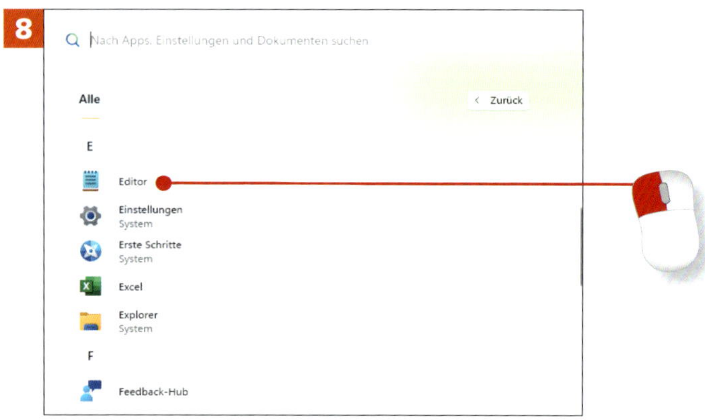

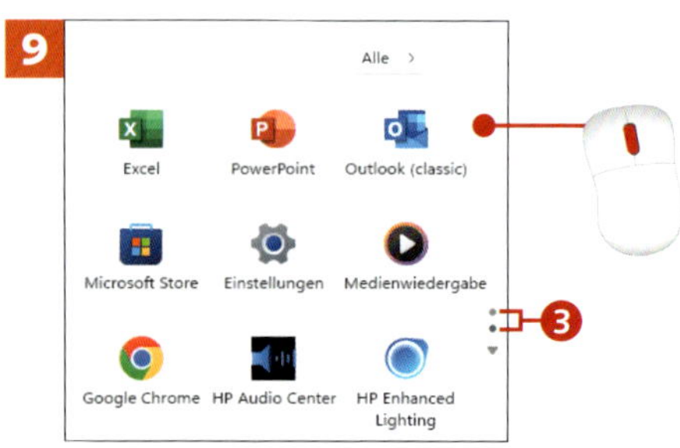

Die App soll ganz nach vorn!
Kein Problem: Klicken Sie die App im Startmenü mit der rechten Maustaste an und im Kontextmenü auf **Nach vorne verschieben**, schon springt sie an die erste Stelle.

Schritt 7

Zurück zum Startmenü: Schauen Sie sich den Bereich **Angeheftet** an. Hier sehen Sie viele bunte Symbole. Jedes Symbol steht für eine Anwendung, und jede Anwendung öffnen Sie mit einem Klick auf ihr Symbol. Wenn Sie selbst Anwendungen hinzufügen, werden für diese ebenfalls Symbole angelegt. Um alle Apps zu sehen, klicken Sie oben auf **Alle**.

Schritt 8

Windows zeigt Ihnen daraufhin eine Liste aller installierten Apps, sortiert nach Alphabet. Mehr von der Liste sehen Sie, wenn Sie den Mauszeiger über die Liste der Apps führen und dann das Mausrad zu sich hindrehen (so *scrollen* Sie). Ein Klick auf den Namen einer Anwendung öffnet sie sofort, hier der *Editor*.

Schritt 9

Das Startmenü schließt sich, sobald Sie eine App oder ein Programm gestartet haben. Öffnen Sie es wieder über [Windows-Taste]. Auch wenn Sie viele Apps angeheftet haben, können Sie scrollen, wie in Schritt 8 beschrieben. Das erkennen Sie an den beiden Punkten rechts ❸.

Schritt 10

Zum Umsortieren ziehen Sie mit gedrückter Maustaste ein Symbol an den neuen Ort (siehe den Abschnitt »Mit der Maus arbeiten« auf Seite 38). Die anderen Symbole machen automatisch Platz. Sie können Symbole auch aufeinanderziehen, um diese in Ordner einzusortieren.

Schritt 11

Apps im Bereich **Angeheftet**, die Sie nie brauchen, blenden Sie aus. Klicken Sie die App mit rechts an und wählen Sie **Von „Start" lösen**. Das Symbol verschwindet von der ersten Seite des Startmenüs. In der Gesamtliste der Apps ist sie aber noch vorhanden.

Schritt 12

Sind Sie sicher, dass Sie eine App nicht brauchen, löschen Sie sie. Klicken Sie erst die App mit rechts an und dann auf **Deinstallieren**. Bestätigen Sie die erscheinende Nachfrage mit einem Klick auf **Deinstallieren**. Die App ist dann sowohl aus dem Startmenü als auch aus der App-Liste verschwunden. Manche Apps können Sie hier nicht löschen; blenden Sie sie dann aus.

10

11

12

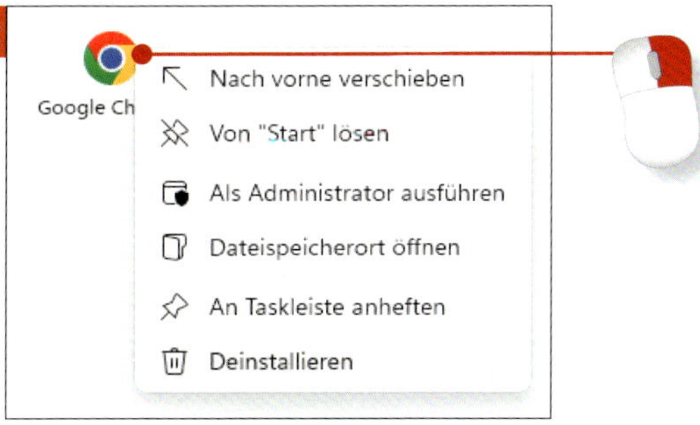

Links oder rechts?

Apps starten Sie im Startmenü mit einem Linksklick. Soll eine App aber deinstalliert oder an die Taskliste angeheftet werden, drücken Sie die rechte Maustaste.

Die Suchfunktion nutzen

1

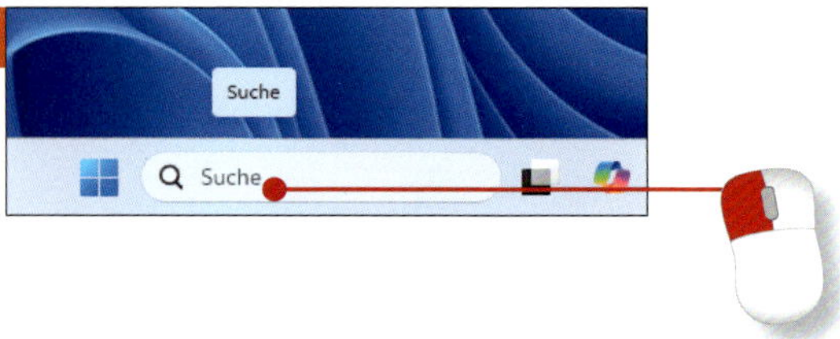

2

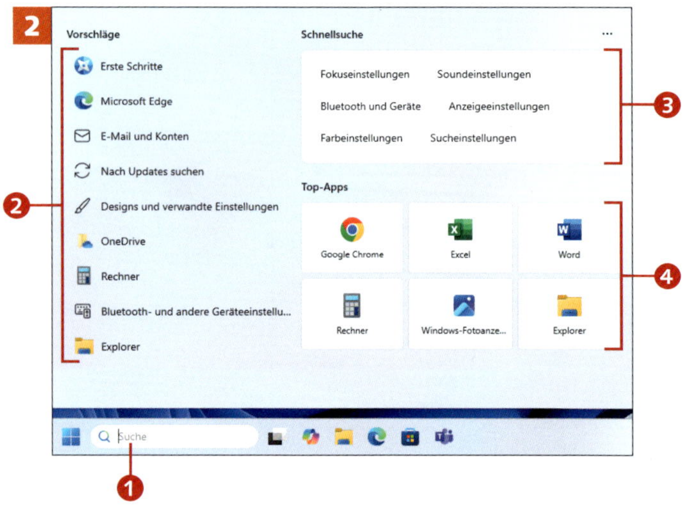

3

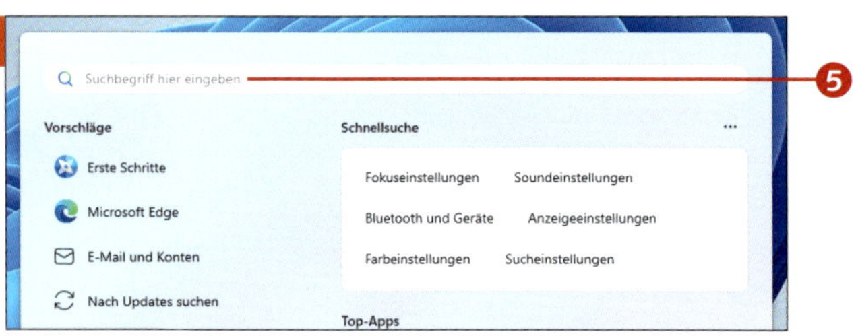

Auf Groß- und Kleinschreibung achten?

In der Suchfunktion ist es egal, ob Sie Ihren Suchbegriff groß- oder kleinschreiben. Auch über Tippfehler sieht Windows hinweg, solange es erkennen kann, was gemeint ist.

Schnell mal was auf dem Computer suchen – mit Windows kein Problem. Lesen Sie hier, wie Sie die Suchfunktion nutzen.

Schritt 1

Direkt neben dem Windows-Logo, mit dem Sie das Startmenü öffnen, finden Sie ein Suchfeld oder (je nach Einstellung) eine Lupe, mit der Sie die **Suche** von Windows öffnen. Klicken Sie in das Suchfeld bzw. auf die Lupe.

Schritt 2

In das Suchfeld ❶ werden Sie gleich Ihren Suchbegriff eintippen. Im Suchfenster erhalten Sie Vorschläge ❷ zum Aufrufen von Funktionen, für die Schnellsuche ❸ sowie zum Öffnen von Apps ❹.

Schritt 3

Ist in der Taskleiste statt des Suchfeldes die Lupe eingeblendet, wird das Suchfeld ❺ für die Eingabe Ihrer Suchbegriffe oben im Suchfenster angeboten.

Schritt 4

Um eine Suche zu starten, tippen Sie den Suchbegriff in das Suchfeld ein. Bereits während der Eingabe wird die Suche gestartet. Sie können auch mehrere Wörter eingeben, die dann durch ein unsichtbares Und verknüpft werden.

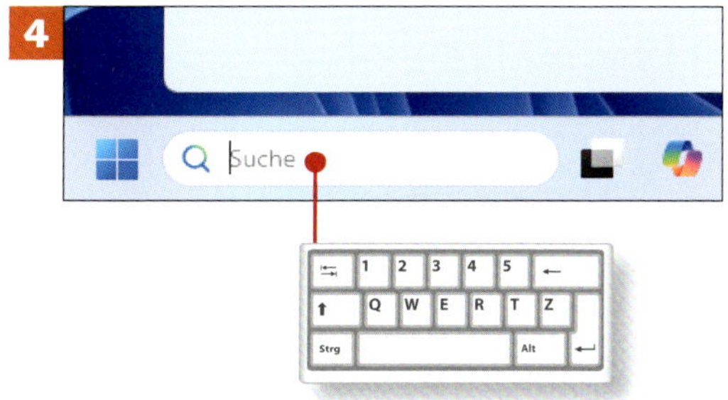

Schritt 5

Hier wird ein Ordner mit Namen *Beispielfotos* gesucht. Der Suchbegriff lautet also »Beispielfotos«. Sie brauchen die Eingabe nicht zu bestätigen.

Schritt 6

Sehen Sie sich das Suchergebnis an: Neben dem gesuchten Ordner ❻ werden auch Informationen aus dem Internet angezeigt ❼. Oberhalb des Suchergebnisses erlaubt eine Leiste das Filtern des Suchergebnisses nach Apps, Dokumenten usw. ❽.

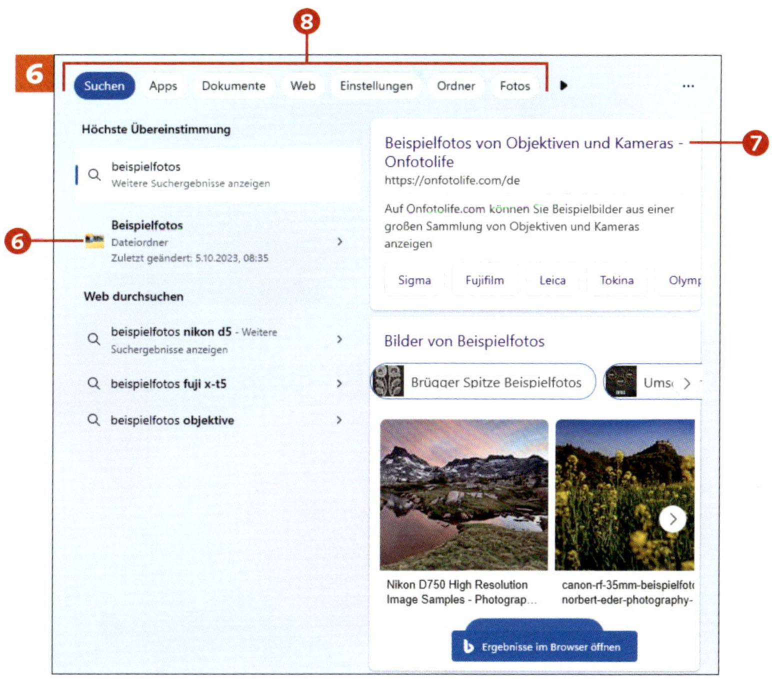

Apps starten und verwenden

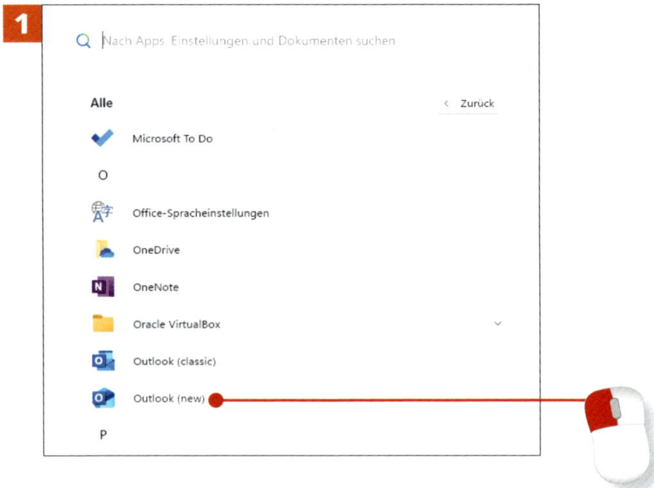

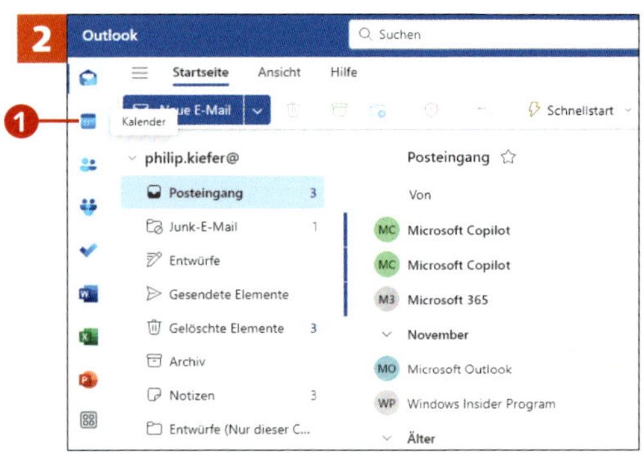

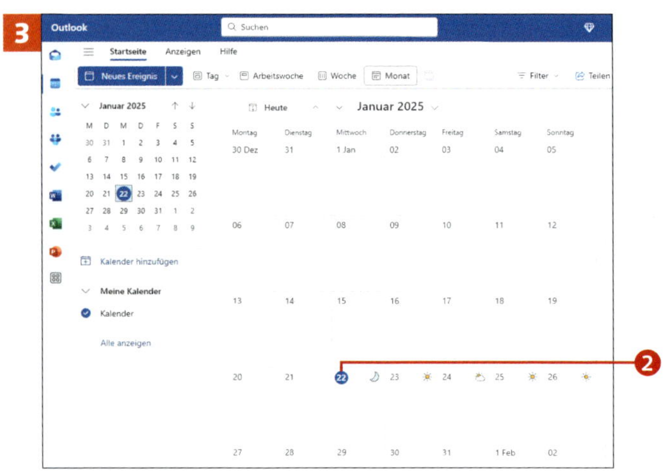

Jede App hat eine bestimmte Aufgabe. Die Handhabung beim Starten und Schließen ist jedoch bei allen gleich.

Schritt 1

Rufen Sie das Startmenü auf. Alle Apps starten Sie auf dieselbe Weise: Sie klicken im Startmenü auf das verknüpfte Symbol bzw. auf den Eintrag unter **Alle**. Wie Sie sich innerhalb einer App bewegen, erfahren Sie am Beispiel der App *Outlook* für Windows, hier im Menü **Outlook (new)** genannt.

Schritt 2

Es wird zunächst der E-Mail-Bereich angezeigt, zu diesem Thema kommen wir in Kapitel 5. Wechseln Sie zum Kalenderbereich, indem Sie in der Leiste links auf das Kalendersymbol klicken ❶.

Schritt 3

Der Kalender öffnet sich in der Monatsansicht; der aktuelle Tag ist hervorgehoben ❷.

Schritt 4

Im Kalender tragen Sie einen neuen Termin ein, indem Sie das Feld mit dem entsprechenden Datum auswählen und es dann nochmals anklicken. Es öffnet sich ein Formular. Geben Sie den Namen des Termins ein, z. B. »Treffen mit Marius«. Handelt es sich um einen ganztägigen Termin, etwa einen Geburtstag, aktivieren Sie den Schalter **Ganztägig** ❸.

Schritt 5

In diesem Fall legen Sie eine Uhrzeit fest: Klicken Sie auf den kleinen Pfeil bei der Startzeit. Eine Liste mit Uhrzeiten klappt auf. Führen Sie den Mauszeiger über die Liste, und drehen Sie das Mausrad zu sich hin, bis die richtige Zeit erreicht ist. Alternativ schieben Sie zwei Finger auf dem Touchpad nach oben. (Dabei müssen Sie je nach Uhrzeit mehrmals neu ansetzen.) Klicken Sie die gewünschte Uhrzeit an.

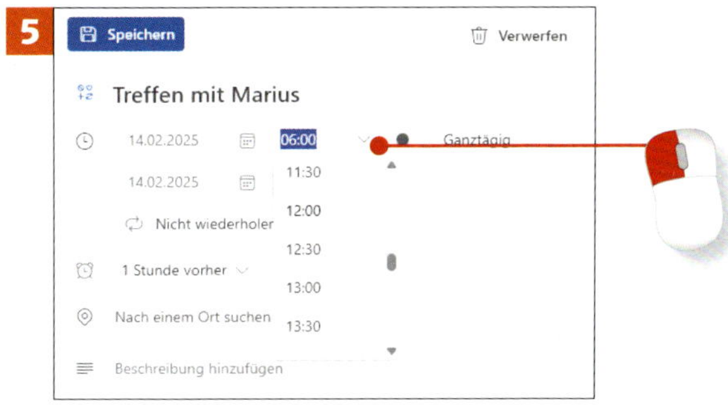

Schritt 6

Nun klicken Sie auf den kleinen Pfeil beim zweiten Uhrzeitfeld und stellen die (voraussichtliche) Endzeit ein.

Den nächsten Monat aufrufen

Links neben dem aktuellen Monat sehen Sie zwei Pfeile. Mit dem Pfeil nach oben wechseln Sie zum vorigen Monat, mit dem Pfeil nach unten zum nächsten Monat.

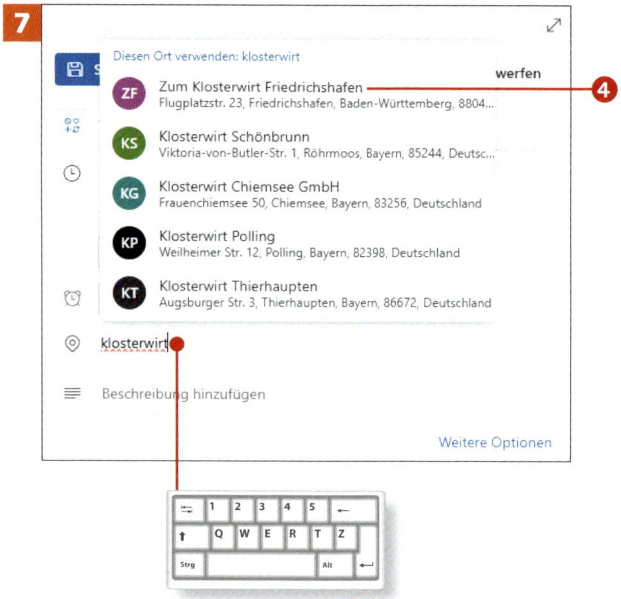

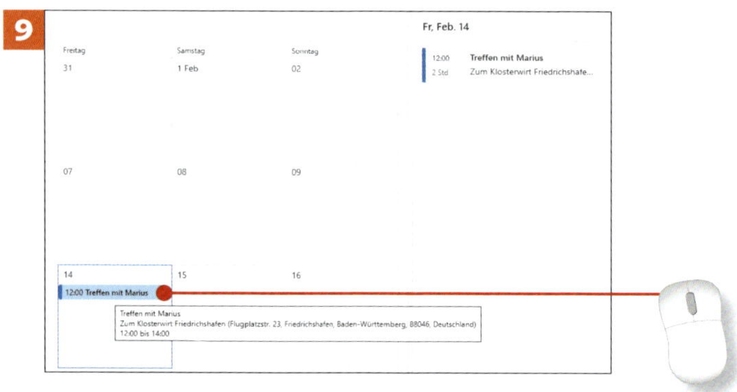

Schritt 7

Wenn Sie möchten, tragen Sie noch den Ort zu Ihrem Termin ein ❹. Windows will auch hier hilfreich sein und schlägt Ihnen mögliche passende Orte vor, sofern Sie dem Computer den Zugriff auf Ihre Position erlauben. Klicken Sie einen Ort zur Auswahl an.

Schritt 8

Eine **Erinnerung** ist voreingestellt. Um eine andere Erinnerungszeit auszuwählen oder die Erinnerung abzuschalten, öffnen Sie das Menü beim Weckersymbol und wählen einen Eintrag. Klicken Sie schließlich auf **Speichern** ❺.

Schritt 9

Sie sehen Ihren Termin jetzt in der Monatsübersicht sowie rechts in der Terminliste für den jeweiligen Tag. Bewegen Sie den Mauszeiger auf einen Termin, um Detailinfos dazu einzublenden.

Und die drei Striche links?

Viele Apps haben links oben unter dem App-Namen eine Schaltfläche mit drei waagerechten Strichen. Wenn Sie daraufklicken, wird die Seitenleiste aus- bzw. eingeblendet. Die Seitenleiste enthält weitere Funktionen der jeweiligen App.

Schritt 10

Ein Termin lässt sich nachträglich bearbeiten und mit weiteren Details versehen. Klicken Sie den erstellten Termin dazu an und wählen Sie die Schaltfläche **Bearbeiten**.

Schritt 11

Sie erhalten wieder das Formular, das Sie bereits kennen. Klicken Sie rechts unten auf **Weitere Optionen**.

Schritt 12

Der Termin wird in einem Detailfenster geöffnet. Nehmen Sie Ihre Anpassungen vor. Sie können auch Personen zur Teilnahme an dem Termin einladen ❻.

10

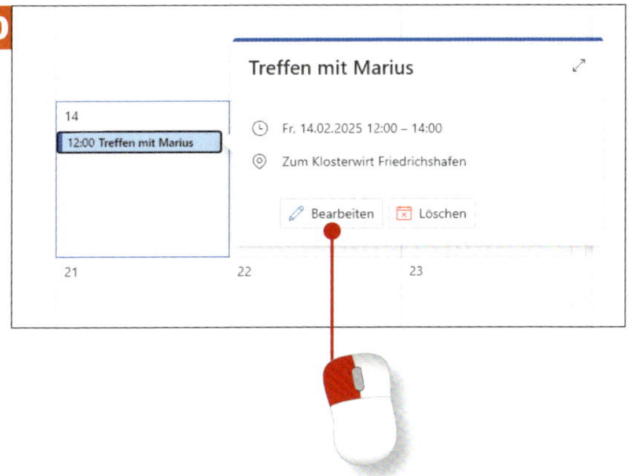

11

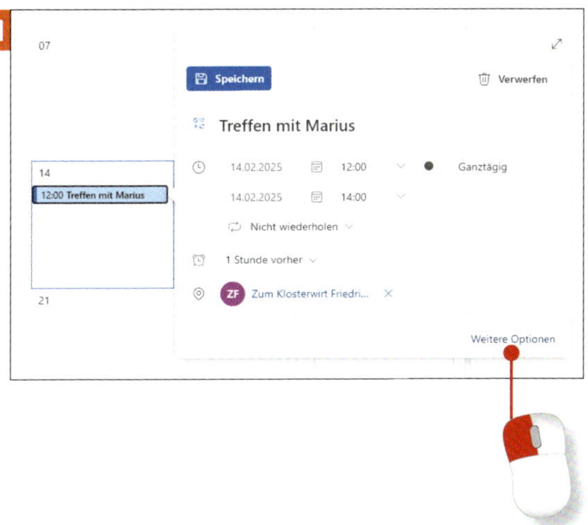

12

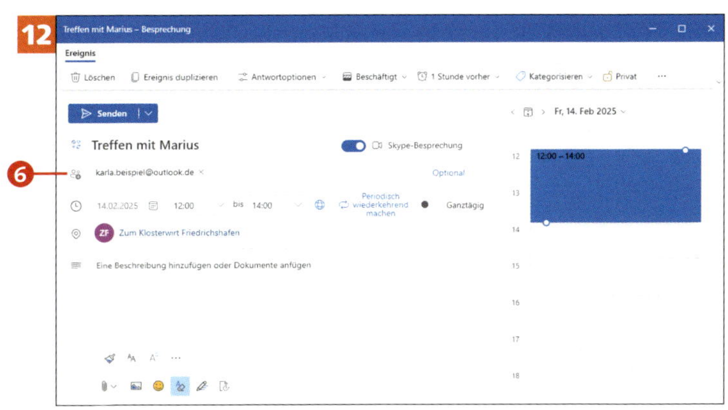

Weitere Funktionen in Outlook

In Outlook für Windows lassen sich nicht nur E-Mails und Termine verwalten, sondern auch Kontakte sowie Aufgaben und Notizen. Gehen Sie bei der Erkundung von Apps schrittweise vor und machen Sie sich mit einem Bereich nach dem anderen vertraut.

Apps beenden

Um eine geöffnete App wieder zu schließen, bieten sich Ihnen mehrere Möglichkeiten. Lernen Sie die wichtigsten kennen.

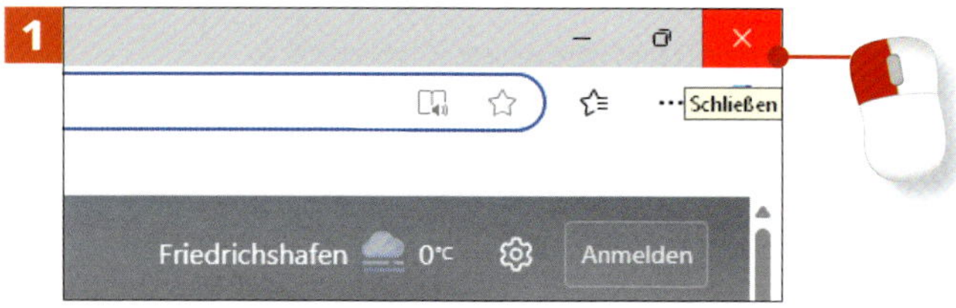

Schritt 1

Klicken Sie rechts oben in einem Fenster auf das Schließkreuz. Dadurch wird das jeweilige Fenster geschlossen. Haben Sie mehrere Fenster einer App geöffnet, müssten Sie den Vorgang mit den weiteren Fenstern also wiederholen.

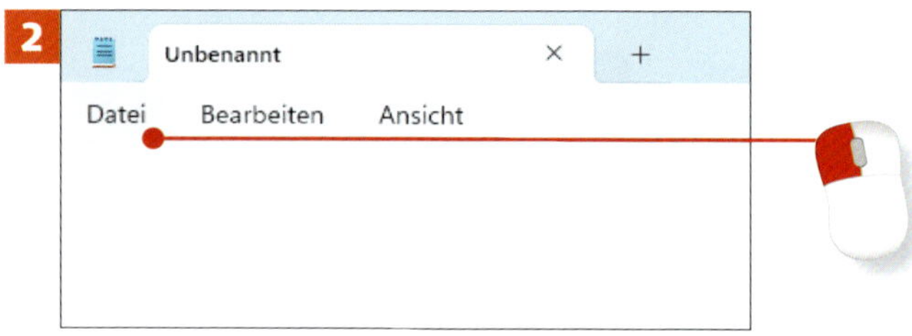

Schritt 2

Bei einigen Programmen ist das Beenden über die Menüleiste möglich. Wählen Sie etwa in der Menüleiste des Editors **Datei**.

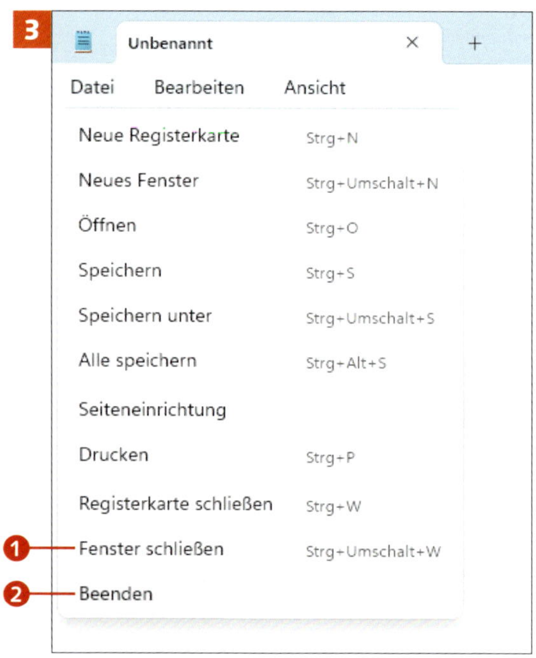

Schritt 3

Wie Sie feststellen, erhalten Sie sowohl die Option **Fenster schließen** ❶ (weitere geöffnete Fenster des Editors bleiben geöffnet) als auch **Beenden** ❷ (alle Fenster des Editors werden geschlossen).

Schritt 4

Auch über das Symbol in der Taskleiste kann eine App beendet werden. Klicken Sie das Symbol dazu mit der rechten Maustaste an – in diesem Fall das Symbol von Microsoft Edge.

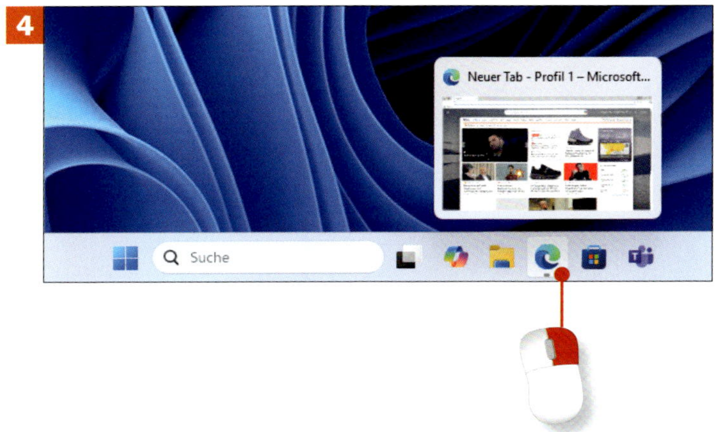

Schritt 5

Wählen Sie im Kontextmenü des Symbols den untersten Eintrag **Fenster schließen**.

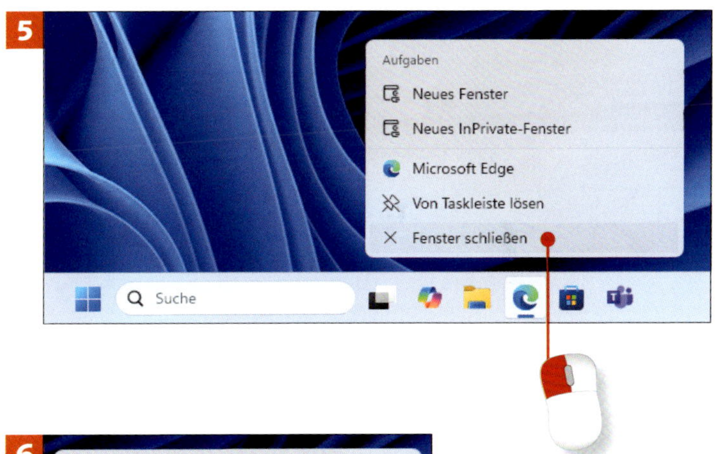

Schritt 6

Sind mehrere Fenster einer App geöffnet, entscheiden Sie sich zum Beenden für den Eintrag **Alle Fenster schließen**.

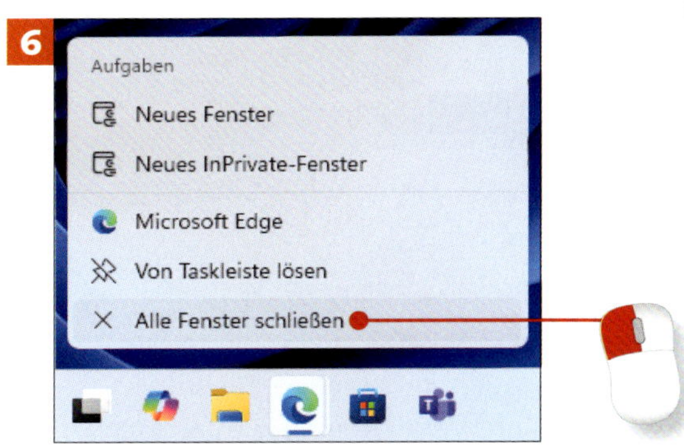

i

Wo kommen Desktop-Programme her?

Im Gegensatz zu Apps, die Sie aus dem Store laden, laden Sie Desktop-Programme von einer vertrauenswürdigen Webseite und installieren sie dann auf dem PC. Ein Beispiel finden Sie im Abschnitt »Einen Drucker installieren« auf Seite 288. Wie schon erwähnt, nennt Windows alle Anwendungen *Apps*.

Mehrere Apps öffnen

1
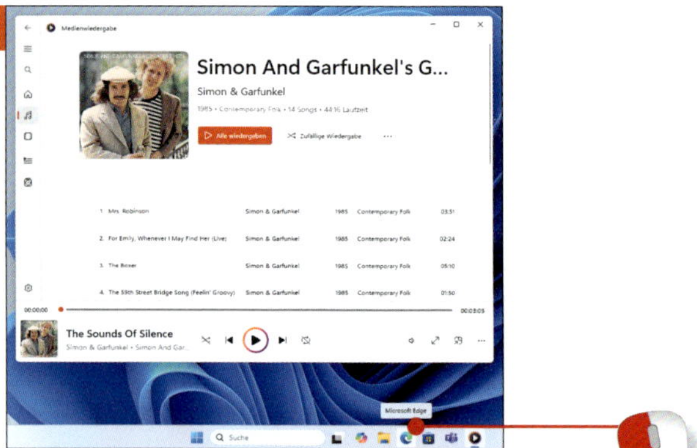

2
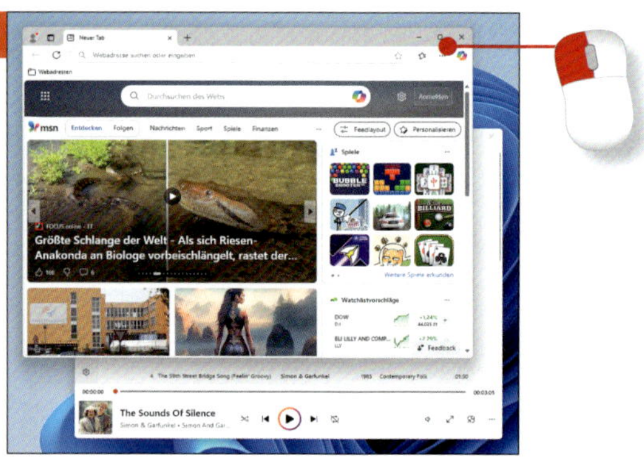

3
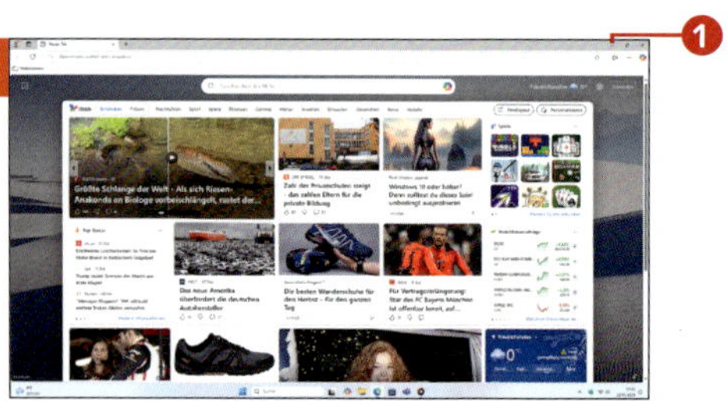

Sie können leicht von einer App zur anderen wechseln oder auch von Apps zum Desktop.

Schritt 1

Öffnen Sie eine App aus dem Startmenü, z. B. die App *Medienwiedergabe*. Lassen Sie sie geöffnet. Öffnen Sie eine zweite App, z. B. *Microsoft Edge*, mit einem Klick auf die entsprechende Schaltfläche in der Taskleiste.

Schritt 2

Die zweite App, Edge, verdeckt die erste App, zeigt aber auch noch ein Stück Desktop. Vergrößern Sie die Ansicht des vorderen *Fensters*, damit Sie seinen Inhalt auch gut erkennen können. Klicken Sie dazu auf das Rechteck oben rechts in diesem Fenster (siehe auch den Abschnitt »Mit Fenstern umgehen« auf Seite 68).

Schritt 3

Die vordere App – hier also Microsoft Edge – nimmt nun den ganzen Bildschirm ein. Außer ihr ist nur noch die Taskleiste zu sehen.

Schließen nicht nötig!

Wenn Sie im Internet »surfen« und mal eben nach einer E-Mail schauen wollen, müssen Sie das Internetfenster nicht schließen. Verkleinern Sie es einfach durch einen Klick auf das Minus ❶ oben rechts. Es steht für **Minimieren**.

Schritt 4

In der Taskleiste sehen Sie auch das Symbol der zuerst geöffneten App (Medienwiedergabe), da diese noch geöffnet ist. Sie ist sozusagen in den Hintergrund gewandert. Um die App wieder in den Vordergrund zu holen, klicken Sie in der Taskleiste auf das App-Symbol.

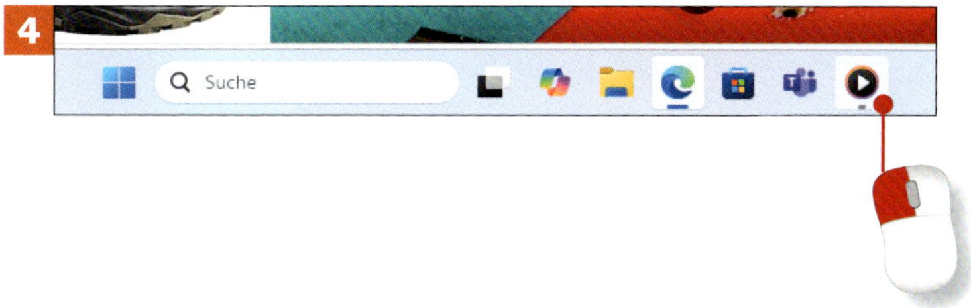

Schritt 5

Wollen Sie den Desktop sehen und die Apps geöffnet lassen, drücken Sie [⊞] + [D]. So sind die Symbole der geöffneten Apps weiterhin in der Taskleiste zu sehen. Dass sie im Hintergrund geöffnet sind, erkennen Sie an der Markierung unter den Symbolen ❷.

Schritt 6

Um eine App wieder in den Vordergrund zu holen, klicken Sie auf das Symbol in der Taskleiste. Sobald Sie eine App geschlossen haben, verschwindet das Symbol aus der Taskleiste. Nur bei dort angehefteten Apps bleibt das Symbol stehen ❸, nun aber ohne Markierung darunter.

Zwischen Apps mit der Tastatur wechseln

Drücken Sie die [Alt]-Taste, und halten Sie sie gedrückt. Drücken Sie zusätzlich einmal die Tabulator-Taste [⇆]: Windows zeigt alle geöffneten Apps verkleinert in der Bildschirmmitte an. Mit jedem Drücken der [⇆]-Taste wird zwischen den aktuell geöffneten Apps hin und her gewechselt. Ist Windows bei der gewünschten App angelangt – sie ist von einem blauen Rahmen umgeben –, lassen Sie [Alt] los.

Apps in Startmenü und Taskleiste anzeigen

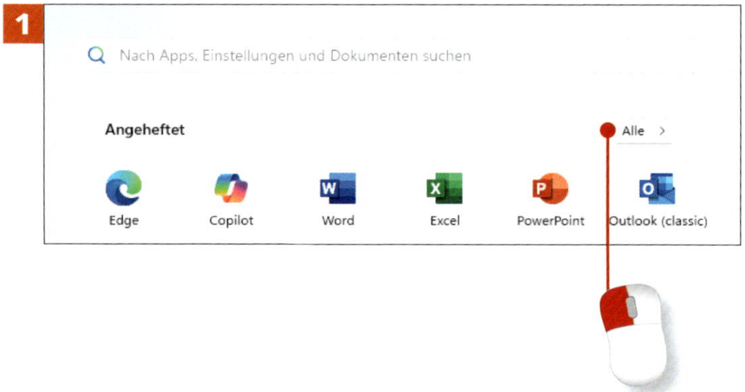

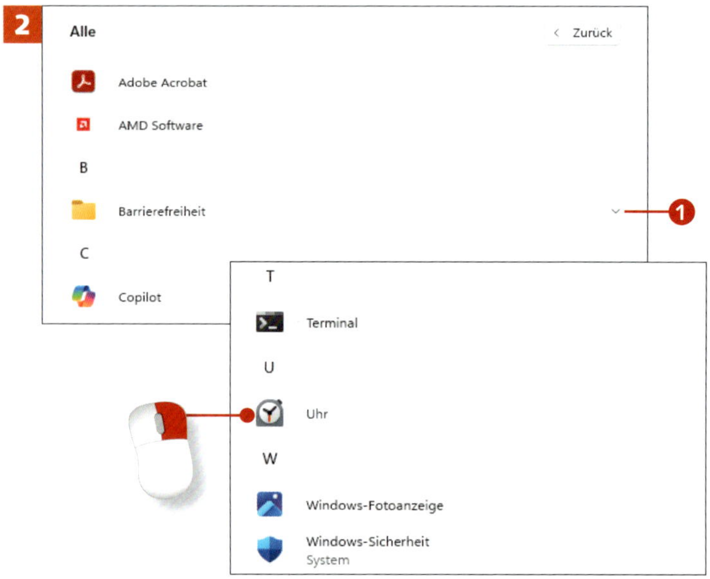

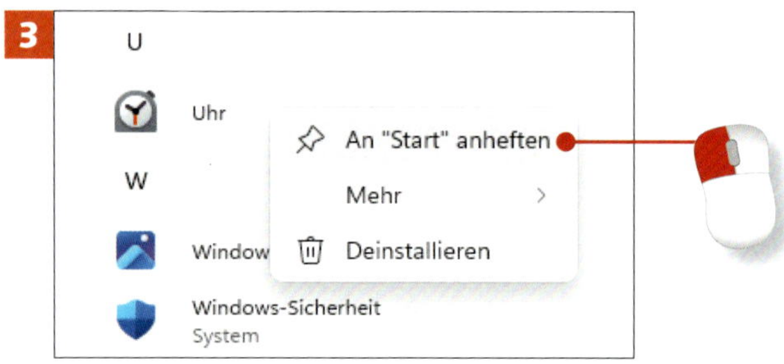

Windows wird auf Ihrem Computer mit einer Auswahl an Apps installiert. Einige davon sehen Sie in der Taskleiste und im Startmenü, und Sie können dort noch mehr Anwendungen anheften.

Schritt 1

Um alle installierten Anwendungen zu sehen, rufen Sie das Startmenü auf. Klicken Sie dazu auf das Windows-Logo, oder drücken Sie die Taste [Windows-Taste]. Mit einem Klick auf **Alle** gelangen Sie zur Liste der installierten Apps und Programme in alphabetischer Reihenfolge.

Schritt 2

Scrollen Sie bis zur gewünschten App. Ist ein kleiner Pfeil 1 neben einem Eintrag zu sehen, gibt es unter dem Oberbegriff mehrere Apps oder Programmteile. Um eine Anwendung als Kachel dem Startmenü anzuheften, klicken Sie mit der *rechten* Maustaste auf den Namen. Im Beispiel sehen Sie die App *Uhr*.

Schritt 3

Mit dem Rechtsklick erscheint das Kontextmenü. Klicken Sie hier auf **An „Start“ anheften**.

Schritt 4

Windows erstellt eine Verknüpfung im Startmenü. Möchten Sie das Symbol verschieben, ziehen Sie es mit gedrückter Maustaste an die gewünschte Stelle. Die anderen Symbole machen Platz (siehe auch den Abschnitt »Mit der Maus arbeiten« auf Seite 38).

Schritt 5

Auch an die Taskleiste lassen sich Apps heften. Klicken Sie in der App-Liste mit der rechten Maustaste auf die Kachel. Im Kontextmenü klicken Sie auf **Mehr ▸ An Taskleiste anheften**.

Schritt 6

Ist eine App, die der Taskleiste angeheftet werden soll, gerade geöffnet, klicken Sie das Taskleistensymbol mit der rechten Maustaste an und wählen ebenfalls **An Taskleiste anheften**.

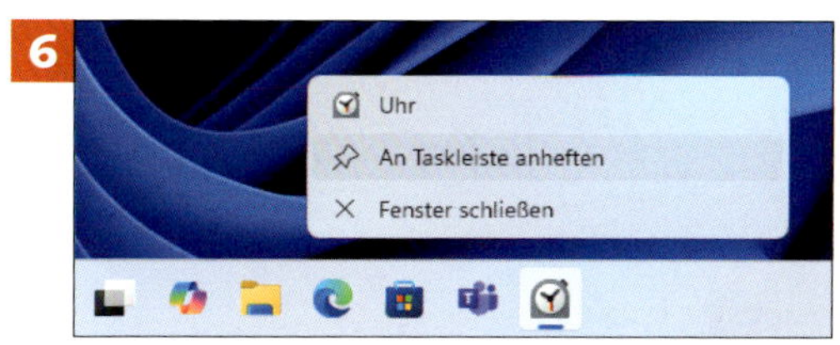

Symbole auf den Desktop legen

Auch über den Desktop haben Sie schnellen Zugriff auf Ihre Apps. Rufen Sie den Desktop auf (⊞ + D). Öffnen Sie das Startmenü. Um ein Symbol auf den Desktop zu legen, ziehen Sie es aus der App-Liste mit gedrückter Maustaste auf den Desktop. Lassen Sie die Maustaste dort los.

Mit Fenstern umgehen

Apps werden in Fenstern geöffnet. Daher kommt der Name »Windows« (engl. »Fenster«). Sie können mehrere Fenster gleichzeitig geöffnet haben.

1

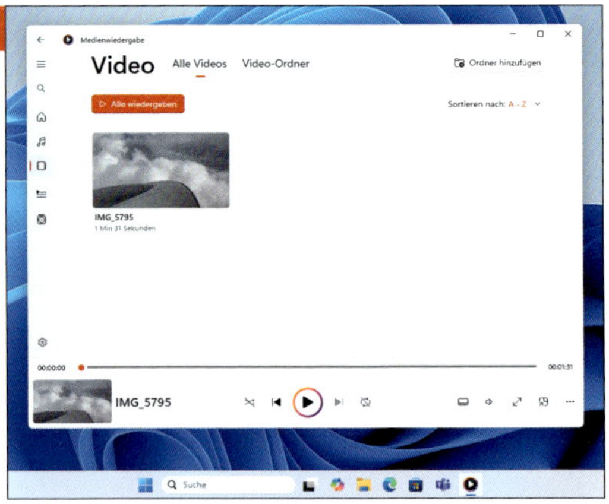

Schritt 1

Wenn Sie eine App öffnen, wird sie meist nicht bildschirmfüllend angezeigt. Sie sehen das Programmfenster, die Taskleiste am unteren Bildschirmrand und ein Stück vom Desktop. So sehen Sie aber nicht so viel, wie möglich wäre.

2

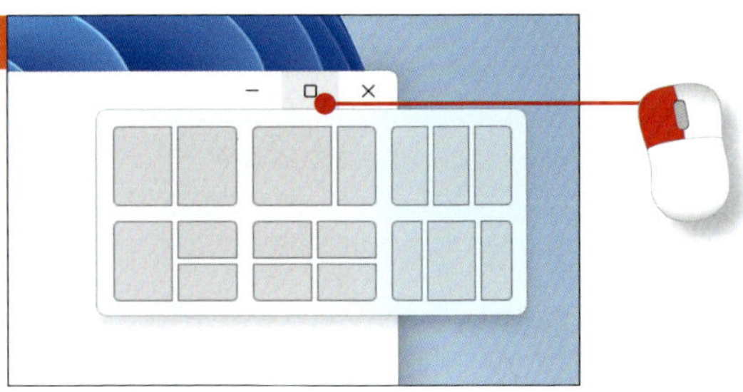

Schritt 2

Um das Fenster zu vergrößern, klicken Sie auf das Quadrat rechts oben. Diese Schaltfläche heißt **Maximieren** und ist in allen Apps in der rechten oberen Ecke zu finden. Bewegen Sie den Mauszeiger auf dieses Symbol, erhalten Sie außerdem Optionen für die Anordnung mehrerer Fenster.

3

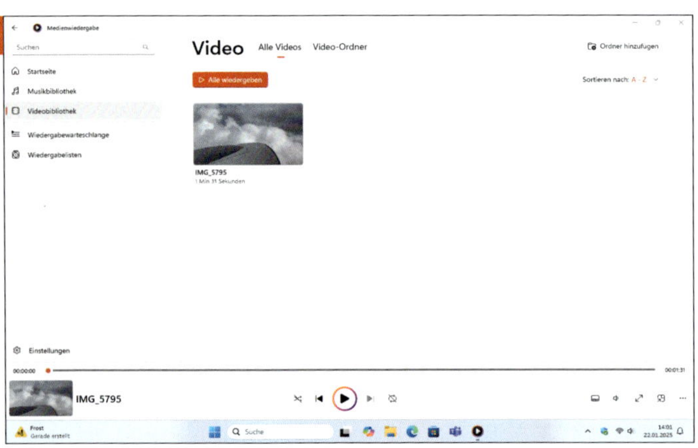

Schritt 3

Das App-Fenster füllt nun bis auf die Taskleiste den ganzen Bildschirm aus. Die Taskleiste ist immer zu sehen.

Schritt 4

Um zum Desktop zu wechseln, ohne die App zu schließen, klicken Sie auf den **Minimieren**-Strich. Das Fenster wird ausgeblendet und verbleibt als Symbol ❶ in der Taskleiste.

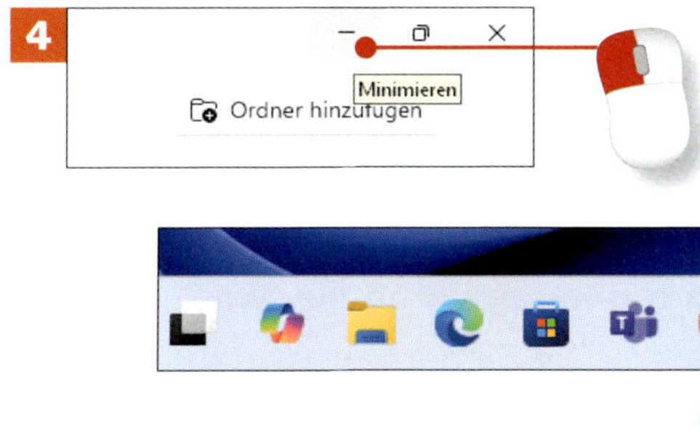

Schritt 5

Bewegen Sie in der Taskleiste den Mauszeiger auf ein Symbol, wird eine Miniaturansicht eingeblendet. Dies ist besonders bei mehreren geöffneten Fenstern einer App praktisch. Klicken Sie eine Miniaturansicht an, um das entsprechende Fenster in den Vordergrund zu holen.

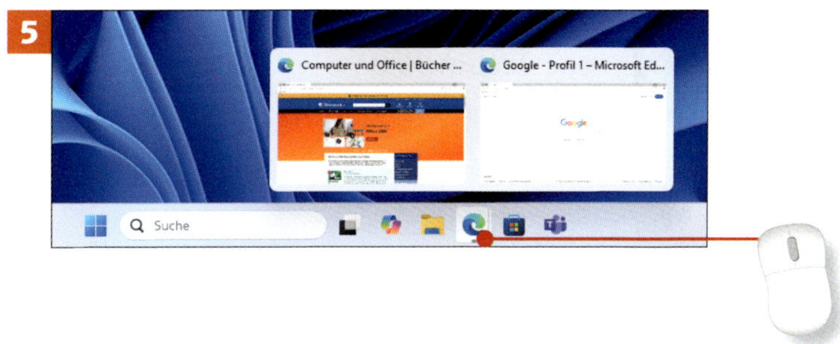

Schritt 6

Klicken Sie in der Taskleiste auf das Symbol **Aktive Anwendungen** ❷, werden Ihnen Miniaturansichten aller geöffneten Fenster angezeigt. In den Vordergrund holen Sie ein Fenster hier ebenfalls per Mausklick.

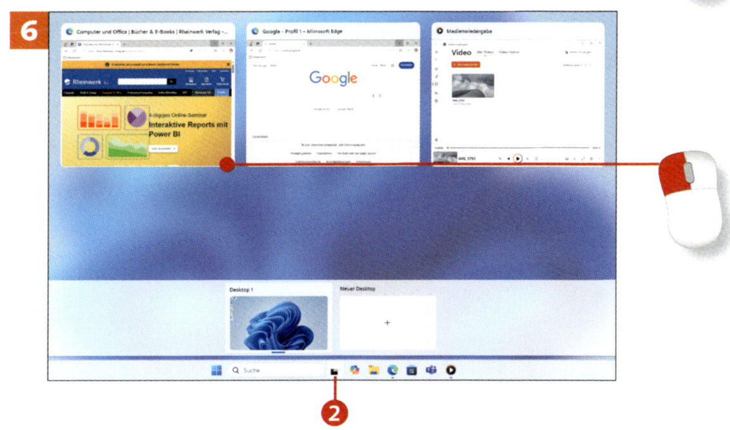

Fensterinhalte vergrößern

Möchten Sie statt des Fensters die Fensterinhalte vergrößern? In einigen Apps nutzen Sie zum Vergrößern den *Zoom*: Dafür drücken Sie [Strg] und scrollen mit dem Mausrad nach oben. Alternativ drücken Sie gleichzeitig [Strg] und [+].

Kapitel 4
Internet zu Hause und unterwegs

Notebooks und PCs sind so ausgestattet, dass sie sich schnell mit dem Internet verbinden können. In diesem Kapitel erfahren Sie, was Sie außerdem benötigen und wie Sie das Internet nutzen können. Die Sicherheit ist dabei genauso ein Thema wie die vielen Möglichkeiten, um das »Surfen« im Internet so angenehm wie möglich zu machen.

Mit dem Internet verbinden
Der Computer kann sich mit oder ohne Kabel mit dem Internet verbinden. Richten Sie die geeignete Verbindung für Ihren Computer ein.

Regeln beachten
Das Internet bietet viele Informationen, eine Menge Unterhaltung und unendlich viele Möglichkeiten zum Zeitvertreib. Damit Ihre Daten und Ihr Computer geschützt sind, sollten Sie ein paar grundlegende Regeln beachten.

Das Internet umfangreich nutzen
Im Internet finden Sie Informationen zu den unterschiedlichsten Themen. Mit einer gehörigen Portion Skepsis genossen, können Sie dieses riesige Angebot für sich nutzen. Außerdem können Sie im Internet auch einkaufen und weitere Programme herunterladen.

1 Der Computer und Ihre Zugangsdaten ermöglichen Ihnen die Verbindung mit dem Internet.

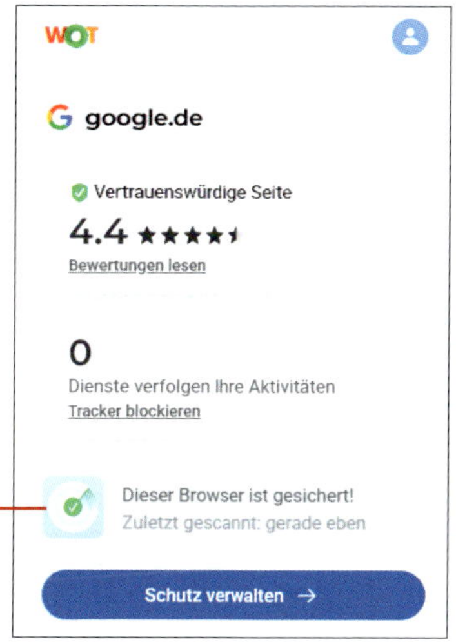

Ihre Daten schützen Sie mit verantwortungsbewusstem Verhalten im Internet und einer Sicherheits-App. **2**

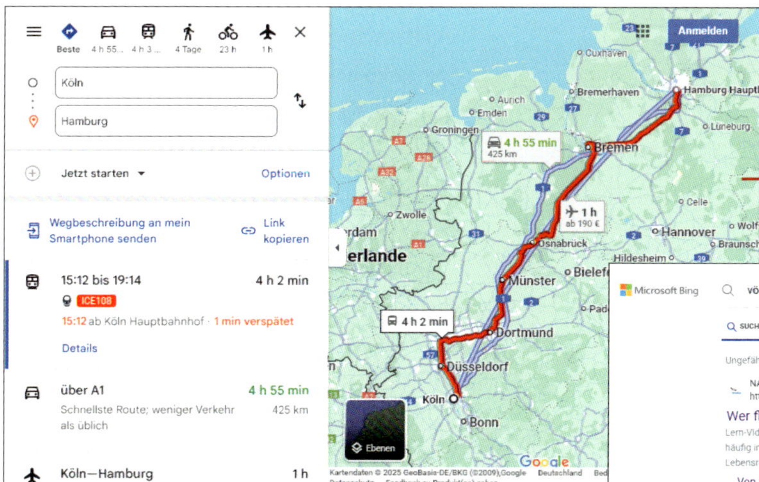

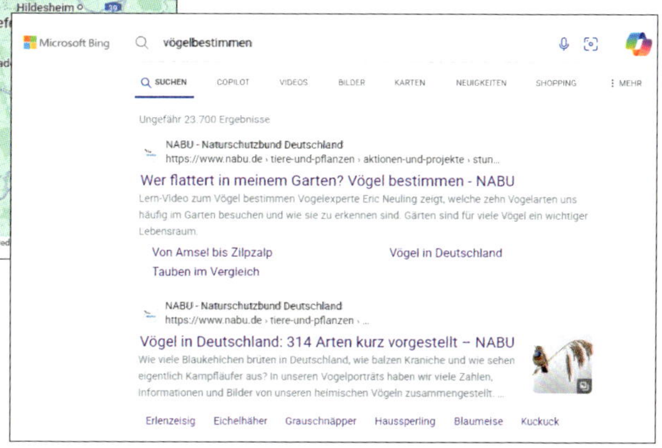

3 Im Internet finden Sie Informationen zu unendlich vielen Themen, zahlreiche Einkaufsmöglichkeiten und viele Serviceangebote, wie beispielsweise Google Maps.

Den Computer mit dem WLAN verbinden

1

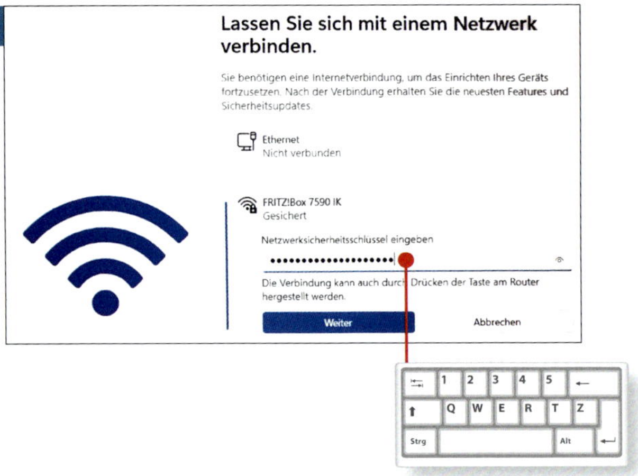

2

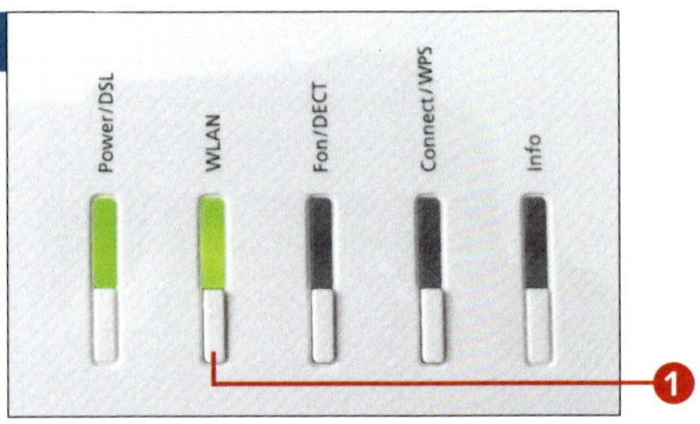

3

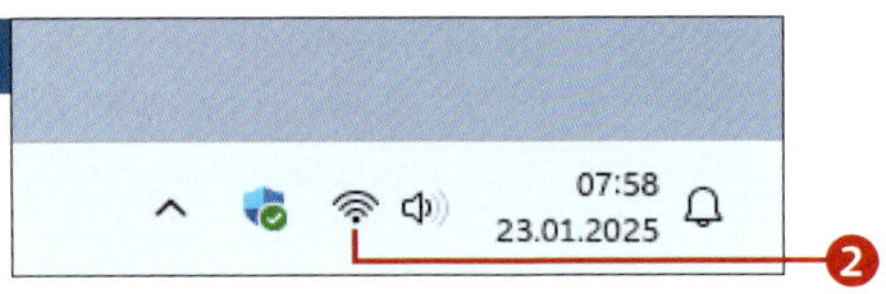

Notebooks und die meisten modernen PCs sind so gebaut, dass sie selbst versuchen, eine WLAN-Verbindung herzustellen. Lesen Sie hier, worauf Sie achten sollten.

Schritt 1

Beim ersten Start von Windows wurden Sie gefragt, ob Sie eine Internetverbindung einrichten möchten. Haben Sie das bereits getan, lesen Sie bitte ab Seite 76 weiter.

Schritt 2

Stellen Sie sicher, dass Sie einen Router haben, der mit dem Internet verbunden und WLAN-fähig ist. Sie erkennen dies an der Option **WLAN** ❶ auf dem Router.

Schritt 3

Rufen Sie den Desktop auf. Wenn eine WLAN-Verbindung hergestellt wurde, wird im Infobereich rechts unten auf dem Bildschirm ein Funksymbol in Form eines Viertelkreises dargestellt ❷.

WLAN-Empfänger einschalten

Windows versucht, sich schnell mit dem Internet zu verbinden. Wenn aber am Computer WLAN ausgeschaltet ist, kann das nicht klappen. Klicken Sie auf den sichtbaren Globus unten rechts in der Taskleiste (siehe ❹ auf Seite 73) und auf die Schaltfläche über **WLAN**. Der Computer verbindet sich automatisch mit dem Internet.

Schritt 4

Sehen Sie anstelle des Funksymbols ein Flugzeug ❸, haben Sie den *Flugzeugmodus* aktiviert. Damit werden alle Funkverbindungen Ihres Computers deaktiviert. Achtung, auch die Verbindung zu Bluetooth-Mäusen und -Tastaturen wird gekappt! Klicken Sie auf das Symbol und dann auf die Schaltfläche **Flugzeugmodus**, um den Modus zu beenden.

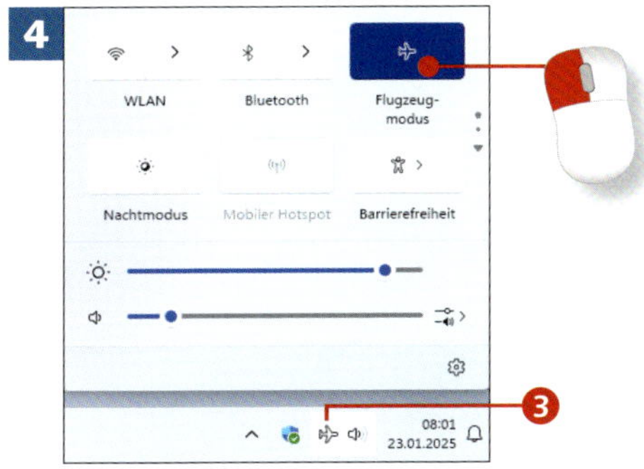

Schritt 5

Ist statt des Funksymbols ein kleiner Globus ❹ zu sehen, ist der Computer nicht mit dem WLAN verbunden. Entweder ist der Router, die WLAN-Verbindung oder der WLAN-Empfänger am Computer ausgeschaltet (siehe dazu den Kasten auf der linken Seite). Verbindet sich Ihr Computer also nicht automatisch mit dem Internet, klicken Sie auf den Globus und dann auf die Schaltfläche über **WLAN**.

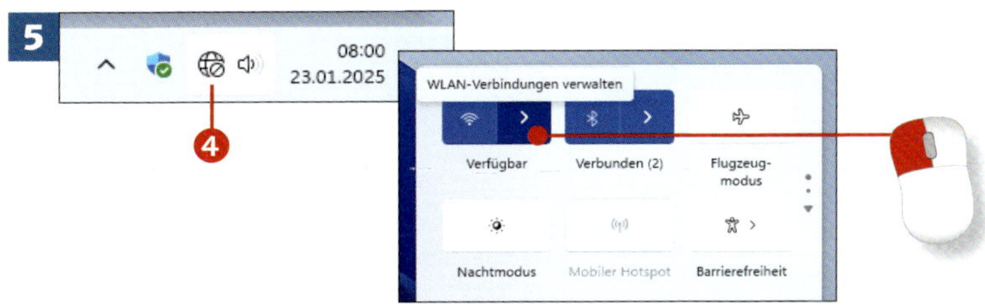

Schritt 6

Klicken Sie den Namen Ihres Netzwerkes an, dann in das Kästchen vor **Automatisch verbinden** ❺ und wählen Sie **Verbinden**. Geben Sie in das Textfeld das WLAN-Kennwort ein. Bestätigen Sie mit **Weiter**; die Verbindung wird nun hergestellt.

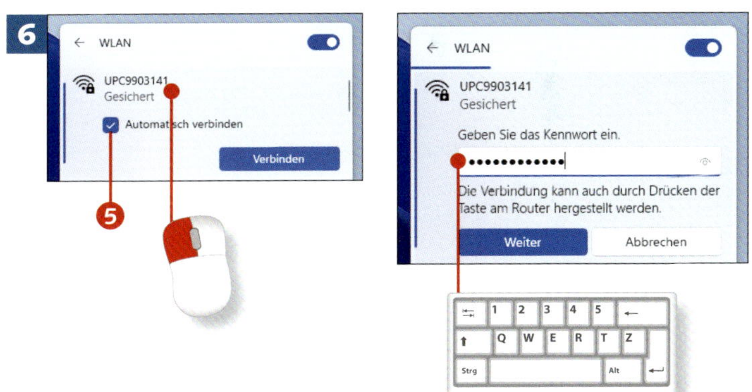

Wo stehen WLAN-Name und -Kennwort?
Sowohl der WLAN-Name als auch das Kennwort stehen auf bzw. unter Ihrem Router. Viele Router verwenden statt WLAN-Name den Begriff *SSID* und für das WLAN-Kennwort wird auch das Wort Netzwerkschlüssel verwendet.

Den Computer per Kabel mit dem Internet verbinden

1

2

3

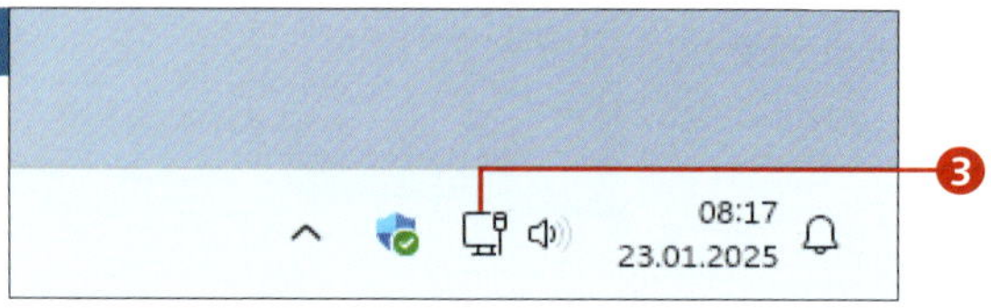

WLAN oder LAN: mehr als Buchstabensalat?

WLAN steht ins Deutsche übersetzt für »kabelloses lokales Netzwerk«, LAN für »lokales Netzwerk«. Letzteres ist kabelgebunden. WLAN macht Sie räumlich flexibler, LAN bietet eine verlässlichere und schnellere Verbindung zum Router.

Steht Ihr Computer in der Nähe des Routers und legen Sie Wert auf eine noch schnellere und verlässlichere Verbindung als beim WLAN, nutzen Sie ein Kabel, um Computer und Router zu verbinden.

Schritt 1

Schließen Sie das Kabel an den Router an ❶. Das Kabel hat an beiden Seiten typische Stecker, die nur in bestimmte Buchsen am Router und am Computer passen.

Schritt 2

Stecken Sie das andere Ende des Kabels in die Netzwerkbuchse des Notebooks (siehe dazu Schritt 5) oder des PCs ❷.

Schritt 3

Im Regelfall müssen Sie dann nichts weiter tun; der PC verbindet sich automatisch. Dass Sie mit dem Router verbunden sind und über ihn mit dem Internet, erkennen Sie am Verbindungssymbol ❸ in der Taskleiste, das in diesem Fall einen PC zeigt.

Schritt 4

Sollten Sie doch ein Passwort eingeben müssen, finden Sie es auf der Rückseite des Routers ❹.

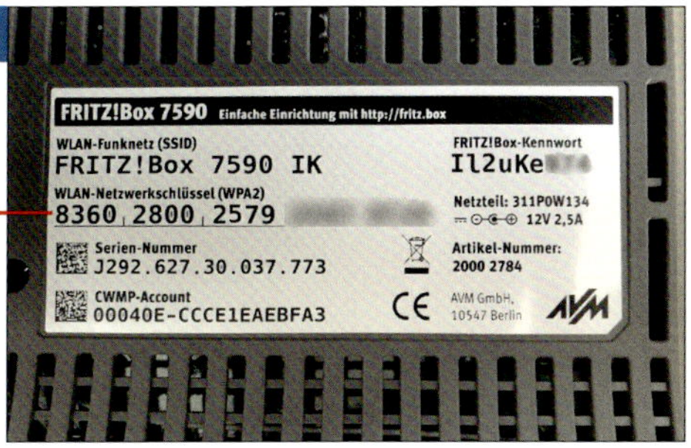

Schritt 5

Bei PCs passt der LAN-Kabel-Stecker ❺ direkt in die Buchse (siehe Schritt 2), bei vielen Notebooks ist die Buchse unten mit einer beweglichen Klappe ❻ versehen, die Sie erst vorsichtig nach unten ziehen, um Platz für den Stecker zu schaffen.

Schritt 6

Die sehr dünnen Ultrabooks (siehe den Abschnitt »Welches Gerät für welchen Zweck?« auf Seite 12) haben aus Platzgründen keine Buchse für das Netzwerkkabel. Hier benötigen Sie einen LAN-Adapter ❼, um Computer und Router per Kabel zu verbinden. Der Adapterstecker kommt am Computer in eine USB-Buchse.

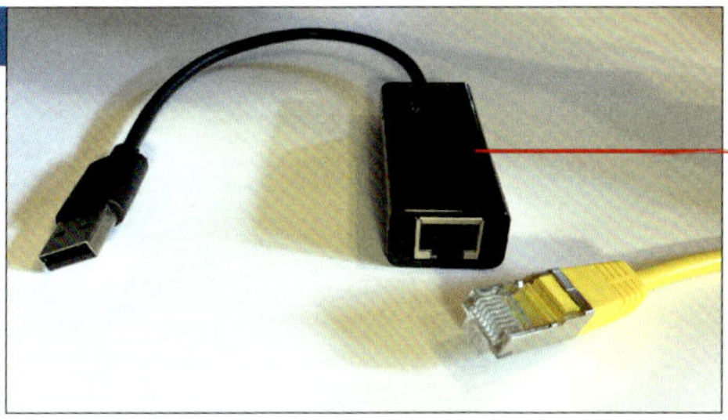

Kein Internet?
Router können manchmal Aussetzer haben. Dann bricht die Internetverbindung ab. Schalten Sie den Router in diesem Fall aus, warten Sie 30 Sekunden, und schalten Sie ihn wieder ein. Häufig klappt dann wieder alles.

Im Internet surfen mit Microsoft Edge

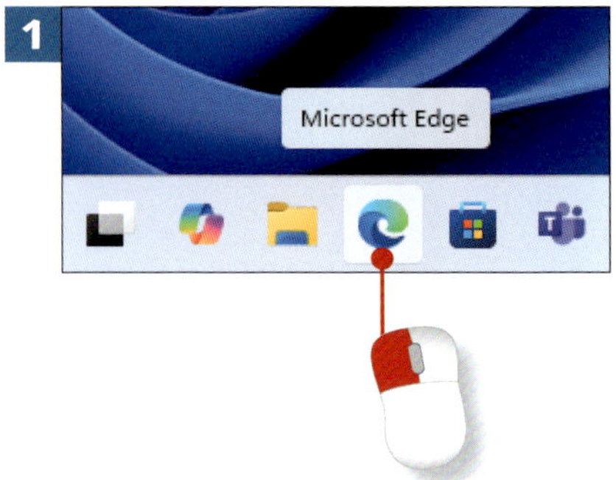

Windows hat den Browser Microsoft Edge an Bord. Lesen Sie hier, wie Sie damit im Internet »surfen«.

Schritt 1

Öffnen Sie *Microsoft Edge*, indem Sie in der Taskleiste unten auf das blaugrüne Programmsymbol klicken.

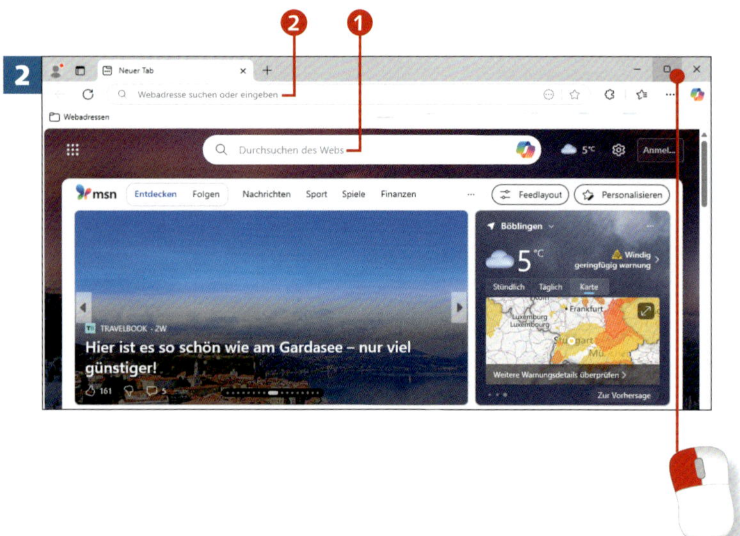

Schritt 2

Auf der Startseite von Edge sind bereits allerlei Informationen und Bilder zu sehen – aber jetzt wollen Sie ja selbst aktiv werden. Dazu stehen Ihnen ein Suchfeld ❶ sowie die *Adressleiste* ❷ zur Verfügung. Maximieren Sie das Fenster, falls es noch nicht bildschirmfüllend angezeigt wird. Klicken Sie dazu ganz oben rechts auf das Quadrat.

Schritt 3

Zum Suchen geben Sie entweder in das Suchfeld oder in die Adressleiste einen Suchbegriff ein. Klicken Sie z. B. einmal in die Adressleiste. Sobald Sie tippen, verschwindet der darin enthaltene Text. Beim Starten von Edge oder bei Aufruf eines neuen Tabs (so heißen die Registerkarten im Browser, siehe Schritt 9) blinkt der Cursor schon in der Adressleiste.

Schritt 4

Beim Tippen erhalten Sie bereits erste *Suchvorschläge* (siehe dazu den Kasten auf dieser Seite). Ist Ihr Suchbegriff nicht zu sehen, tippen Sie den ganzen Suchbegriff ein, auch wenn er aus mehreren Wörtern besteht. Drücken Sie dann [↵]. Wenn Ihr Suchbegriff schon zu sehen ist, klicken Sie darauf.

4
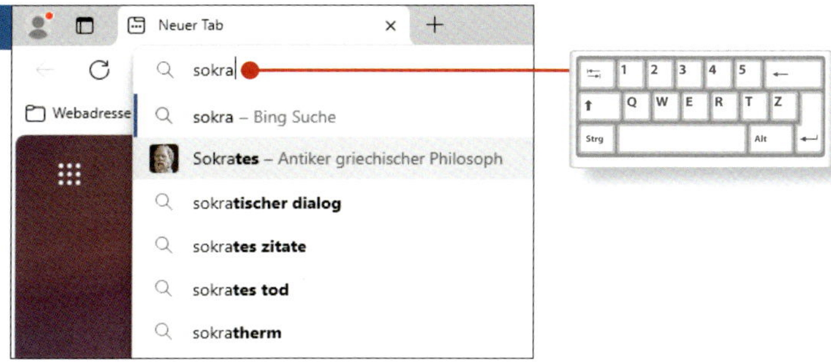

Schritt 5

Jetzt erhalten Sie die *Suchergebnisse* in einer langen Liste, je nach Begriff auch noch mit Bildern oder Videos am Anfang. Die Suchergebnisse sind noch *nicht* die eigentlichen Internetseiten, sondern eine Art Vorschau darauf; Sie sind also noch nicht am Ziel Ihrer Suche angelangt.

5
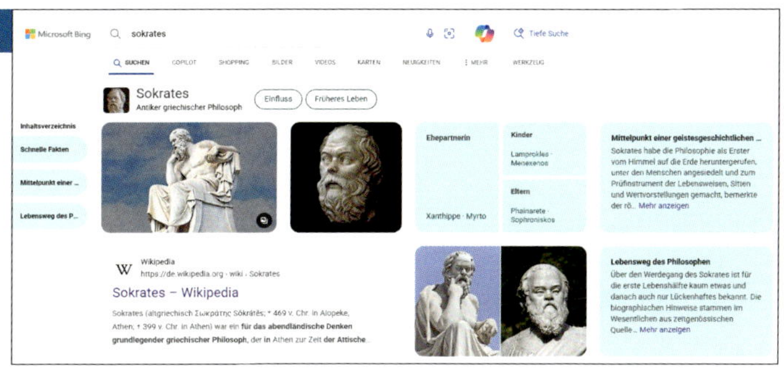

Schritt 6

Zur Internetseite (Ihrer Zielseite) kommen Sie durch einen Klick auf den blauen oder lila Text – den *Link* – in den Suchergebnissen. Jede Internetseite hat eine genaue Adresse, und der Link führt zu ihr. Einen Link erkennen Sie daran, dass er sich in eine Hand ❸ verwandelt, wenn Sie mit dem Mauszeiger auf ihn zeigen.

6
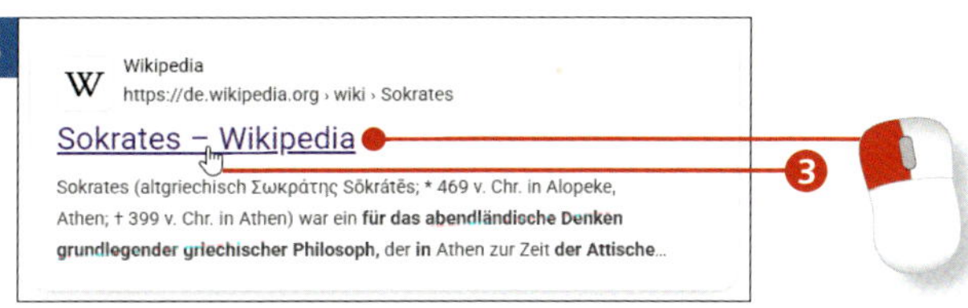

Selbst tippen oder Suchvorschlag anklicken?
Entweder geben Sie ein paar Buchstaben des Suchbegriffs ein und klicken dann auf einen der Suchvorschläge oder Sie tippen den ganzen Suchbegriff ein und drücken dann [↵]. In beiden Fällen kommen Sie zu den Suchergebnissen. Suchvorschläge können Sie aber auch von Ihrer eigentlichen Suche ablenken; daher hat das Eintippen des ganzen Suchbegriffs Vorteile.

Im Internet surfen mit Microsoft Edge (Forts.)

7

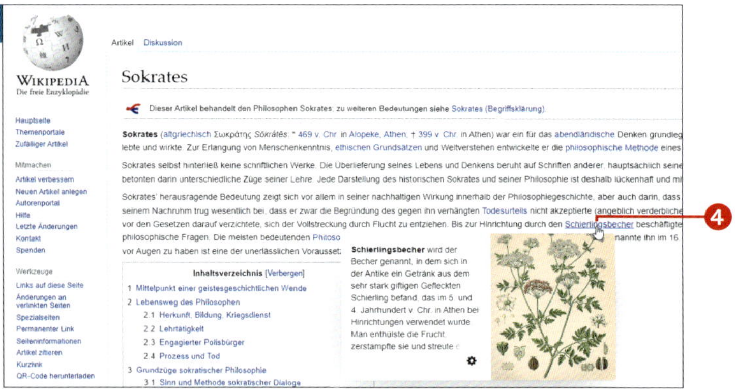

Schritt 7

Microsoft Edge öffnet die Internetseite. Im Beispiel ist es eine Seite der Internet-Enzyklopädie Wikipedia. Innerhalb von Internetseiten gibt es zahlreiche Möglichkeiten, weiterzuklicken, um zu weiteren dazugehörigen oder auch anderen Internetseiten zu gelangen. Im Beispiel stehen zahlreiche Links ❹ zur Verfügung, die Sie an ihrer Blaufärbung erkennen.

8

Schritt 8

Möchten Sie zurück zur vorherigen Seite, klicken Sie oben links oben in Microsoft Edge auf den nach links zeigenden Pfeil.

9

Schritt 9

Sie wollen noch etwas anderes suchen, aber die gerade geöffnete Internetseite dafür nicht schließen? Kein Problem, öffnen Sie einfach noch einen *Tab* (eine neue Registerkarte). Klicken Sie dazu auf das Plus neben dem geöffneten Tab. Auch die Tastenkombination Strg + T öffnet einen neuen Tab. Um einen Link in einem neuen Tab zu öffnen, klicken Sie ihn bei gedrückter Strg-Taste an.

Homepage, Website, Internetseite?

Eine *Internetseite* ist Teil einer Website. Jede Internetseite hat eine Internetadresse (*URL*). Eine *Website* (nicht Webseite) ist der gesamte Internetauftritt. Die Website besteht aus mehreren (Internet-)Seiten. Die *Homepage* ist eigentlich nur die Startseite eines Internetauftritts. Das Wort wird aber oft als Oberbegriff für die gesamte Website verwendet.

Schritt 10

Auch in einem neuen Tab sehen Sie die Adressleiste. Wenn Sie die Adresse einer Website kennen, die Sie aufrufen möchten, tippen Sie die Adresse dort ein. Im Beispiel wird »www.rheinwerk-verlag.de« eingegeben. Sie sehen vor der Adresse eine kleine Weltkugel ❺, d. h., es wird in diesem Fall eine Webadresse geöffnet und keine Suche durchgeführt.

Schritt 11

Zum Aufrufen der Seite klicken Sie auf den grau unterlegten Websitenamen oder drücken [↵].

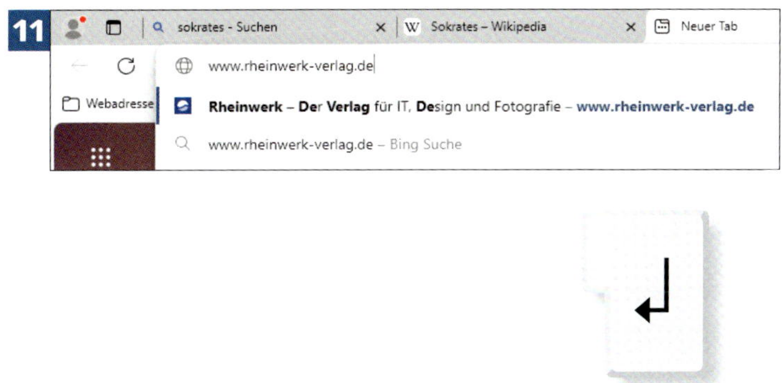

Schritt 12

Zum Beenden von Microsoft Edge klicken Sie oben rechts auf das Schließkreuz; das Programm wird geschlossen. Haben Sie mehrere Tabs geöffnet, fragt Edge je nach Einstellung nach, ob alle geschlossen werden sollen. Bestätigen Sie das mit einem Klick auf **Alle schließen**.

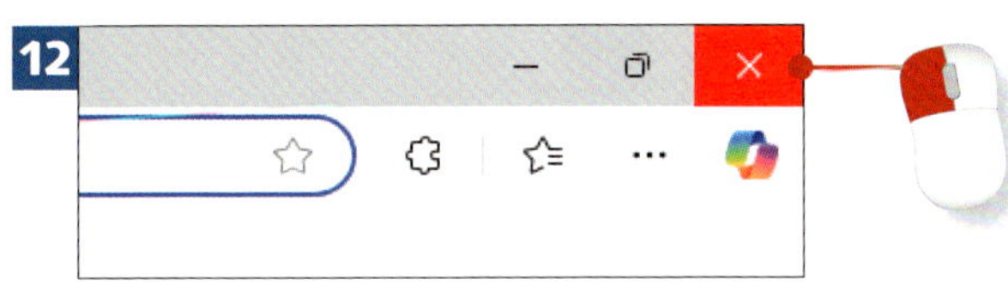

Suchbegriff

Ein Suchbegriff kann aus einem oder mehreren Wörtern, einer Frage oder einem Satz bestehen. Je genauer der Suchbegriff ist, desto passender sind die Ergebnisse.

Sicherheit im Internet – das sollten Sie unbedingt beachten

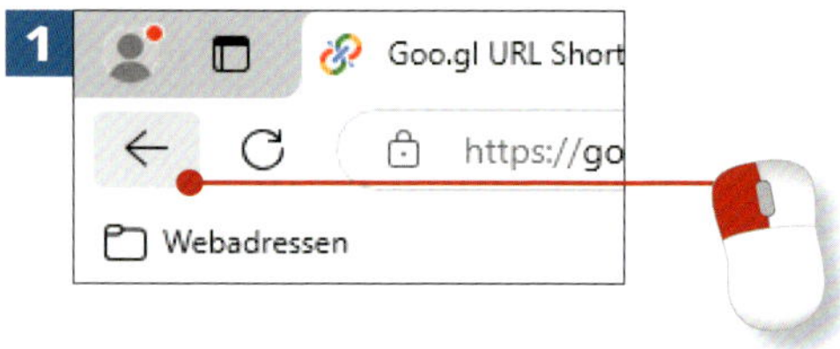

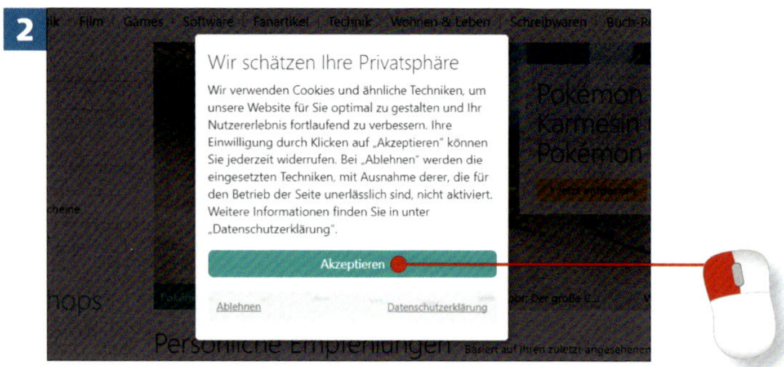

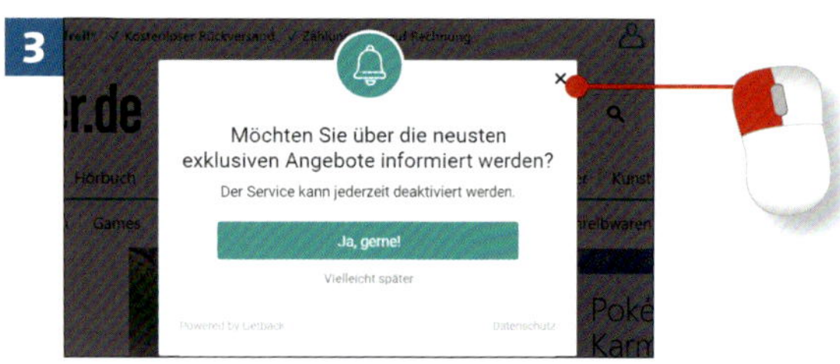

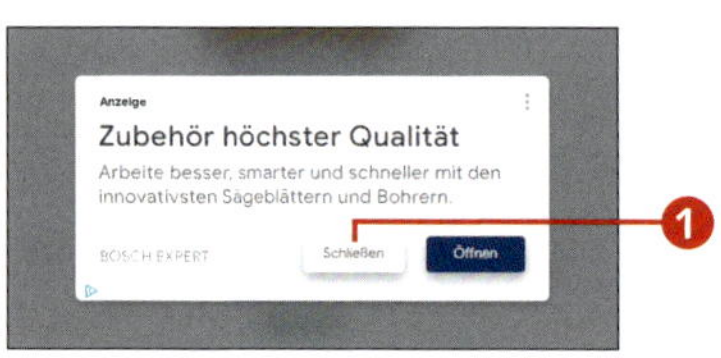

Was kann passieren?
Die »bösen Buben« im Internet könnten Zugangsdaten von Ihnen abgreifen und sich bei Ihren Internetkonten anmelden (»Phishing«), um etwa auf Ihre Kosten einzukaufen. Oder Sie missbrauchen Ihren Computer als Virenschleuder.

Sicherheit im Internet und bei E-Mails ist extrem wichtig. Damit sowohl Ihre Daten als auch Ihr Computer geschützt sind, sollten Sie einige Regeln beachten.

Schritt 1

Achten Sie bei Suchergebnissen immer darauf, ob Sie auch auf der richtigen Internetseite landen werden. Manche Links führen zu unsicheren Seiten; »hören« Sie bei einer entsprechenden Warnung auf Ihren Computer, und nutzen Sie die blockierte Seite nicht. Klicken Sie oben links auf den Zurückpfeil, oder schließen Sie den Tab.

Schritt 2

Kleinere Fenster, die vor der Internetseite erscheinen, heißen *Pop-ups*. Neben Werbung enthalten sie den rechtlich vorgeschriebenen Hinweis auf *Cookies*. Bestätigen Sie deren Verwendung, oder lehnen Sie sie ab – dann könnte es aber sein, dass Sie die Seite nicht nutzen können.

Schritt 3

Werbefenster klicken Sie weg, z. B. per Schließkreuz oder mit **Vielleicht später** oder **Schließen** (1).

Schritt 4

Dank der Datenschutz-Grundverordnung (DSGVO) müssen Internetnutzer nur wenige Daten angeben, wenn sie z. B. einen Newsletter abonnieren möchten. Seien Sie grundsätzlich sparsam mit der Angabe Ihres Namens, Ihrer Adresse und E-Mail-Adresse.

4

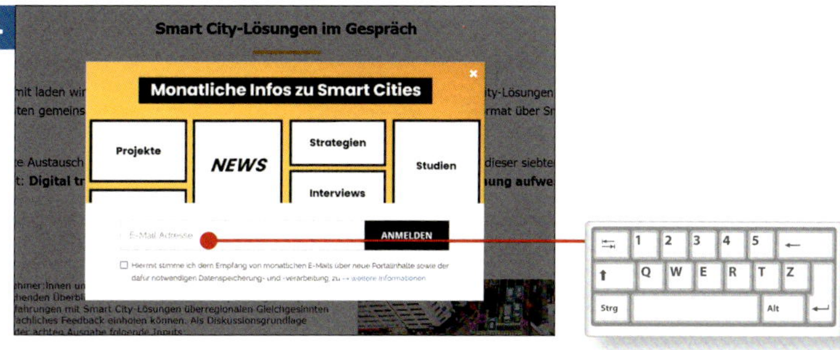

Schritt 5

Das Internet ist bunt und manchmal auch laut, und Werbung kann hier recht aufdringlich sein. Konzentrieren Sie sich auf die Inhalte, die Sie eigentlich finden wollen.

5

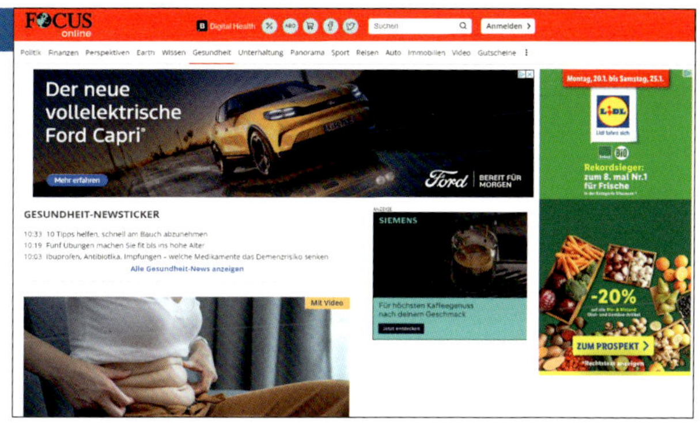

Schritt 6

Leider nutzen auch Kriminelle Warnfenster. Der Unterschied zu echten Warnungen: Sie sollen eine Telefonnummer anrufen oder auf eine bestimmte Stelle klicken, um den Computer zu »schützen«. Rufen Sie nicht an, klicken Sie nicht auf die Links: Dahinter verstecken sich unseriöse »Angebote«, die Sie teuer zu stehen kommen.

6

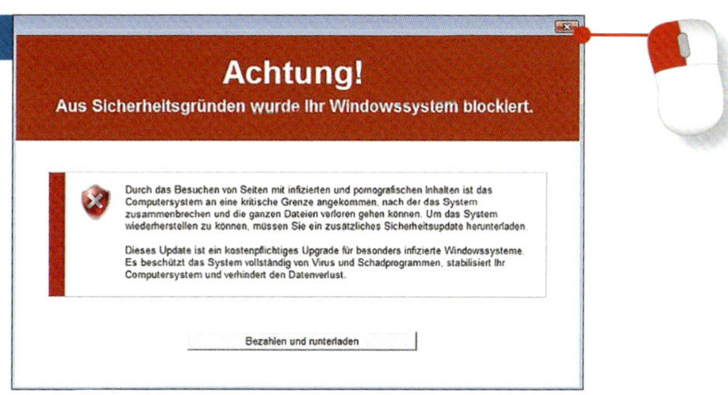

Pop-up-Blocker

Einige Browser haben einen eingebauten Pop-up- und Anzeigenblocker. Sie zeigen unerwünschte Pop-ups erst gar nicht an.

Sicherheit im Internet – das sollten Sie unbedingt beachten (Forts.)

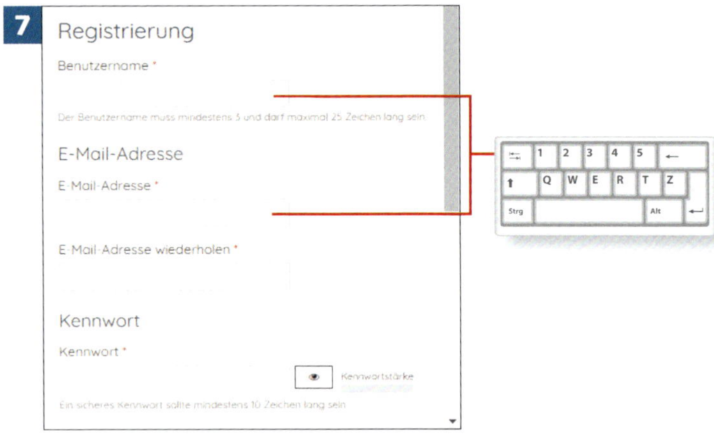

Schritt 7

Im Internet gibt es viele Foren zum Austausch von Erfahrungen und Informationen. Bei vielen müssen Sie sich mit Nutzernamen und E-Mail-Adresse registrieren. Richten Sie sich eine zweite E-Mail-Adresse nur für Foren und Newsletter ein (siehe dazu ab Seite 118).

Schritt 8

Glauben Sie nicht jede Bewertung und jede Geschichte, die im Internet steht. Besonders bei Restaurant- und Arztbewertungen schreiben oft nur diejenigen, die schlechte Erfahrungen gemacht haben. Aber auch umgekehrt finden sich übertrieben positive Produktbewertungen, die gar nicht von einem Konsumenten stammen.

Schritt 9

Seien Sie misstrauisch bei E-Mails mit angeblich besonderen Angeboten. Bei vielen E-Mail-Programmen sehen Sie die falsche Absenderadresse direkt oder können sie sich anzeigen lassen: Fahren Sie – ohne zu klicken! – mit dem Mauszeiger über den Absendernamen; jetzt wird die Adresse angezeigt. Im Beispiel ist sie schlecht gefälscht: *appel.com* statt *apple.com*.

Nicht ohne Virenschutz!
Schon bevor Sie die erste Internetverbindung herstellen, haben Sie ein Schutzpaket an Bord: die *Windows-Sicherheit*. Stellen Sie nie ohne Schutz eine Internetverbindung her (siehe Kapitel 12, »Für Sicherheit sorgen«, ab Seite 294)!

Schritt 10

Klicken Sie in verdächtigen E-Mails nie auf den *Link*! Meist sollen Sie dann auf einer gefälschten Internetseite Ihre persönlichen Daten eingeben. E-Mails, die Ihre Daten ausspionieren wollen, nennt man *Phishingmails*. Wenn Sie mit dem Mauszeiger über einen Link fahren (nicht klicken!), sehen Sie am Pfeil oder am unteren Bildschirmrand das tatsächliche Ziel.

10

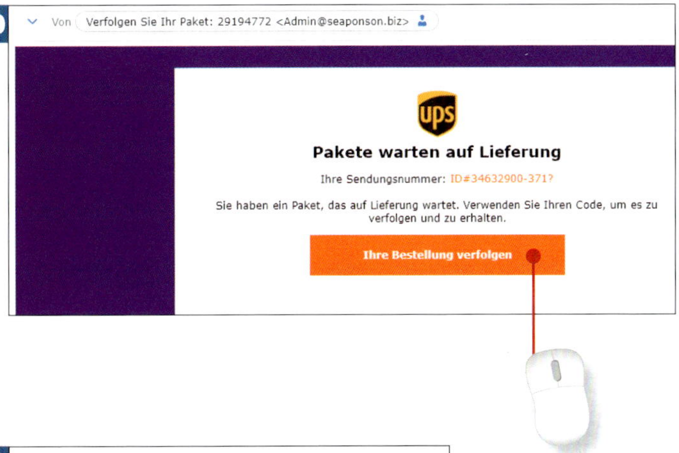

Schritt 11

Benutzen Sie für Ihr E-Mail-Konto und für Seiten wie Amazon sichere Passwörter. Diese haben mehr als zehn Zeichen, enthalten Groß- und Kleinbuchstaben, Zahlen und Sonderzeichen wie ! oder #, aber kein Wort, das mit Ihnen in Verbindung steht (z. B. Name des Haustieres). Ihr Name und Geburtsdatum sind als Passwort *nicht* sicher!

11

Unsicher:	Purzel345	K1a2r0i8n56
	123456	eee444ppp
	qwertzui	passwort
Sicherer:	kO98#FremF3i	
	bortL%sTd28Nm	

Schritt 12

Verwenden Sie ein Passwort nur für *eine* Website bzw. *ein* Konto (E-Mail, eBay etc.). Wenn ein Hacker ein Passwort herausbekommt, sind die anderen Konten noch geschützt. Ihre Zugangsdaten lassen sich im Browser speichern.

12

E-Mail:	froMz8wer#q
eBay:	Zjh2n5=eriAp
Newsletter:	bLap6?wGd1a

Das kann ich mir nie merken!

Sie können ein Passwort auch so gestalten: Nehmen Sie dafür einen Satz, den Sie sich gut merken können, und verwenden Sie nur den zweiten Buchstaben jedes Wortes. »Ein« ersetzen Sie durch die Ziffer »1« usw. Schreiben Sie sich das Passwort auf, aber legen Sie den Zettel nicht offen neben den Computer.

Einen anderen Suchanbieter nutzen: Google

1
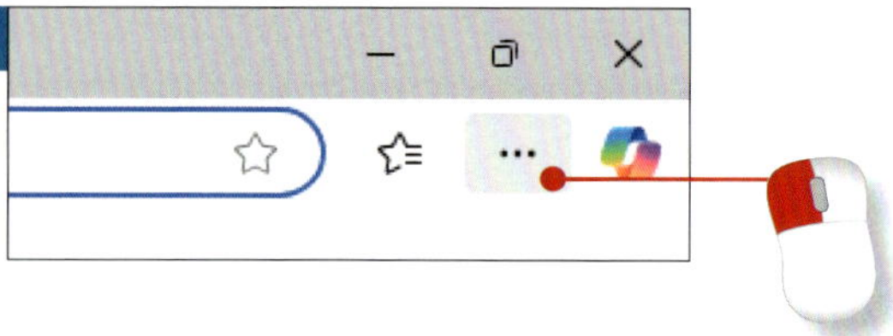

2
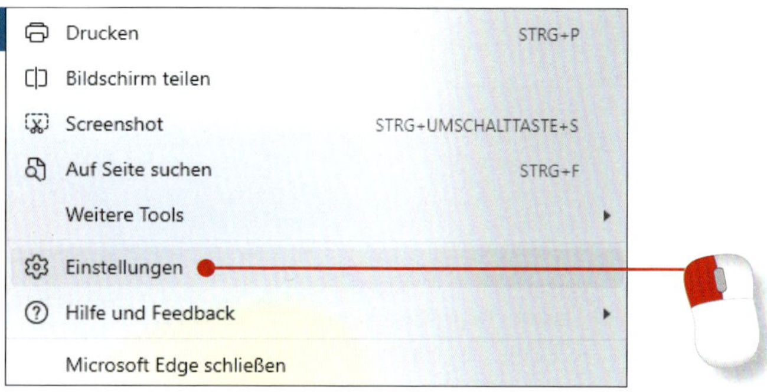

3

Sie sind mit Microsoft Edge nicht an den Suchanbieter Bing gebunden. Erfahren Sie, wie Sie zukünftig googeln.

Schritt 1

Um einen anderen Suchanbieter auszuwählen, klicken Sie rechts oben in Microsoft Edge auf die drei Punkte, um ein Menü aufzurufen.

Schritt 2

Lassen Sie sich von der Vielzahl an Optionen nicht verunsichern. Diese können Sie nach und nach erkunden und müssen sich zunächst nicht damit beschäftigen. Klicken Sie relativ weit unten in dem Menü auf den Eintrag **Einstellungen**.

Schritt 3

Entscheiden Sie sich auf der Seite mit den Einstellungen zu Microsoft Edge für die Kategorie **Datenschutz, Suche und Dienste**.

Was ist eine Suchmaschine?
Suchanbieter wie *Bing* und *Google* werden auch Suchmaschinen genannt. Sie sammeln Webseiten in einem gigantischen Index, sodass sich diese nach Suchbegriffen durchsuchen lassen. Google ist dabei mit Abstand der weltweite Marktführer.

Schritt 4

Scrollen Sie nun ganz nach unten zum Abschnitt **Dienste**. Wählen Sie dort den Eintrag **Adressleiste und Suche**.

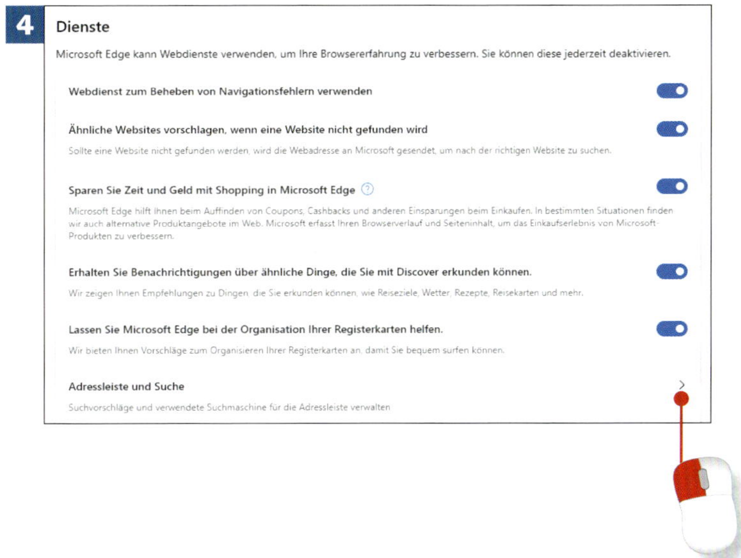

Schritt 5

Öffnen Sie das Menü **In Adressleiste verwendete Suchmaschine**, und wählen Sie den gewünschten Suchanbieter aus, in diesem Fall **Google** ❶.

Schritt 6

Machen Sie gleich einmal die Probe aufs Exempel und starten Sie eine Suche in der Adressleiste. Sie stellen fest, dass die Suche nun statt mit Bing mit Google erfolgt.

Groß oder klein?

Bei der Suche im Internet ist es egal, ob Sie den Suchbegriff groß- oder kleinschreiben. Wenn es Ihnen lieber ist, können Sie also ruhig alle Suchbegriffe in Kleinbuchstaben eintippen.

Die Internet-Startseite anpassen

Der Browser öffnet nach dem Start eine recht wuselige Startseite. Passen Sie diese Seite ganz nach Ihren Wünschen an.

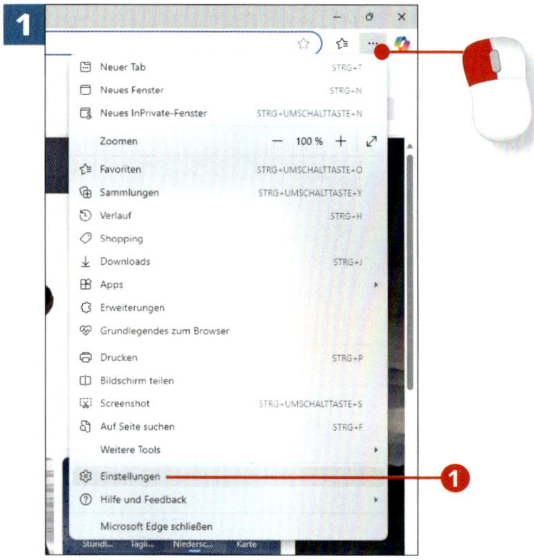

Schritt 1

Öffnen Sie in Microsoft Edge den Bereich **Einstellungen** indem Sie rechts oben auf die drei Punkte klicken und dann unten im Menü **Einstellungen** ❶ wählen.

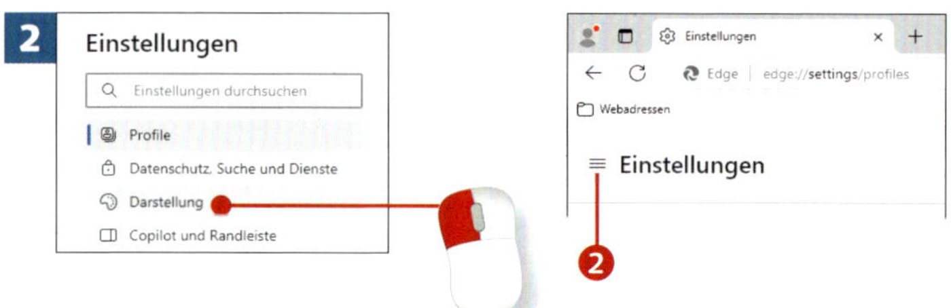

Schritt 2

Klicken Sie in der Liste links auf **Darstellung**. Wird die Liste links nicht angezeigt, z. B. bei verkleinertem Fenster, klicken Sie zunächst auf die drei waagerechten Striche links oben ❷ und in der Liste dann auf **Darstellung**.

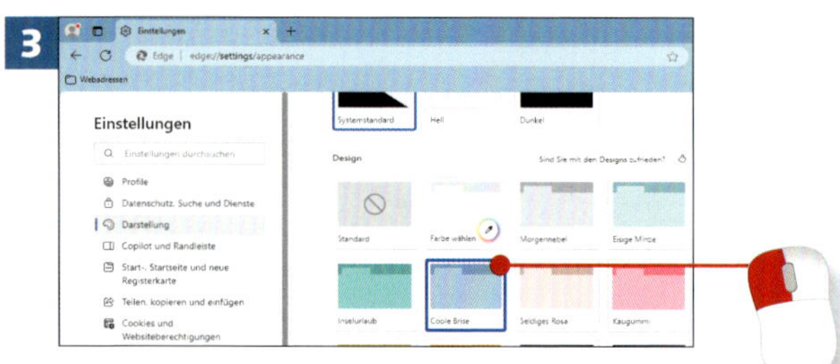

Schritt 3

Im rechten Fensterteil können Sie die Hintergrundfarbe Ihres Edge ändern; probieren Sie die Farben bei **Design** aus. Edge setzt die Änderungen sofort um. Schauen Sie sich die weiteren allgemeinen Darstellungsoptionen in Ruhe an.

»Die besten lokalen Ergebnisse«?

Edge fragt früher oder später danach, ob Bing, das ist die Standardsuchmaschine in Edge, auf Ihren aktuellen Standort zugreifen darf. Lassen Sie dies zu, wenn Sie (je nach Suchanfrage) Suchergebnisse aus Ihrer Region erhalten wollen.

Schritt 4

Nun öffnen Sie einen neuen Tab, z. B. mit der Tastenkombination Strg + T, und klicken rechts auf das Zahnradsymbol, um die **Seiteneinstellungen** aufzurufen.

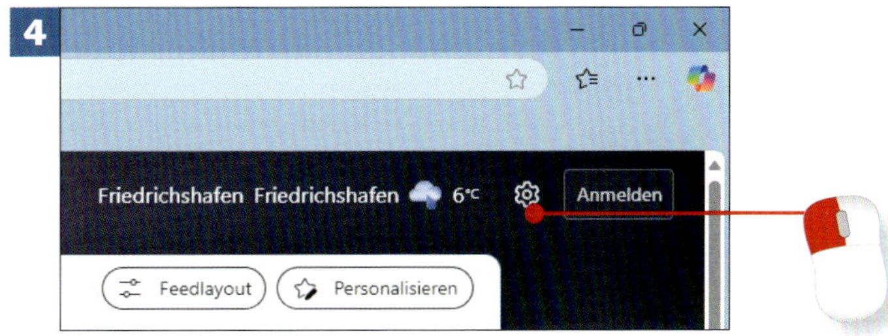

Schritt 5

Entscheiden Sie jeweils per Schalter, ob Sie Widgets und Feeds auf der Startseite erhalten möchten oder nicht. Deaktivieren Sie den Schalter **Inhalt einblenden**, wird beides ausgeblendet. Gerade bei den ersten Schritten im Internet können die meist überflüssigen Inhalte eher verwirren. Schalten Sie sie also ruhig ab.

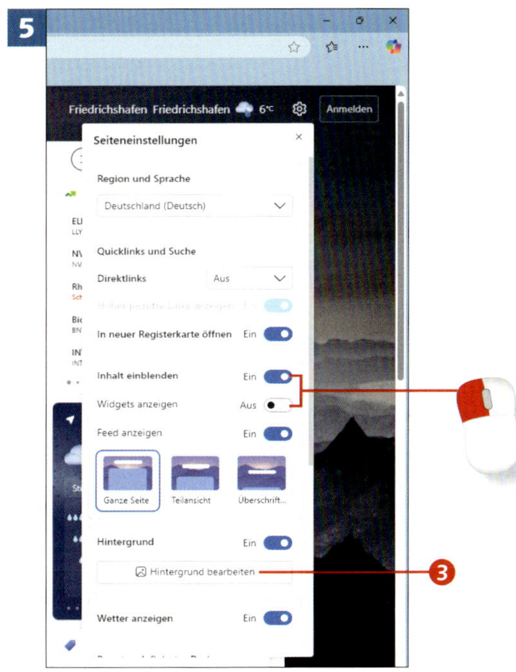

Schritt 6

Wünschen Sie einen anderen Hintergrund für die Startseite? Dann klicken Sie in den **Seiteneinstellungen** auf **Hintergrund bearbeiten** ❸ und wählen ein Hintergrundbild aus, das Ihnen zusagt.

Richtig suchen im Internet

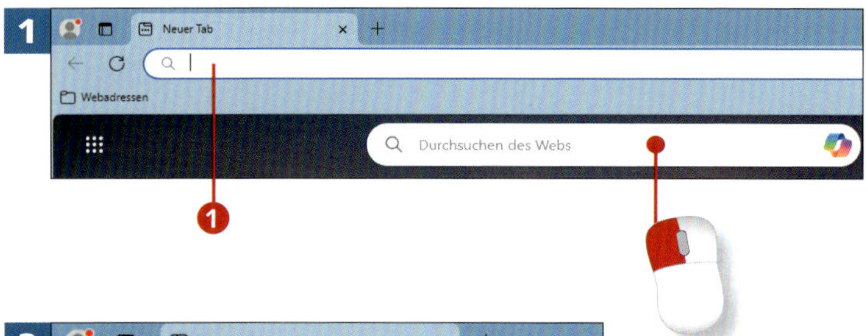

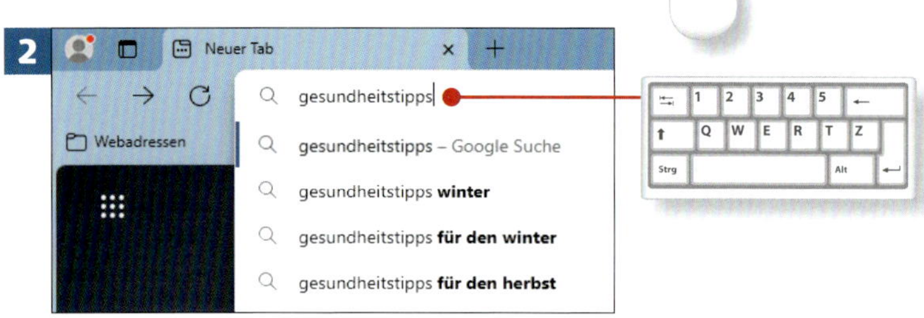

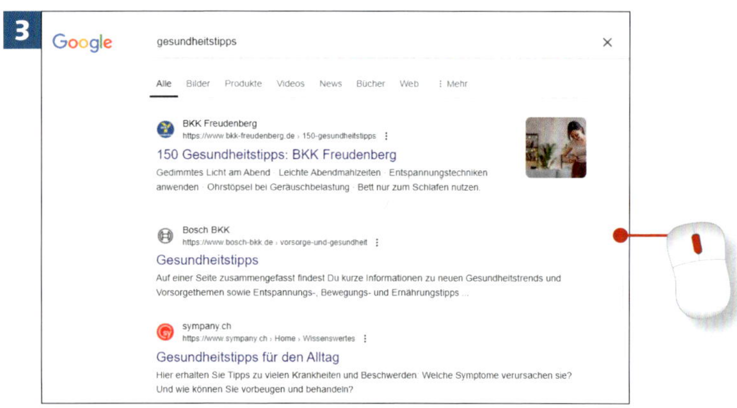

Damit Sie im Internet finden, was Sie suchen, und nicht auf unpassenden Seiten landen, folgen hier einige Tipps für die Suche.

Schritt 1

Suchbegriffe geben Sie entweder in das große Suchfeld oder oben in die Such- und Adressleiste 1 ein. Klicken Sie also in die Leiste oder das Suchfeld. Sobald Sie in die Such- und Adressleiste etwas eintippen, verschwindet der dort stehende Eintrag.

Schritt 2

Findet sich Ihr Suchbegriff nicht unter den ersten Vorschlägen, tippen Sie ihn ganz ein. Er kann auch aus mehreren Wörtern bestehen, die dann durch ein unsichtbares Und verknüpft werden. Drücken Sie zum Start der Suche ↵.

Schritt 3

Gab es zu Ihrem Suchbegriff viele Treffer, werden jeweils zehn untereinander angezeigt. Je nach Thema sehen Sie Textergebnisse, Videos oder Bilder. Außerdem werden Werbung und weitere Informationen eingeblendet. Scrollen Sie, um auch die Suchergebnisse weiter unten zu sehen.

Auf gut Glück?

Wenn Sie die Suchmaschine Google unter *www.google.de* aufrufen, haben Sie die Möglichkeit, **Auf gut Glück!** zu suchen. Klicken Sie nach der Eingabe Ihres Suchbegriffs rechts unterhalb der Suchvorschläge auf diese Option, öffnet Google nicht erst die Liste der Suchergebnisse, sondern direkt eine (eventuell) passende Internetseite.

Schritt 4

Alle Treffer, die über die ersten zehn hinausgehen, werden auf den folgenden Ergebnisseiten angezeigt. Klicken Sie ganz unten auf die nächste Seitenzahl oder auf den Pfeil rechts ❷.

Schritt 5

Schauen Sie sich nun die Suchergebnisse genauer an: Den blauen Link kennen Sie schon; er führt zur gewünschten Internetseite. Wenn Sie einen Link schon einmal angeklickt haben (siehe dazu auch ab Schritt 8), wird er lilafarben ❸ angezeigt. Fahren Sie mit dem Mauszeiger darüber, wird der Zeiger zur Hand ❹.

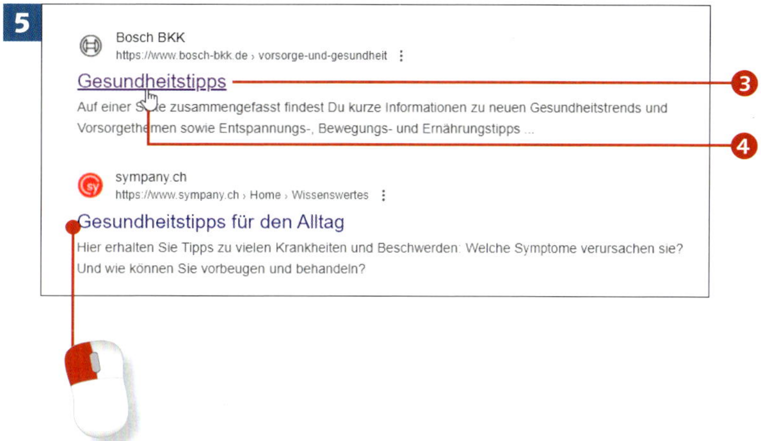

Schritt 6

Bei jedem Link steht die Internetadresse oder zumindest ein Teil davon ❺; dieser Text gibt die genaue Zieladresse an, auf der Sie landen werden. Lesen Sie immer, was dort steht, und klicken Sie nur auf den blauen Link, wenn Ihnen die Adresse seriös und passend erscheint.

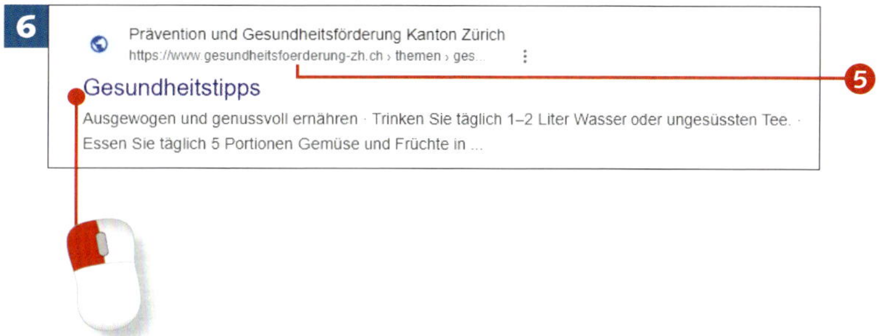

Bing – Edge – ?

Microsoft stellt einen Browser namens Edge zur Nutzung des Internets bereit. Die Suchmaschine von Microsoft heißt Bing. Andere in Edge angebotene Suchmaschinen sind z. B. Google und DuckDuckGo.

Richtig suchen im Internet (Forts.)

7

Schritt 7

Der restliche, schwarz geschriebene Teil eines Suchtreffers ist der *Vorschautext* 6. Er zeigt eine kurze Beschreibung der Internetseite, die Ihnen bei der Auswahl hilft. Lesen Sie ihn durch, um unpassende Seiten gar nicht erst anzuklicken. Manche Texte werden von einem Bild daneben flankiert.

8

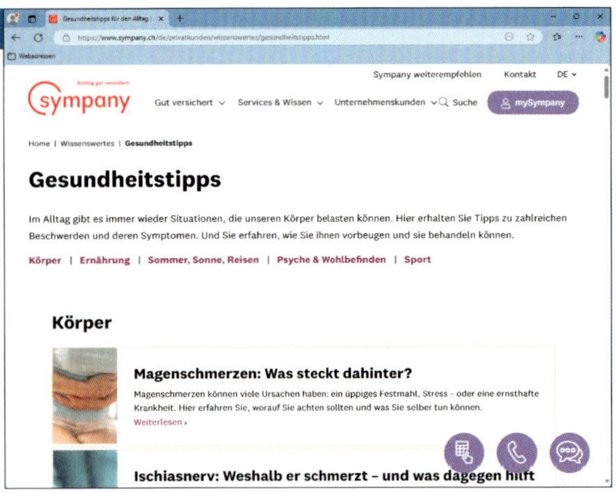

Schritt 8

Klicken Sie auf das Suchergebnis, das Ihnen am passendsten erscheint. Die Ansicht im Browser ändert sich: Sie sehen die eigentliche Internetseite und nicht mehr die Ergebnisliste Ihrer Suche.

9

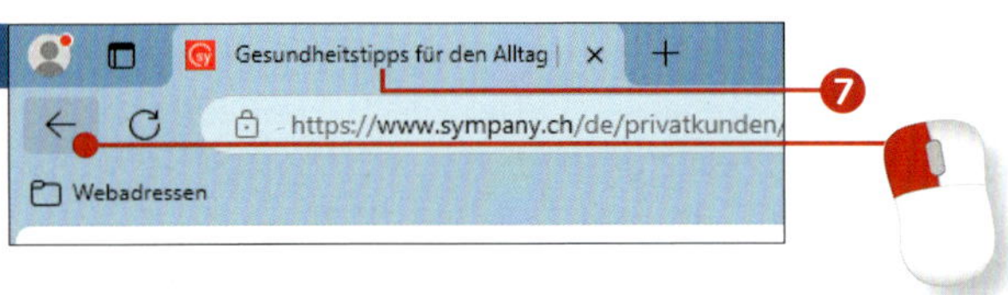

Schritt 9

Um zu den Suchergebnissen zurückzukehren, klicken Sie links oben auf den Pfeil. Im Browser Edge wird beim Zurückblättern der Tab mit der gerade besuchten Internetseite 7 geschlossen, wenn Sie sie durch Klicken auf ein Suchergebnis geöffnet hatten.

Ich habe mich vertippt!

Suchmaschinen wie Google oder Bing sind in der Lage, Suchbegriffe auch mit Tippfehlern richtig zu erkennen und Ihnen passende Suchergebnisse zu präsentieren. Genau auf Ihre Eingabe achten sollten Sie aber bei Internetadressen: Es besteht ein deutlicher Unterschied z. B. zwischen *www.google.de* und *www.gogel.de*!

Schritt 10

Zum Start einer neuen Suche klicken Sie oben in die Adressleiste. Der Text dort wird blau hinterlegt (markiert), Sie können ihn einfach mit Ihrem Suchbegriff überschreiben: Der erste Buchstabe lässt den »alten« Text verschwinden. Sie brauchen also nicht das Browserfenster zu schließen und neu zu öffnen, wenn Sie etwas anderes suchen möchten.

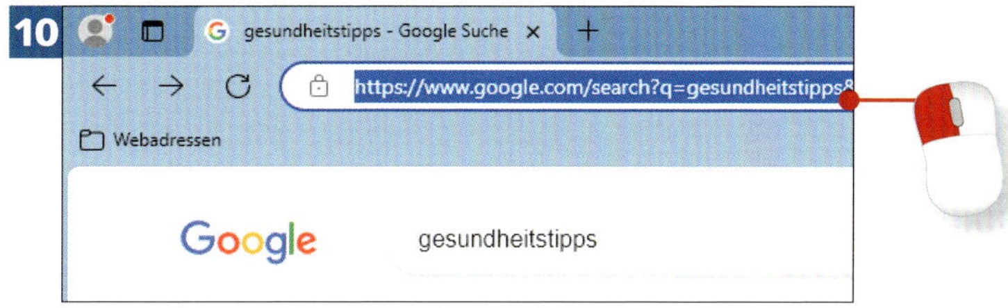

Schritt 11

Möchten Sie nach Wörtern in einer bestimmten Reihenfolge suchen, etwa nach einem Buchtitel oder einem Zitat, setzen Sie die Wörter in Anführungszeichen.

Schritt 12

Damit nur Bilder zu einem bestimmten Begriff angezeigt werden, geben Sie erst Ihren Suchbegriff ein. Klicken Sie dann auf **Bilder** direkt unter dem Suchfeld; schon werden die Textergebnisse durch Bilder ersetzt. Auch sie führen zu Internetseiten, indem Sie erst auf das kleine Bild und dann auf **Besuchen** klicken.

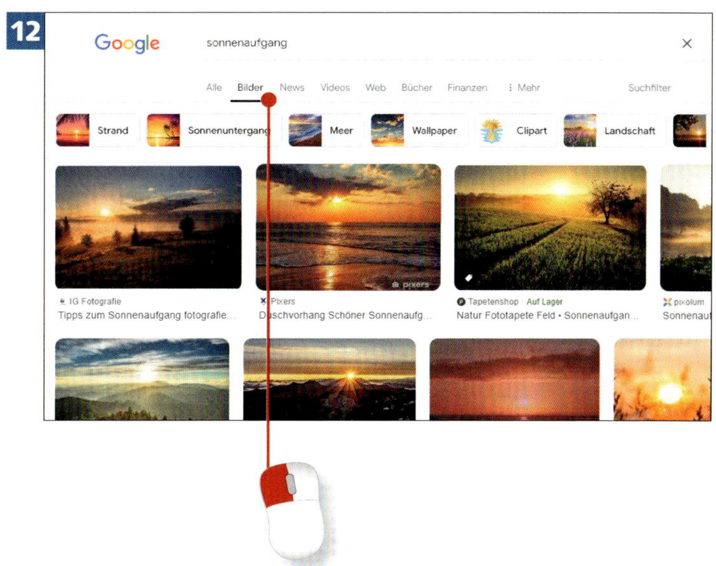

Nachrichten im Internet lesen oder anschauen

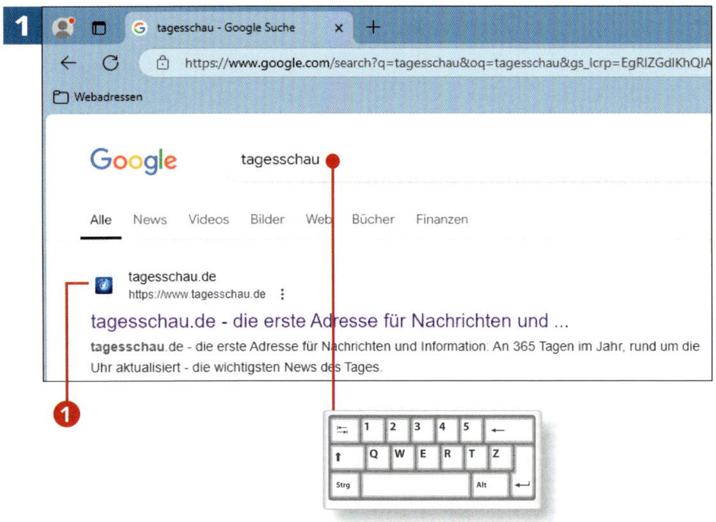

Das Internet bietet Unmengen an Informationen, darunter natürlich auch von Nachrichtenseiten und Nachrichtensendungen.

Schritt 1

Nachrichten lassen sich im Internet aus allen möglichen Quellen beziehen, z. B. von *tagesschau.de*. Starten Sie Edge mit einem Klick auf das Symbol in der Taskleiste. Geben Sie als Suchbegriff »tagesschau« ein, und drücken Sie [↵]. Sie können auch die Lokalzeitung, Magazine usw. suchen.

Schritt 2

Klicken Sie auf **tagesschau.de** ❶, um die Hauptseite der Tagesschau-Sendung zu öffnen. Stimmen Sie den Cookies zu, wenn diese abgefragt werden.

Schritt 3

Um die letzten Nachrichtensendungen zu sehen, scrollen Sie auf der Internetseite nach unten zum Bereich **Sendungen** ❷. Klicken Sie hier auf eine Sendung, die Sie anschauen möchten.

Schritt 4

Klicken Sie auf das Dreieck in der Vorschau, um die Sendung zu starten. Sie können das Video anhalten, indem Sie einfach auf das Videobild klicken. Ein weiterer Klick, und das Video läuft weiter. Zur Übersichtsseite des Senders kommen Sie zurück, wenn Sie oben links auf das Logo der Sendung klicken 3.

Schritt 5

Mehr Nachrichtenartikel finden Sie, wenn Sie oben auf der Tagesschau-Seite auf eine Rubrik klicken, z. B. **Inland**, oder eine Rubrik unter dem Symbol mit den drei Strichen auswählen 4.

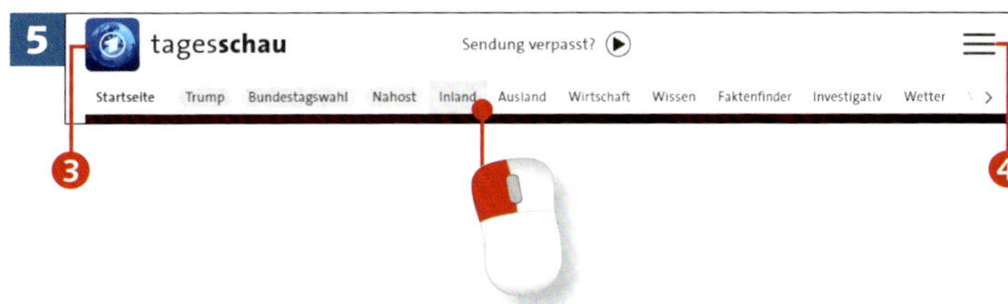

Schritt 6

Eine Zeitung rufen Sie ähnlich wie die Tagesschau auf. Im Beispiel geben Sie »faz.net« in das Such- und Adressfeld ein und drücken ↵. Die Startseite der Zeitung wird geöffnet. Scrollen Sie nach unten, um die Artikel zu lesen, oder klicken Sie eine Kategorie in der Menüleiste an.

Alles kostenlos?

Die meisten Tageszeitungen bieten einen Teil ihrer Artikel kostenlos im Internet an. Wer aber die ganze Zeitung online lesen möchte, muss ein kostenpflichtiges Abonnement abschließen, denn Journalisten müssen auch von etwas leben.

Routen planen mit Google Maps

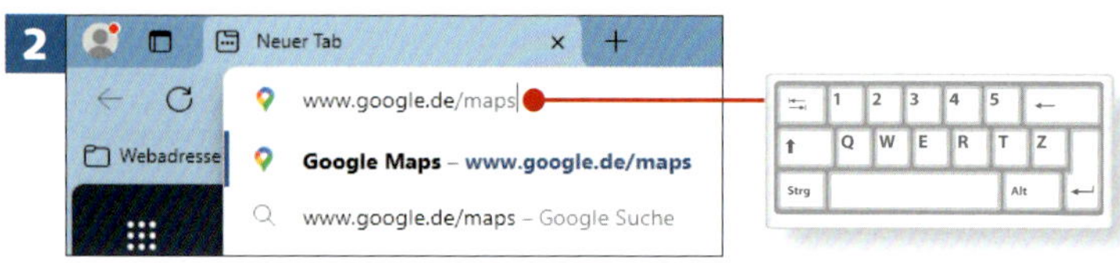

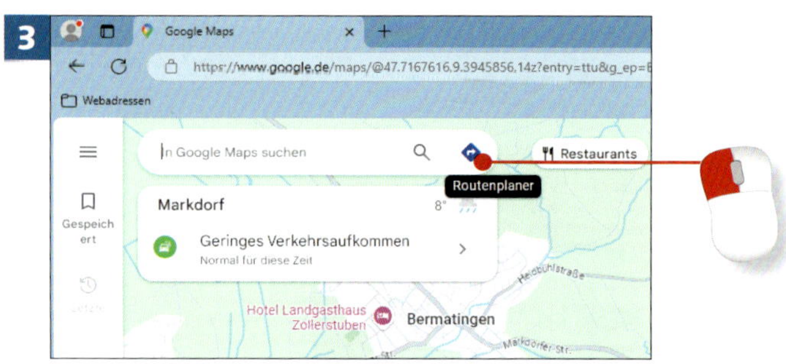

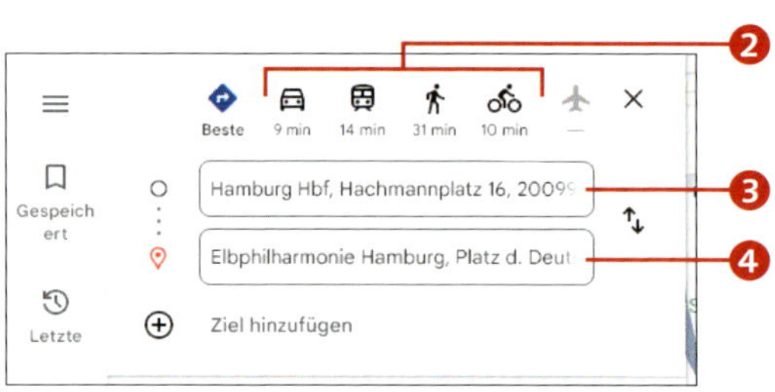

Welche ist die beste Route zum Reiseziel? Lassen Sie sich von Google Maps eine Wegbeschreibung ausgeben.

Schritt 1

Rufen Sie die Website *www.google.de* auf, und klicken Sie rechts oben auf das aus neun kleinen Quadraten bestehende Symbol ❶. Wählen Sie im erscheinenden Menü die Option **Maps**.

Schritt 2

Alternativ rufen Sie Google Maps direkt auf, indem Sie in die Adressleiste des Browsers *www.google.de/maps* tippen und [↵] drücken. Haben Sie Ihrem Browser erlaubt, Ihren Standort zu verwenden, wird der Kartenausschnitt Ihrem Standort angepasst.

Schritt 3

Klicken Sie auf das Symbol **Routenplaner**. Wählen Sie das Verkehrsmittel ❷ (Auto, ÖPNV, zu Fuß usw.). In die beiden Eingabefelder geben Sie den Startort ❸ und den Zielort ❹ ein. Drücken Sie [↵].

Schritt 4

Die Route wird im rechten größeren Fensterteil auf der Karte angezeigt. Wenn es mehrere Möglichkeiten gibt, zeigt Ihnen Google diese Routenvorschläge in der linken Spalte an. Die jeweils links angeklickte Variante wird auf der Karte durch eine blaue Linie gekennzeichnet.

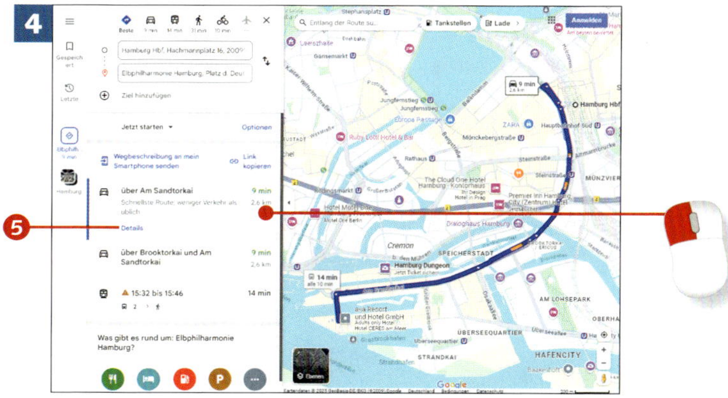

Schritt 5

Klicken Sie auf **Details** ❺, dann auf die Pfeile. Google Maps zeigt die detaillierte Streckenbeschreibung an, unterteilt in Abschnitte. Die Verkehrslage können Sie sich mit einem Klick auf den Schieberegler ❻ unten auf der Karte einblenden lassen.

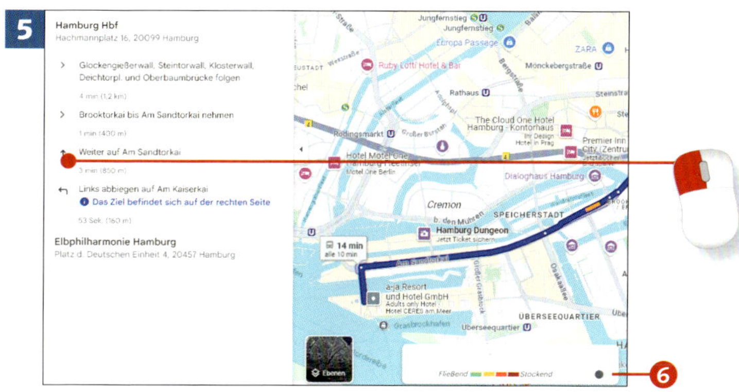

Schritt 6

Um die Ansicht auf der Karte zu vergrößern, halten Sie den Mauszeiger über die Karte und scrollen nach oben. Scrollen Sie nach unten, haben Sie wieder mehr Überblick. Zum Ausdrucken klicken Sie in der Detailansicht auf das **Drucken**-Symbol.

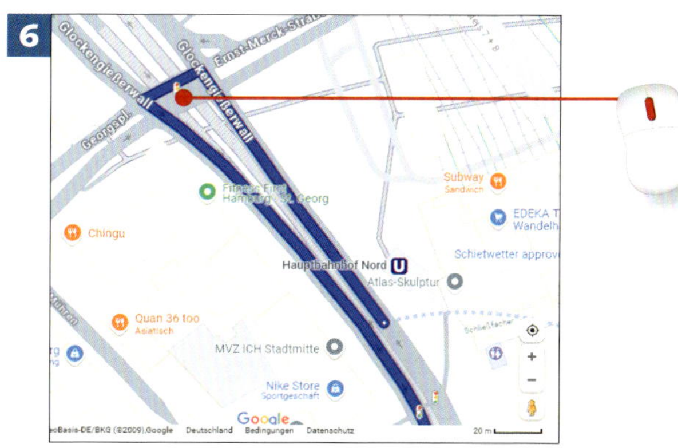

Restaurants und Hotels suchen

Sie können auch einen Hotel- oder Restaurantnamen als Zielort eingeben. Google Maps schlägt Ihnen passende Lokalitäten vor.

Favoriten speichern

Im Browser können Sie Favoriten (Lesezeichen) speichern, um Ihre Lieblingswebseiten sofort wiederzufinden.

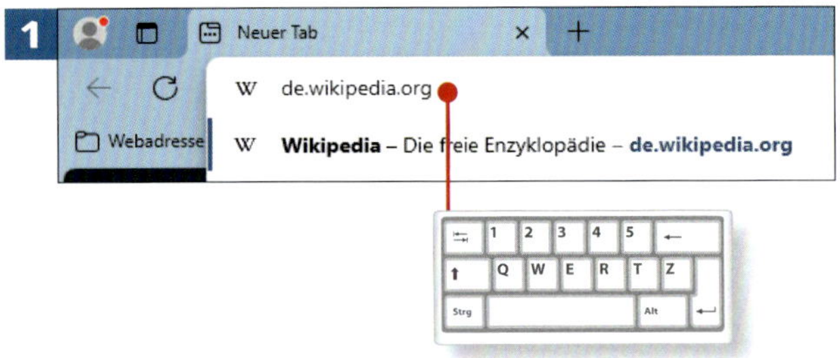

Schritt 1

Öffnen Sie Edge, und rufen Sie die Internetseite auf, die Sie häufiger nutzen möchten. Im Beispiel wird unter der Webadresse *de.wikipedia.org* Wikipedia, die große Internet-Enzyklopädie, aufgerufen.

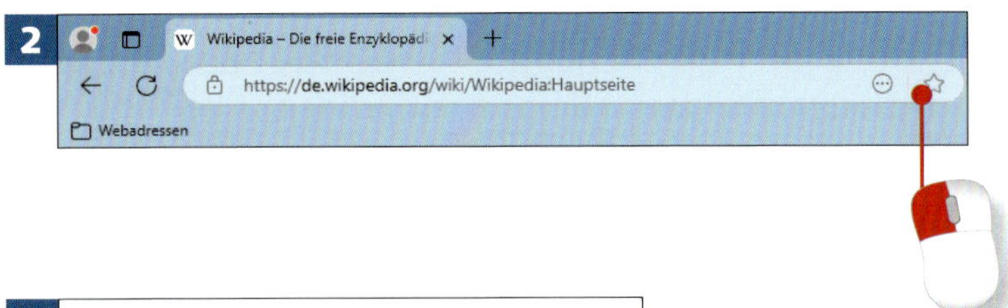

Schritt 2

Klicken Sie auf den Stern rechts in der Such- und Adressleiste. Diese Sternschaltfläche heißt **Diese Seite zu Favoriten hinzufügen**.

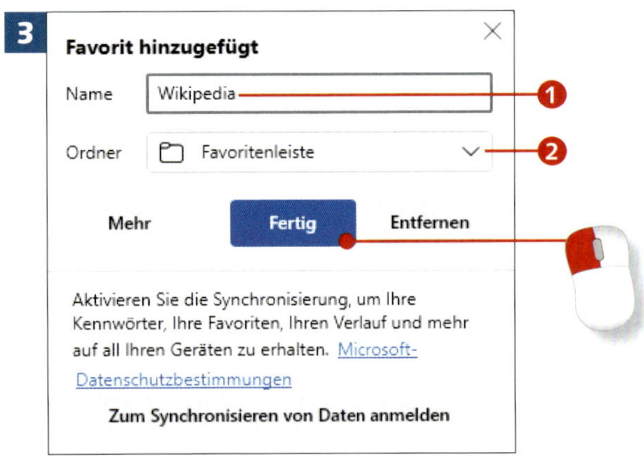

Schritt 3

Im nächsten kleinen Fenster bestimmen Sie den Namen ❶, unter dem diese Seite gespeichert wird. Im Menü **Ordner** wählen Sie z. B. **Favoritenleiste** ❷. Klicken Sie auf **Fertig**.

Favoritennamen kürzen

Als Standardname für einen Favoriten wird der Titel der Webseite vorgeschlagen. Dieser kann aber sehr lang sein. Wählen Sie stattdessen eine kurze, treffende Bezeichnung, damit der Name des Favoriten in der Favoritenleiste und andernorts stets vollständig dargestellt wird.

Schritt 4

Ist die Favoritenleiste ausgeblendet, blenden Sie sie ein, damit Sie die Favoriten jederzeit aufrufen können. Klicken Sie dazu rechts oben auf den Stern mit den drei Strichen und anschließend auf die drei Punkte ❸.

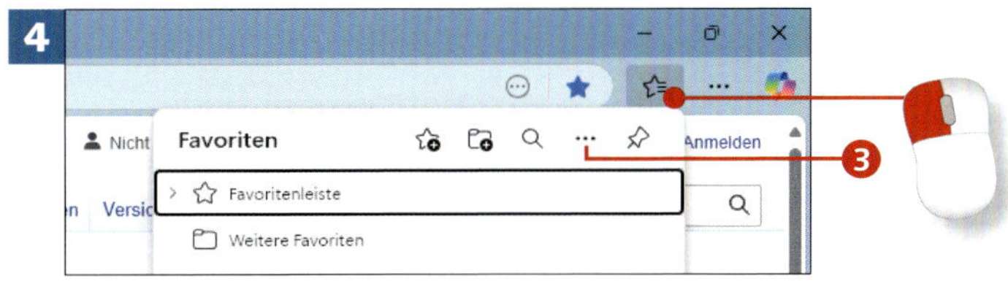

Schritt 5

Bewegen Sie den Mauszeiger im Menü auf **Favoritenleiste anzeigen** ❹. Im Ausklappmenü klicken Sie dann auf **Immer**.

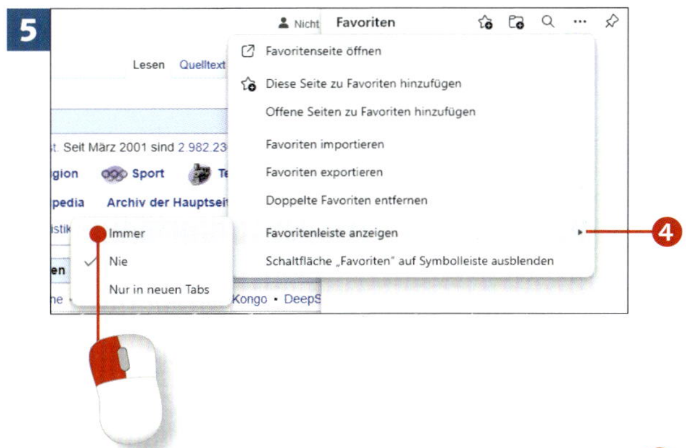

Schritt 6

Schließen Sie jetzt die Favoritenleiste und die gerade hinzugefügte Internetadresse. Egal, wo im Internet Sie künftig sind, per Klick auf einen Favoriten in der Leiste wird die Seite sofort geöffnet. Der blaue Stern ❺ zeigt an, dass die Seite als Favorit gespeichert ist.

Wie finde ich Lesezeichen?

Haben Sie ein Lesezeichen nicht auf der Favoritenleiste, sondern unter **Favoriten** gespeichert, rufen Sie es so auf: Klicken Sie rechts neben der Adress- und Suchleiste auf den Stern mit den drei Strichen. Ein Klick auf den gewünschten Favoriten in der Liste, die nun erscheint, öffnet die dazugehörende Internetseite.

Programme aus dem Internet herunterladen

Ihr Computer hat zwar schon einige Programme an Bord, aber viele nützliche Desktop-Programme können Sie auch aus dem Internet herunterladen.

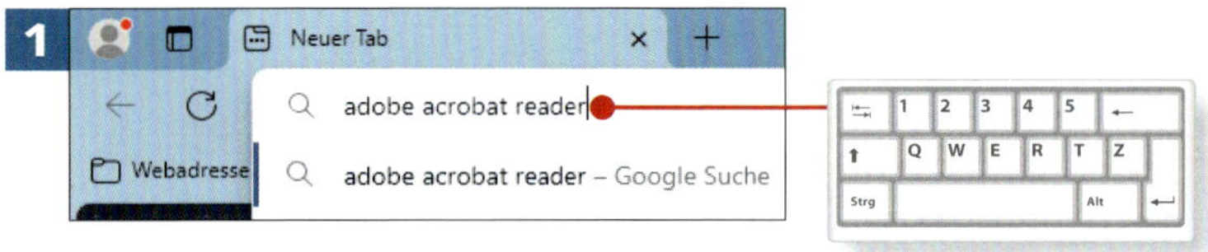

Schritt 1

Ein nützliches Programm ist etwa der *Adobe Acrobat Reader*, mit dem Sie PDF-Dateien öffnen können. Erhalten Sie z. B. Ihre Telefonrechnung per E-Mail oder ein Onlineticket, liegen diese meist im PDF-Format vor. Geben Sie in Edge als Suchbegriff »Adobe Acrobat Reader« ein.

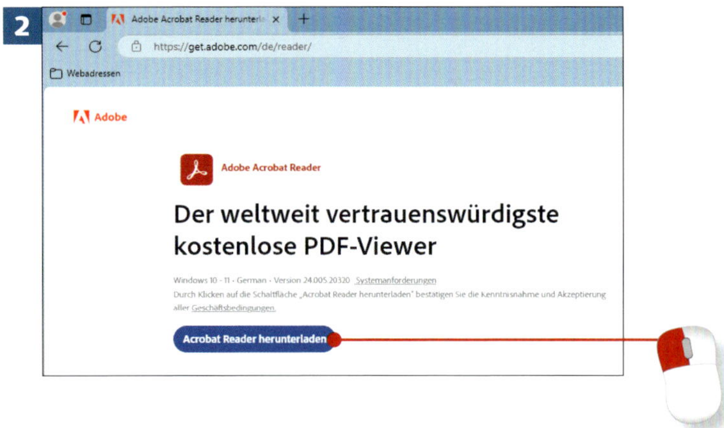

Schritt 2

Klicken Sie auf das Suchergebnis mit der offiziellen Adresse *get.adobe.com/de/reader*. Wenn sich die Seite öffnet, akzeptieren Sie die Cookies. Klicken Sie dann unten auf **Acrobat Reader herunterladen**. Der Download (das Herunterladen) der Installationsdatei beginnt.

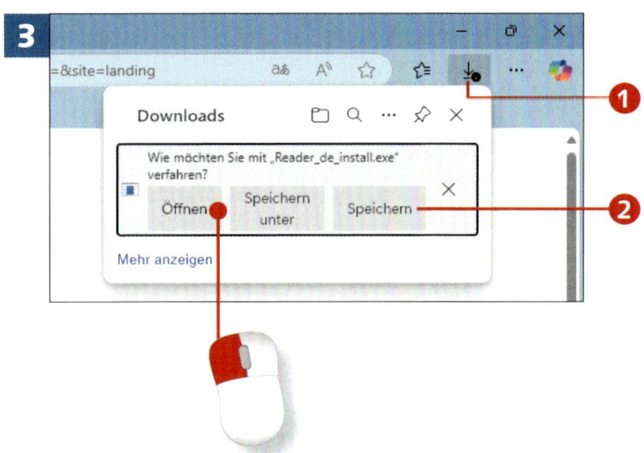

Schritt 3

Rechts oben erscheint ein Downloadsymbol ❶ und ein kleines Fenster. Wählen Sie **Öffnen**. Alternativ können Sie die Datei mit **Speichern** ❷ auf dem Computer ablegen. Die folgende Sicherheitsabfrage beantworten Sie mit **Ja**.

Was ist ein PDF?

In einem PDF (engl. Abkürzung für *Portable Document Format*, wörtlich übersetzt »tragbares Dokumentformat«) können Tabellen, Texte, Formulare, Bilder usw. weitergegeben und vom Empfänger z. B. mit dem Adobe Reader betrachtet werden, ohne dass ein weiteres Programm zum Öffnen nötig ist.

Schritt 4

Die Installation braucht eine Weile. Edge informiert Sie über den Fortschritt der Installation. Klicken Sie auf **Beenden**, wenn die Installation abgeschlossen ist. Der Acrobat Reader wird gestartet.

Schritt 5

Klicken Sie nach der Installation auf die Schaltfläche **Fertig stellen**, um das Programm zu starten. Es werden auch Verknüpfungen im Startmenü sowie auf dem Desktop angelegt.

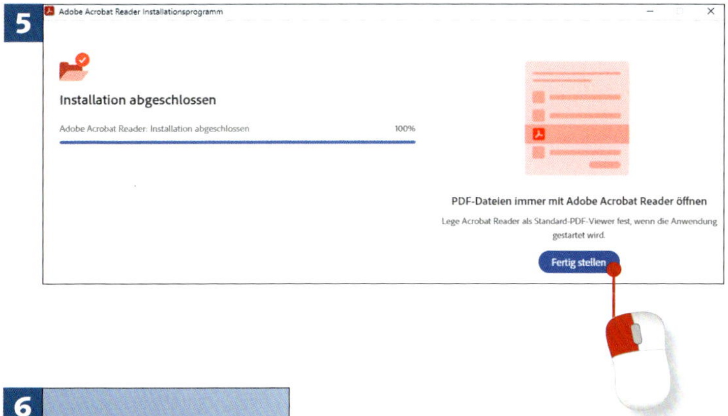

Schritt 6

Gegebenenfalls werden Sie noch gefragt, ob Sie den Adobe Acrobat Reader als Standard zum Öffnen von PDF-Dateien festlegen möchten. Tun Sie dies, um PDF-Dateien mit dem Programm zu verknüpfen. Es genügt dann ein Doppelklick auf eine PDF-Datei, um diese im soeben installierten Programm aufzurufen.

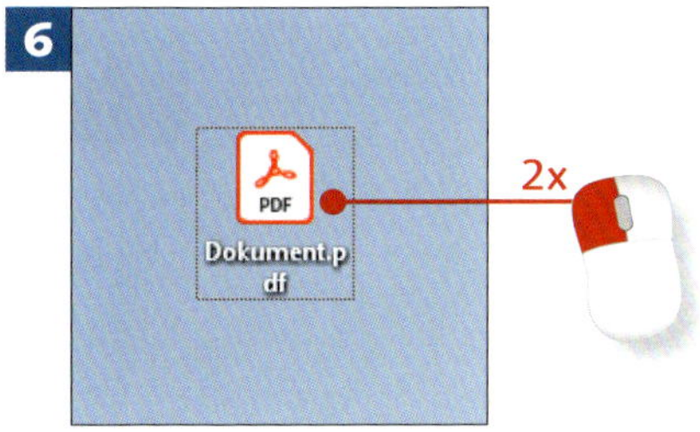

Firefox herunterladen
Möchten Sie neben Microsoft Edge einen zweiten Internetbrowser nutzen? Das könnte z. B. Mozilla Firefox sein. Das Herunterladen erfolgt auf der Seite *www.mozilla.org/de/firefox/new*.

Den Adobe Acrobat Reader effektiv nutzen

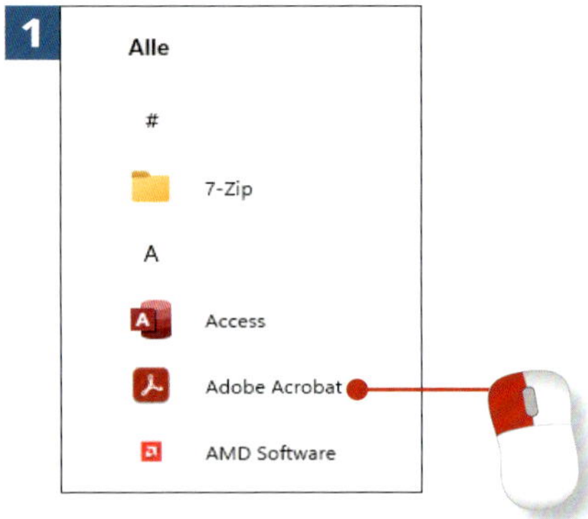

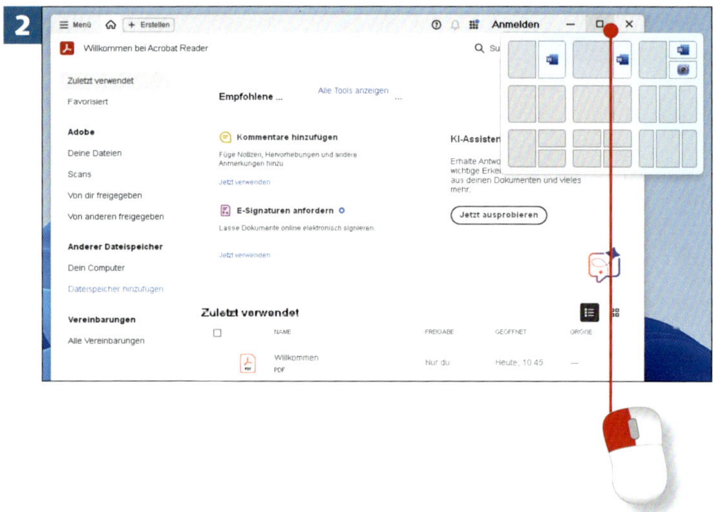

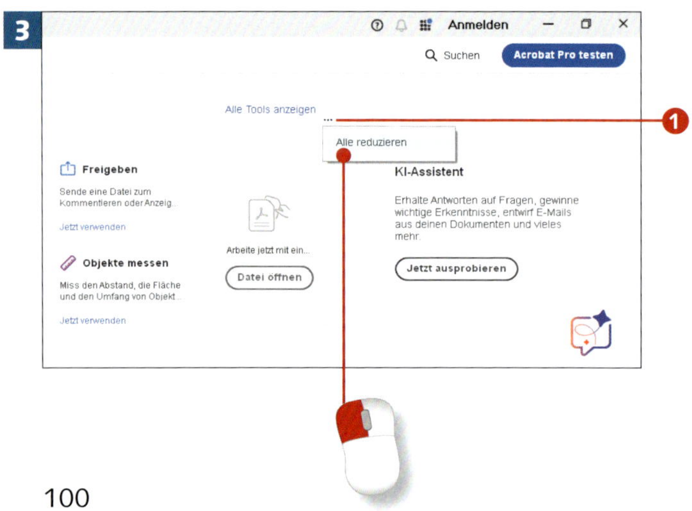

Mit dem Reader (»Leser«) des Unternehmens Adobe können Sie sich Dokumente anzeigen lassen, aber auch speichern und drucken

Schritt 1

Öffnen Sie **Adobe Acrobat** über das Startmenü oder alternativ per Doppelklick auf die Desktop-Verknüpfung.

Schritt 2

Die erste Ansicht ist etwas unübersichtlich, später wird das geöffnete Dokument die größte Fläche einnehmen. Maximieren Sie das Programmfenster.

Schritt 3

Nun klicken Sie bei den oben angezeigten Karten auf die drei Punkte 1 und im aufklappenden Menü auf **Alle reduzieren**. Die Zeile mit dem Titel **Zuletzt verwendet** springt dadurch nach oben. Sie sehen in der Liste noch nicht viele Dokumente, schließlich ist das Programm ja neu installiert.

Schon wieder anmelden?
Sie sehen im Acrobat Reader eine Schaltfläche zum **Anmelden**. Sie können die App aber auch ohne Anmeldung nutzen.

Schritt 4

Klicken Sie doppelt auf den Dokumentnamen **Willkommen**. Der zuvor sichtbare Inhalt macht Platz für das Dokument, in diesem Fall die Willkommensinformation von Adobe.

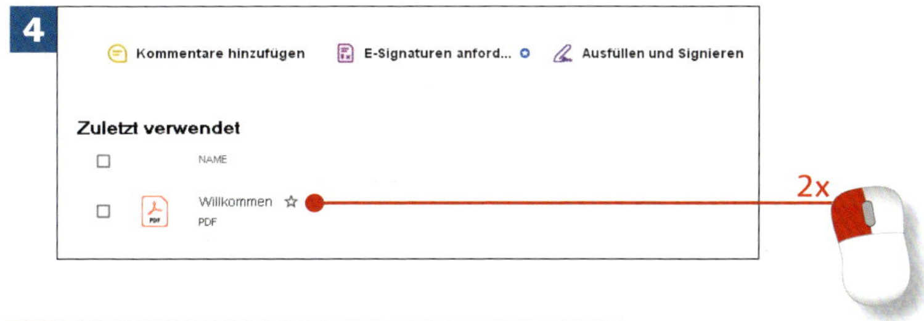

Schritt 5

Wie viele Seiten das Dokument hat, sehen Sie rechts in der *Symbolleiste*: Es sind in diesem Fall fünf ❷. Angezeigt wird die erste Seite. Ist Ihnen die Ansicht zu klein, klicken Sie auf das Pluszeichen: Das Dokument wird vergrößert dargestellt. Mit dem Minuszeichen ❸ verkleinern Sie die Ansicht wieder. Das Programmfenster selbst bleibt dabei gleich groß.

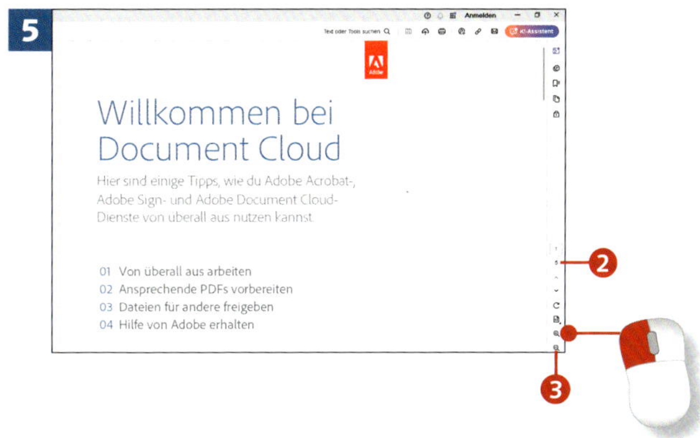

Schritt 6

Um sich einen Überblick über die vorhandenen Seiten eines umfangreicheren Dokuments zu verschaffen, blenden Sie mit dem Papiersymbol rechts eine nützliche Seitenübersicht ein- und wieder aus.

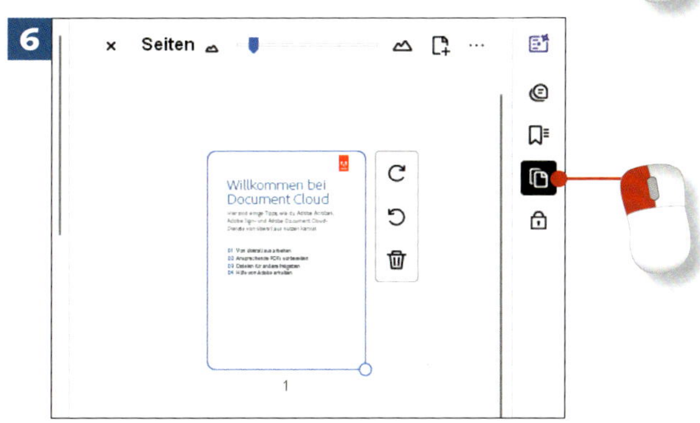

Zoomen geht auch mit der Maus

Um die Ansicht auf dem Bildschirm zu vergrößern, drücken Sie mit der einen Hand die `Strg`-Taste und mit der anderen drehen Sie das Mausrad von sich weg. So können Sie in kleinen Schritten zoomen, d. h., die Ansicht – und auch den Text – vergrößern oder verkleinern.

Den Adobe Acrobat Reader effektiv nutzen (Forts.)

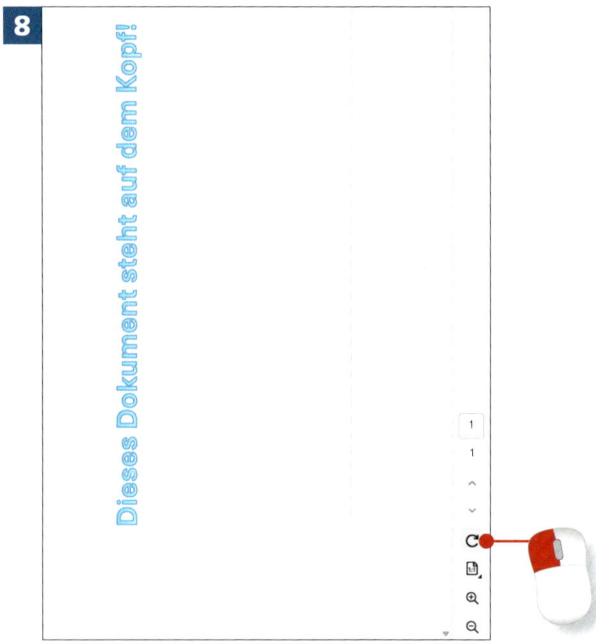

Schritt 7

Ein anderes geöffnetes PDF-Dokument dient als verdrehtes Beispiel: ein Dokument, bei dem der Text auf dem Kopf steht. Sie müssen sich nun nicht den Kopf verrenken oder den Bildschirm drehen.

Schritt 8

Die Lösung: Drehen Sie das Dokument. Klicken Sie in der Symbolleiste rechts auf das Drehsymbol, um das Dokument um 90 Grad im Uhrzeigersinn (nach rechts) zu drehen. Wiederholen Sie den Schritt ein weiteres Mal, denn sonst liegt das Dokument auf der Seite.

Schritt 9

Das Dokument ist nun richtig herum zu lesen. Um den Rest oder bei längeren Dokumenten die weiteren Seiten zu sehen, lassen Sie den Mauszeiger über dem Dokument schweben und scrollen nach unten, indem Sie das Mausrad zu sich hindrehen. Sie können auch weiter unten auf die Bildlaufleiste klicken ❹.

Schritt 10

Haben Sie einen Drucker angeschlossen (siehe den Abschnitt »Einen Drucker installieren« auf Seite 288), können Sie das Dokument ausdrucken. Klicken Sie auf das Druckersymbol. Eventuell müssen Sie beim ersten Drucken Ihren Drucker auswählen ❺. Starten Sie den Druck unten rechts mit **Drucken**.

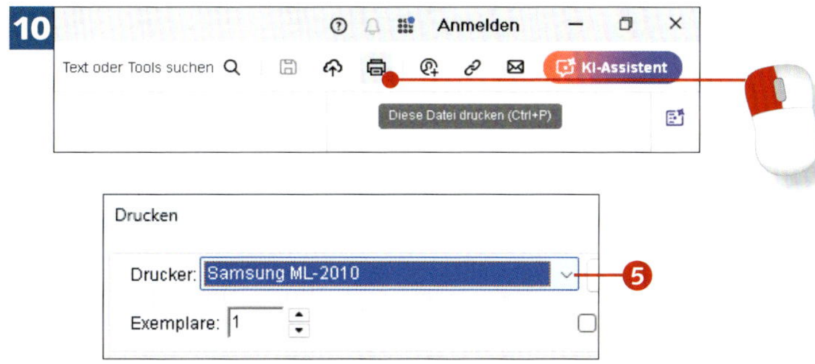

Schritt 11

Ähnlich wie der Browser Microsoft Edge bietet auch der Reader Registerkarten (in Edge Tabs genannt), um mehrere Dokumente aufzurufen und zwischen diesen zu wechseln. Jede Registerkarte bietet ein eigenes Schließkreuz.

Schritt 12

Zum Schließen des Programms insgesamt klicken Sie auf das Kreuz oben rechts. Sind mehrere Dokumente geöffnet, fragt der Reader nach, ob Sie alle auf einmal oder nur das im Vordergrund angezeigte, aktuelle schließen wollen. Im Beispiel soll alles geschlossen werden. Klicken Sie daher auf **Alle Registerkarten schließen**.

Ein Wort bzw. einen Ausdruck im Dokument suchen

Sie wollen wissen, ob bestimmte Wörter in Ihrem Dokument vorkommen? Kein Problem, lassen Sie den Reader suchen: Klicken Sie in der Symbolleiste auf die **Lupe**, und geben Sie in das kleine Fenster den Suchbegriff ein. Drücken Sie [↵]. Im Suchfenster steht die Anzahl der gefundenen Stellen. Klicken Sie auf den nach rechts weisenden Pfeil, um zum nächsten Treffer zu gelangen.

Das Surfen noch komfortabler machen

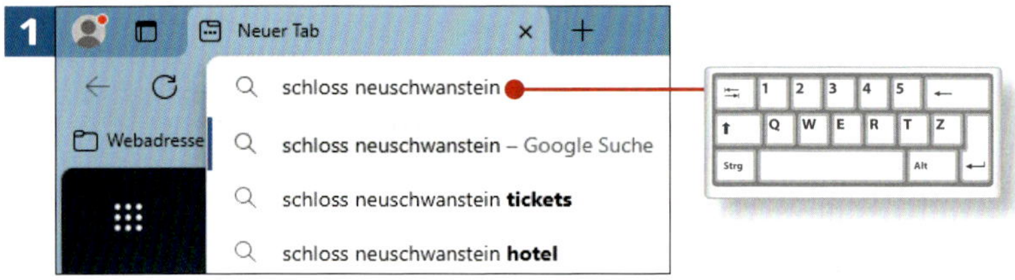

Das Internet ist voller Inhalte und nützlicher Informationen. Passen Sie die Schriftgröße so an, dass Sie alles gut lesen können, oder lassen Sie sich den Text vorlesen.

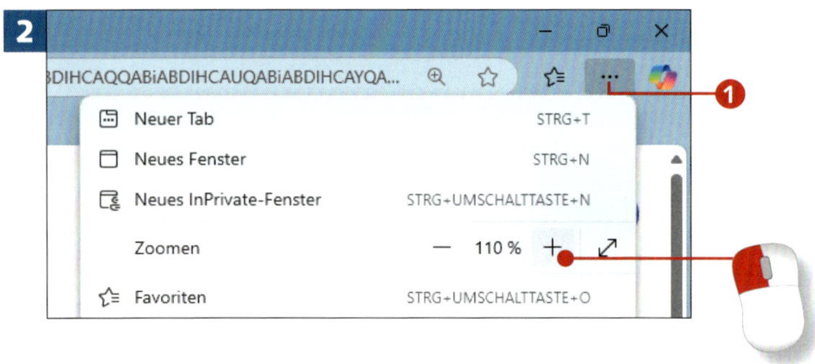

Schritt 1

Rufen Sie *Microsoft Edge* auf. Geben Sie einen Suchbegriff ein. Im Beispiel suchen wir nach einer bekannten deutschen Sehenswürdigkeit. Drücken Sie ↵.

Schritt 2

Schauen Sie sich die Kurzbeschreibungen bei den Suchergebnissen an (siehe den Abschnitt »Richtig suchen im Internet« ab Seite 88). Ist Ihnen der Text zu klein? Das ist schnell geändert: Klicken Sie rechts oben auf die drei Punkte ❶; bei **Zoomen** klicken Sie einmal oder mehrfach auf das Pluszeichen. Die Inhalte werden jetzt deutlich größer dargestellt.

Schritt 3

Wählen Sie nun die Internetseite aus, die Sie öffnen möchten. Klicken Sie dazu auf den Link. Edge öffnet die Seite. Auch hier vergrößern Sie die Inhalte, wie in Schritt 2 beschrieben.

Immer wieder Cookies

Auf vielen Websites werden Sie um Ihre Einwilligung zu Cookies und Datenverarbeitung gebeten. Es reicht oft aus, nur die nötigsten Cookies zu akzeptieren, und Sie können trotzdem alle Inhalte sehen. In der Regel merkt sich die Seite Ihre Einstellung, sodass Sie bei einem erneuten Besuch nicht gleich wieder die Cookies akzeptieren oder ablehnen müssen.

Schritt 4

Klicken Sie auf der geöffneten Seite auf ein Unterthema, um auf der Website zu blättern. Was anklickbar ist, erkennen Sie an der Hand, die beim Darüberfahren mit der Maus erscheint.

Schritt 5

Je nach Gestaltung der Internetseite müssen Sie jetzt wieder nach unten scrollen. Sehr bequem geht das mit dem Mausrad: Achten Sie darauf, dass der Mauszeiger über dem Teil der Seite liegt, den Sie herunterscrollen möchten. Drehen Sie dann das Mausrad zu sich hin.

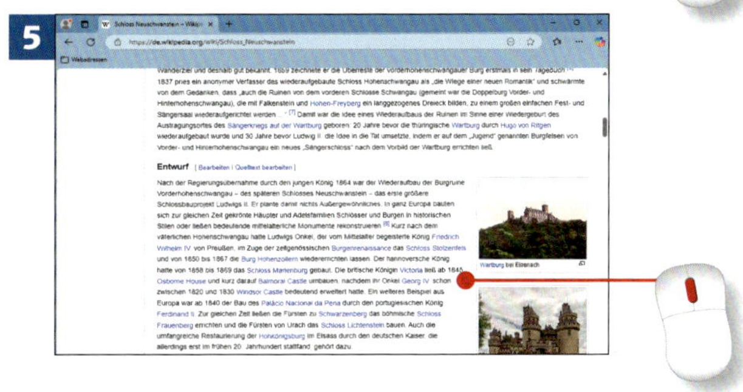

Schritt 6

Sie möchten einen anderen Bereich – eine andere Seite – der aktuell betrachteten Website aufrufen? Dazu nutzen Sie das Navigationsmenü, das meist oben und/oder links zu sehen ist: Das Navigationsmenü ist immer verfügbar, entweder – wie hier – direkt als anklickbare Begriffe oder als ein zu öffnendes Menü.

Ich scrolle, aber es tut sich nichts!

Eventuell ist der Mauszeiger nicht richtig platziert. Führen Sie den Mauszeiger über den Teil der Internetseite, auf dem Sie nach unten oder oben scrollen wollen. Achten Sie außerdem beim Scrollen auf die richtige Richtung: Wenn Sie schon ganz unten sind, nützt das Scrollen nach unten nichts.

Das Surfen noch komfortabler machen (Forts.)

7

8

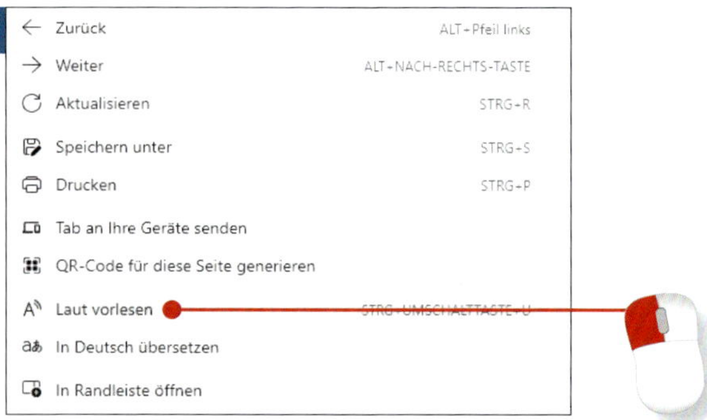

9

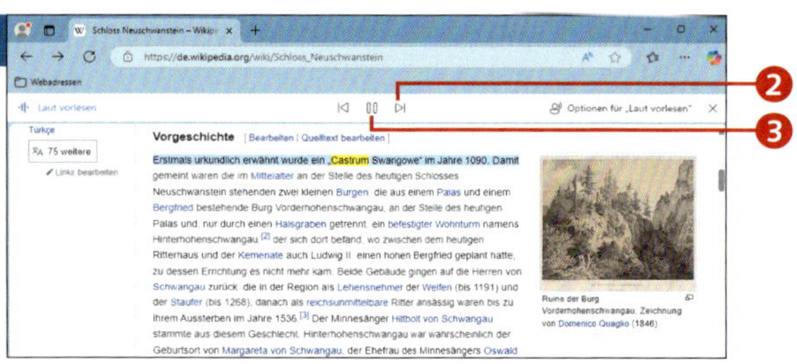

Schritt 7

Ist es Ihnen zu mühsam, eine größere Menge Text auf dem Bildschirm zu lesen? Dann lassen Sie sich den Text vorlesen. Klicken Sie dazu mit rechts innerhalb der geöffneten Webseite. Achten Sie darauf, keinen Link anzuklicken!

Schritt 8

Im so geöffneten Kontextmenü wählen Sie den Eintrag **Laut vorlesen**. Sofort legt die Vorlesestimme los, den Inhalt der Seite zu Gehör zu bringen. Gleichzeitig erscheint eine neue Leiste. Soll der Text ab einer bestimmten Stelle vorgelesen werden, klicken Sie doppelt auf das erste Wort dieses Textes.

Schritt 9

Mit der Vorspulen-Schaltfläche 2 springen Sie zum nächsten Absatz. Die Wiedergabe pausieren Sie mit einem Klick auf die Start-/Pause-Schaltfläche 3. Solange es etwas zu lesen gibt, liest Ihr Computer es auch vor. Sie können das gerade Vorgelesene auch lesend verfolgen: Was Sie hören, wird farblich hervorgehoben.

Ich höre nichts!

Wenn Sie nichts hören, ist Ihr Lautsprecher ausgeschaltet oder zu leise. Erhöhen Sie die Lautstärke mit den Funktionstasten an Ihrer Tastatur, bzw. prüfen Sie, ob unten rechts in der Taskleiste ein × auf dem Lautsprechersymbol sitzt. Klicken Sie es an und klicken Sie in dem kleinen Fenster wieder auf das Lautsprechersymbol.

Schritt 10

Ist Ihnen das Tempo zu langsam oder zu schnell, klicken Sie in der Vorlesenleiste auf **Optionen für „Laut vorlesen"**.

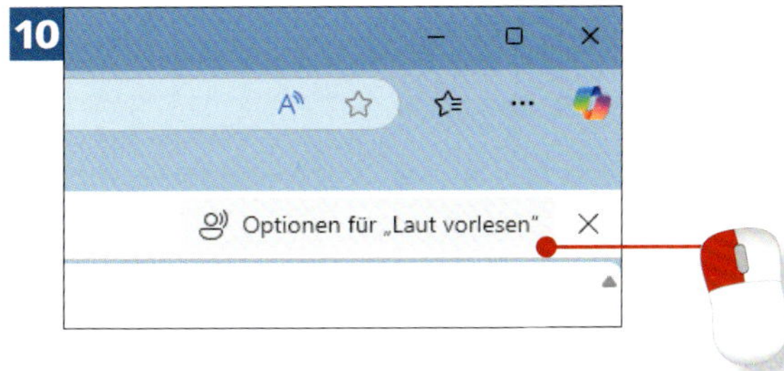

Schritt 11

»Greifen« Sie den Punkt auf der Tempoleiste mit der linken Maustaste, und schieben Sie ihn vorsichtig bei gedrückter Maustaste nach links (langsamer) oder rechts (schneller).

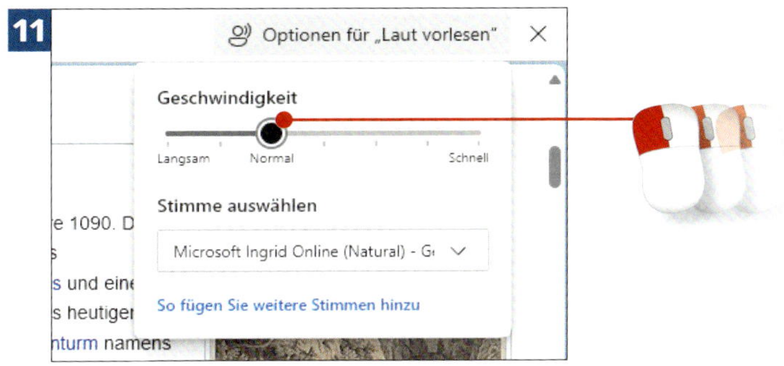

Schritt 12

Die Vorlesestimme können Sie ändern: Klicken Sie in den **Optionen für „Laut vorlesen"** auf das Feld unter **Stimme auswählen**. Weitere deutschsprachige Stimmen stehen zur Auswahl. Klicken Sie auf die gewünschte. Sind Sie mit den Änderungen zufrieden, klicken Sie wieder in die Webseite.

Im Internet einkaufen

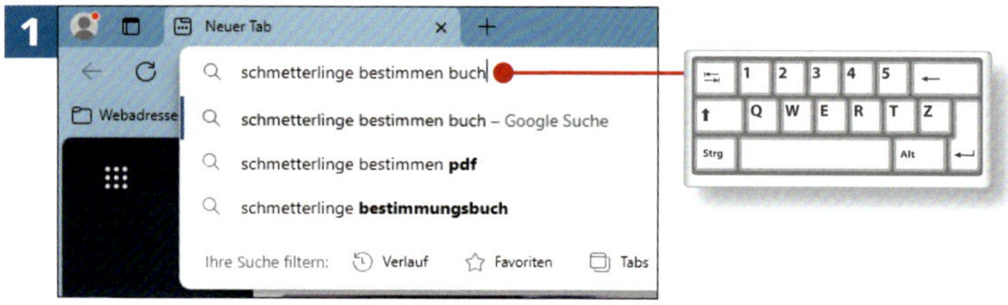

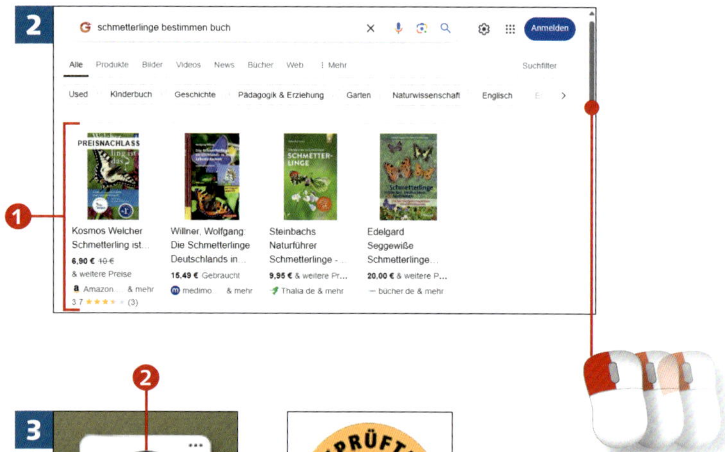

Das Internet wimmelt nur so von Seiten, auf denen Sie etwas kaufen können. Bei allen Einkäufen sind ein paar Grundregeln zu beachten.

Schritt 1

Rufen Sie *Microsoft Edge* auf, und suchen Sie nach dem gewünschten Produkt. Sie können die genaue Bezeichnung eingeben oder eine Beschreibung. Drücken Sie [↵].

Schritt 2

Bei vielen Artikeln wird Ihnen als Erstes eine Reihe von Produktbildern als Werbung ❶ angezeigt; unter den Bildern steht die »Ladenadresse«. Im Beispiel sind es mehrere große Onlinehändler. Scrollen Sie weiter nach unten, um weitere Ergebnisse zu sehen.

Schritt 3

Klicken Sie auf ein Ergebnis. Akzeptieren Sie die Cookies. Bevor Sie Produkte in den virtuellen Einkaufswagen oder Warenkorb legen, schauen Sie bei kleineren Onlineshops nach Siegeln: Hat der Onlineshop (Internetladen) das Siegel *Trusted Shops* ❷, vertrauen ihm also die Käufer? Gibt es andere Siegel?

Preisvergleich im Internet, Einkauf vor Ort

Wenn Sie lieber bei Ihrem Händler vor Ort oder in der nächstgrößeren Stadt einkaufen, können Sie das Internet nutzen, um sich über Preise und Produktdetails zu informieren und schon einmal eine Vorauswahl zu treffen. Bei Büchern können Sie sich z. B. die ISBN herausschreiben. Einige Händler bieten auch eine Filialabholung an.

Schritt 4

Wenn Ihnen ein Artikel zusagt, achten Sie auf zwei weitere Punkte: Gibt es Kundenbewertungen? Und kennen Sie die **Versandkosten**? Manche Anbieter haben scheinbar günstige Produkte, verlangen dann aber hohe Versandkosten. Klicken Sie auf **In den Einkaufswagen** bzw. **In den Warenkorb**, wenn Sie den Artikel kaufen möchten.

4

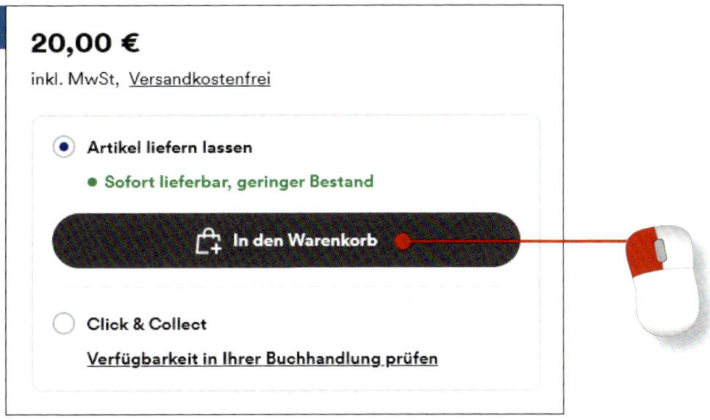

Schritt 5

Sie können weiter einkaufen. Klicken Sie schließlich oben auf **Warenkorb** ❸ und dann auf **Zur Kasse** oder direkt auf **Kasse**. Bei vielen Anbietern können Sie als Gast bestellen, d. h. ohne Registrierung. Aber eine E-Mail-Adresse und die Lieferadresse müssen Sie trotzdem angeben.

5

Schritt 6

Meist werden zahlreiche Zahlungsmöglichkeiten angeboten. Akzeptiert der Shop das Zahlen auf Rechnung, erhalten Sie also erst die Ware und begleichen dann den offenen Betrag? Oder müssen Sie vorab mit Kreditkarte zahlen? Wählen Sie eine Zahlungsart, bei der Sie sich wohlfühlen, und senden Sie Ihre Bestellung ab.

6

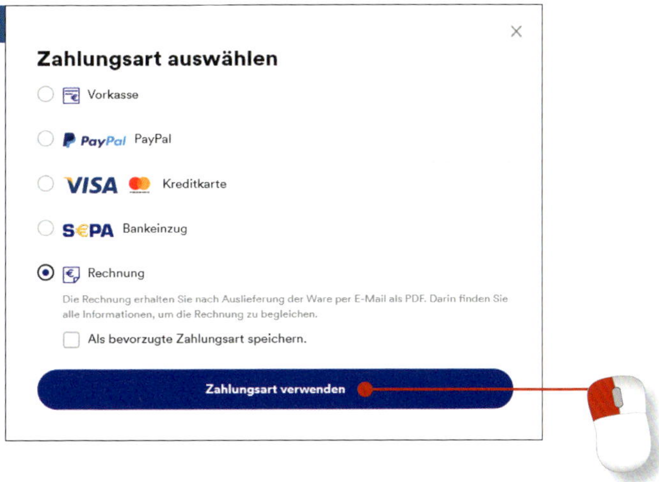

Erste Schritte mit Teams

Verfügt Ihr Computer über eine Kamera, ein Mikrofon und Lautsprecher sowie eine Internetverbindung, können Sie per Teams ein Videogespräch mit Freunden oder Verwandten führen.

1

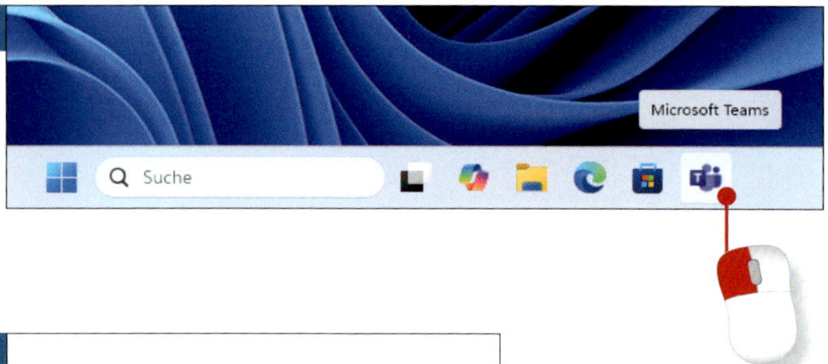

2

3

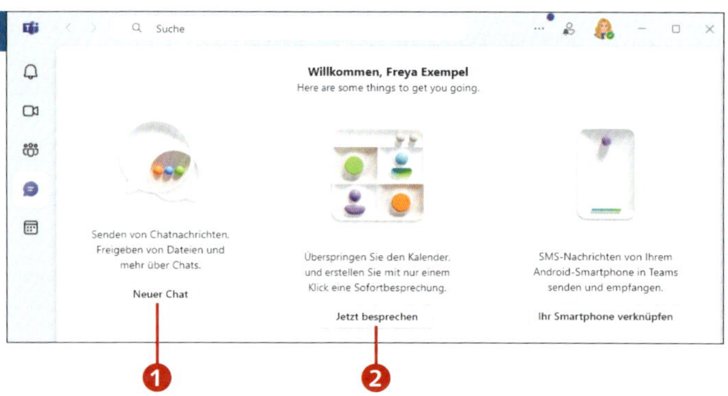

Schritt 1

Öffnen Sie die App *Microsoft Teams*, entweder per Taskleistensymbol oder im Startmenü. Im Weiteren wird die Teams-App »für zu Hause« beschrieben.

Schritt 2

Melden Sie sich mit den zu Ihrem Microsoft-Konto gehörenden Zugangsdaten bei Teams an.

Schritt 3

Ihre Kontakte aus Outlook berücksichtigt Teams bereits. Sie können mit ihnen einen Chat beginnen ❶ oder eine Videobesprechung starten ❷.

Ich habe kein Teams!

Sollte Microsoft Teams bei Ihnen nicht installiert sein, können Sie es kostenlos herunterladen: *www.microsoft.com/de-de/microsoft-teams/download-app*.

Schritt 4

Wenn Sie einen neuen Chat beginnen, geben Sie zunächst oben in das mit **An** bezeichnete Feld die E-Mail-Adresse bzw. den Namen eines gespeicherten Kontakts ein. Sie können hier auch mehrere Personen eintragen, um in einer Gruppe zu chatten.

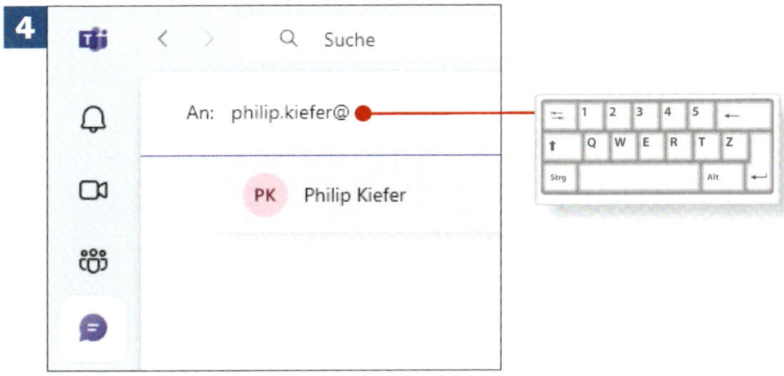

Schritt 5

Tippen Sie dann unten Ihre Nachricht ein. Erst wenn Ihre Nachricht fertig ist, drücken Sie [↵] oder klicken auf den Pfeil rechts. Das Drücken der [↵]-Taste ist für Teams der Befehl, Ihre Nachricht im Chat sofort zu senden. Absätze können Sie mit dem gleichzeitigen Drücken von [⇧] + [↵] einfügen.

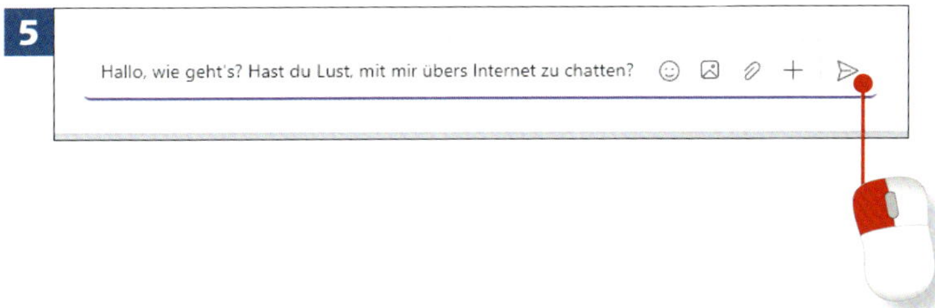

Schritt 6

Nach dem Senden steht Ihre Nachricht im Fenster rechts oben ❸. Wenn Ihr Kontakt antwortet, steht sein Beitrag links versetzt darunter ❹. Egal, wie viele Teilnehmer am Chat beteiligt sind, werden die Nachrichten immer versetzt angezeigt.

Erste Schritte mit Teams (Forts.)

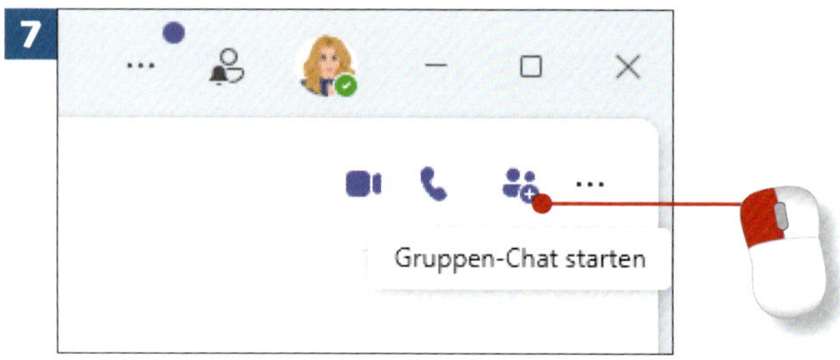

Schritt 7

Sie können auch weitere Kontakte zu einem Chat einladen, der dann als neuer Gruppenchat erstellt wird. Klicken Sie dazu oben rechts auf das Personensymbol.

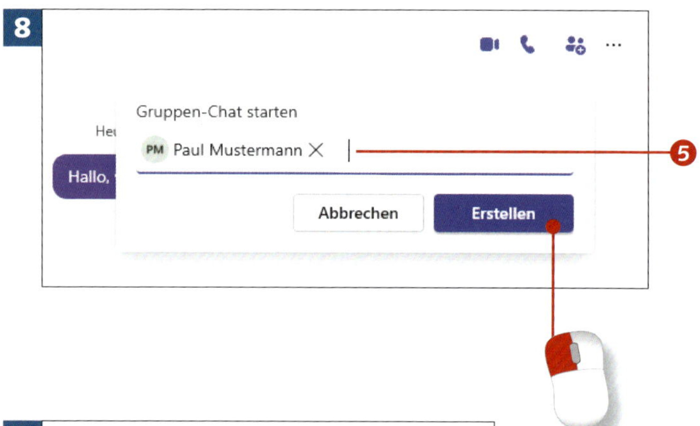

Schritt 8

Geben Sie die E-Mail-Adresse bzw. den Namen des Kontakts ein ❺. Auch die Eingabe mehrerer Kontakte ist möglich. Bestätigen Sie mit **Erstellen**.

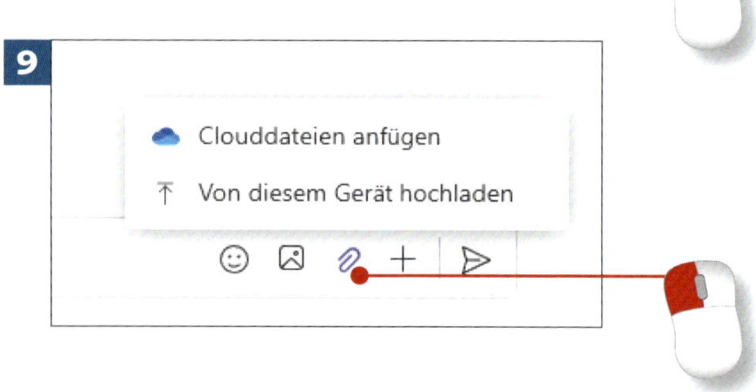

Schritt 9

Um Anlagen an die Chatteilnehmer zu verschicken, klicken Sie unten im Chatfenster auf die Büroklammer. Liegt die Datei auf dem Computer, klicken Sie auf **Von diesem Gerät hochladen**.

Besser hören mit dem Kopfhörer

Möchten Sie sich ganz auf Ihr (Video-)Telefonat konzentrieren (siehe ab Schritt 13), schließen Sie einen Kopfhörer mit Mikrofon, ein sogenanntes Headset, an Ihren Computer an. Lesen Sie die Anleitung dazu auf Seite 284.

Schritt 10

Wählen Sie die Datei auf Ihrem Computer aus und klicken Sie im Chat auf **Senden**; die Chatteilnehmer können die Datei nun öffnen.

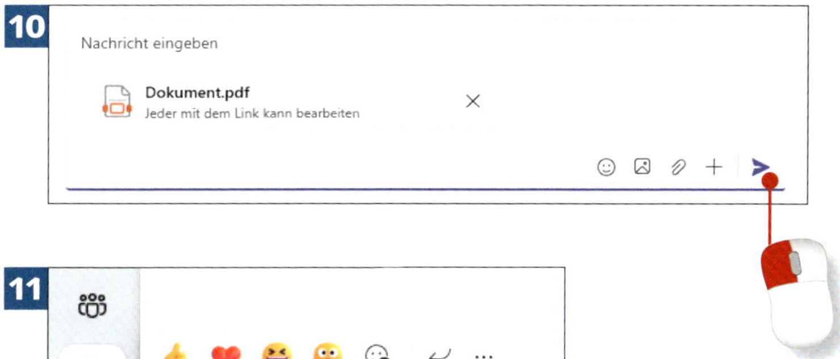

Schritt 11

Sie können auf Nachrichten oder Anlagen im Chat mit kleinen Bildchen reagieren, die eine Stimmung ausdrücken: den sogenannten *Emojis*. Fahren Sie mit dem Mauszeiger über den entsprechenden Eintrag; eine Minisymbolleiste mit Emojis wird eingeblendet. Klicken Sie auf das passende Bildchen.

Schritt 12

Ein Chat kann endlos weitergeführt werden. Der letzte Chat wird Ihnen beim Start von Teams auch direkt eingeblendet. Möchten Sie ihn aber nicht mehr sehen, klicken Sie mit der rechten Maustaste in der Chatliste darauf. Klicken Sie auf **Stummschalten** ❻ (Sie erhalten keine Benachrichtigungen zum Chat), **Ausblenden** ❼ (Sie sehen den Chat nicht mehr, bis jemand aus dem Chat etwas schreibt) oder **Löschen** ❽ (der Chat wird bei Ihnen gelöscht).

Und wenn mich jemand einlädt?

Werden Sie zu einem Chat eingeladen, während Teams bei Ihnen geöffnet ist, erscheint auf dem Taskleistensymbol eine **1**. Außerdem erhalten Sie rechts ein Mitteilungsfenster mit dem Inhalt der Nachricht. Klicken Sie darauf, sind Sie auch schon im Chat.

Videotelefonie mit Teams nutzen

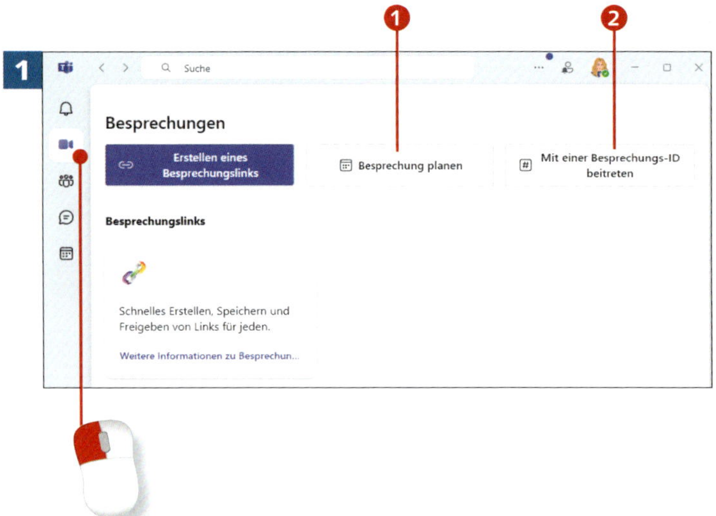

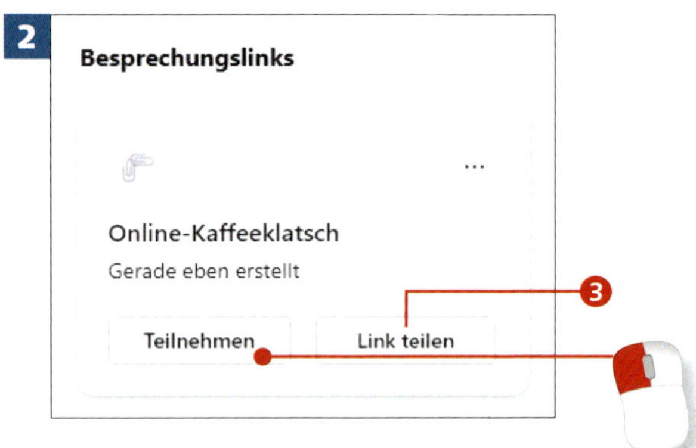

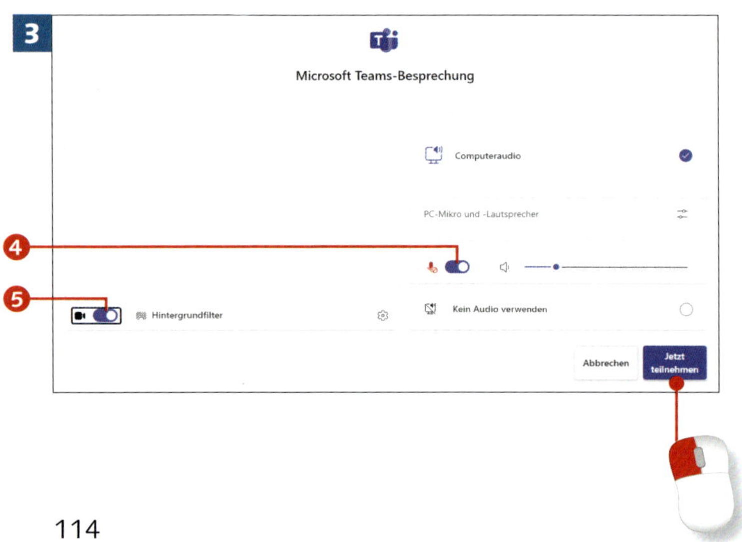

Teams ist eingerichtet, die Kontakte stehen bereit – somit ist alles vorhanden, um per Teams ein Videogespräch zu führen.

Schritt 1

Sie können mit Teams ein Videotelefonat führen. Klicken Sie links auf das **Besprechen**-Symbol. Sie können nun auswählen, ob Sie sich mit einem Besprechungs-Link sofort mit Ihren Kontakten besprechen wollen, eine Besprechung planen möchten ❶ oder einer bestehenden Besprechung beizutreten wünschen ❷.

Schritt 2

Haben Sie einen Besprechungs-Link erstellt, klicken Sie auf **Link teilen** ❸, um andere Personen zu der Besprechung einzuladen. Mit einem Klick auf **Teilnehmen** starten Sie die Besprechung.

Schritt 3

Bevor Sie – per Schaltfläche **Jetzt teilnehmen** – an einer Besprechung teilnehmen, prüfen Sie, ob Mikrofon ❹ und Kamera ❺ eingeschaltet sind. Bleibt die Kamera ausgeschaltet, können Sie übers Internet ein reines Audiotelefonat führen.

Schritt 4

Weitere Kontakte fügen Sie über die Schaltfläche **Personen** hinzu. Tragen Sie dann rechts den Namen ein und klicken Sie auf **Teilnahme anfragen** 6. Werden Sie selbst angerufen, gibt Ihnen Ihr Computer Bescheid. Teams wird standardmäßig mit Windows gestartet.

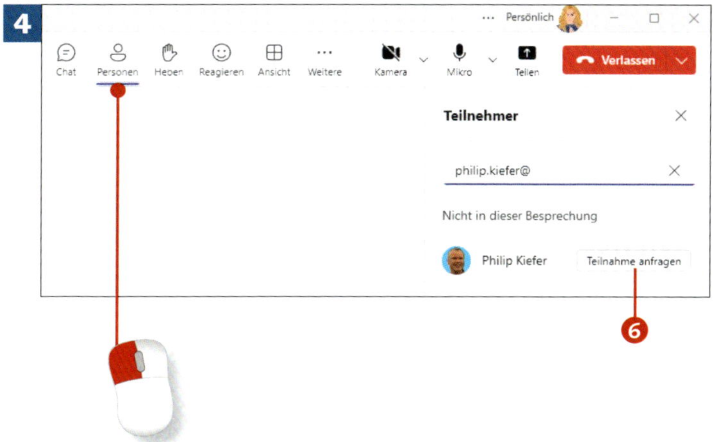

Schritt 5

Sie können während eines Telefonats Inhalte teilen, z. B. um Computerhilfe von der Enkelin zu erhalten. Zum Beenden des Videotelefonats klicken Sie rechts oben auf **Verlassen**.

Schritt 6

Auch im Chatbereich lassen sich Besprechungen starten. Klicken sie dazu auf das Kamerasymbol.

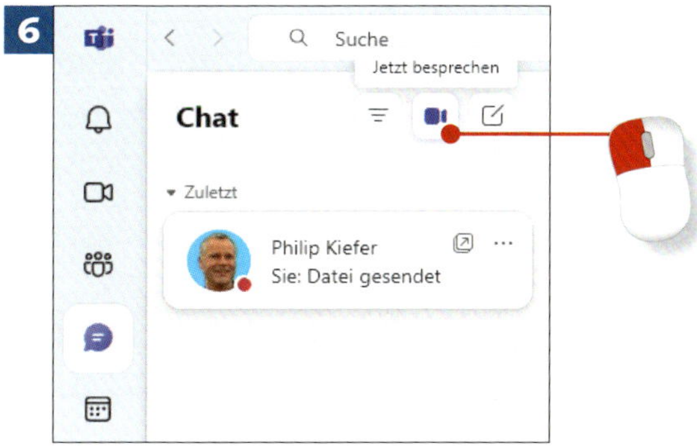

Automatischen Start stoppen
Sie möchten nicht, dass Teams beim Starten des Computers automatisch gestartet wir? Um dies zu verhindern, öffnen Sie unter den drei Punkten die **Einstellungen**. Klicken Sie in das Kästchen bei **Teams automatisch starten**, sodass das Kästchen leer ist.

Kapitel 5
E-Mails schreiben

E-Mails sind ein schnelles Medium, um sich mit anderen auszutauschen. Noch besser: Sie können Ihren E-Mails ganz einfach Anlagen hinzufügen und somit Bilder und Dokumente elektronisch verschicken. Bilder, die Ihnen geschickt werden, können Sie auf Ihrem Computer speichern.

Ein E-Mail-Konto eröffnen
Zahlreiche kostenlose E-Mail-Dienste stehen Ihnen zur Verfügung. Richten Sie sich ein *E-Mail-Konto* ein, und lernen Sie es kennen. Wir stellen Ihnen hier das Vorgehen für Outlook.com vor, das in etwa der App *Outlook* für Windows entspricht. Sie können Ihr E-Mail-Konto aber auch bei einem anderen Anbieter (z. B. Gmail, GMX oder T-Online) einrichten. Diese unterscheiden sich durch die Endung der E-Mail-Adresse und das Leistungsangebot. Für wen auch immer Sie sich entscheiden: Merken Sie sich Ihre E-Mail-Adresse und Ihr Kennwort!

E-Mails lesen und beantworten
In Ihrem Posteingang finden Sie die E-Mails, die andere Ihnen geschickt haben. Mit einem Klick öffnen Sie eine E-Mail; ein weiterer Klick, und Sie können die E-Mail beantworten oder an Dritte weiterleiten.

Bilder per E-Mail verschicken und empfangen
Mit wenigen Klicks fügen Sie Ihrer E-Mail Bilder als Anlagen hinzu. Bilder und Dokumente, die Ihnen geschickt werden, können Sie sich vor dem Speichern in Ruhe ansehen.

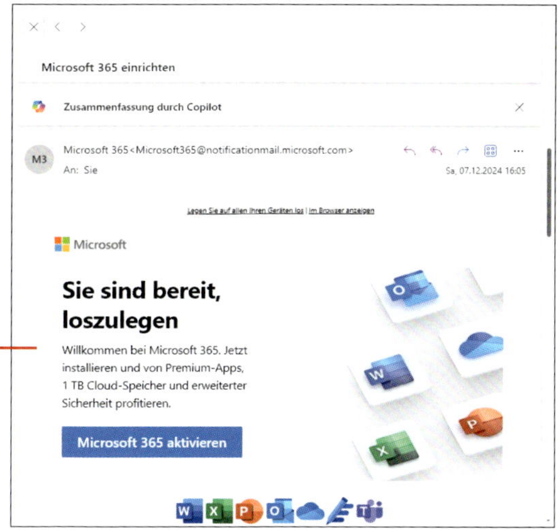

Ein E-Mail-Konto ist schnell eingerichtet. **1**

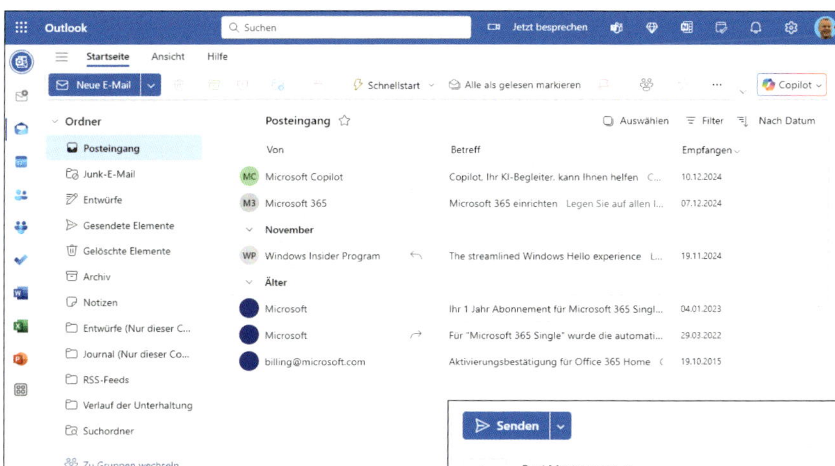

2 Lesen Sie erhaltene E-Mails am Bildschirm und schreiben Sie in Minutenschnelle Ihre Antworten.

Versorgen Sie Freunde mit Fotos, die Sie per E-Mail schicken. **3**

Eine E-Mail-Adresse einrichten

Um E-Mails zu schreiben und zu empfangen, benötigen Sie eine E-Mail-Adresse.

Schritt 1

Beim Einrichten des Computers haben Sie ein Microsoft-Konto mit einer E-Mail-Adresse angelegt ❶. Sie benötigen es für viele Apps, Dienste und die Anmeldung am PC. Für Ihre E-Mail-Korrespondenz und Newsletter können Sie ein anderes E-Mail-Konto verwenden.

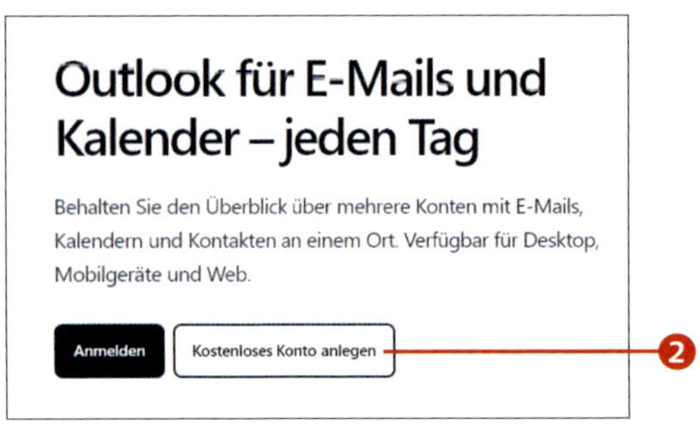

Schritt 2

Legen Sie eine neue E-Mail-Adresse an, z. B. beim Microsoft-Dienst *Outlook.com*: Öffnen Sie *Edge*, und geben Sie »www.live.com« in die Adresszeile ein. Die Startseite von Outlook.com öffnet sich. Klicken Sie auf **Kostenloses Konto anlegen** ❷.

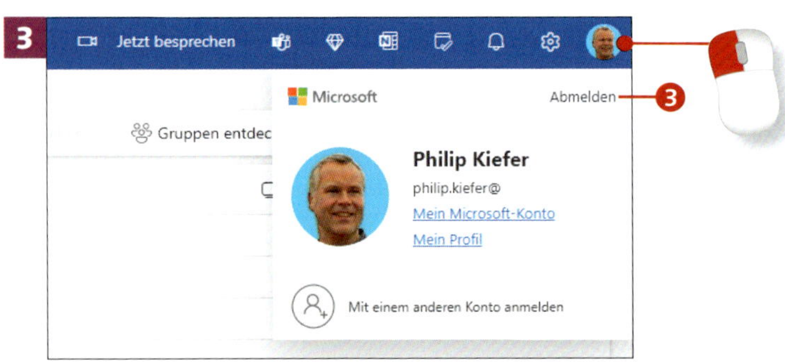

Schritt 3

Falls Edge Sie zu dem E-Mail-Konto leitet, das Sie beim Einrichten des Computers angelegt haben, melden Sie sich dort ab. (Abmelden heißt, Sie sind nicht mehr in dieses Konto eingeloggt, es steht aber noch zur Verfügung.) Klicken Sie rechts oben auf Ihre Initialen bzw. Ihr Profilbild und dann auf **Abmelden** ❸.

Schritt 4

Geben Sie nach dem Abmelden wieder »www.live.com« ein, und klicken Sie auf **Kostenloses Konto anlegen** ❷. Im nächsten Fenster geben Sie ein, was in der E-Mail-Adresse vor dem @-Zeichen stehen soll. Das muss nicht Ihr Name sein! Die restliche Adresse lautet automatisch *@outlook.de* ❹. Klicken Sie auf **Weiter**.

Schritt 5

Wenn sich schon jemand mit dieser Adresse angemeldet hat, müssen Sie sich einen anderen Namen überlegen. Ist die Adresse verfügbar, werden Sie zur nächsten Seite geleitet. Tippen Sie dann ein sicheres **Kennwort** ein. Bestätigen Sie mit **Weiter**.

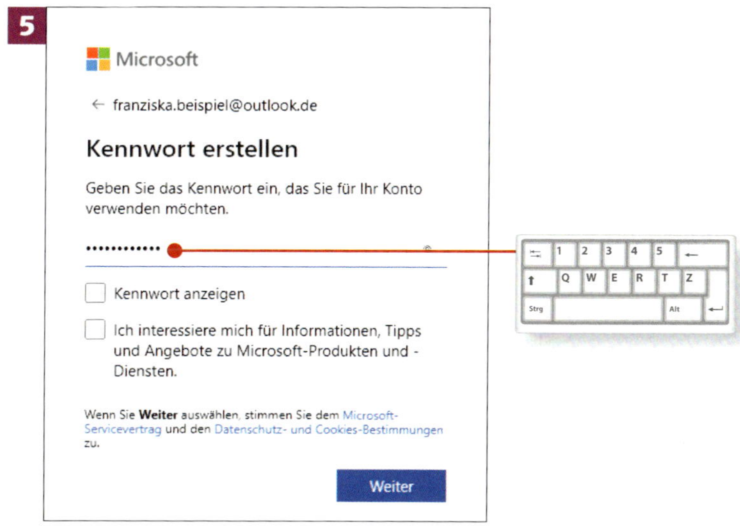

Schritt 6

Geben Sie nun Ihren Vor- und Nachnamen ein, und klicken Sie erneut auf **Weiter**.

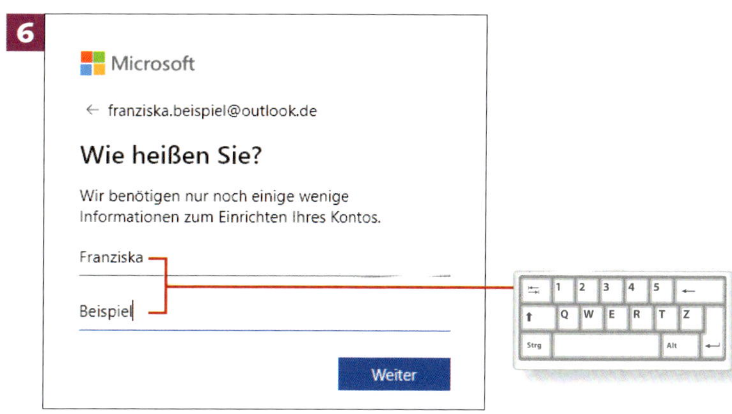

Wieso heißt es eigentlich E-Mail-Konto?

Ein E-Mail-Konto hat *nichts* mit dem Geldkonto zu tun; es ist aber eine Voraussetzung dafür, dass Ihnen eine E-Mail-Adresse zugeordnet werden kann.

Eine E-Mail-Adresse einrichten (Forts.)

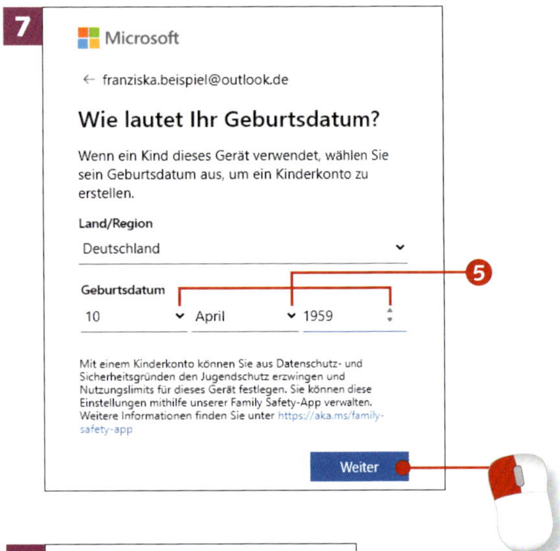

Schritt 7

Geben Sie ein Geburtsdatum ein. Dazu klicken Sie jeweils auf den Pfeil ❺ rechts neben den Feldern und wählen aus der Liste Tag, Monat und Jahr durch Klicken aus. Und noch einmal klicken Sie auf **Weiter**.

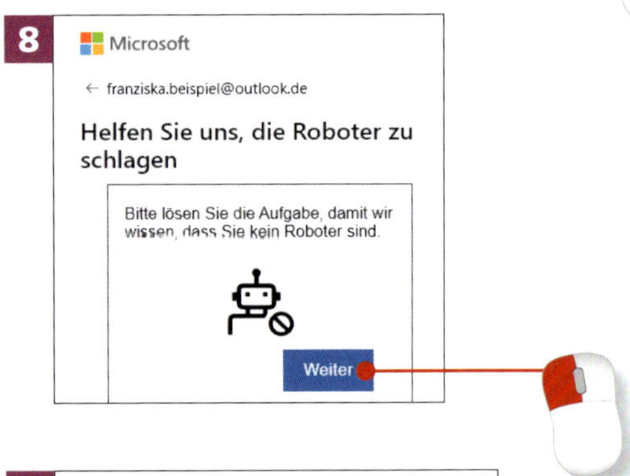

Schritt 8

Jetzt ist Rätselzeit: Um sicherzustellen, dass Sie keine Maschine sind, die ein E-Mail-Konto anlegen will, lösen Sie die gestellte Aufgabe, nachdem Sie wieder auf **Weiter** geklickt haben. Ob Sie wie hier im Beispiel eine oder mehrere Aufgaben erhalten, wird zufällig ausgewählt.

Schritt 9

Lösen Sie das kleine Rätsel und klicken Sie auf die Schaltfläche **Absenden**. Ist das Rätsel zu kompliziert, klicken Sie auf **Neustart** ❻, um ein anderes Rätsel zu erhalten.

Schritt 10

Sie werden nun gefragt, ob Sie mit der Anmeldung fortfahren möchten. Bestätigen Sie mit **Weiter**.

Schritt 11

Im Anschluss bietet Microsoft an, Sie angemeldet zu lassen. Bestätigen Sie diese Option. Achtung: Eventuell führt Ihr Browser Sie jetzt wieder zum Konto-erstellen-Fenster, wie es in Schritt 4 zu sehen war; dies ist natürlich nicht richtig. Geben Sie in diesem Fall oben in die Such- und Adresszeile wieder »www.live.com« ein, und drücken Sie [↵].

Schritt 12

Ihr neues E-Mail-Konto wird geöffnet. Sie werden feststellen, dass die Seite aufgebaut ist wie die App Outlook für Windows, die Sie bereits in Kapitel 3, »Am Bildschirm zurechtfinden«, kurz kennengelernt haben.

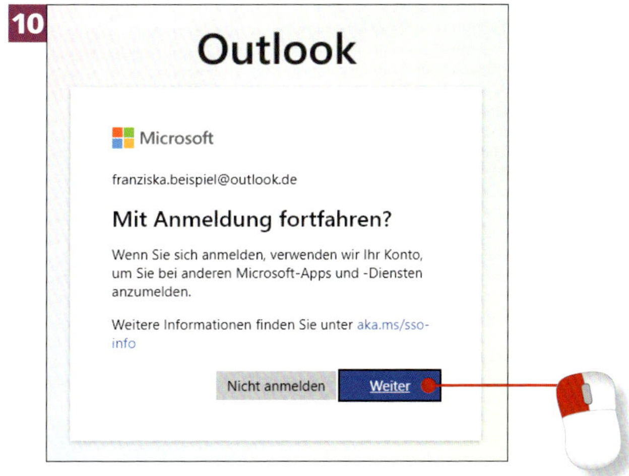

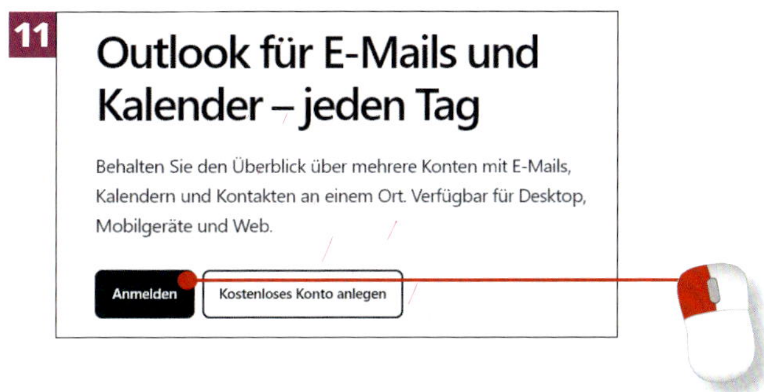

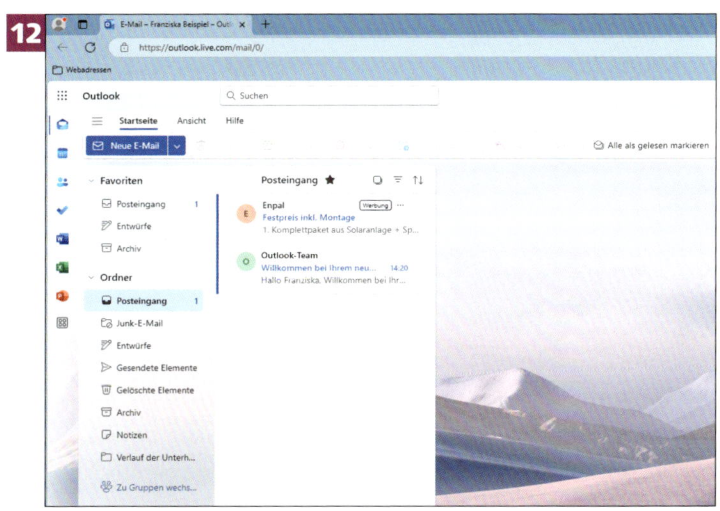

Ihr E-Mail-Konto aufrufen

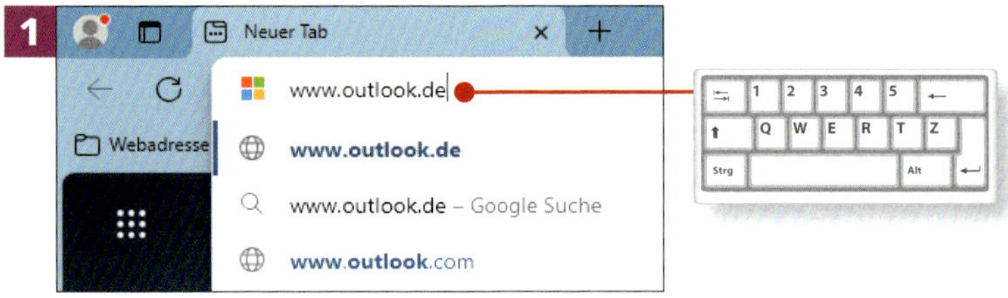

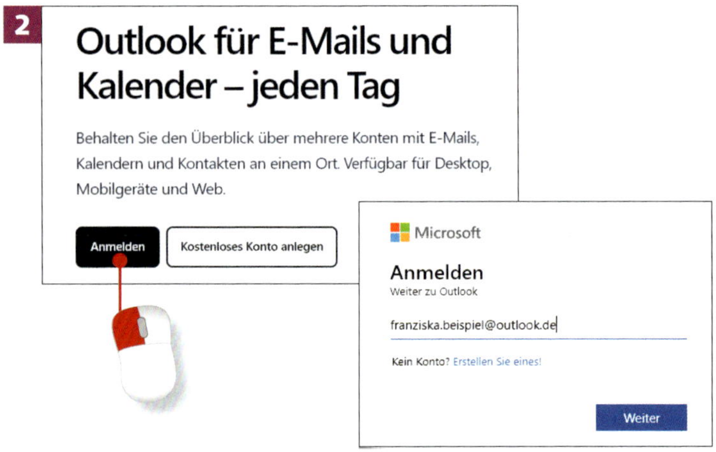

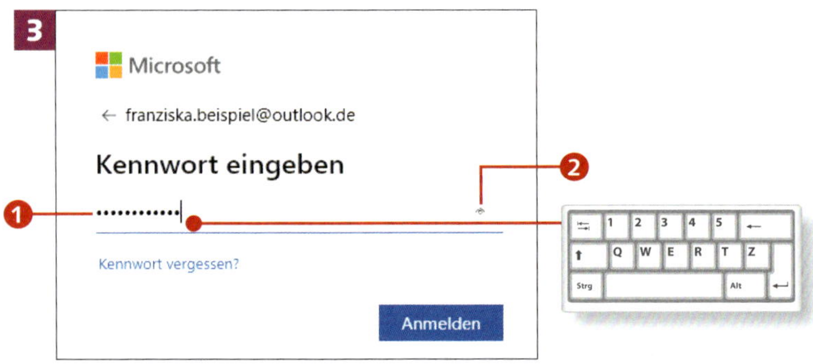

Mit Ihren Anmeldedaten loggen Sie sich von jedem Computer mit Internetanschluss aus in Ihr E-Mail-Konto ein.

Schritt 1

Öffnen Sie Microsoft Edge und geben Sie in das Such- und Adressfeld die Adresse Ihres Anbieters ein, z. B. »www.outlook.de«. Drücken Sie [↵]. Ihren Anbieter erkennen Sie an der Endung nach dem @-Zeichen in Ihrer E-Mail-Adresse.

Schritt 2

Auf der Outlook-Seite wählen Sie **Anmelden** und geben Ihre E-Mail-Adresse ein. Klicken Sie auf **Weiter**.

Schritt 3

Tippen Sie Ihr Kennwort ein; Ihre Eingaben werden zum Schutz vor etwaigen Mitlesern als Punkte ❶ dargestellt. Sollte sich Ihr Browser die Zugangsdaten merken, sind auch die Punkte – also Ihr Kennwort – bereits eingetragen. Klicken Sie auf **Anmelden**.

Wie sehe ich, welches Kennwort ich eingebe?
Bei Outlook und vielen anderen Anbietern sehen Sie rechts neben dem Passwortfeld ein Augensymbol ❷. Klicken Sie darauf, wird das Kennwort eingeblendet.

Schritt 4

Edge fragt eventuell noch einmal nach, ob Sie angemeldet bleiben wollen. Klicken Sie in das Kästchen vor **Diese Meldung nicht mehr anzeigen** und dann auf **Ja**. Diese Abfrage kann trotzdem immer wieder erscheinen; dies hängt von Browser- und Cookie-Einstellungen ab.

Schritt 5

Ihr E-Mail-Postfach wird geöffnet. Wie Sie sich hier zurechtfinden, wird im nächsten Abschnitt ab Seite 124 erläutert. Bestätigen Sie die Datenschutzbestimmungen oder ändern Sie die Einstellungen ❸.

Schritt 6

Zum Beenden Ihrer E-Mail-Anwendung, hier also von Outlook.com, klicken Sie auf den Kreis mit Ihren Initialen oben rechts und darunter auf **Abmelden** ❹. Sie erhalten die Bestätigung, dass Sie abgemeldet (»ausgeloggt«) sind, und das Angebot, sich erneut anzumelden.

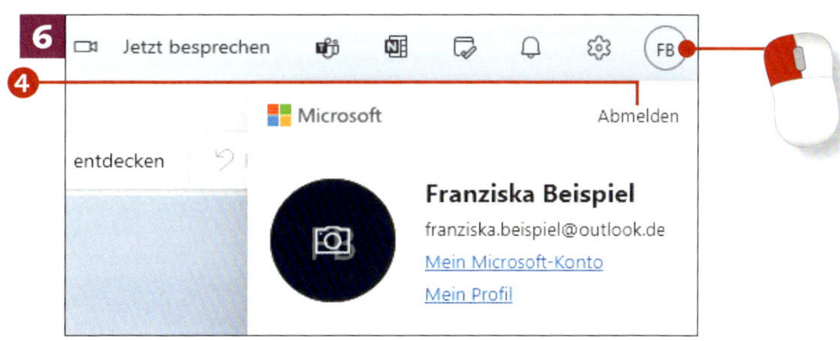

@xyz.de oder @xyz.com?

Viele Anbieter von E-Mail-Diensten haben eine internationale Version mit der Endung *.com* und eine deutsche mit der Endung *.de*. Damit es nicht zu Irrläufern kommt, achten Sie darauf, ob Ihre Adresse mit *.com* oder mit *.de* endet.

E-Mails empfangen und beantworten

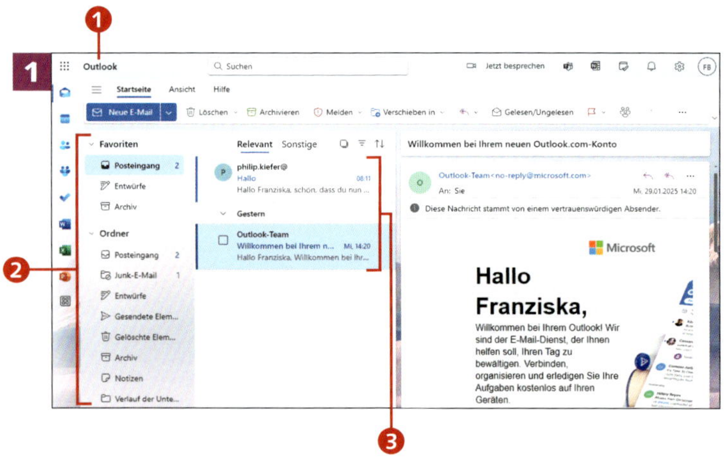

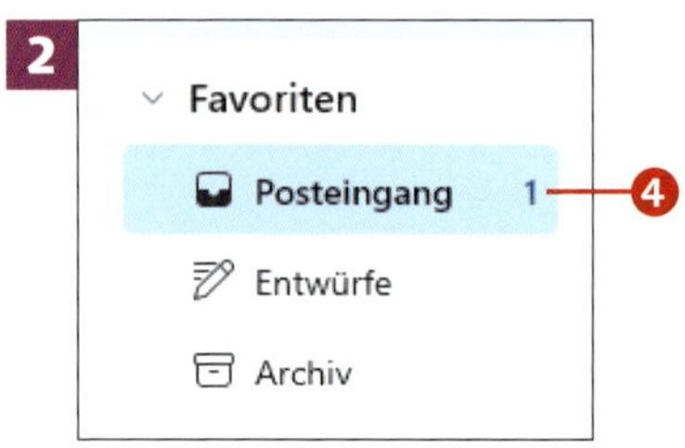

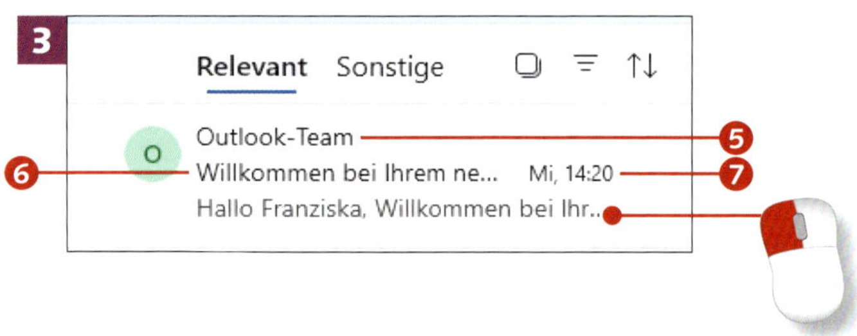

Ihr Posteingang ist das Zentrum in Ihrem E-Mail-Dienst, und mit einem Klick öffnen oder beantworten Sie eine E-Mail.

Schritt 1

Nachdem Sie sich angemeldet haben, wird Ihnen die E-Mail-Seite angezeigt. Links oben steht in diesem Fall **Outlook** ❶. Darunter sehen Sie – wenn genug Platz im Fenster ist – die Ordnerliste ❷. Rechts daneben ist der **Posteingang** zu sehen ❸.

Schritt 2

Neue E-Mails landen im Posteingang. In der Liste links ist das Wort **Posteingang** fett geschrieben und blau unterlegt, d.h., der Posteingang ist gerade geöffnet. Daneben steht die Zahl an ungelesenen E-Mails ❹.

Schritt 3

Rechts neben der Ordnerliste sehen Sie eine Übersicht. Hier steht, von wem die E-Mail stammt ❺, der Betreff ❻ und wann sie geschickt wurde ❼. Zum Lesen der E-Mail klicken Sie auf eine dieser Informationen.

Die E-Mail-Adresse

Jede E-Mail-Adresse besteht aus dem Teil vor dem @-Zeichen (gesprochen »ät«, Sie schreiben es mit AltGr + Q). Dieser Teil kann Ihr Name sein oder ein anderes Wort. Das @-Zeichen macht klar, dass es sich um eine E-Mail-Adresse handelt. Nach dem @-Zeichen steht der Anbieter Ihres E-Mail-Kontos, z. B. *outlook*, gefolgt von einem Punkt und der Länderkennung: *de* steht für Deutschland.

Schritt 4

Die E-Mail wird im Ansichtsbereich ganz rechts geöffnet. Sie sehen am oberen Rand die Details ❽: den Absender (hier *Outlook-Team*) und das Versanddatum. Auch wenn hier von Ihrem *Outlook.com-Konto* ❾ die Rede ist: Sollte Ihr E-Mail-Konto die Endung *.de* haben, geben Sie auch immer ».de« ein.

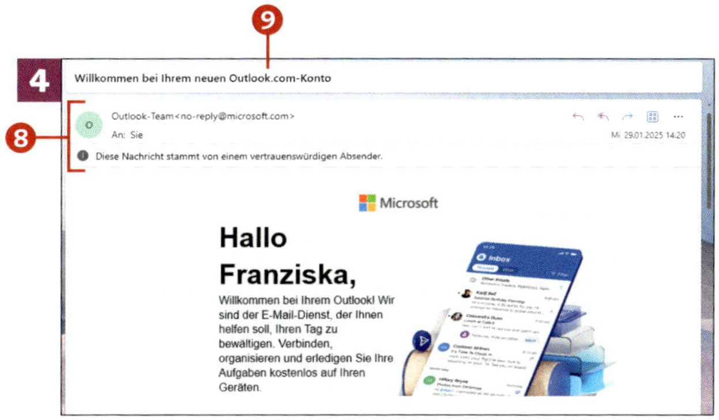

Schritt 5

Der Nachrichtentext steht unter den Details. Wenn Sie eine längere E-Mail erhalten haben, scrollen Sie nach unten, um alles lesen zu können.

Schritt 6

Nachdem Sie eine E-Mail geöffnet haben, wird diese als »gelesen« markiert. In diesem Fall wird bei **Posteingang** keine Zahl mehr angezeigt – alle E-Mails im Posteingang wurden geöffnet.

Bei mir steht zweimal Posteingang!

Schauen Sie sich die Ordnerliste genau an: Im oberen Teil sind die **Favoriten** zu sehen. Hier greifen Sie auf Ordner zu, die Sie erfahrungsgemäß häufig brauchen. Die Favoriten sind Verknüpfungen zu Ihren wichtigsten Ordnern. Die eigentliche Ordnerliste weiter unten unter **Ordner** enthält weitere Ordner wie **Gesendete Elemente** oder **Junk-Mail** (Infos dazu in den folgenden Abschnitten).

E-Mails empfangen und beantworten (Forts.)

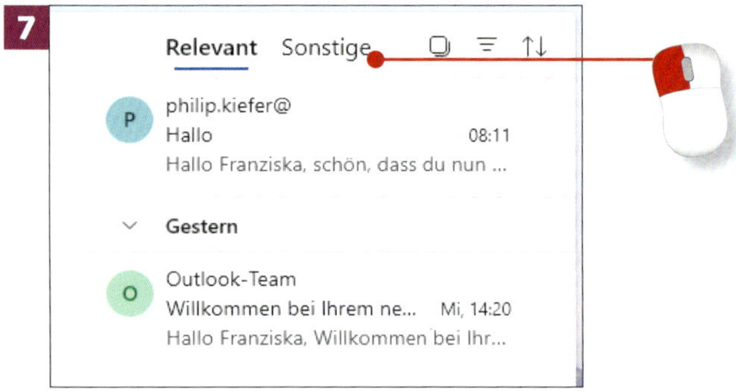

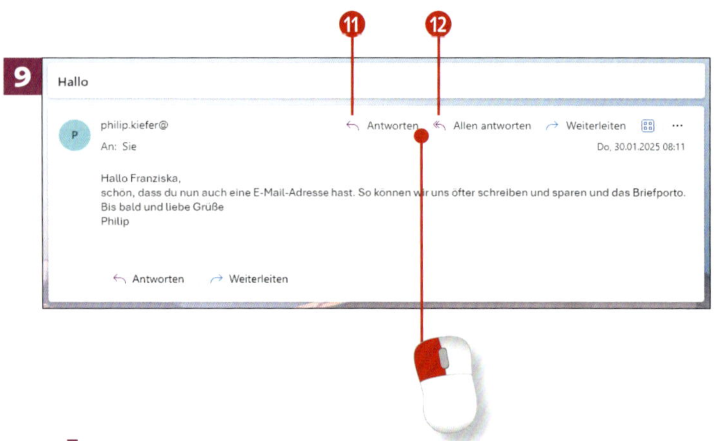

Schritt 7

Weitere E-Mails finden sie im Posteingang gegebenenfalls im Bereich **Sonstige**. Outlook sortiert Ihre E-Mails nach Relevanz: Wichtige E-Mails und solche Ihrer Kontakte landen unter **Relevant**. Werbemails, Newsletter usw. landen in **Sonstige**. Klicken Sie auf **Sonstige**.

Schritt 8

Sie sehen die in dem Bereich empfangenen E-Mails. Achten Sie auf die Kennzeichnung **Werbung** ⑩: Sie können sie, müssen sie aber nicht öffnen. Um sie direkt zu löschen, fahren Sie mit dem Mauszeiger darüber und klicken auf den kleinen Papierkorb. Die E-Mail verschwindet.

Schritt 9

Wechseln Sie zu den relevanten E-Mails. Klicken Sie eine E-Mail an. Sie wird im Anzeigebereich rechts geöffnet. Zum Beantworten der E-Mail klicken Sie auf den einfachen Pfeil ⑪, der nach links zeigt, bzw. auf **Antworten**.

»Allen antworten«?

Ging die E-Mail nicht nur an Sie, sondern auch an andere Empfänger, die Ihre Antwort ebenfalls erhalten sollen, klicken Sie auf den doppelten Pfeil ⑫ bzw. auf **Allen antworten**.

Schritt 10

Unter dem Text der empfangenen E-Mail sehen Sie Ihre Initialen und nach **An:** den Empfänger ⓭. Seine Adresse wird automatisch eingetragen, und Sie sehen entweder den Namen oder die E-Mail-Adresse. In der Zeile darunter blinkt schon der *Cursor*, der senkrechte Strich. Hier schreiben Sie Ihre Nachricht.

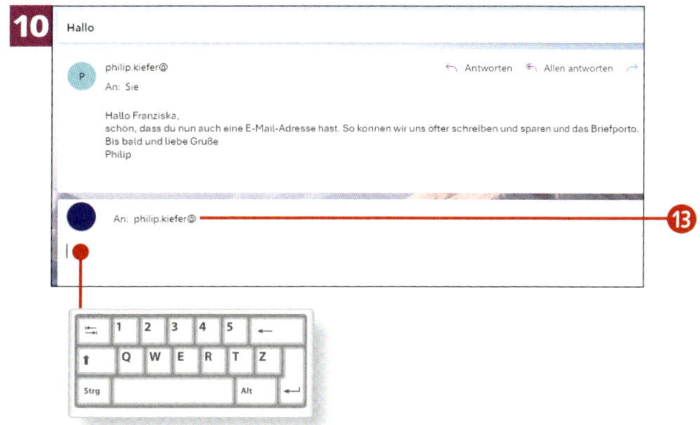

Schritt 11

Tippen Sie Ihren Text ein. Klicken Sie ganz unten auf **Senden** bzw. bei kleineren Fenstern auf das **Senden**-Symbol ⓮. Ab und zu werden Sie aufgefordert, noch einen *Captcha-Code* (siehe Schritt 9 auf Seite 120) vor der Sendebestätigung einzugeben. Anschließend sehen Sie wieder die E-Mail-Übersicht.

Schritt 12

Outlook.com sortiert E-Mails nach *Unterhaltungen*, d.h., Ihre Antwort steht jetzt auch im Posteingang unter der E-Mail, auf die Sie geantwortet haben. Antwortet Ihr E-Mail-Kontakt wieder, reiht sich diese Antwort ein. Klicken Sie auf den kleinen Pfeil am Betreff, werden alle zu dieser Unterhaltung gehörenden E-Mails geöffnet. So sind sie auch im Nachrichtenfenster rechts zu sehen.

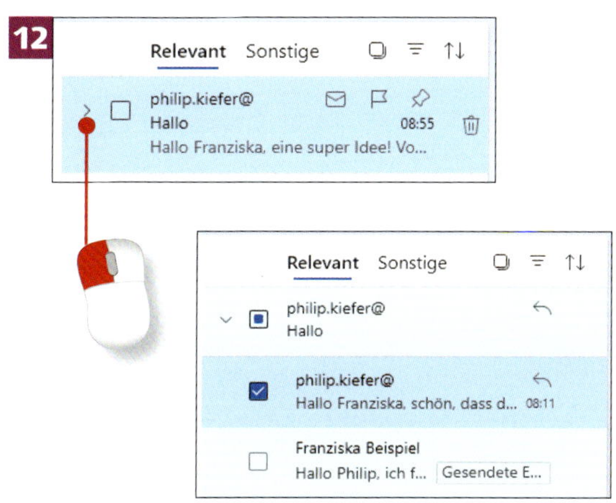

E-Mails vorlesen lassen und den Text vergrößern

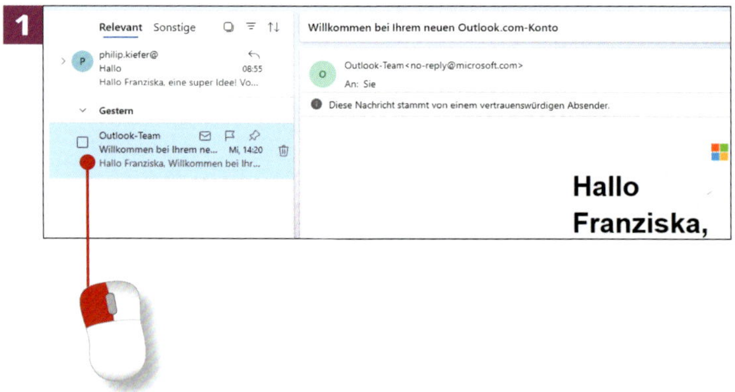

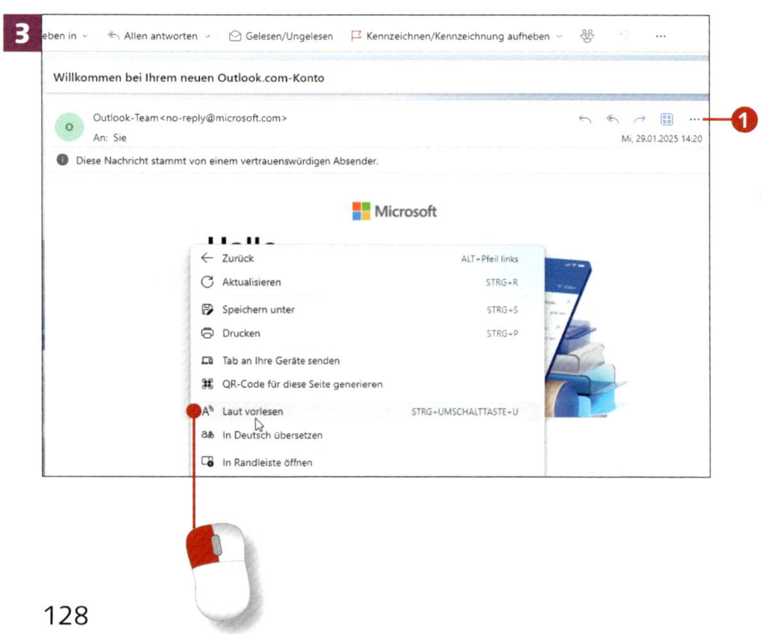

Outlook.com bietet verschiedene Einstellungen, mit denen Sie Ihre E-Mails besser lesen können. Oder Sie lassen sich gleich alles vorlesen!

Schritt 1

Wählen Sie eine E-Mail aus, die Sie sich von Ihrem Computer vorlesen lassen möchten.

Schritt 2

Klicken Sie in der angezeigten E-Mail mit der rechten Maustaste vor den Text, ab dem das Vorlesen beginnen soll.

Schritt 3

Im Kontextmenü klicken Sie anschließend mit der linken Maustaste auf **Laut vorlesen**.

E-Mails ausdrucken

Öffnen Sie die zu druckende E-Mail. Klicken Sie auf die drei Punkte über der E-Mail 1 und im Menü auf **Drucken**. Ein eigenes Druckerfenster öffnet sich. Klicken Sie hier oben links wieder auf **Drucken**. Sie sehen jetzt eine Druckvorschau der E-Mail. Klicken Sie unten links auf **Drucken**.

Schritt 4

Oberhalb der Outlook-Leiste sehen Sie jetzt die Vorlesen-Leiste, die Sie schon aus dem vorigen Kapitel kennen. Sollte das Vorlesen nicht sofort starten, klicken Sie auf die Start-/Pause-Schaltfläche.

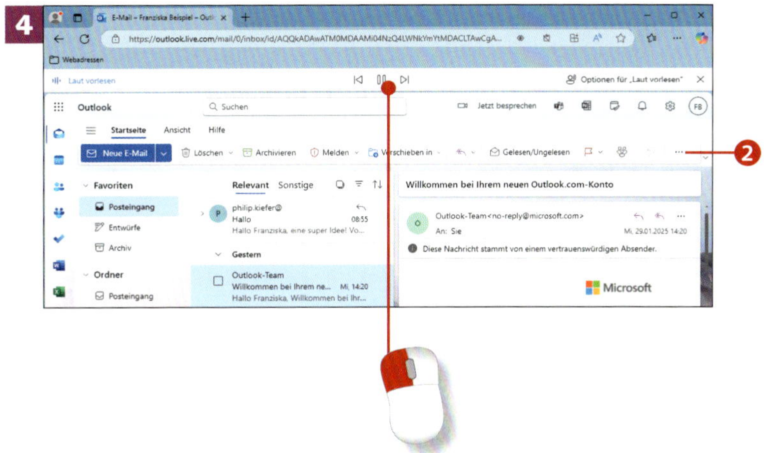

Schritt 5

Barrierefrei angezeigt wird der Text, wenn Sie oberhalb der E-Mail auf die drei Punkte ❷ klicken und im Menü auf **Im plastischen Reader anzeigen**. Ist die Schrift hier zu groß, klicken Sie oben auf das Textsymbol **AA** und ziehen den Regler bei **Schriftgrad** ❸ nach links. Der Text wird direkt verkleinert.

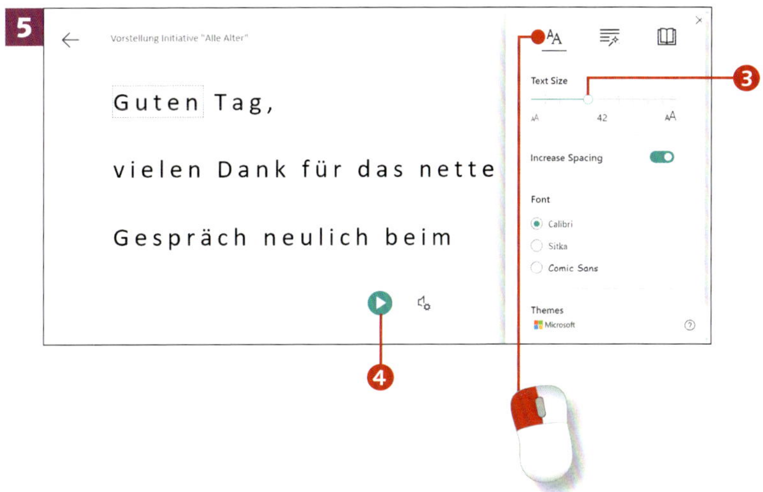

Schritt 6

Wollen Sie den Text auch hören, klicken Sie an den Anfang des Textes und unten auf das Wiedergabesymbol ❹. Der Reader markiert den Text, den er gerade vorliest. Die Sprechgeschwindigkeit und die Stimmenauswahl stellen Sie über das Lautsprechersymbol ❺ unten ein. Zurück zum Postfach gelangen Sie mit dem Pfeil oben links ❻.

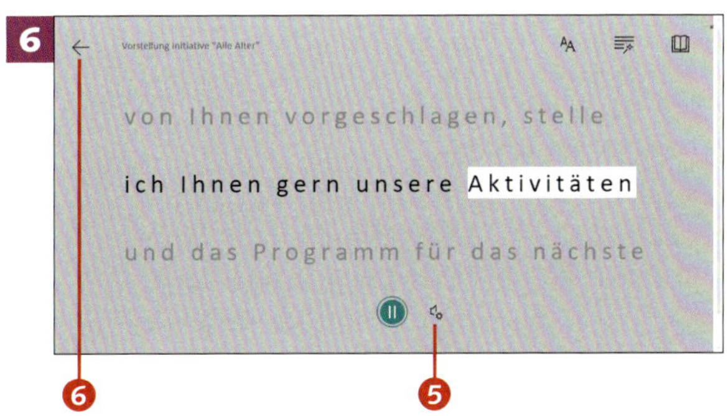

E-Mails schreiben und senden

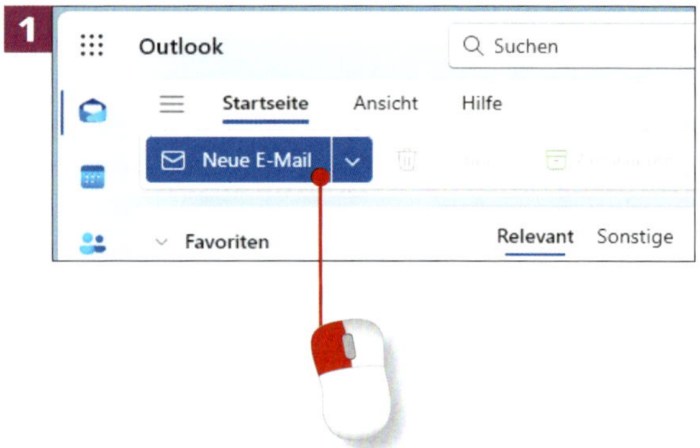

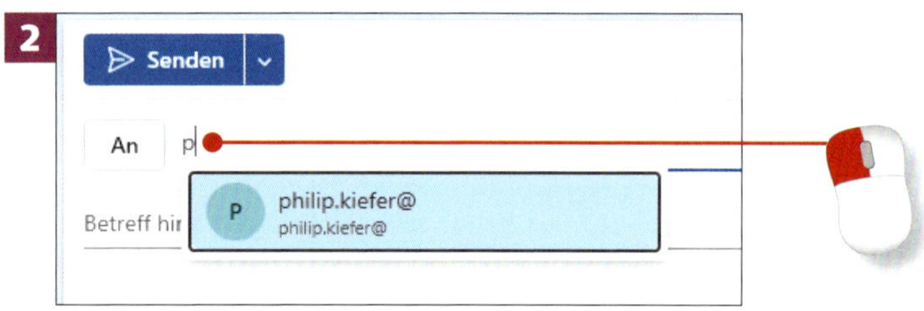

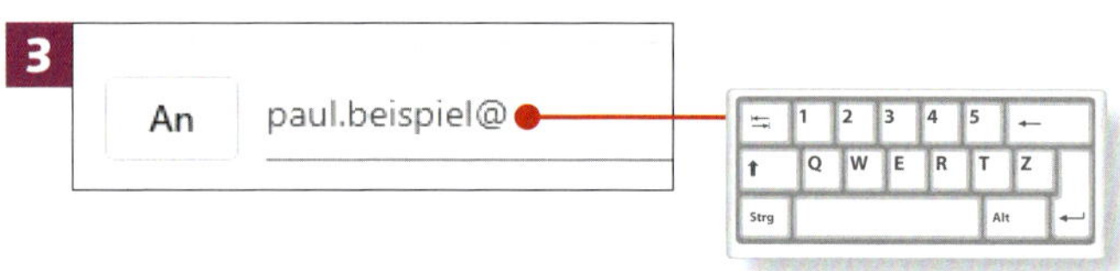

Eine einfache E-Mail besteht aus Betreff, Empfängerangabe und dem Nachrichtentext.

Schritt 1

Klicken Sie in Ihrem Outlook-Postfach links oben auf **Neue E-Mail**. Ihre neue E-Mail (Ihr E-Mail-Entwurf) wird im Lesebereich ganz rechts geöffnet.

Schritt 2

In die Zeile **An** wird der Empfänger eingetragen. Klicken Sie in das Feld rechts neben **An** und beginnen Sie zu tippen. Es werden Empfänger vorgeschlagen, die Sie schon verwendet bzw. die Sie als Kontakte gespeichert haben. Zur Auswahl genügt ein Mausklick.

Schritt 3

Geht die E-Mail an einen neuen Empfänger, schreiben Sie die E-Mail-Adresse in das Feld **An**. Achten Sie genau auf die Schreibweise, und vergessen Sie das @ nicht. Sie schreiben das @, indem Sie die Taste `AltGr` gedrückt halten und dazu das `Q` drücken. In E-Mail-Adressen gibt es *keine* Leerzeichen!

!

E-Mail-Adressen schreiben

E-Mail-Adressen enthalten nie Leerzeichen und meistens auch keine Umlaute, aber immer ein @. Eine Adresse mit *www* ist keine E-Mail-, sondern eine Internetadresse (z. B. *www.ard.de*). Groß- und Kleinschreibung spielt bei der E-Mail-Adresse keine Rolle.

Schritt 4

Klicken Sie auf **Diese Adresse verwenden**. Egal, wer der Empfänger ist: Geben Sie in der Zeile **Betreff hinzufügen** kurz ein, worum es geht ①. Outlook erinnert Sie daran, sollten Sie den Betreff vergessen haben.

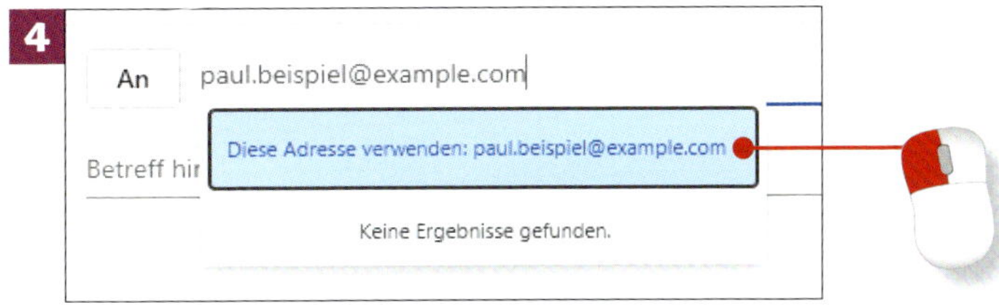

Schritt 5

Klicken Sie in das große leere Textfeld, und tippen Sie hier Ihre Nachricht ein. Geht der Text über eine Zeile hinaus, springt der Cursor automatisch in die nächste Zeile. Bei einem erwünschten Absatz – z. B. nach dem »Guten Tag« oder vor dem »Viele Grüße« – drücken Sie die Taste [↵], damit der Cursor an den Anfang der nächsten Zeile springt.

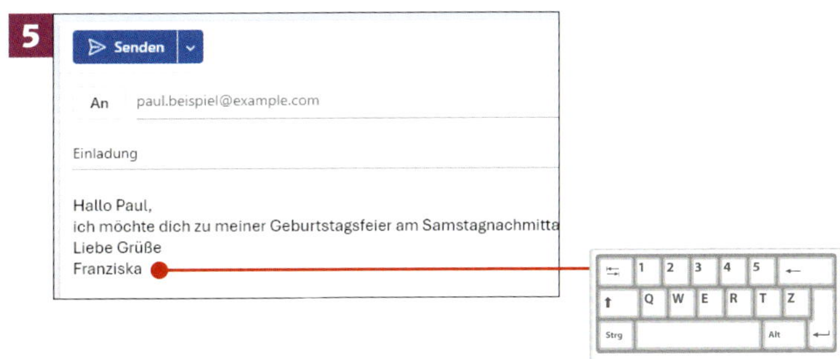

Schritt 6

Klicken Sie schließlich oben oder unten auf **Senden**, damit die E-Mail verschickt wird. E-Mails, die Sie selbst verschickt haben, finden Sie im Ordner **Gesendete Elemente** ②.

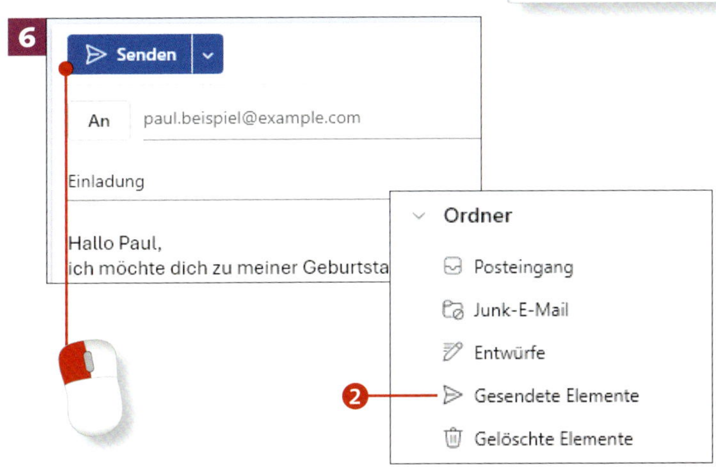

E-Mails löschen

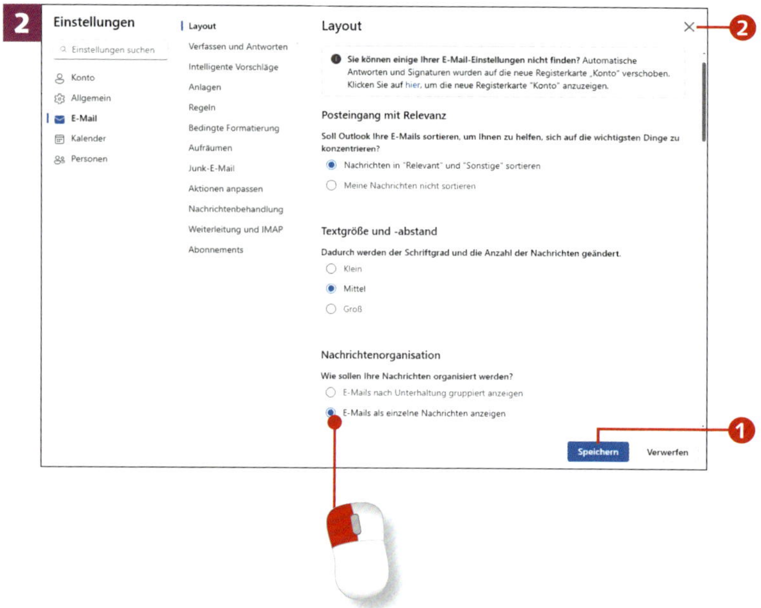

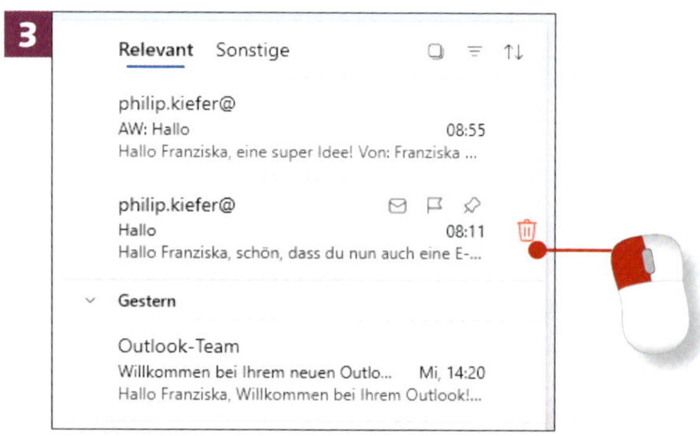

E-Mail-Postfächer bieten nicht unendlich viel Speicherplatz. Daher sollten Sie ab und zu E-Mails löschen.

Schritt 1

In Outlook.com sind Ihre E-Mails nach *Unterhaltungen* sortiert. Vor dem Löschen ändern Sie die Ansicht, damit nicht alles auf einmal gelöscht wird: Klicken Sie auf das Zahnrad, um die **Einstellungen** aufzurufen.

Schritt 2

Klicken Sie im Abschnitt **Nachrichtenorganisation** in den Kreis bei **E-Mails als einzelne Nachrichten anzeigen**. Bestätigen Sie dies mit einem Klick auf **Speichern** ❶. Schließen Sie die **Einstellungen** ❷.

Schritt 3

Im **Posteingang** stehen jetzt nur noch die E-Mails *an* Sie. Bewegen Sie den Mauszeiger auf die E-Mail, die Sie löschen möchten, und klicken Sie auf das auf diese Weise eingeblendete Papierkorbsymbol. Die E-Mails wandern in den Ordner **Gelöschte Elemente**.

Schritt 4

Klicken Sie links auf den Ordner **Gelöschte Elemente**. Noch sind die E-Mails nicht ganz verschwunden! Soll eine voreilig gelöschte E-Mail wieder in den Posteingang zurückwandern, wählen Sie sie per Mausklick aus und klicken dann oben auf **Wiederherstellen**. Die E-Mail wird im Ursprungsordner wiederhergestellt.

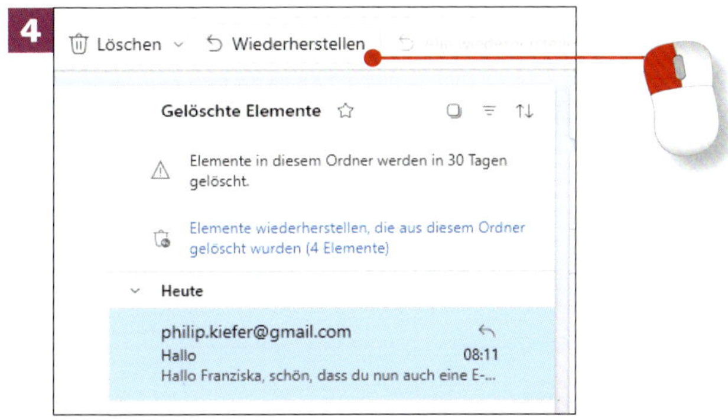

Schritt 5

E-Mails im Ordner **Gelöschte Elemente** ❸ werden nach 30 Tagen automatisch endgültig gelöscht. Sie können den Ordner auch selbst leeren: Klicken Sie links auf den Ordnernamen und dann oben auf **Ordner leeren** ❹. Ihr Mailanbieter fragt nach, ob Sie die E-Mails endgültig löschen möchten. Bestätigen Sie mit **Alle löschen**.

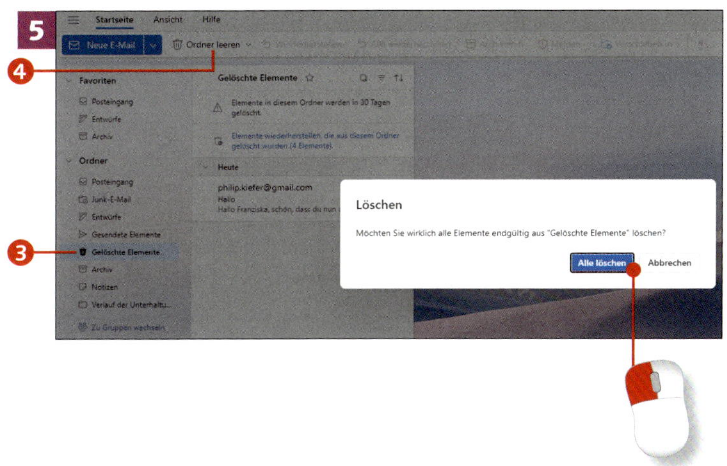

Schritt 6

Manchmal erhalten Sie unerwünschte E-Mails, die vorgeben, unbezahlte Rechnungen zu sein. Andere versprechen Gewinne oder Geld – kurz, das sind *Junkmails*, also Müll oder *Spam*. Erhalten Sie eine solche E-Mail, wählen Sie diese im Posteingang aus und klicken dann oben auf **Melden**.

Mir fehlt eine E-Mail!

Wenn Sie eine E-Mail erwarten, sie aber nicht im Posteingang finden, schauen Sie in den Junkmail-Ordner: Manchmal landen hier auch erwünschte E-Mails. Wählen Sie eine solche E-Mail aus und klicken Sie über der E-Mail auf **Keine Junk-E-Mail**. Die E-Mail wandert dann in den Posteingang.

E-Mails mit Anlagen versenden

Bilder oder Dokumente lassen sich E-Mails einfach anhängen. Sie laden sie von Ihrem Computer in die E-Mail.

Schritt 1

Klicken Sie auf **Neue E-Mail**. Schreiben Sie Ihre E-Mail; tragen Sie Empfänger ❶, Betreff ❷ und Ihren Text in die Felder ein.

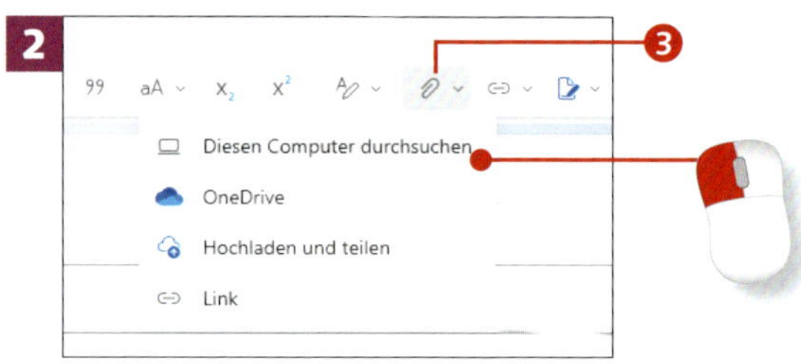

Schritt 2

Klicken Sie auf die Büroklammer ❸, die bei E-Mails einen *Anhang* (eine Anlage) symbolisiert. Wenn Sie Ihre Bilder und Dokumente auf dem Computer speichern (siehe Kapitel 9, »Dateien und Ordner verwalten«, ab Seite 242), klicken Sie auf **Diesen Computer durchsuchen**. Speichern Sie die Daten in der Cloud, z. B. in *OneDrive*, klicken Sie auf **OneDrive**.

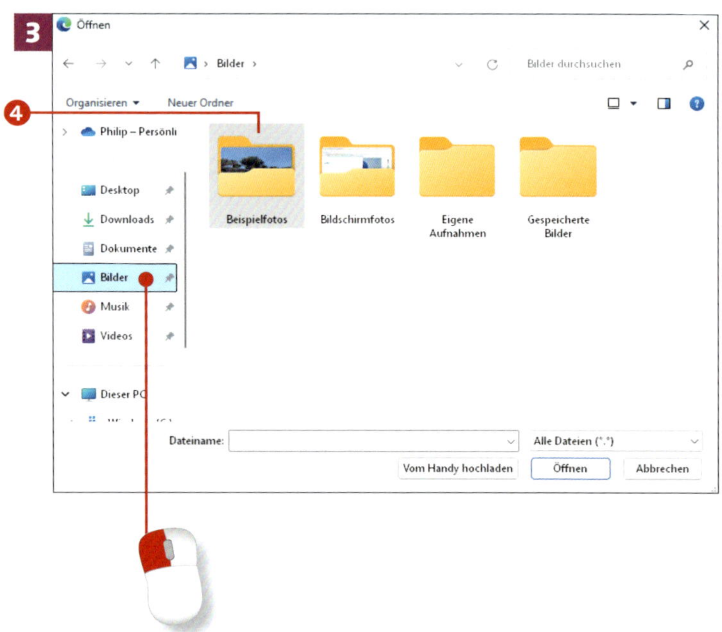

Schritt 3

Rufen Sie den Ordner auf, in dem – wie im Beispiel – das zu verschickende Foto auf Ihrem Computer gespeichert ist: Klicken Sie links in der Leiste einmal auf **Bilder**. Wählen Sie gegebenenfalls per Doppelklick einen Unterordner, hier *Beispielfotos* ❹.

Schritt 4

Sie sehen nun die Fotos, die in diesem Ordner gespeichert sind. Klicken Sie auf ein Bild, das Sie versenden möchten ❺, und dann auf **Öffnen**. Sie können auch mehrere Bilder auf einmal hochladen; markieren Sie sie (siehe Seite 248), und klicken Sie auf **Öffnen**.

Schritt 5

Ist die Datei sehr groß, fragt Outlook.com, wie Sie sie schicken (»teilen«) möchten. Klicken Sie auf **Als Kopie anfügen**. Ist die Datei nicht so groß, kommt keine Nachfrage. Das Bild bzw. die Bilder werden hochgeladen. Ein dünner Balken ❻ zeigt den Fortschritt beim Hochladen an.

Schritt 6

Unter dem Betreff sehen Sie nun das angefügte Bild als Miniatur. Klicken Sie schließlich auf **Senden**. Dokumente verschicken Sie genauso wie Bilder; einziger Unterschied: Sie finden die Dateien in der Regel im Ordner *Dokumente* (siehe Schritt 3, über dem Ordner *Bilder*).

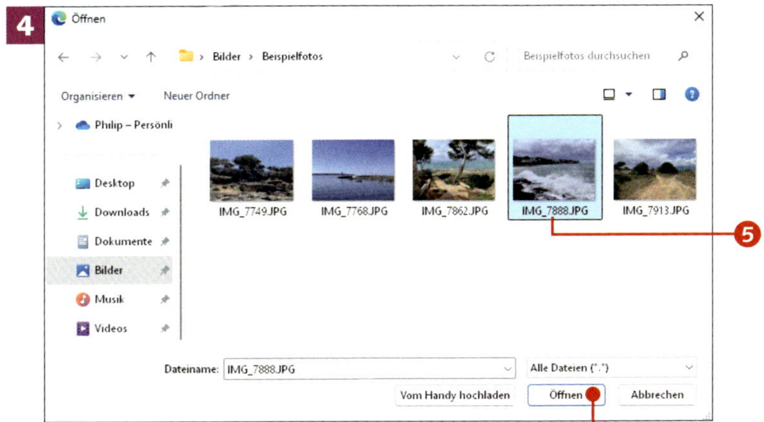

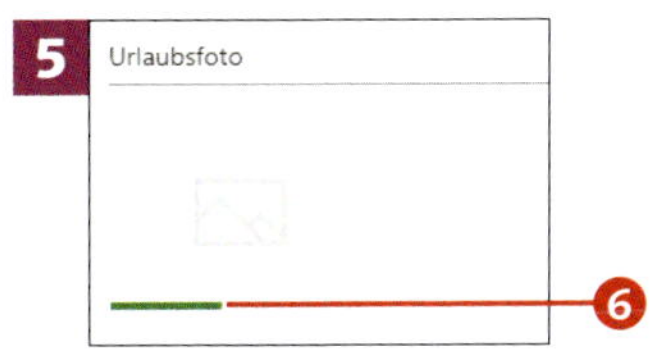

Fotos für den E-Mail-Versand verkleinern

Viele E-Mail-Postfächer bieten nur begrenzt Speicherplatz. Verkleinern Sie daher die Bilder vor dem Verschicken. Die Anleitung dazu finden Sie auf Seite 162.

E-Mail-Anlagen öffnen und speichern

1

2

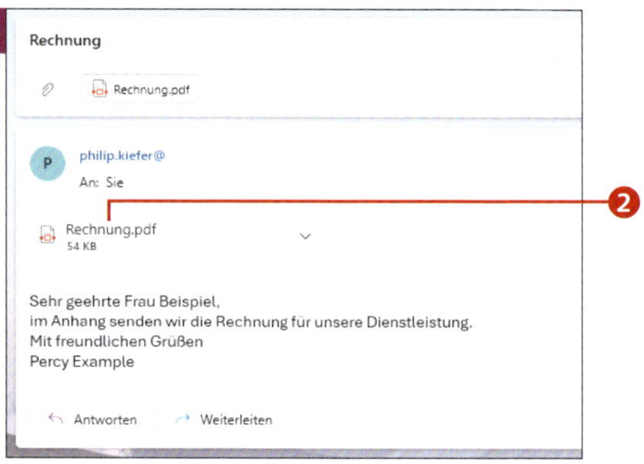

3

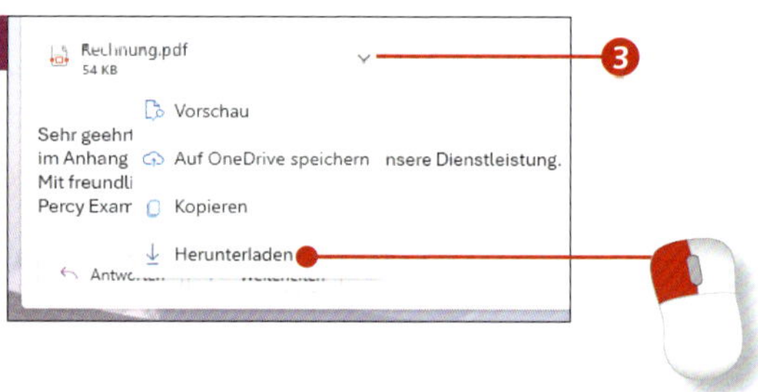

Sie haben eine E-Mail mit Bildern oder mit einem Dokument erhalten. In diesem Abschnitt erfahren Sie, wie Sie mit diesen E-Mail-Anlagen umgehen.

Schritt 1

Wenn eine E-Mail Anlagen mitbringt, sehen Sie das schon an der Büroklammer ❶: Wie bei den E-Mails mit Anlage, die Sie selbst verschicken, signalisiert die Büroklammer auch beim E-Mail-Eingang: Hier gibt es einen Anhang.

Schritt 2

Öffnen Sie die E-Mail mit einem Klick: Inhalt und Anhang werden angezeigt. Ein Bild wird in Miniaturgröße angezeigt; das PDF-Dokument im Beispiel erscheint mit PDF-Logo und dem Dokumentnamen ❷.

Schritt 3

Klicken Sie auf den Pfeil rechts neben Logo und Dateiname ❸ und in der aufklappenden Liste auf **Herunterladen**, um die erhaltene Datei auf Ihrem Computer zu speichern.

Wo kommt mein Text her?

Wenn Ihr Kontakt auf Ihre E-Mail antwortet, wird der Text Ihrer eigenen E-Mail unten angehängt. Wenn Sie wieder antworten, stehen Ihr erster und der Antworttext unter dem neuen Text usw. Diese Darstellung lässt sich in den Einstellungen auch umdrehen (siehe dazu Schritt 12 auf Seite 127 sowie den Abschnitt »E-Mails löschen« auf Seite 132).

Schritt 4

Möchten Sie die Datei stattdessen direkt aufrufen, klicken Sie diese einfach an.

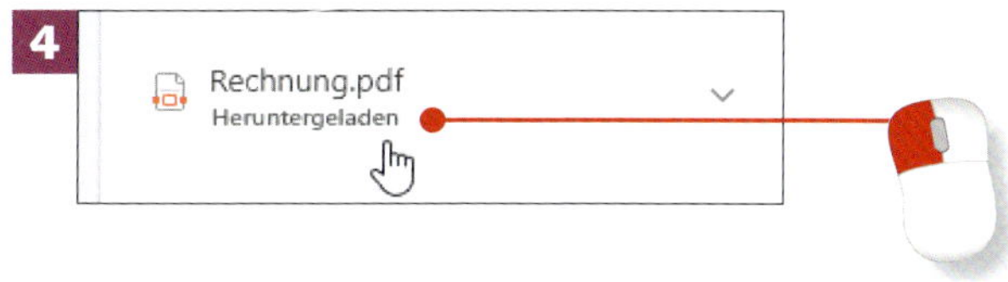

Schritt 5

Auch E-Mails mit Bildern haben eine Büroklammer. Wenn Sie die E-Mail anklicken, sehen Sie die Fotominiaturen. Bei mehreren Bildern stehen sie je nach Platz nebeneinander. An der Zeile unter den Miniaturen erkennen Sie, wie viele Anlagen Sie erhalten haben. Im Beispiel sind es **3 Anlagen** ❹.

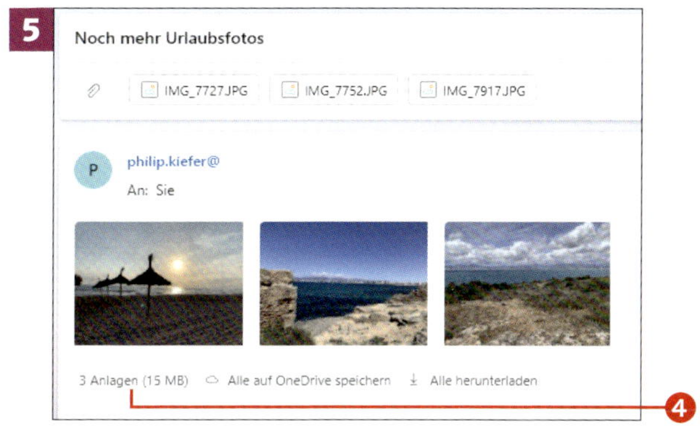

Schritt 6

Zum Vergrößern klicken Sie auf ein Bild. Eine *Vorschau* wird geöffnet. Mit dem Pfeil können Sie das nächste Bild aufrufen. Um ein Bild auf Ihrem Computer zu speichern, klicken Sie auf **Herunterladen** ❺. Der Standardordner für heruntergeladene Dateien lautet *Downloads*.

Ein Adressbuch pflegen

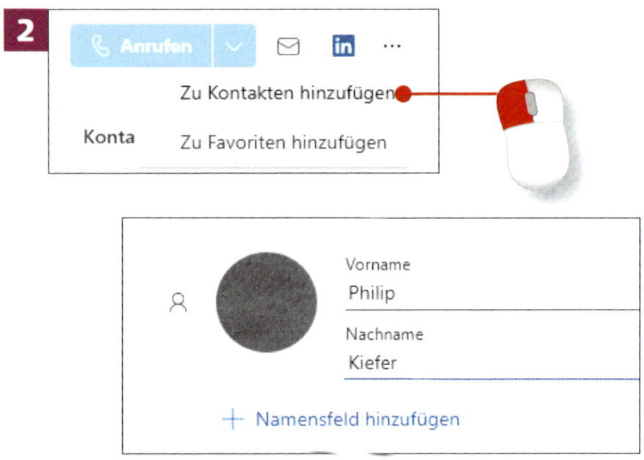

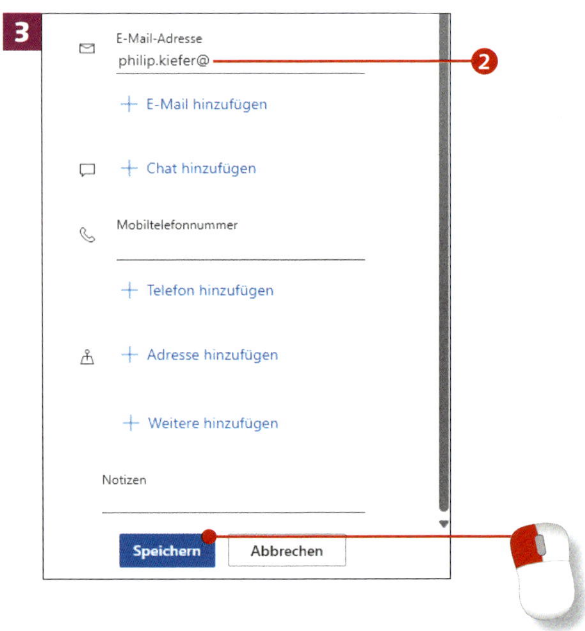

Die Kontaktdaten der Menschen, mit denen Sie öfter E-Mails austauschen, speichern Sie in Ihrem Adressbuch.

Schritt 1

Öffnen Sie eine E-Mail, und fahren Sie mit dem Mauszeiger über den Namen, das Kürzel oder die E-Mail-Adresse des Absenders. Ein Menüfenster öffnet sich. Wenn die Liste darin nach einem Augenblick ganz ausgeklappt ist, klicken Sie auf die drei Punkte ❶.

Schritt 2

Wählen Sie durch Anklicken den Eintrag **Zu Kontakten hinzufügen**. Falls Vor- und Nachname nicht automatisch eingetragen wurden, ergänzen Sie die Angaben.

Schritt 3

Die E-Mail-Adresse ❷ wird in jedem Fall automatisch aus der erhaltenen E-Mail übernommen. Ergänzen Sie, wenn Sie möchten, noch weitere Angaben. Klicken Sie dann auf **Speichern**.

Schritt 4

Wo finden Sie nun Ihre Kontakte? Klicken Sie am linken Bildrand auf das Personensymbol. Edge öffnet das Adressbuch, in Outlook.com einfach **Personen** genannt.

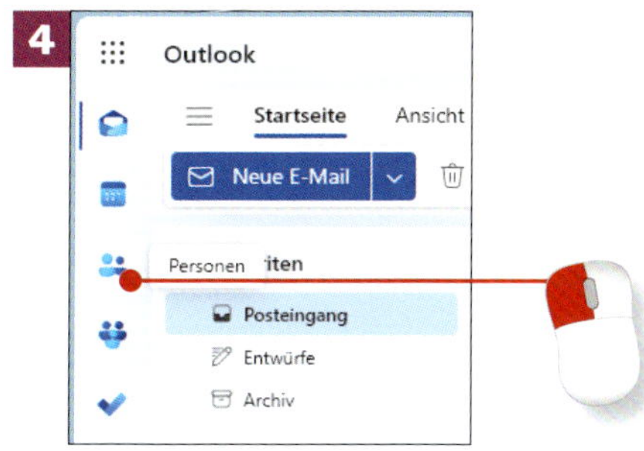

Schritt 5

Um einen Kontakt zu bearbeiten, klicken Sie in der Liste darauf ❸ und wählen anschließend **Kontakt bearbeiten**. Im Beispiel wird eine Festnetznummer hinzugefügt. Die Telefonnummer ergänzen Sie, indem Sie auf **Telefon hinzufügen** klicken. Wählen Sie die richtige Option, z. B. **Start** ❹ (Privat).

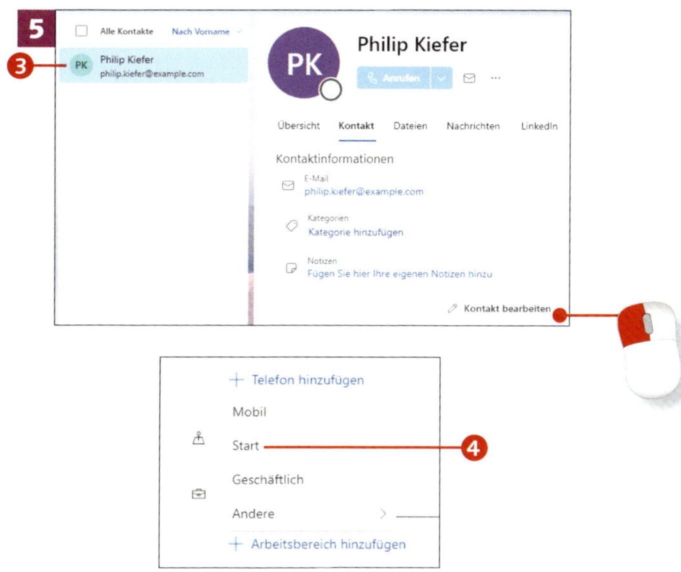

Schritt 6

Eine neue Zeile ergänzt die bisherige Telefonnummernzeile. Tragen Sie hier die Nummer ein, oder korrigieren Sie die vorhandene. Klicken Sie auf **Speichern** ❺. Um zum Posteingang zurückzukehren, klicken Sie am linken Bildrand auf das **E-Mail**-Symbol, den Briefumschlag ❻.

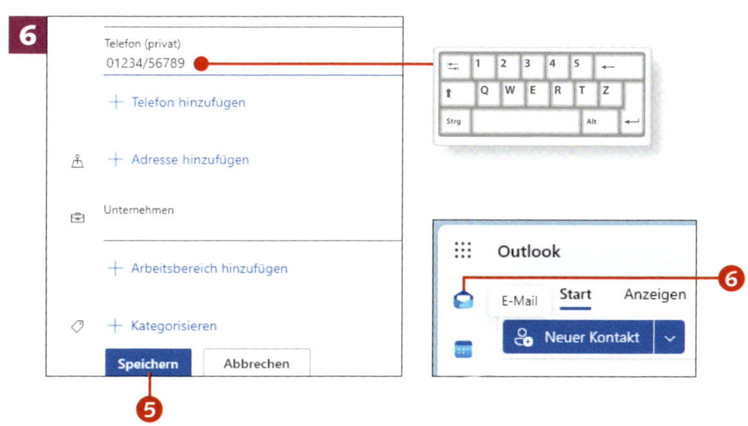

Personen, Kontakte, Adressbuch
Bei anderen E-Mail-Anbietern erreichen Sie das Adressbuch durch einen Klick auf ein Buchsymbol oder auf das Wort **Adressbuch**.

Ein Adressbuch pflegen (Forts.)

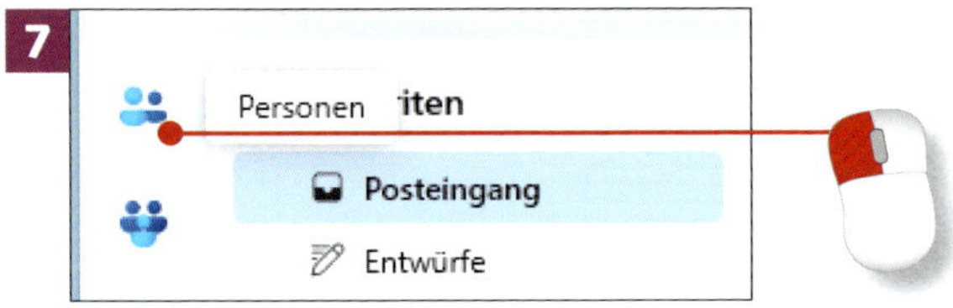

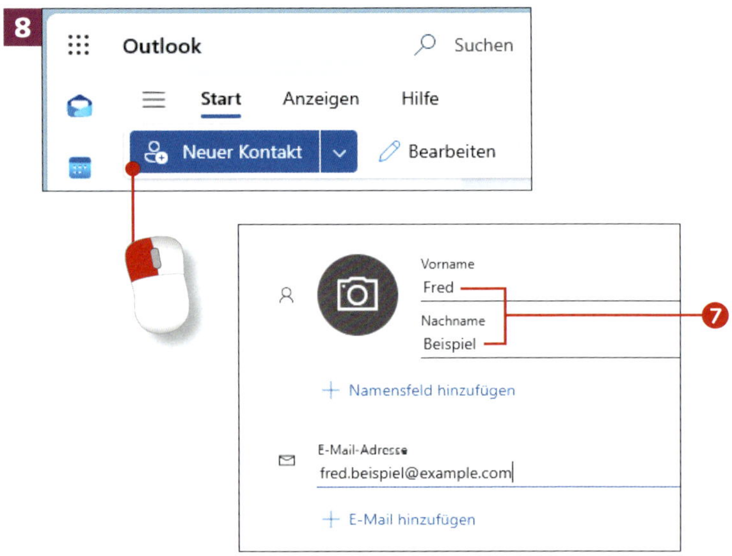

Schritt 7

Wenn Sie einen neuen Kontakt inklusive E-Mail-Adresse hinzufügen möchten, von dem Sie noch keine E-Mail erhalten haben, klicken Sie auf das Symbol **Personen** links (nicht zu verwechseln mit dem darunter befindlichen Gruppensymbol!).

Schritt 8

Klicken Sie auf **Neuer Kontakt**; eine leere Eingabemaske wird geöffnet. Geben Sie den Vornamen, den Nachnamen ❼ und die E-Mail-Adresse ein. Achten Sie dabei auf die korrekte Schreibweise!

Schritt 9

Klicken Sie auf **Speichern**. Der neue Kontakt wird in die Liste der bestehenden Kontakte einsortiert. Die alphabetische Reihenfolge orientiert sich an den Vornamen. Aktualisieren Sie gegebenenfalls durch Drücken der Taste F5 die Seite.

Lieber nach Nachnamen sortieren?

Um die Liste nach Nachnamen zu sortieren, klicken Sie auf den Pfeil ❽ neben **Nach Vorname**. Eine Liste klappt auf. Klicken Sie auf **Nachname**. Die Reihenfolge orientiert sich nun am Nachnamen.

Schritt 10

Zum Löschen von Kontakten klicken Sie links auf das leere Kästchen vor dem Namen – es wird mit einem Häkchen versehen ❾ – und oben auf **Löschen**. Bestätigen Sie das Löschen. Kehren Sie dann wieder zum Posteingang zurück (siehe Schritt 6).

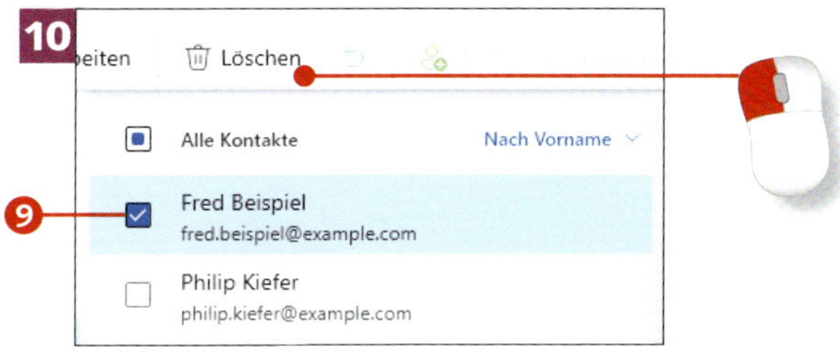

Schritt 11

Einen Adressaten wählen Sie wie folgt aus Ihren Kontakten aus: Klicken Sie auf **Neue E-Mail** und hier auf **An**; ein Fenster mit Ihren Kontakten öffnet sich. Klicken Sie auf das Pluszeichen ❿ beim gewünschten Kontakt und dann auf **Speichern**.

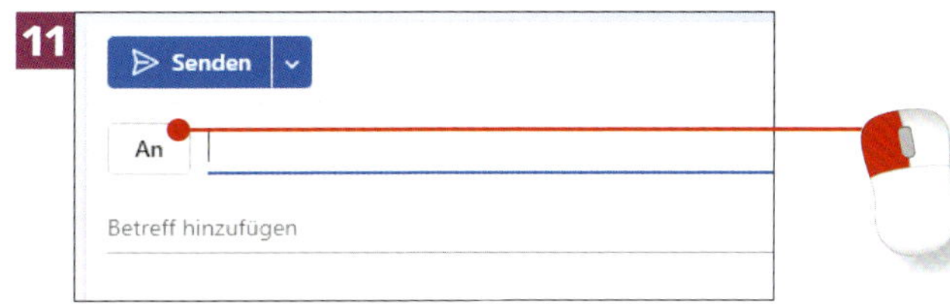

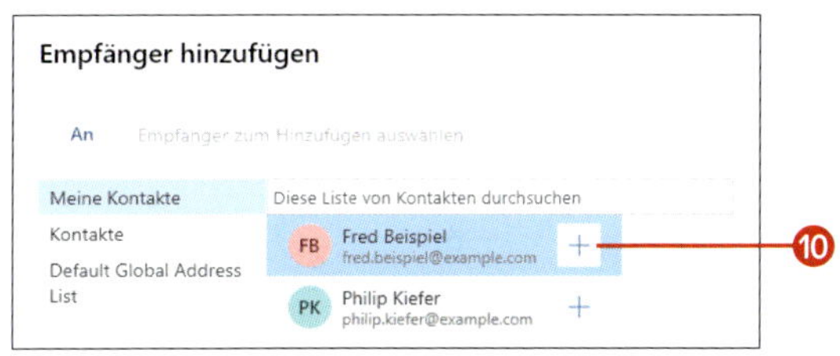

Schritt 12

Alternativ geben Sie den ersten Buchstaben des Vor- oder Nachnamens ein. Wählen Sie aus den Vorschlägen den passenden aus. Sie sehen hier auch Namen von Personen, die Ihnen geschrieben haben, die aber noch nicht in Ihrem Adressbuch stehen. Wiederholen Sie den Schritt, um weitere E-Mail-Empfänger hinzuzufügen. Keine Sorge, auch wenn nur der Name im Adressatenfeld erscheint, wird im Hintergrund die E-Mail-Adresse verwendet.

Was ist eine Kontaktliste?

Möchten Sie regelmäßig z. B. einen Rundbrief an Vereinsmitglieder schicken, können Sie eine *Kontaktliste* oder eine *Gruppe* anlegen.

E-Mails gestalten

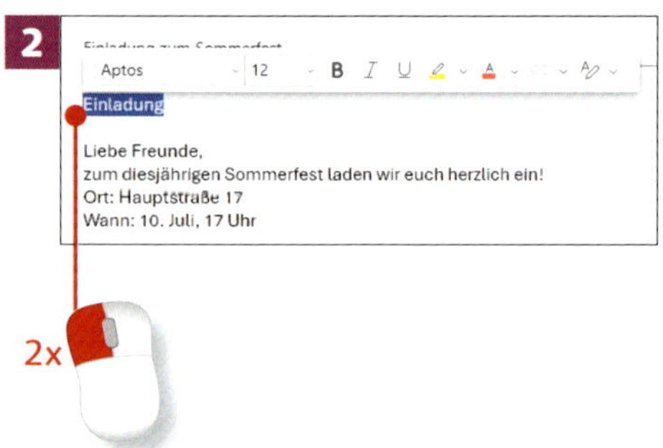

Reiner Text ist bei geschäftlichen E-Mails gut, aber vielleicht wollen Sie mal eine andere Schriftfarbe als Schwarz verwenden oder einen Smiley setzen?

Schritt 1

Klicken Sie im E-Mail-Bereich auf **Neue E-Mail**. Tragen Sie Empfänger und Betreff ein. Schreiben Sie Ihren Text.

Schritt 2

Im Beispiel soll das Wort *Einladung* im Nachrichtentext fett und blau geschrieben werden. Doppelklicken Sie auf das Wort; es wird markiert (blau hinterlegt). Die blaue Markierung bedeutet noch keine Änderung an Ihrem Text.

Schritt 3

Durch das Markieren erscheint eine schwebende Leiste. Klicken Sie auf das **B** ❶ (für engl. *bold* = fett); es sorgt für die Fettschreibung. Klicken Sie dann auf den Pfeil am rot unterstrichenen **A**. Eine kleine Auswahl an Farben wird angezeigt; wählen Sie durch Klicken eine Farbe aus. Klicken Sie an eine leere Stelle in Ihrer E-Mail, um die Markierung wieder aufzuheben.

Schritt 4

Um die Schrift des ganzen Textes zu vergrößern, klicken Sie irgendwo in den Text und drücken dann gleichzeitig [Strg] + [A]. So markieren Sie den ganzen Text, erkennbar an der blauen Hintergrundfarbe. Klicken Sie in der Schwebeleiste oder in der Leiste unter dem Text auf den Pfeil neben der Zahl ❷, und wählen Sie aus der Liste eine höhere Zahl aus.

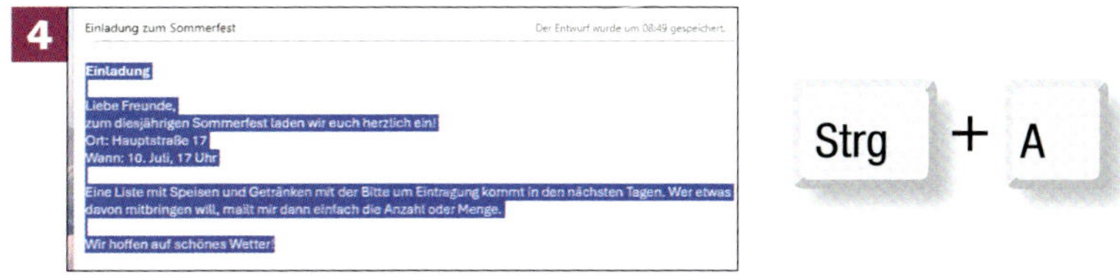

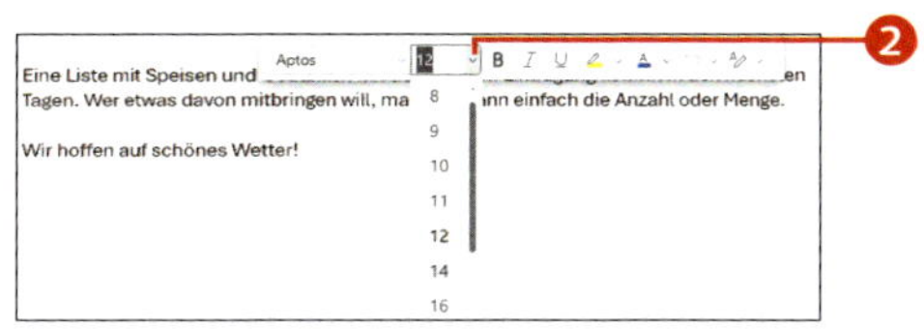

Schritt 5

Ihre Änderung wird sofort übernommen. Klicken Sie wieder an eine leere Stelle (siehe dazu den Kasten auf dieser Seite). Möchten Sie Ihre E-Mail mit einem Smiley auflockern? Klicken Sie an die Stelle, an der Sie einen Smiley einfügen wollen, und dann in der Symbolleiste unter den drei Punkten ❸ auf den Eintrag **Emoticon (Emoji)**.

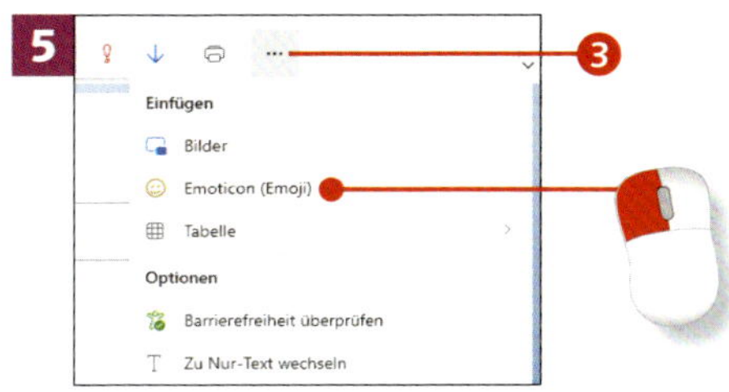

Schritt 6

Es öffnet sich ein Katalog mit Smileys (Emojis). Wählen Sie einen oder mehrere durch Klicken aus. Schließen Sie das Emoji-Fenster mit dem Schließkreuz ❹. Ist Ihre E-Mail fertig, klicken Sie auf **Senden** ❺.

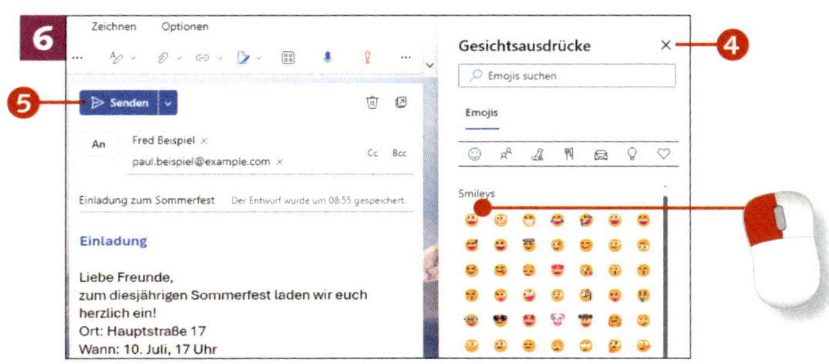

Vorsicht bei markiertem Text!

Wenn Sie Ihren ganzen Text markiert haben (wie in Schritt 4 beschrieben), sollten Sie keine Taste auf Ihrer Tastatur drücken, denn sonst ist der ganze Text weg und wird durch das gedrückte Zeichen ersetzt. Sollte dies doch einmal passieren, drücken Sie kurz [Strg] + [Z]. Das macht die letzte Aktion rückgängig.

Einstellungen rund um E-Mails

Jeder E-Mail-Anbieter hält ein paar Extras für Sie bereit. Lernen Sie einige wichtige Einstellungen kennen.

Schritt 1

Um in Outlook die E-Mail-Einstellungen aufzurufen, klicken Sie rechts oben auf das Zahnradsymbol.

Schritt 2

Um E-Mails besser lesen zu können, wählen Sie im Abschnitt **Textgröße und -abstand** ❶ die Option **Groß** ❷. Bestätigen Sie mit **Speichern**.

Schritt 3

Mit dem Aufrufen der **Einstellungen** wurden zunächst die Layouteinstellungen angezeigt. Nun wählen Sie in der Navigationsleiste den Eintrag **Verfassen und Antworten**.

1

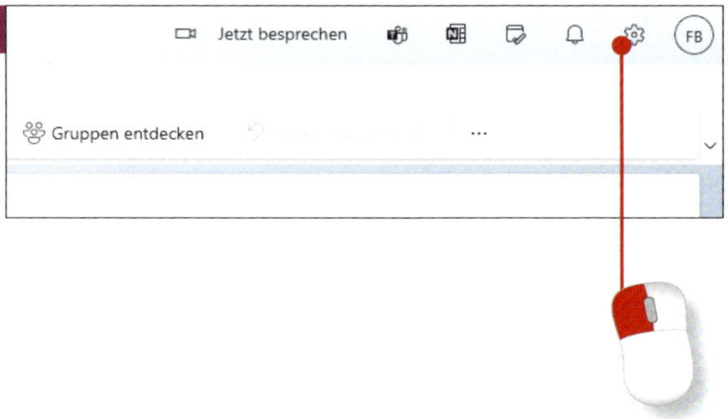

2

3

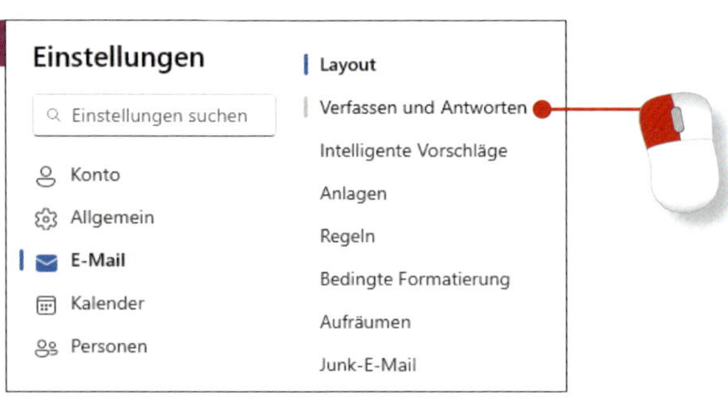

Schritt 4

Erhöhen Sie hier z. B. die Schriftgröße der von Ihnen verfassten E-Mails, damit auch weitsichtige Empfängerinnen und Empfänger diese gut lesen können.

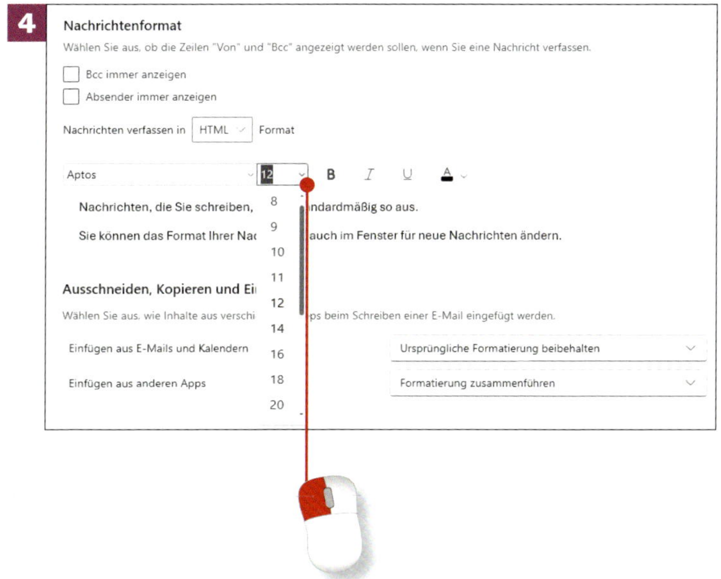

Schritt 5

Möchten Sie unerwünschte Werbemails noch strenger ausfiltern, wählen Sie in den **Einstellungen** den Eintrag **Junk-E-Mail**.

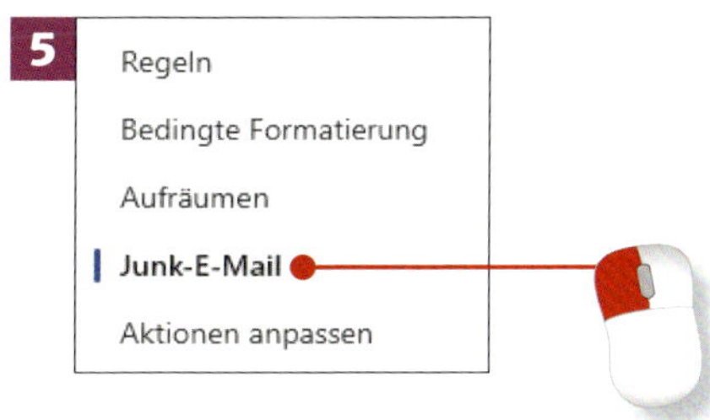

Schritt 6

Aktivieren Sie die Option **Streng** ❸. Bestätigen Sie mit der Schaltfläche **Speichern**.

!

Auf den Absender achten!
Bei allen E-Mails und Einblendungen, die sensible Daten abfragen, sollten Sie besonders vorsichtig sein (siehe den Abschnitt »Weitere Maßnahmen für die Computersicherheit« auf Seite 310).

Kapitel 6
Fotos importieren und bearbeiten

Wenn Sie gern digital fotografieren, wollen Sie auch Ihre Fotos sichten, auswählen und bearbeiten. Mit Ihrem Computer und den passenden Programmen bringen Sie die Aufnahmen in Ihren Computer und Glanz in Ihre Bilder.

Fotos auf den Computer kopieren
Ob vom Handy oder einer Digitalkamera, Ihre Fotos importieren Sie direkt in die Windows-Fotoanzeige. Dort bearbeiten Sie die Fotos auch.

Fotos bearbeiten
Sie schneiden Ihre Fotos passend zu, ändern Farbtöne, korrigieren die Belichtung. Schiefe Türme werden mit wenigen Klicks wieder gerade – sofern das Original auch senkrecht steht.

Fotos drucken
Sie drucken Fotos auf Foto- oder Normalpapier aus. Dabei entscheiden Sie, ob Sie ein Foto groß oder klein auf ein Blatt drucken.

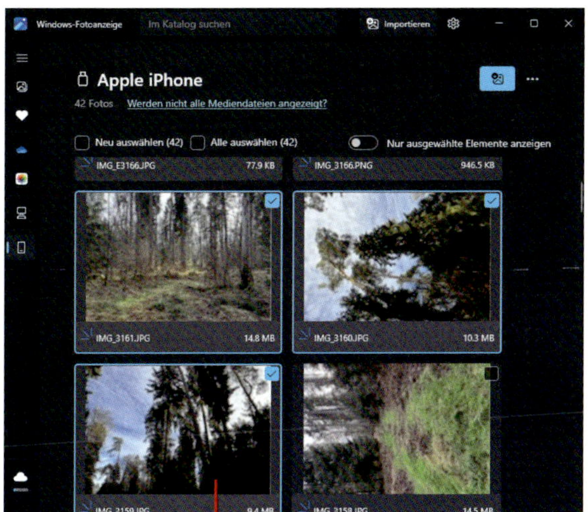

1 Per Kabel sind die Fotos schnell von Kamera oder Smartphone auf den Computer kopiert.

2 Schiefe Schilder und verrutschte Horizonte richten Sie mit der Windows-Fotoanzeige schnell wieder gerade aus.

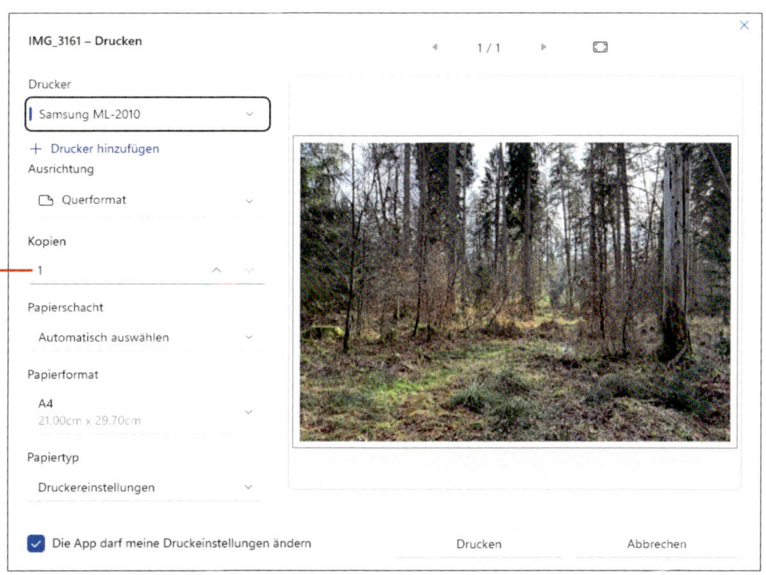

3 Bestimmen Sie Anzahl, Papier und Layout Ihres Fotodrucks.

Fotos vom Smartphone importieren

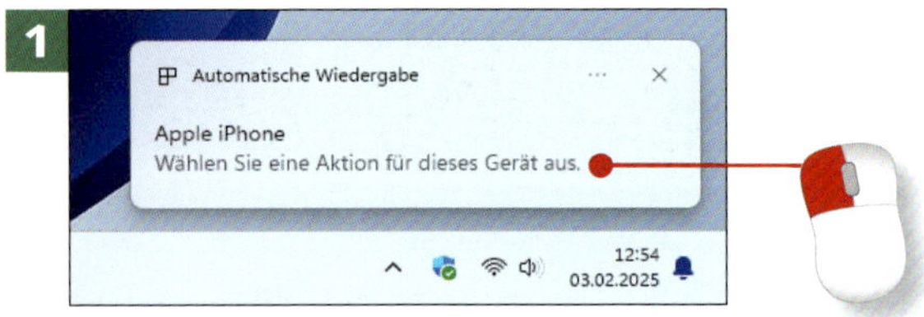

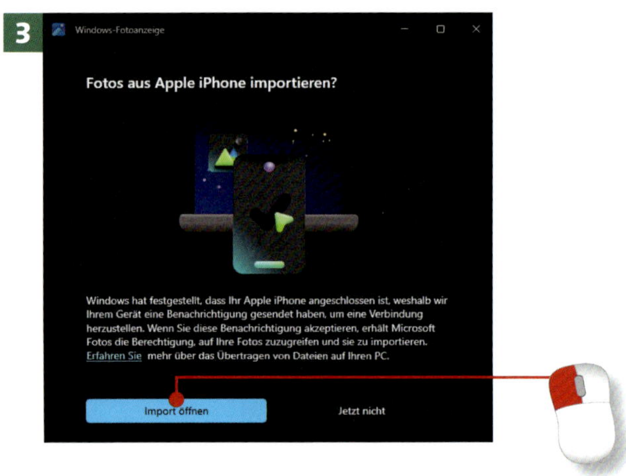

Fotos und Videos, die Sie mit dem Smartphone aufnehmen, können Sie schnell auf den Computer übertragen.

Schritt 1

Schließen Sie das Smartphone – Ihr Handy – mit dem passenden USB-Kabel an den Computer an. Das Smartphone muss eingeschaltet und entsperrt sein. Erlauben Sie auf dem Smartphone den Zugriff des Computers. Klicken Sie die Meldung **Automatische Wiedergabe** an, die unten rechts auf dem Bildschirm erscheint.

Schritt 2

Ihnen werden verschiedene Aktionen angeboten. Entscheiden Sie sich per Mausklick für **Fotos und Videos importieren Windows-Fotoanzeige**.

Schritt 3

Ein vorgelagertes Fenster der *Windows-Fotoanzeige* wird geöffnet. Klicken Sie in diesem Fenster auf die Schaltfläche **Import öffnen**.

Fotos von der Digitalkamera
Auch Fotos von Ihrer Digitalkamera können Sie importieren: Verbinden Sie die Kamera per Kabel mit Ihrem Computer. Falls am Computer ein SD-Kartenschlitz vorhanden ist, können Sie auch die SD-Karte aus Ihrer Kamera in den Schlitz stecken. Der Import startet, wie ab Schritt 2 beschrieben.

Schritt 4

Die App bereitet den Import vor, indem sie erst einmal nachschaut, wie viele Fotos und Videos auf Ihrem Handy gespeichert sind. Warten Sie diesen Suchlauf ❶ ab.

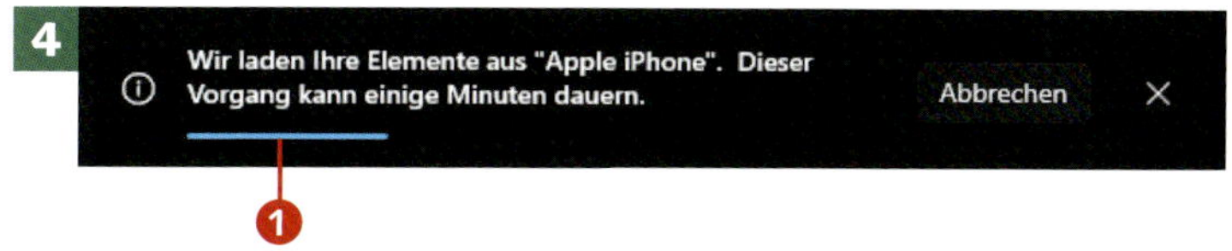

Schritt 5

Ihnen wird vorgeschlagen, *alle* Ihre Bilder zu importieren. Das können natürlich sehr viele sein, dann dauert der Import länger. Sollen alle Fotos importiert, also auf Ihren Computer kopiert werden, klicken Sie auf **Alle auswählen (...)**. Alle Fotos werden mit Häkchen versehen. Das heißt, sie sind zum Import ausgewählt.

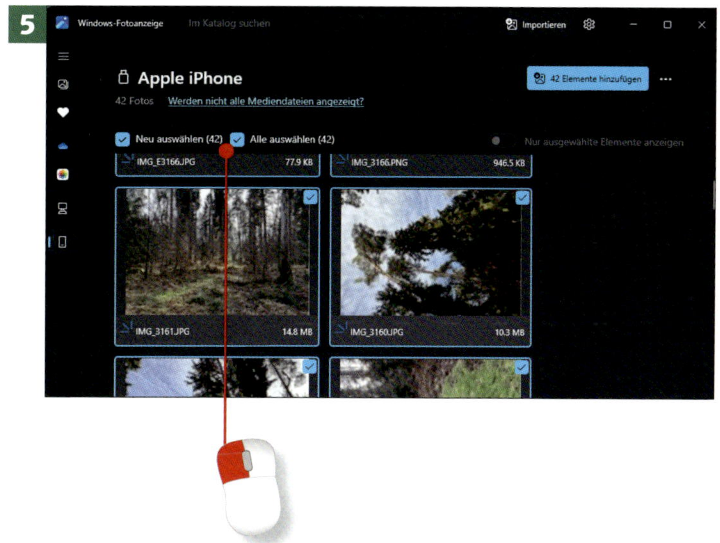

Schritt 6

Sollen nur bestimmte Fotos importiert werden, achten Sie darauf, dass das Kästchen vor **Alle auswählen** nicht aktiviert ist, dort also kein Haken zu sehen ist. Klicken Sie in die Kästchen ❷ direkt an den Fotos, die Sie auf Ihren Computer kopieren wollen. Bestätigen Sie Ihre Auswahl – alle oder nur bestimmte Bilder – mit einem Klick auf **... Elemente hinzufügen**.

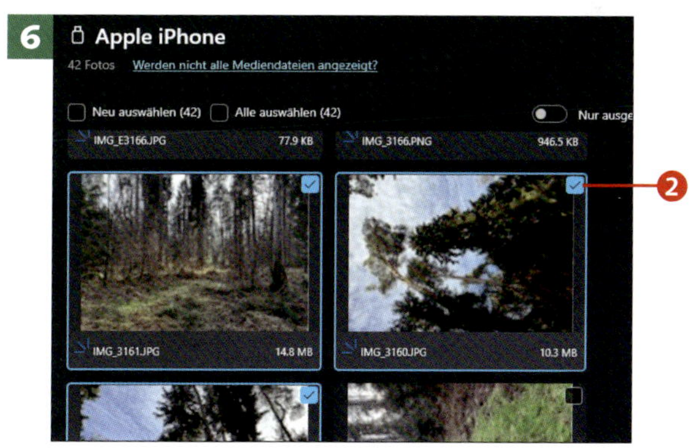

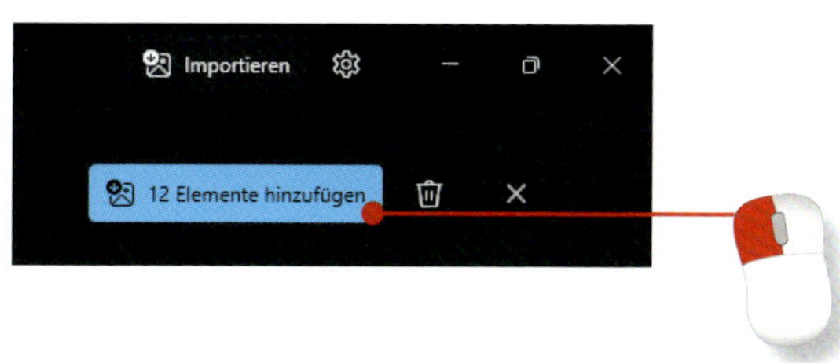

Fotos vom Smartphone importieren (Forts.)

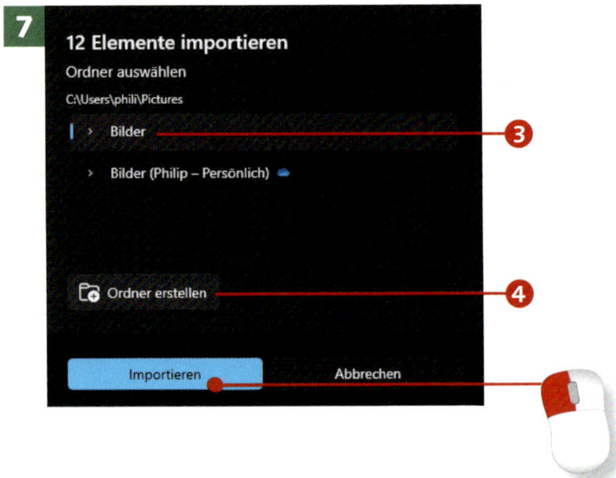

Schritt 7

Ihnen wird Ihr Bilderordner in **OneDrive** (siehe den Abschnitt »Onlinespeicher nutzen« auf Seite 262) zum Speichern der Aufnahmen vorgeschlagen. Möchten Sie Bilder und Videos lieber auf Ihrem Computer speichern, wählen Sie den lokalen Ordner **Bilder** ❸. Diesen Ordner hat Windows schon für Sie angelegt. Klicken Sie auf **Importieren**.

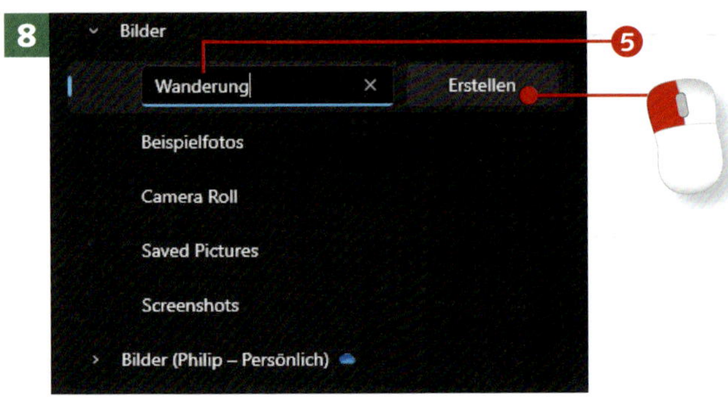

Schritt 8

Wenn Sie möchten, können Sie auch einen Unterordner für den Import anlegen, um Ihre Aufnahmen gleich zu sortieren. Dazu klicken Sie im vorigen Schritt auf **Ordner erstellen** ❹, geben dann den gewünschten Ordnernamen ein ❺ und bestätigen mit **Erstellen**.

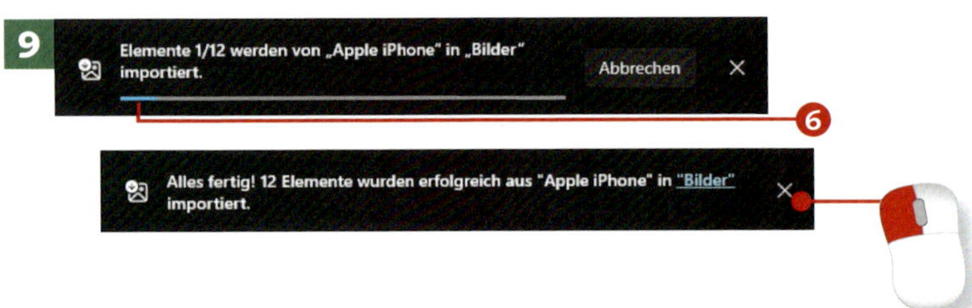

Schritt 9

Die Windows-Fotoanzeige zeigt den Importfortschritt an ❻ und meldet auch, dass die Dateien importiert wurden. Sie können jetzt das Handykabel vom Computer abziehen.

Fotos in Ordner einsortieren

Sie können zwar in der Windows-Fotoanzeige Ordner anlegen, leichter ist das Verwalten aber im *Explorer* (siehe dazu den Abschnitt »Fotos auf dem Computer finden« ab Seite 152).

Schritt 10

Beim nächsten Anschließen des Handys erkennt die Windows-Fotoanzeige die Fotos und Videos und wie viele Aufnahmen noch nicht importiert wurden ❼. Um sie zu importieren, klicken Sie auf **Neu auswählen**. Weiter geht es, wie ab Schritt 6 beschrieben.

Schritt 11

Möchten Sie auswählen, von welchem angeschlossenen Gerät Fotos importiert werden, klicken Sie in der Windows-Fotoanzeige auf **Importieren**. Alle externen Geräte werden angezeigt. Klicken Sie das gewünschte Gerät an. Gehen Sie dann weiter vor, wie ab Schritt 6 beschrieben.

Schritt 12

Und wo finden Sie nun Ihre Bilder? Natürlich in der Windows-Fotoanzeige, sortiert z. B. nach Aufnahmedatum ❽. Aber auch der Explorer auf Ihrem Computer hält Ihre Fotos für Sie bereit (siehe den nächsten Abschnitt).

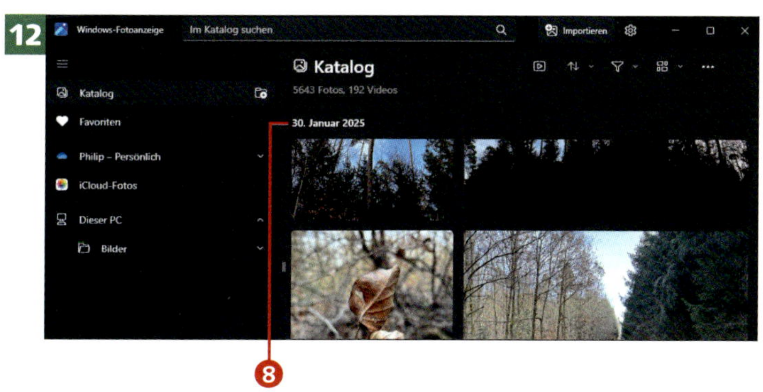

Fotos auf dem Computer finden

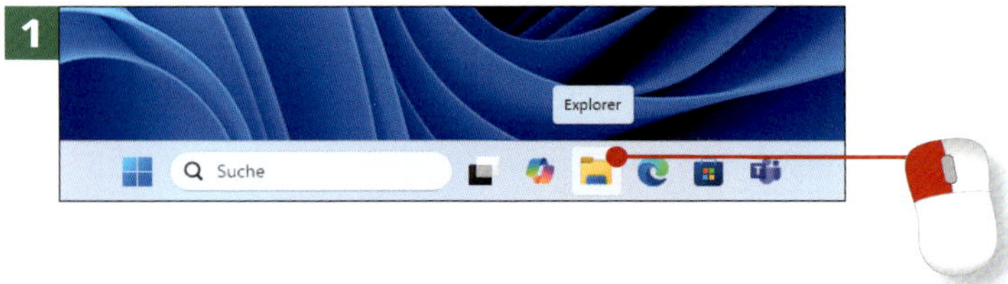

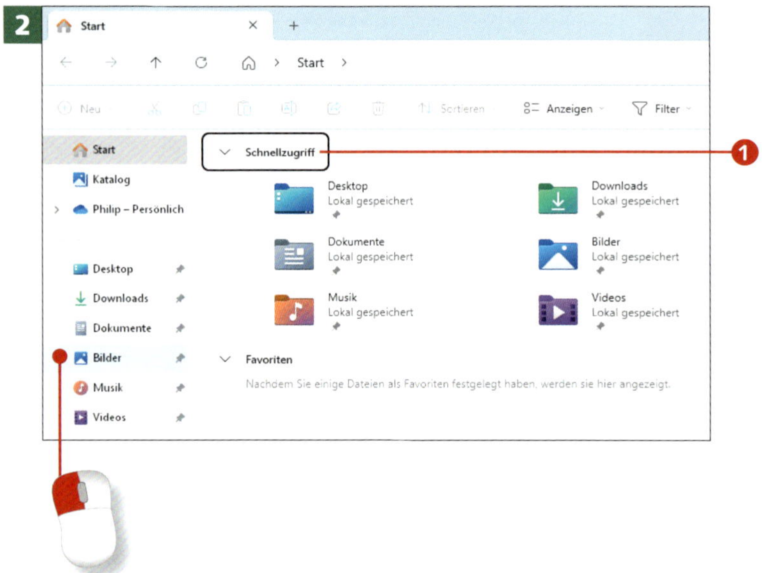

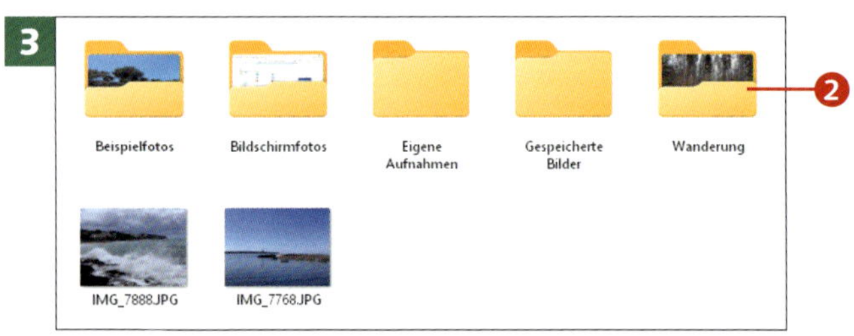

Natürlich möchten Sie Ihre Bilder einfach auf dem Computer wiederfinden. Im Explorer stehen Ihnen dazu Haupt- und Unterordner zur Verfügung.

Schritt 1

Öffnen Sie den Explorer: Klicken Sie in der Taskleiste auf das Ordnersymbol. Der *Explorer*, Ihr Dateiverwaltungsprogramm (auch Dateimanager genannt), fasst im Hauptordner *Bilder* alle Ihre Fotos zusammen.

Schritt 2

Sie finden den Ordner *Bilder* links in der Leiste und beim Öffnen des Explorers auch im rechten Fensterteil im Abschnitt **Schnellzugriff** ❶. Klicken Sie einmal auf **Bilder** in der Leiste links. Sie gelangen zur Übersicht Ihrer Fotos.

Schritt 3

Der rechte Fensterteil gibt jetzt den Inhalt des Hauptordners wieder, der in der Ordnerliste links angeklickt ist. Schauen Sie auf den rechten Fensterteil: Die Fotos liegen teilweise in Unterordnern ❷, teilweise direkt im Hauptordner, wie hier zu sehen ist.

Warum nicht mit der Windows-Fotoanzeige Bilder finden?

Mit der App Windows-Fotoanzeige importieren und bearbeiten Sie Ihre Bilder (siehe die folgenden Abschnitte), zum Sortieren und Ordnen eignet sich der Explorer jedoch deutlich besser.

Schritt 4

Wenn Sie Ihre Fotos, z. B. die der letzten Wanderung, nicht direkt sehen, suchen Sie nach dem richtigen Ordner: Unter der Vorschau eines Bilderordners sehen Sie den *Ordnernamen*. Öffnen Sie den entsprechenden Ordner durch einen Doppelklick.

Schritt 5

Die Bilder werden neben- und untereinander klein angezeigt. Wenn Ihnen die Miniaturbilder zu klein sind, klicken Sie in der Menüleiste – das ist der Bereich oberhalb der Fotos – auf **Anzeigen ▸ Extra große Symbole**.

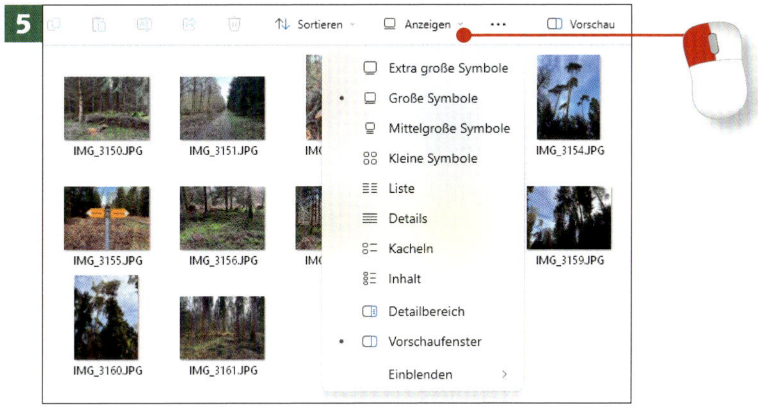

Schritt 6

Ein Bild öffnen Sie mit einem Doppelklick auf die Miniatur ❸. Es wird dann in der Windows-Fotoanzeige dargestellt ❹. Um im Explorer zurück zur Übersicht aller Ordner im Hauptordner *Bilder* zu wechseln, klicken Sie auf das Wort **Bilder** in der Navigationsleiste oder links in der Ordnerliste ❺.

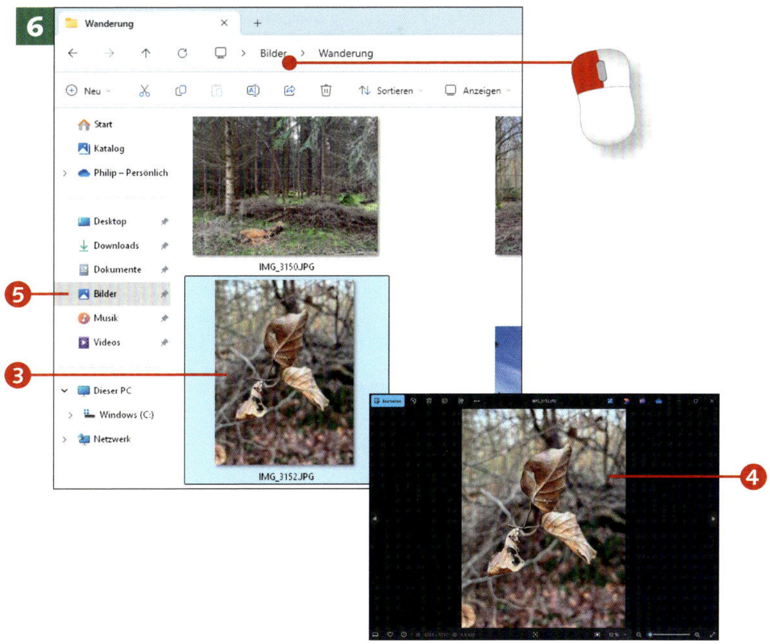

Die Windows-Fotoanzeige einrichten

Welche Fotos die Windows-Fotoanzeige wie anzeigt, legen Sie selbst fest. Lesen Sie hier, wie das geht.

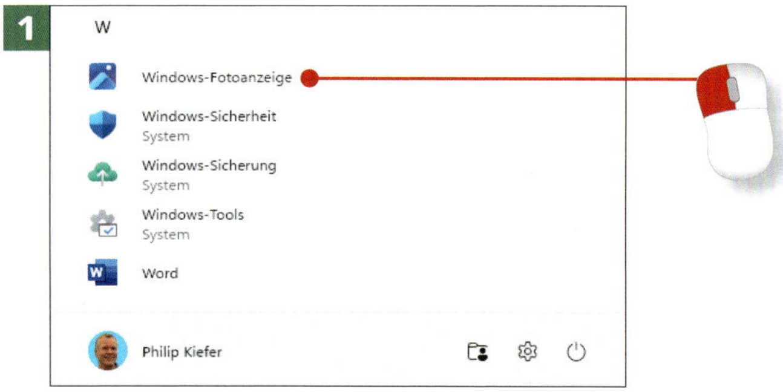

Schritt 1

Öffnen Sie die **Windows-Fotoanzeige** im Startmenü, hier in der Liste **Alle** unter dem Buchstaben **W**.

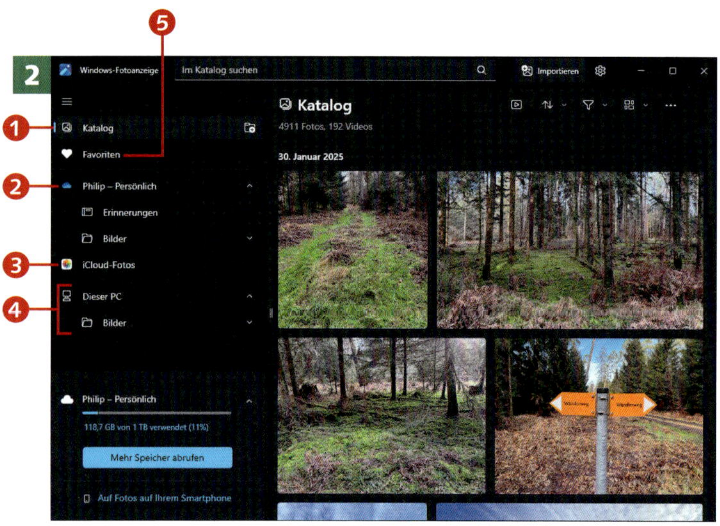

Schritt 2

Links sehen Sie die Navigation in Form einer Ordnerliste. Neben dem kompletten Aufnahmen-»Katalog« ❶ werden hier mögliche Speicherorte Ihrer Fotos angezeigt: der Microsoft-Cloud-Speicher *OneDrive* ❷, der Apple-Cloud-Speicher *iCloud* ❸ und die Ordner auf Ihrem Computer ❹. Auch ein Ordner für Ihre **Favoriten** ist vorgesehen ❺. Im rechten Fensterteil wird der Inhalt des links ausgewählten Ordners angezeigt.

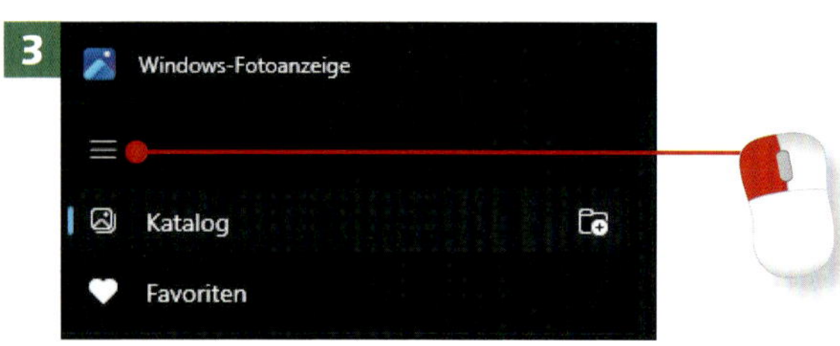

Schritt 3

Nachdem Sie den gewünschten Ordner geöffnet haben, können Sie die Navigation ausblenden. Klicken Sie auf die drei kleinen Striche oben links. Jetzt haben Sie mehr Platz auf dem Bildschirm für Ihre Fotos. Die App merkt sich diese Einstellung jedoch bis zum nächsten Start nicht.

Schritt 4

Die Windows-Fotoanzeige ordnet Ihre Fotos in Reihen mit unterschiedlich breiten, mittelgroßen Fotos an. Diese Ansicht heißt **Fluss** mit der Größe **Mittel**. Möchten Sie lieber alle Fotos als kleine Quadrate sehen, klicken Sie auf das Symbol **Katalogtypen und -größen**. Hier klicken Sie erst auf **Quadrat** ❻ und dann auf **Klein** ❼.

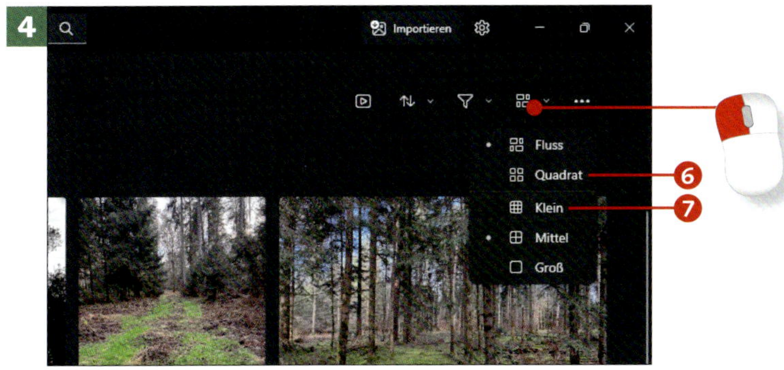

Schritt 5

Für eine andere Reihenfolge klicken Sie auf die Schaltfläche **Sortieren**. Hier können Sie ein Datum auswählen: **Datum der Aufnahme** des Fotos ❽, Datum des Imports des Fotos in die App ❾ oder das **Änderungsdatum** ❿, wenn Sie Fotos in der App schon einmal bearbeitet haben. Neue Fotos stehen oben, wenn Sie **Absteigend** auswählen. Auch nach **Name** ⓫ können Sie die Fotos anordnen lassen.

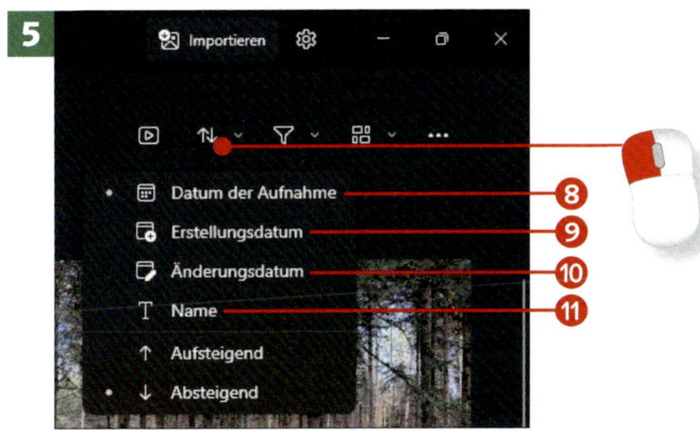

Schritt 6

Um Videos schnell zu finden, klicken Sie auf das Filtersymbol und hier auf **Videos**. Die Fotos werden dann ausgeblendet. Sie möchten nur Ihre Fotos sehen und keine Videos? Klicken Sie erneut auf das Filtersymbol und dann auf **Windows-Fotoanzeige**.

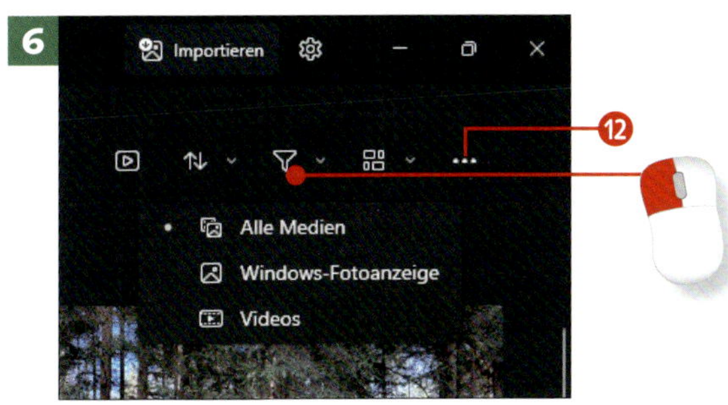

Und die drei Punkte?

Die drei Punkte ⓬ rechts neben den Schaltflächen, die in den Schritten 4 bis 6 erklärt wurden, bieten Ihnen die Möglichkeit, alle Fotos auf einmal auszuwählen oder eine bestehende Auswahl aufzuheben.

Bilder gerade ausrichten

1

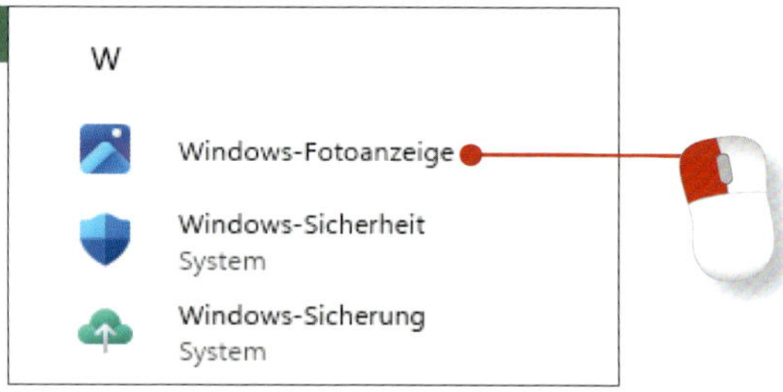

2

3

Ein schönes Bild – aber leider schief. Wie Sie es wieder gerade ausrichten, lesen Sie hier.

Schritt 1

Wählen Sie im Startmenü erneut die **Windows-Fotoanzeige**.

Schritt 2

Scrollen Sie nun bis zu dem Bild, das Sie verbessern möchten. Der Cursor muss zum Scrollen im Bereich der Bilder liegen. Klicken Sie doppelt auf das Foto, das Sie bearbeiten möchten.

Schritt 3

Das Bild wird in einem eigenen Fenster groß angezeigt. Über dem Foto sehen Sie eine Befehlsleiste. Klicken Sie hier links auf die Schaltfläche **Bearbeiten**.

Schritt 4

Falls Sie jetzt erst einmal schwarz sehen, warten Sie einen Augenblick, bis das Bild verkleinert und mit Werkzeugen zum Bearbeiten darüber und darunter angezeigt wird. Schon ausgewählt ist das Werkzeug **Zuschneiden** ❶.

Schritt 5

Zum Geraderichten nutzen Sie den großen weißen **Ausrichten**-Schieber unter dem Foto: Ziehen Sie ihn mit gedrückter Maustaste langsam nach links oder rechts, je nach zu korrigierendem »Schiefstand«. Ein Gitter hilft Ihnen bei der Ausrichtung. Stimmt die Neigung, lassen Sie die Maustaste los. Achtung: Beim Geraderichten werden Teile des Bildes außen abgeschnitten ❷.

Schritt 6

Zum Speichern der Änderung klicken Sie rechts oben auf **Speicheroptionen** und dann auf **Als Kopie speichern** (das Original bleibt erhalten) oder auf **Speichern** (das Original wird durch die bearbeitete Version ersetzt). Die Werkzeuge zum Bearbeiten verschwinden wieder.

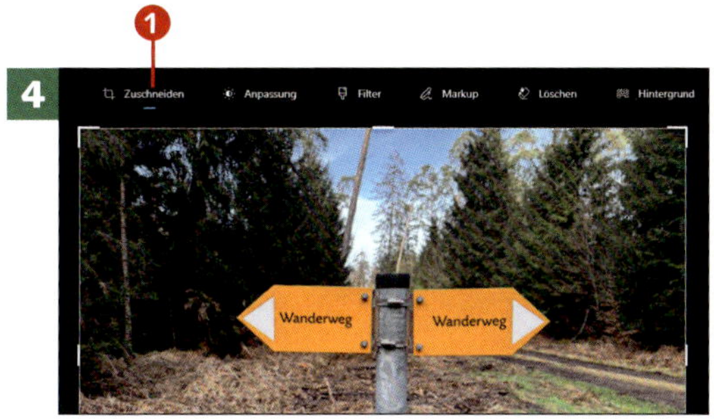

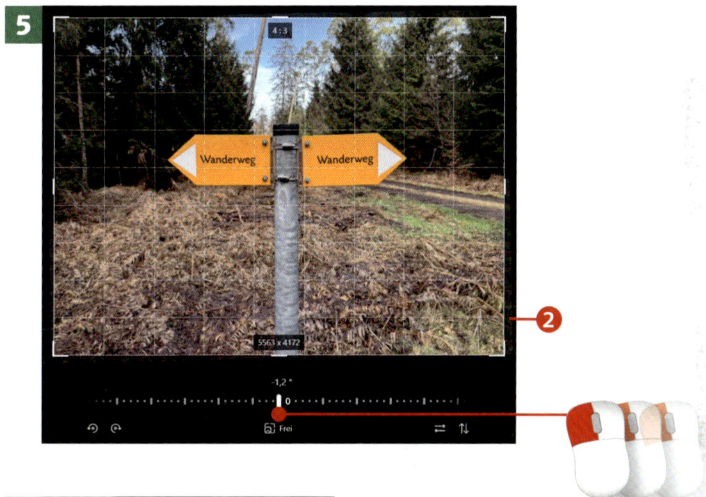

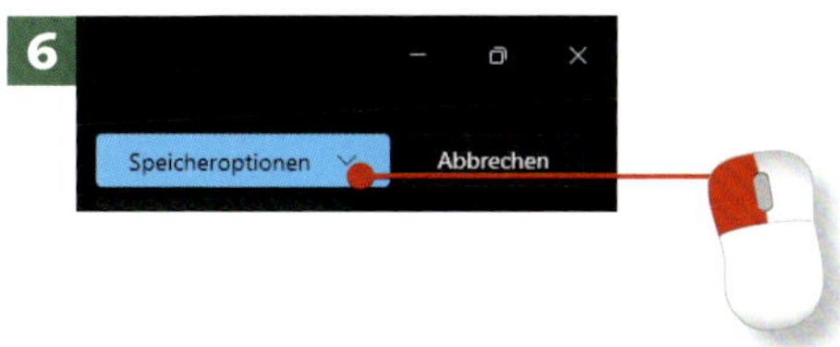

Wie speichere ich eine Kopie?

Wenn Sie nach dem Bearbeiten Ihres Fotos **Als Kopie speichern** wählen, öffnet sich der *Bilder*-Ordner im Explorer. Der Dateiname ist blau hinterlegt. Klicken Sie hinter diesen Namen und ergänzen Sie ihn z. B. um das Wort *Kopie*. Klicken Sie dann auf **Speichern**. Der Explorer schließt sich, und Sie sehen Ihr gespeichertes Bild wieder in der Windows-Fotoanzeige.

Bilder (automatisch) verbessern

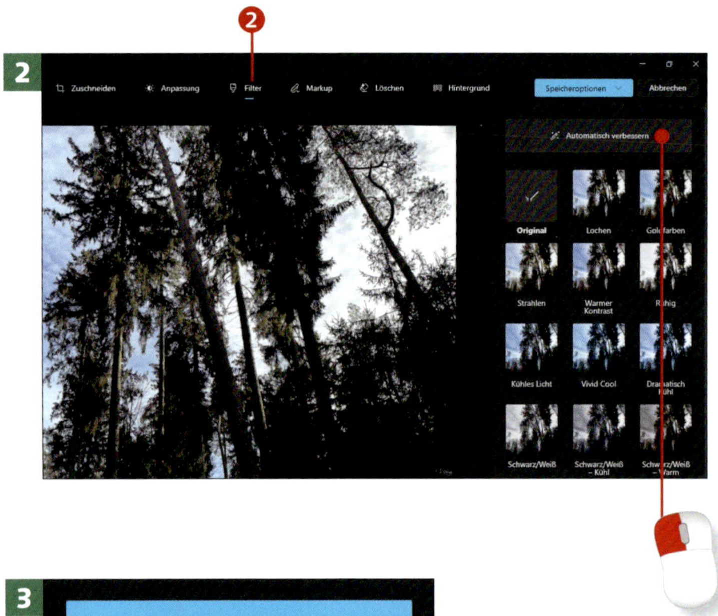

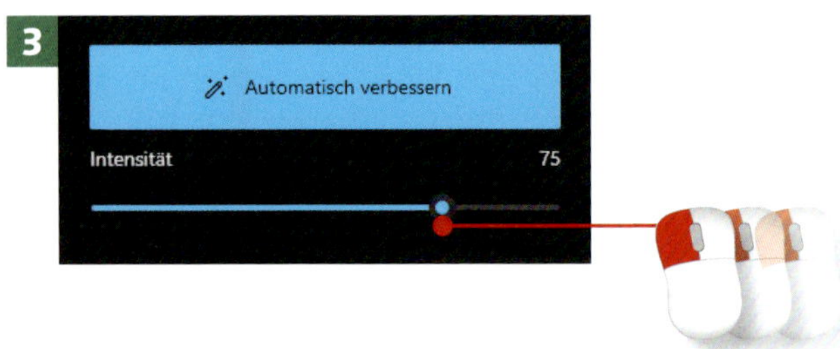

Zu helle Bilder können auch Bildbearbeitungsprogramme nicht wirklich retten, aber zu dunkle Stellen im Bild oder auch das ganze Foto lassen sich gut aufhellen. Auch dabei hilft Ihnen die Windows-Fotoanzeige.

Schritt 1

Öffnen Sie das Bild zum Bearbeiten, indem Sie es in der Windows-Fotoanzeige doppelt anklicken. Klicken Sie im neuen Fenster auf **Bearbeiten** ❶.

Schritt 2

Klicken Sie für eine automatische Verbesserung oberhalb des Bildes auf **Filter** ❷. Die Werkzeuge rechts in der Seitenleiste ändern sich; klicken Sie oben auf **Automatisch verbessern**.

Schritt 3

Nach einem Augenblick sind Belichtung und Kontrast angepasst – aber so ganz passt es nicht? Ziehen Sie den blauen Punkt im Bereich **Intensität** mit gedrückter Maustaste nach links, um die Änderungen abzuschwächen, bzw. nach rechts zum Verstärken.

Schritt 4

Möchten Sie weitere Verbesserungen vornehmen, klicken Sie oben auf **Anpassung** ❸. Die Werkzeugleiste ändert sich daraufhin wieder. Nutzen Sie nun die Balken und Schieberegler. Nachträglich heller belichten können Sie das Bild z. B., indem Sie den Balken im Bereich **Belichtung** mit gedrückter Maustaste nach rechts ziehen. Lassen Sie die Maustaste los, sobald das Bild hell genug ist.

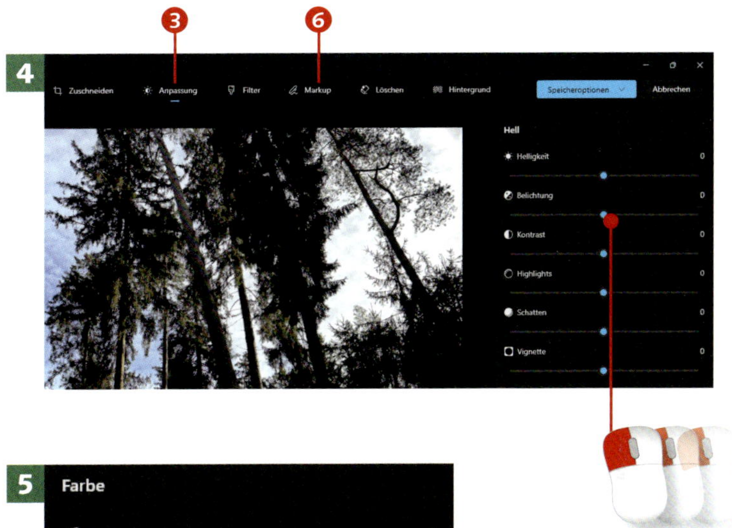

Schritt 5

Unten im Bereich **Farbe** können Sie bei **Sättigung** die Farben kräftiger wirken lassen; ziehen Sie dazu den blauen Punkt nach rechts.

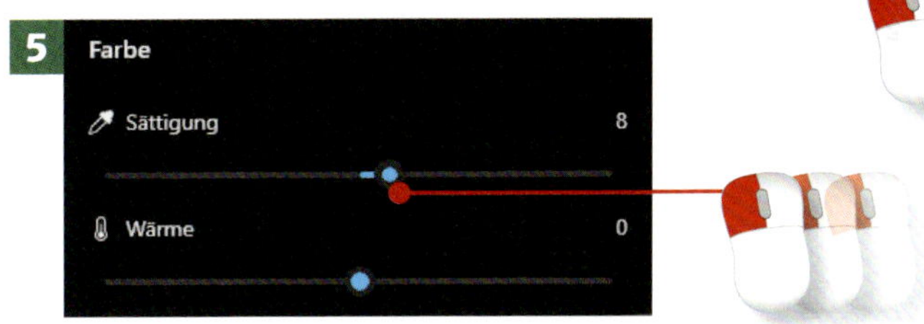

Schritt 6

Passen Sie das Bild nach Bedarf weiter an. Um mehr Details Ihres Bildes zu sehen, klicken Sie oben links auf die Lupe mit dem **+** ❹. Ihre Änderungen machen Sie rückgängig, indem Sie auf **Zurücksetzen** ❺ klicken. Zum Beibehalten der Änderungen wählen Sie eine der **Speicheroptionen**.

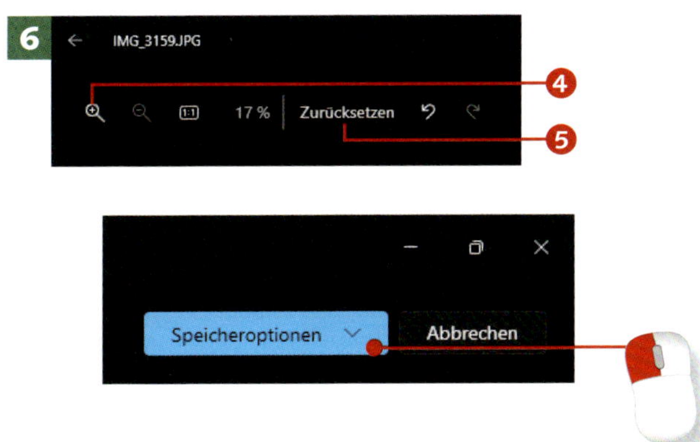

Striche und Schrift aufs Bild bringen

Die Option **Markup** (❻ in Schritt 4) ermöglicht es Ihnen, Pfeile oder Schrift auf Ihr Bild zu bringen, z. B. um ein Detail oder eine Person zu markieren. Speichern Sie das Bild dann als Kopie, damit das Original ohne Schrift oder Striche erhalten bleibt.

Bilder zuschneiden

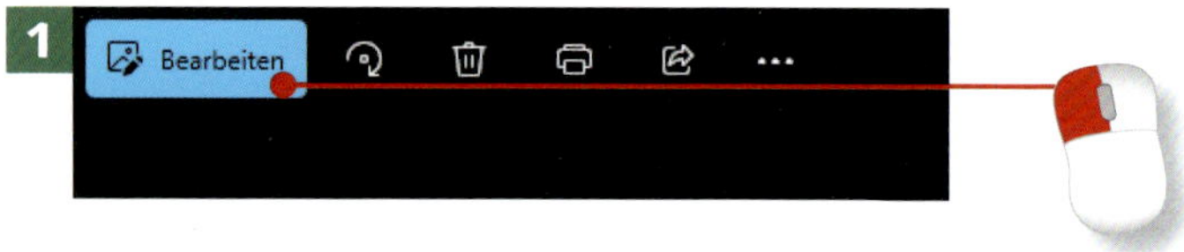

Ihr Bild ist eigentlich gelungen, wären da nicht die störenden Elemente am Rand? Kein Problem, Ihr Foto ist schnell passend zugeschnitten.

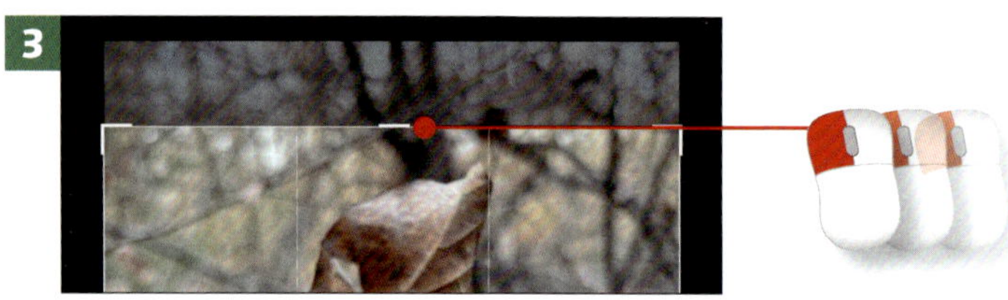

Schritt 1

Klicken Sie zum Öffnen in der Windows-Fotoanzeige doppelt auf das Foto, das Sie zuschneiden möchten. Klicken Sie auf **Bearbeiten**.

Schritt 2

Die Werkzeuge der Kategorie **Zuschneiden** sind aktiv und über und unter Ihrem Foto zu sehen. Das Bild hat weiß hervorgehobene Ecken und an den Seiten dickere weiße Striche. Mithilfe dieser Ecken und Striche schneiden Sie das Bild zu. Beim Beispielbild soll oben und unten etwas vom unscharfen Bereich weggeschnitten werden.

Schritt 3

Ziehen Sie den Strich am oberen Bildrand mit gedrückter Maustaste gerade nach unten. Die obere Linie zeigt an, wie weit das Bild beschnitten wird. Alles oberhalb der Linie verschwindet, sobald Sie die Maustaste loslassen. Je nach Zuschnitt stellt die App Ihr Foto auch direkt größer dar.

Zu viel weggeschnitten?

Solange Sie nicht speichern, wird Ihre Änderung noch nicht endgültig übernommen. Um einen Schnitt rückgängig zu machen, klicken Sie entweder links oben auf **Zurücksetzen** oder schieben die Linie mit gedrückter Maustaste wieder nach oben bzw. außen, bis es wieder passt.

Schritt 4

Nun nutzen Sie den unteren Zuschneidestrich, bis der gewünschte Bereich übrig ist. Solange Sie die Änderungen nicht speichern, können Sie den Zuschnitt noch korrigieren.

Schritt 5

Wollen Sie das Bild zugleich in der Waagerechten und Senkrechten zuschneiden, können Sie auch die Ecken benutzen: Ziehen Sie die Ecke an der entsprechenden Seite langsam Richtung Bildmitte. Mit dem Zuschneiden-Werkzeug können Sie also alle »überflüssigen« Bildteile am Rand entfernen und Ihr Motiv dabei vergrößert in Szene setzen.

Schritt 6

Wollen Sie keine weiteren Änderungen an Ihrem Bild vornehmen, klicken Sie oben rechts unter **Speicheroptionen** auf **Als Kopie speichern**, wenn Sie Ihr Original behalten möchten (siehe den Kasten auf Seite 157). Soll das zugeschnittene Bild dagegen das Original ersetzen, wählen Sie **Speichern**.

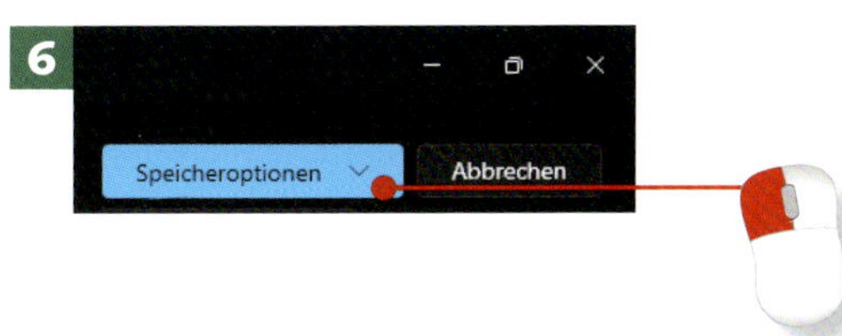

Fotos für den E-Mail-Versand verkleinern

1
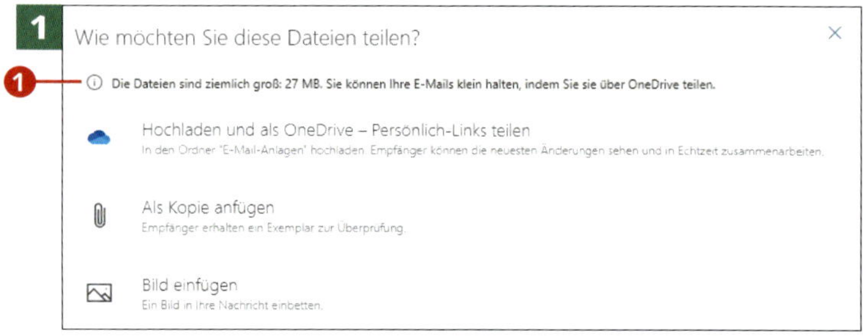

2
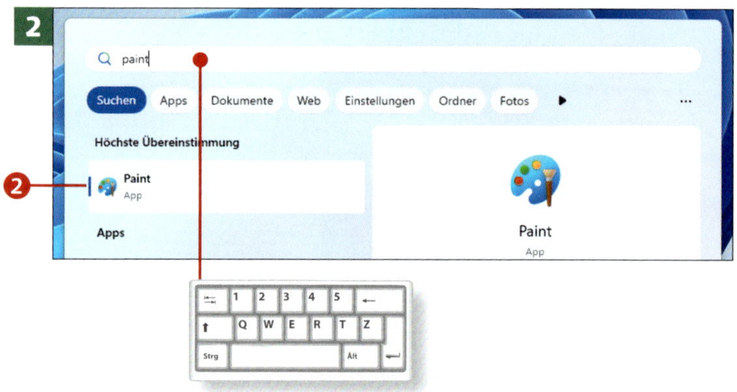

3
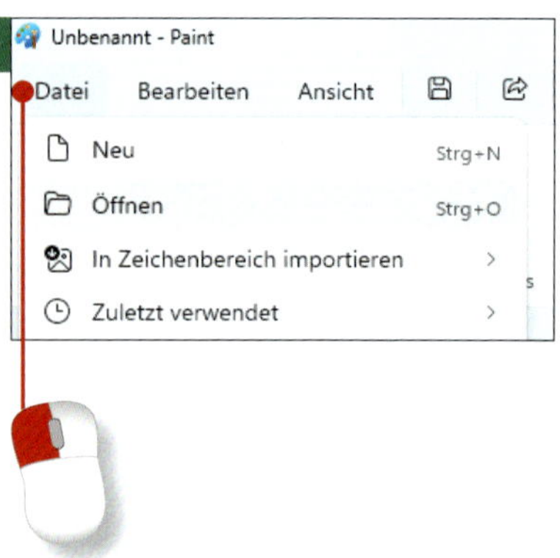

Digitale Bilder können nicht nur Sie, sondern auch andere erfreuen – senden Sie Ihren Freunden Fotos per E-Mail! Mit Rücksicht auf deren Postfach sollten Sie die Bilder allerdings verkleinert verschicken.

Schritt 1

Sie können Bilder mit **Anfügen** Ihrer E-Mail anhängen (siehe den Abschnitt »E-Mails mit Anlagen versenden« auf Seite 134). Wichtig ist, dass die Bilder nicht zu groß sind ❶. »Groß« bezieht sich dabei auf die Dateigröße, nicht auf die Ansicht auf Ihrem Bildschirm. Nutzen Sie zum Verkleinern die App *Paint*.

Schritt 2

Geben Sie in das Suchfeld im Startmenü den Begriff »Paint« ein. Windows schlägt Ihnen die gleichnamige App ❷ vor; klicken Sie auf den Namen.

Schritt 3

Die App wird geöffnet. Wählen Sie die Bilder aus, die Sie verkleinern möchten: Klicken Sie auf **Datei** und in der Liste auf **Öffnen**.

Schritt 4

Klicken Sie doppelt auf das erste Bild, das Sie verkleinern möchten. Liegt es in einem Unterordner, klicken Sie zunächst doppelt auf den Ordner und dann doppelt auf das Bild. Das Bild wird in Paint geöffnet.

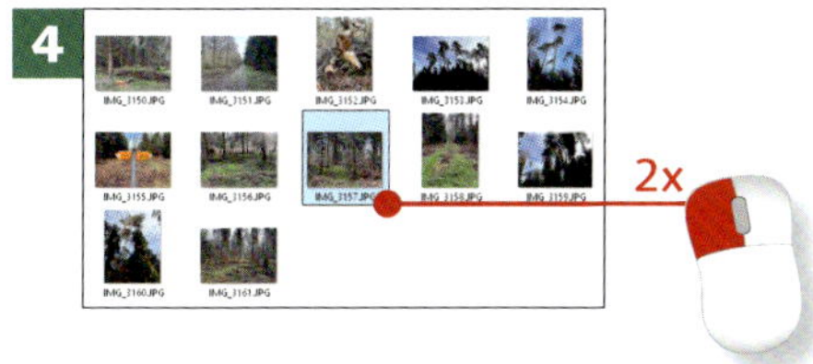

Schritt 5

Klicken Sie zum Verkleinern der Dateigröße auf das Symbol **Größenänderung und Schiefe**. Ein Fenster erscheint. Im Abschnitt **Größe ändern** geben Sie bei **Horizontal** einen Wert zwischen 30 und 50 ein. Der Wert bei **Vertikal** wird automatisch angepasst. Klicken Sie auf **OK**.

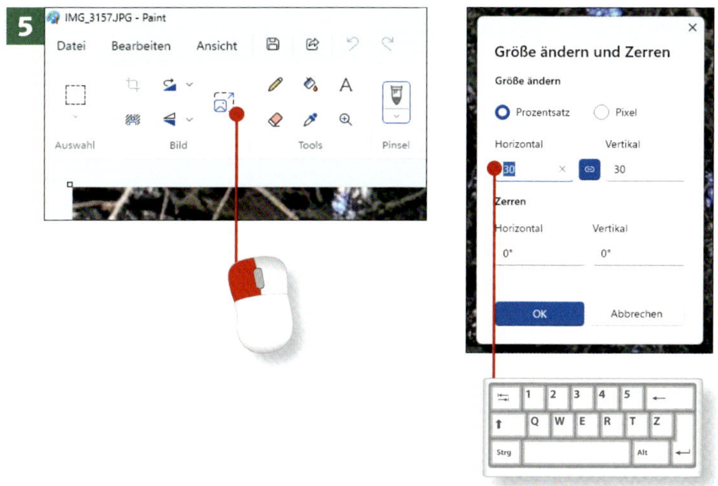

Schritt 6

Klicken Sie zum Sichern der Änderung auf **Datei ▸ Speichern unter ▸ JPEG-Bild**. Geben Sie in der Zeile **Dateiname** ❸ einen anderen Namen ein, oder klicken Sie hinter den dort stehenden Namen und ergänzen Sie ihn z. B. um den Zusatz »-klein«. Klicken Sie auf **Speichern**. Um weitere Bilder zu verkleinern, wiederholen Sie die Schritte 3 bis 6. Die verkleinerten Kopien hängen Sie Ihrer E-Mail an.

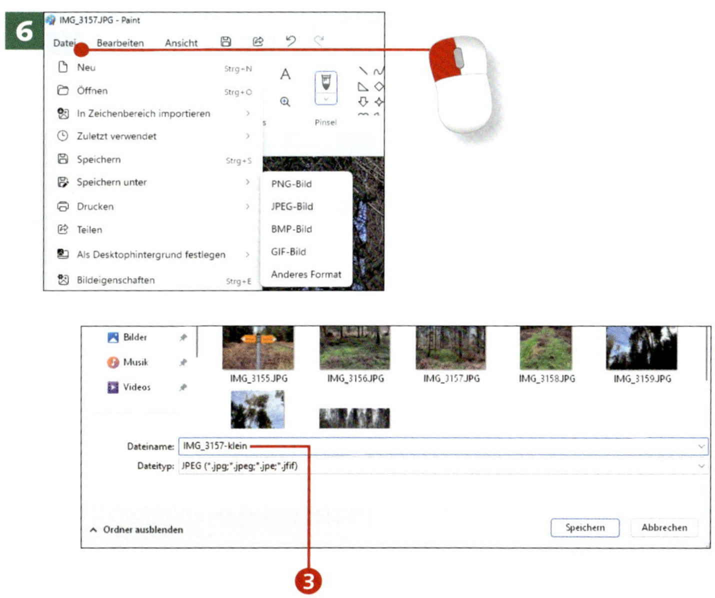

Fotos drucken

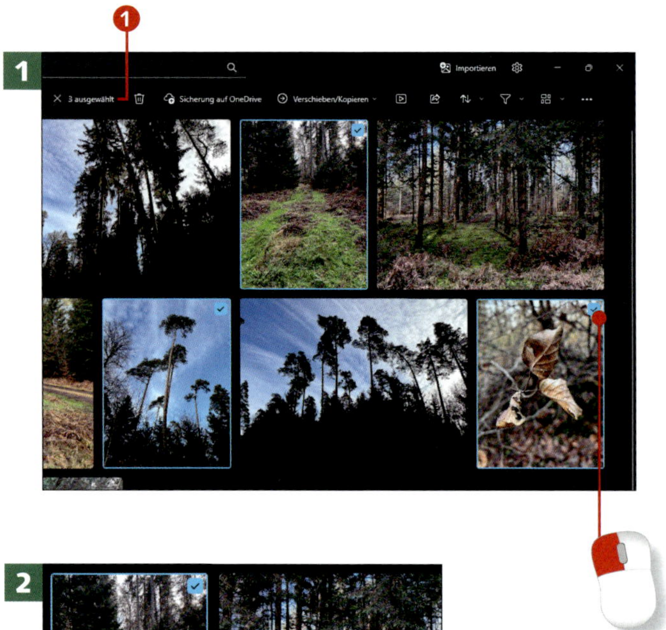

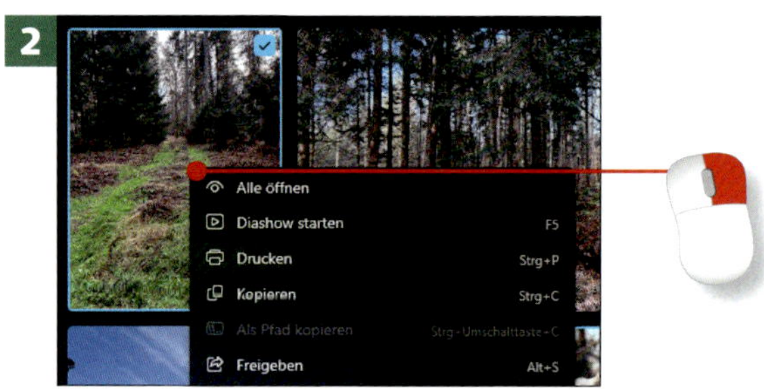

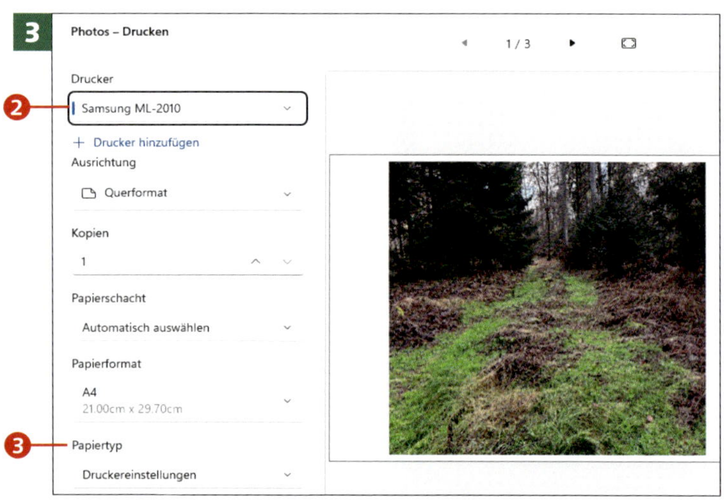

Mal schnell einen Schnappschuss auf Papier zeigen: Mit dieser Anleitung gelingt Ihnen das Drucken von Fotos spielend.

Schritt 1

Öffnen Sie die App **Windows-Fotoanzeige**. Klicken Sie das zu druckende Bild an, oder markieren Sie mehrere Bilder: Klicken Sie dazu nacheinander jeweils in die kleinen Kästchen oben rechts im Bild. Die Anzahl der ausgewählten Bilder wird Ihnen über den Fotos angezeigt ❶.

Schritt 2

Klicken Sie nun mit der *rechten* Maustaste auf eines der ausgewählten Bilder, und wählen Sie im Kontextmenü den Eintrag **Drucken**.

Schritt 3

Die Windows-Fotoanzeige öffnet das Fenster **Photos – Drucken**. Achten Sie darauf, dass der richtige **Drucker** ❷ ausgewählt ist.

Schritt 4

Bei **Papiertyp** ❸ klicken Sie die Papiersorte an, die Sie eingelegt haben, z. B. Normal- oder Farbpapier.

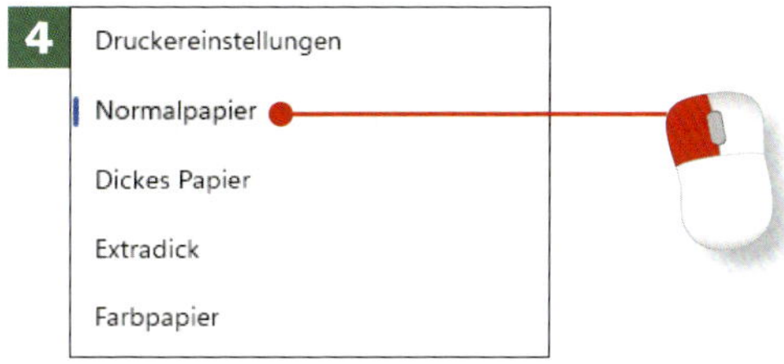

Schritt 5

Wählen Sie nun die Bildgröße: Mit einem Klick auf den kleinen Pfeil im Abschnitt **Fotogröße** wird die Liste der möglichen Größen angezeigt. Im Beispiel wird die Größe 10,2 × 15,2 cm gewählt ❹.

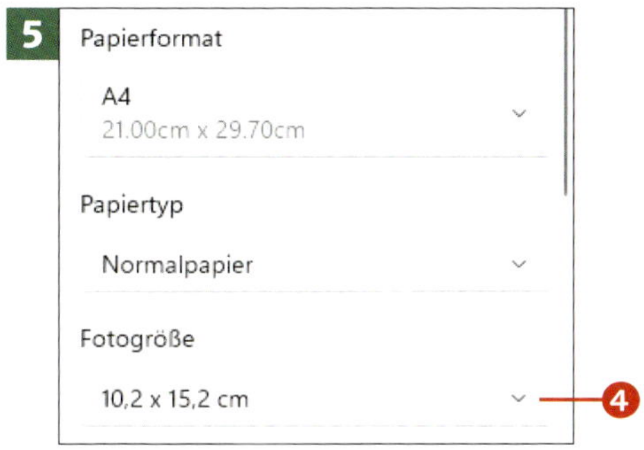

Schritt 6

Achten Sie darauf, dass im Drucker genug und vor allem das richtige Papier eingelegt ist. Klicken Sie dann auf **Drucken**. Jetzt ist Geduld gefragt: Es dauert mitunter eine Weile, bis die Daten an Ihren Drucker geschickt werden und der Druck startet. Das Drucken-Fenster schließt sich.

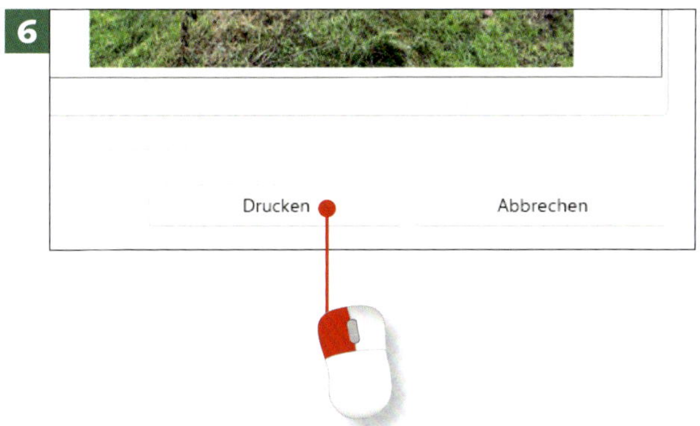

Kapitel 7
Texte schreiben

Briefe, Verträge, Rezepte, Gedichte, Aufsätze, Einkaufslisten und vieles mehr können Sie mit Word schreiben und so formatieren, dass Ihre Dokumente immer ansprechend aussehen.

Microsoft Office installieren und Word kennenlernen
Das bekannteste Schreibprogramm ist Word. Sie können es zusammen mit dem ganzen Office-Paket per Download installieren. Nach der Installation können Sie sofort loslegen und Ihre ersten Texte schreiben. Auch mit Fehlern gehen Sie souverän um.

Den Text gestalten
Sie geben Ihrem Text Form, indem Sie Absätze ausrichten oder ihn mit Aufzählungspunkten oder einer Nummerierung versehen. Sie gestalten den Text nach Ihren Vorstellungen, wenn Sie Schriftart und -größe ändern und Bilder einfügen.

Dokumente ausdrucken
Egal, ob eine einzelne Seite oder ein längerer Text: Mit wenigen Klicks starten Sie den Druck Ihrer Dokumente, um z. B. Briefe verschicken und Memoiren weitergeben zu können.

1 Das Office-Paket installieren Sie per Download.

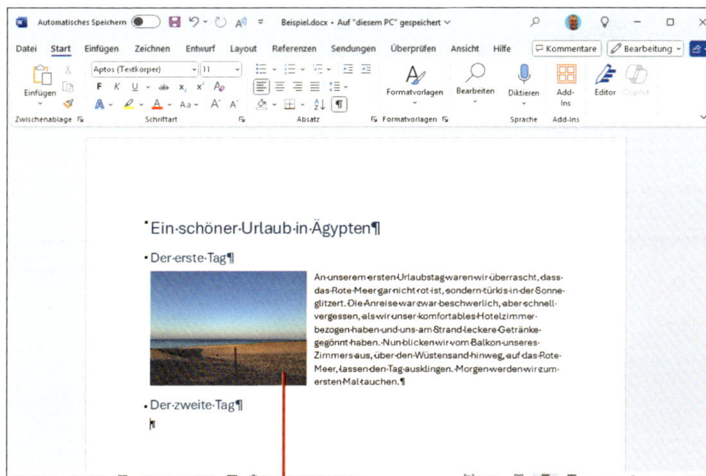

2 Texte lassen sich im Handumdrehen mit Bildern verschönern.

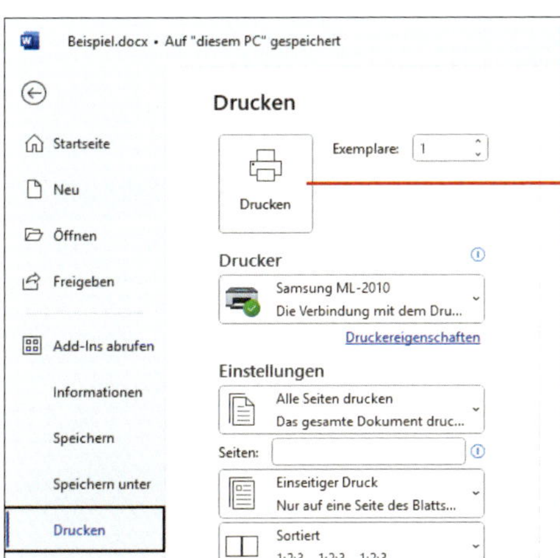

3 Ist der Text erst fertig, geht das Drucken schnell.

Microsoft Office installieren

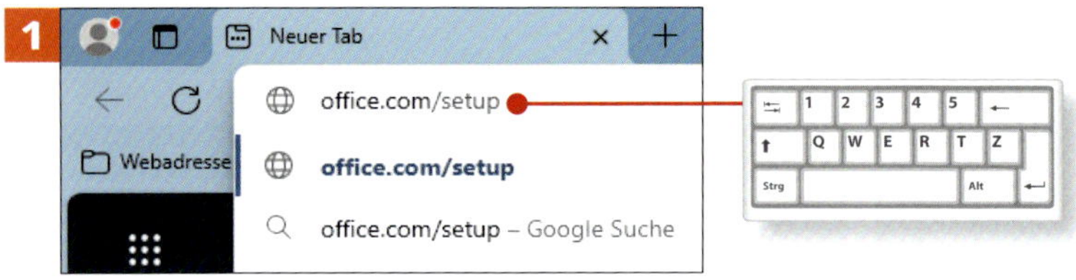

Das Programmpaket Microsoft Office lässt sich ganz einfach übers Internet installieren.

Schritt 1

Öffnen Sie *Edge*, und geben Sie »office.com/setup« in die Adressleiste ein. Drücken Sie [↵].

Schritt 2

Melden Sie sich mit den zu Ihrem *Microsoft-Konto* gehörenden Zugangsdaten an (siehe den Abschnitt »Bei Windows anmelden« auf Seite 46). Geben Sie dann den *Product Key* (die Lizenznummer) ein; er ist auf einer Karte bzw. auf dem Kassenbeleg aufgedruckt oder wurde per E-Mail geschickt. Klicken Sie auf **Weiter**.

Schritt 3

Der Product Key wird geprüft. Klicken Sie auf **Weiter** und machen Sie bei Bedarf noch weitere Angaben, etwa zur Zahlungsmethode.

Schritt 4

Ab sofort können Sie auf *office.com* die Office-Apps nutzen. Um diese auf Ihrem Computer zu installieren, klicken Sie auf die Schaltfläche **Apps installieren**.

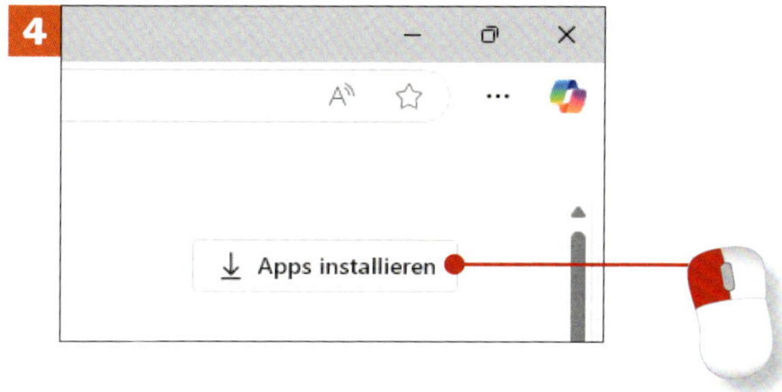

Schritt 5

Ein kleineres Fenster öffnet sich; hier ist Deutsch ausgewählt ❶. Die Version lassen Sie unverändert. Klicken Sie unten auf **„Installieren"**. Die Installationsdatei wird heruntergeladen.

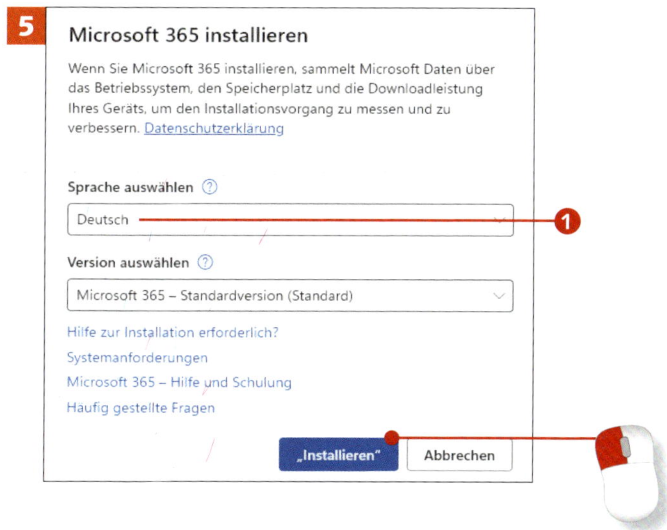

Schritt 6

Sobald dieser *Download* fertig ist, klicken Sie oben rechts auf **Öffnen**. Das Programmpaket wird anschließend installiert.

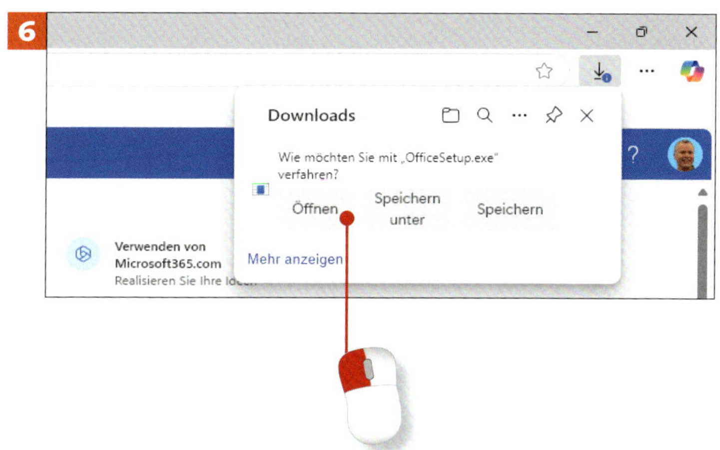

!

Testversion deinstallieren

Je nach Ausstattung verfügt Ihr Computer über eine Testversion von Microsoft 365. Deinstallieren Sie sie, bevor Sie das komplette Office-Paket installieren: Öffnen Sie das Startmenü. Oben bei den App-Symbolen finden Sie **Office**. Klicken Sie mit der rechten Maustaste auf dieses Symbol, auf **Deinstallieren** und erneut auf **Deinstallieren**. Die App wird dann entfernt.

Microsoft Office installieren (Forts.)

7
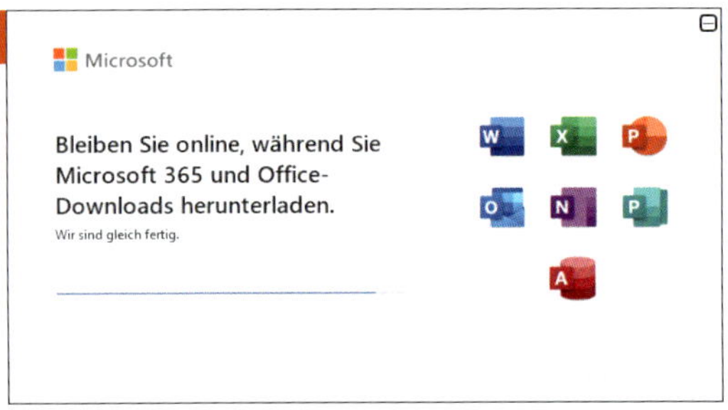

Schritt 7

Microsoft verspricht: **Wir sind gleich fertig**. Trotzdem kann es mehrere Minuten oder auch länger dauern, bevor es weitergeht. Bleiben Sie so lange online, trennen Sie die Internetverbindung also nicht!

8
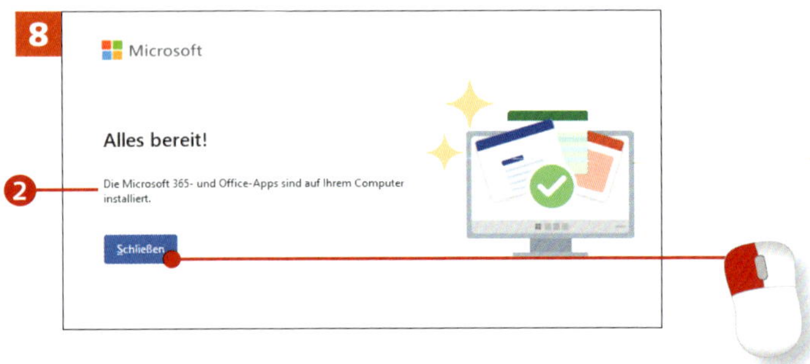

Schritt 8

Sind Download und Installation abgeschlossen, erhalten Sie unten rechts und im Installationsfenster eine entsprechende Meldung ❷. Klicken Sie im Installationsfenster auf **Schließen**. Auch das Edge-Fenster können Sie nun schließen.

9
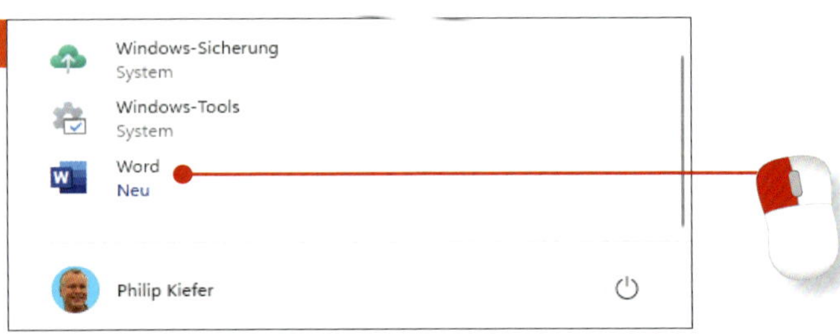

Schritt 9

Rufen Sie das Startmenü auf. Unter **Alle** finden Sie alle hinzugefügten Office-Apps. Dazu gehören in jedem Fall *Word* (für Texte), *Excel* (für Tabellenkalkulationen) und *PowerPoint* (für Präsentationen). Klicken Sie auf **Word**, das Schreibprogramm des Office-Pakets.

Word, Excel & Co. im Abo: Microsoft 365

Beim Abo *Microsoft 365* zahlen Sie einmal jährlich einen Betrag und haben stets die neueste Version der Programme sowie eine Menge Onlinespeicherplatz zur Verfügung. Das private Abo gibt es für eine Person (Single) oder bis zu sechs Personen (Family). Die Kaufversionen von Office bezahlen Sie dagegen nur einmalig.

Schritt 10

Beim ersten Start von Word müssen Sie sich mit Ihrem Microsoft-Konto anmelden (und zwar mit dem, das Sie auch in Schritt 2 genutzt haben), um dem **Lizenzvertrag** zuzustimmen ❸ sowie verschiedene Datenschutzeinstellungen festzulegen und zu bestätigen.

Schritt 11

Bestätigen Sie unter **Standarddateitypen** noch die Option Office **Open XML-Formate** mit einem Klick auf **OK**, dann können Sie Word endlich verwenden.

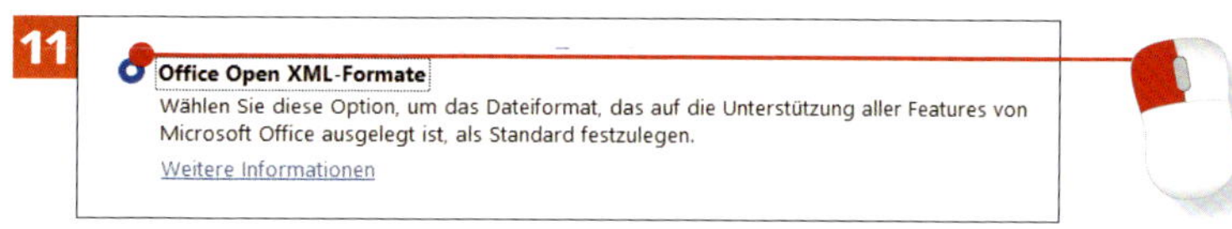

Schritt 12

Öffnen Sie das Startmenü und klicken Sie in der App-Liste mit der rechten Maustaste auf den Eintrag **Word**. Bewegen Sie nun den Mauszeiger auf **Mehr**. Dann wählen Sie **An Taskleiste anheften**. So können Sie Word immer schnell mit einem Klick öffnen.

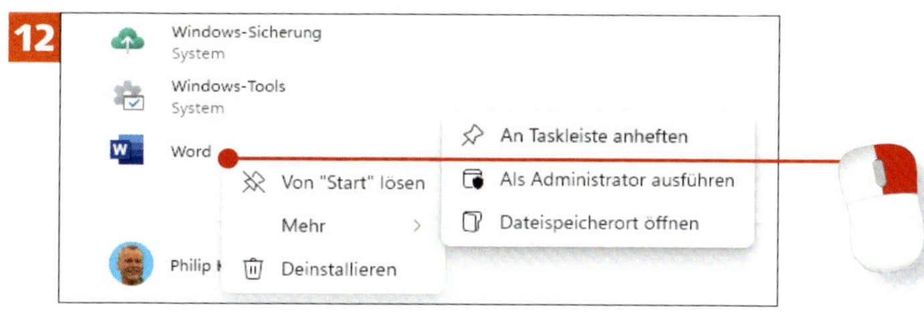

Office, Excel, PowerPoint, OneNote, …?
Texte schreiben Sie mit Word; Berechnungen in Tabellen erledigen Sie mit Excel, und Präsentationen erstellen Sie mit PowerPoint. Mit der Zusatz-App *OneNote* schreiben und speichern Sie digitale Notizen. Alle diese Apps werden zwar im Office-Paket zusammengefasst, werden aber einzeln aufgerufen.

Word kennenlernen

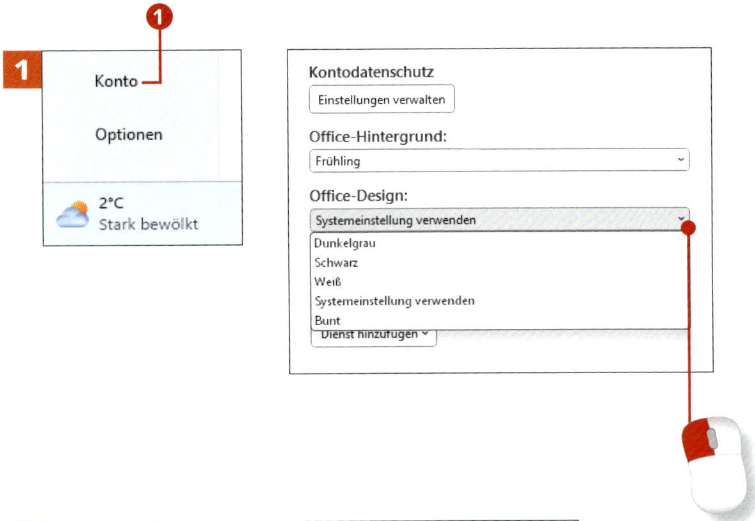

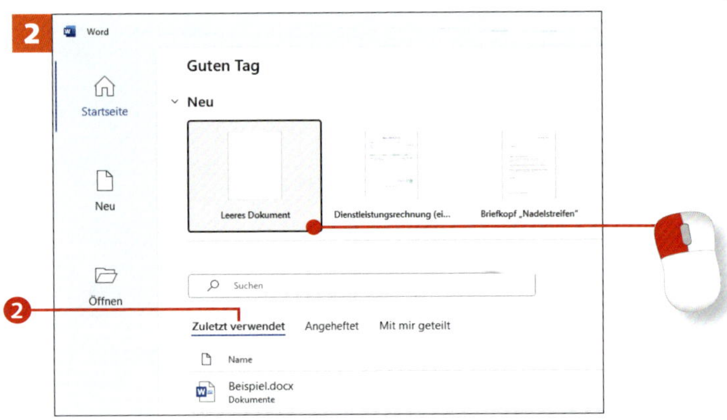

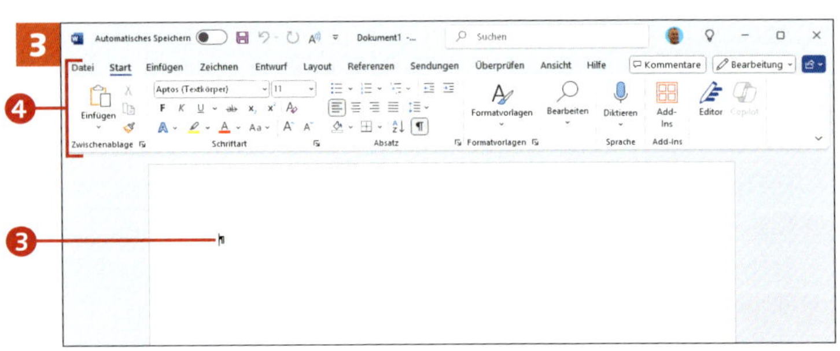

Word bietet viele Funktionen rund um Texte. Verschaffen Sie sich einen ersten Überblick.

Schritt 1

Passen Sie nach dem Öffnen von Word zunächst das Design an. Mögen Sie es lieber hell oder dunkel? Klicken Sie links unten auf der Startseite auf **Konto** ❶ und dann bei **Office-Design** auf den Pfeil neben der aktuellen Auswahl. Aus der Liste wählen Sie eine Variante aus.

Schritt 2

Klicken Sie auf **Datei**; Sie sehen den Word-Startbildschirm. Unter **Zuletzt verwendet** ❷ werden künftig die von Ihnen zuletzt geöffneten Dateien aufgelistet. Im Bereich darüber finden Sie Vorlagen. Klicken Sie auf das weiße Rechteck. Damit öffnen Sie ein **Leeres Dokument**.

Schritt 3

Auf der weißen Fläche sehen Sie einen blinkenden Strich ❸. Das ist der *Cursor*. Wo der Cursor blinkt, können Sie schreiben. Über dem leeren Blatt sehen Sie das Menüband ❹, es ist in Registerkarten unterteilt.

Schritt 4

Die aktuell angezeigte Registerkarte wird durch den dicken blauen Strich hervorgehoben. Klicken Sie auf den Reiter **Start**. Hier finden Sie die wichtigsten Befehle, um Ihren Text aufzuhübschen: **Fett** ❺ setzen, **Schriftgrad** (Größe) ❻ und **Schriftart** ❼ ändern, **Zeilenabstand** ❽ anpassen und vieles mehr.

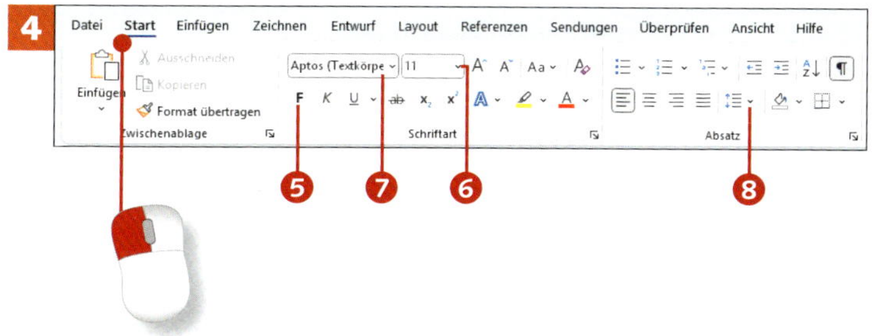

Schritt 5

Die Symbolleiste für den Schnellzugriff zeigt immer die dort angepinnten Befehle. Falls die Symbole nicht angezeigt werden, klicken Sie mit der rechten Maustaste ins Menüband und dann mit links auf **Symbolleiste für den Schnellzugriff anzeigen**.

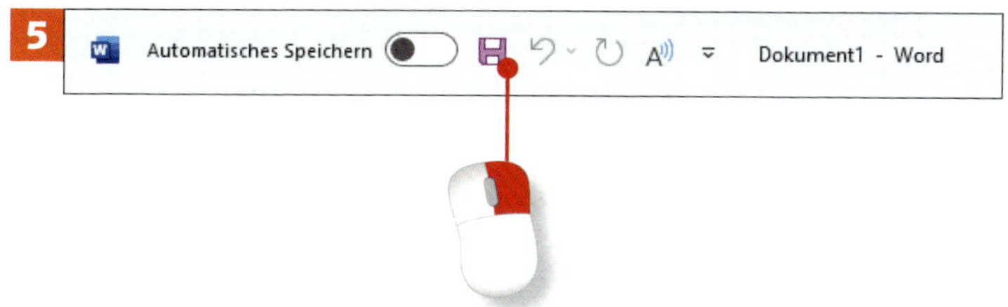

Schritt 6

Klicken Sie in der Symbolleiste für den Schnellzugriff auf den Pfeil mit dem Strich, um weitere Befehle hinzuzufügen. Setzen Sie dazu durch Anklicken eines Befehls ein Häkchen. Ein weiterer Mausklick auf den Befehl entfernt das Häkchen wieder.

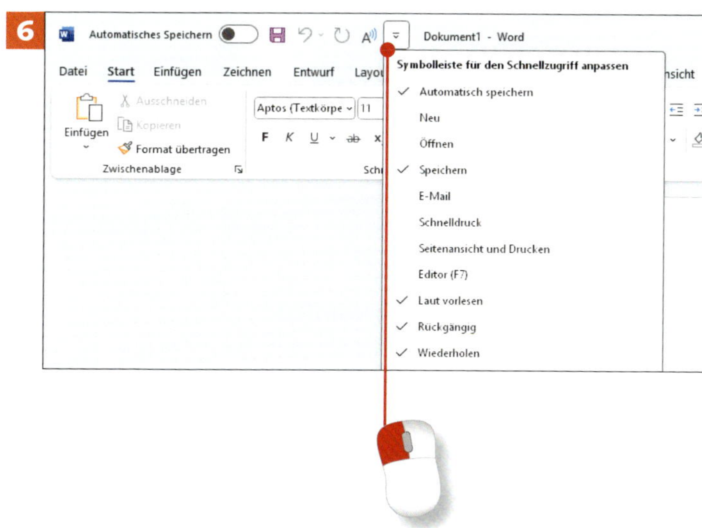

Dateien neu anlegen und öffnen

Neue Dokumente sind in Word schnell angelegt. Aber auch Texte, die Sie gespeichert haben oder die Ihnen ein Kontakt geschickt hat, können Sie mit Word einfach (wieder) öffnen.

1

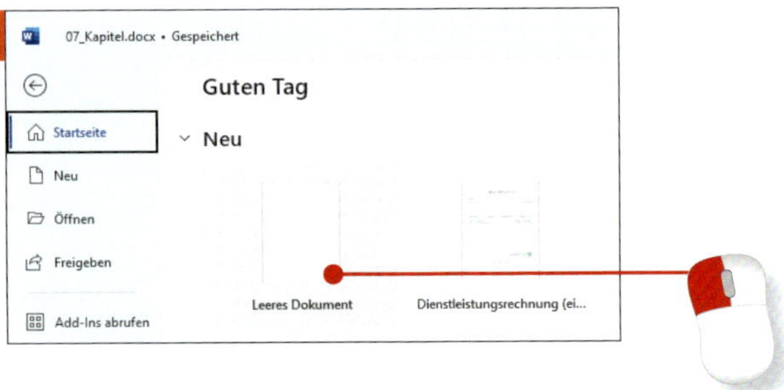

2

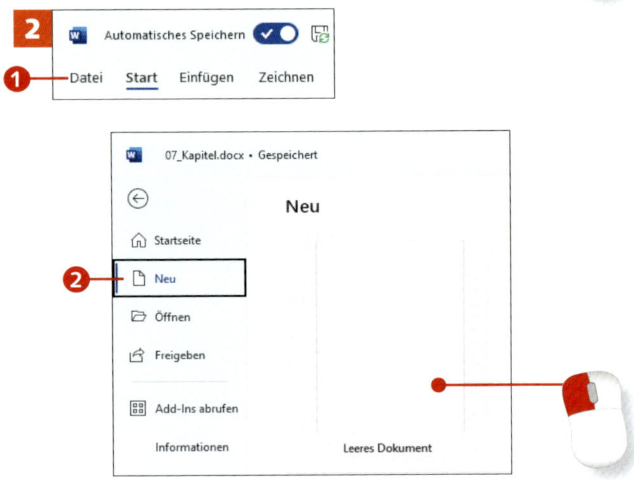

3

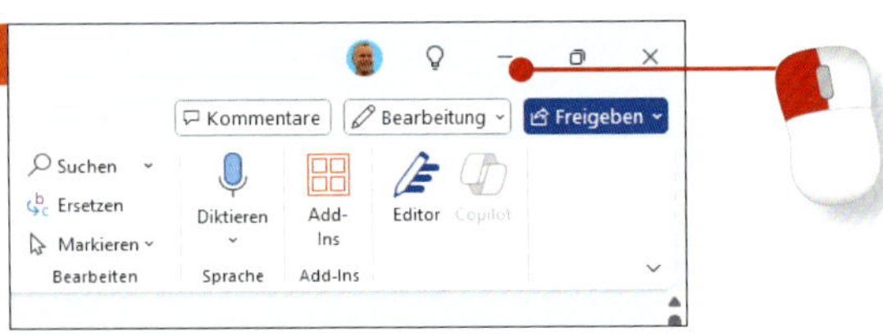

Schritt 1

Gleich, nachdem Sie Word geöffnet haben, können Sie ein neues Dokument anlegen. Klicken Sie im Startbildschirm auf **Leeres Dokument**.

Schritt 2

Auch wenn Sie bereits an einem Dokument arbeiten, können Sie ein leeres Dokument öffnen. Klicken Sie links im Menüband auf **Datei** ❶. Wählen Sie dann unter **Neu** ❷ die Option **Leeres Dokument**.

Schritt 3

Das zweite, also das neue Dokument, schiebt sich vor das erste. Haben Sie das Word-Fenster maximiert, sehen Sie das erste Dokument nicht mehr. Um es nach vorn zu holen, klicken Sie im neuen Dokument auf das **Minimieren**-Symbol oben rechts.

Das Menüband ist verschwunden!

Wenn das Menüband »verschwindet« und Sie nur noch die Namen der Registerkarten sehen können, öffnen Sie eine Registerkarte und klicken Sie rechts auf den Pfeil, mit dem Sie die **Menüband-Anzeigeoptionen** öffnen. In der aufklappenden Liste klicken Sie auf **Menüband immer anzeigen**.

Schritt 4

Um ein Dokument zu öffnen, das Sie bereits gespeichert haben (siehe dazu den Abschnitt »Dokumente speichern« auf Seite 178), klicken Sie auf die Registerkarte **Datei** (❶ in Schritt 2) und dann auf **Öffnen**.

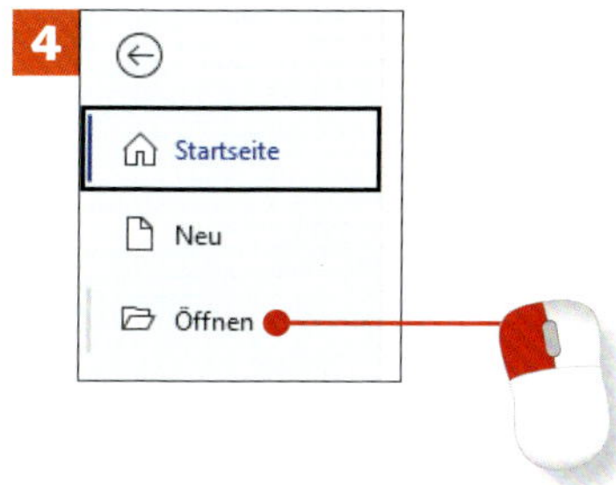

Schritt 5

Im Bereich **Öffnen** sehen Sie verschiedene Speicherorte, die Option **Zuletzt verwendet** ist markiert (grau hinterlegt). Rechts daneben sehen Sie die zuletzt verwendeten Dateien. Ist die gewünschte Datei dabei, klicken Sie einmal auf den Dateinamen. Das Dokument erscheint auf dem Bildschirm.

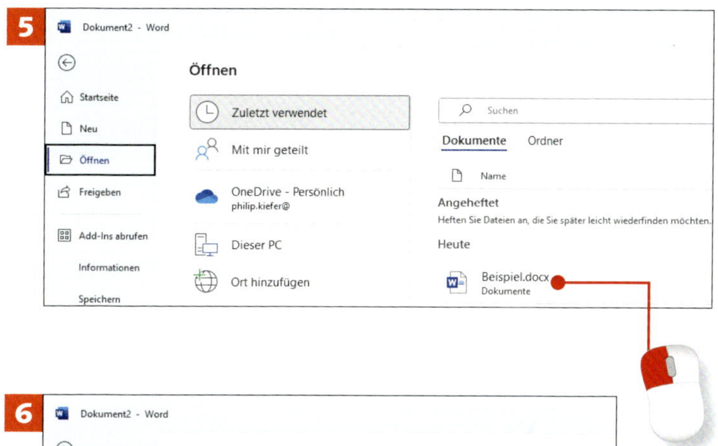

Schritt 6

Wenn die Datei hier nicht zu sehen ist, klicken Sie auf **Dieser PC**. Die Ansicht rechts wechselt: Jetzt sehen Sie den Inhalt des Ordners *Dokumente* ❸ (Word speichert Ihre Texte automatisch in diesem Ordner). Klicken Sie das gewünschte Dokument ❹ einmal an.

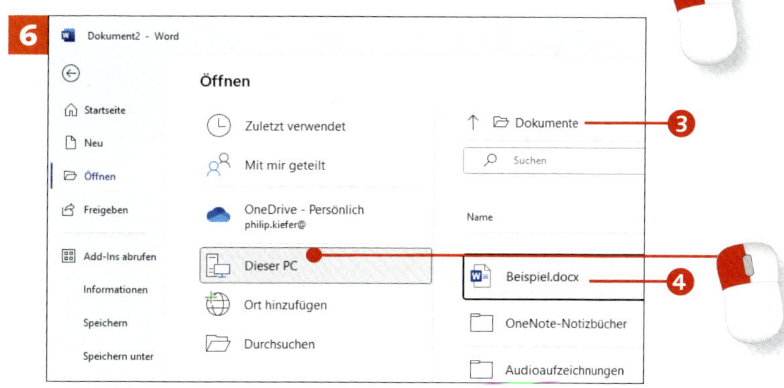

Dateien schneller öffnen

Word sammelt die Dateien, die Sie zuletzt geöffnet haben, unter **Zuletzt verwendet**. Gleich nach dem Start können Sie hier ein Dokument per Klick öffnen.

Text eingeben

1

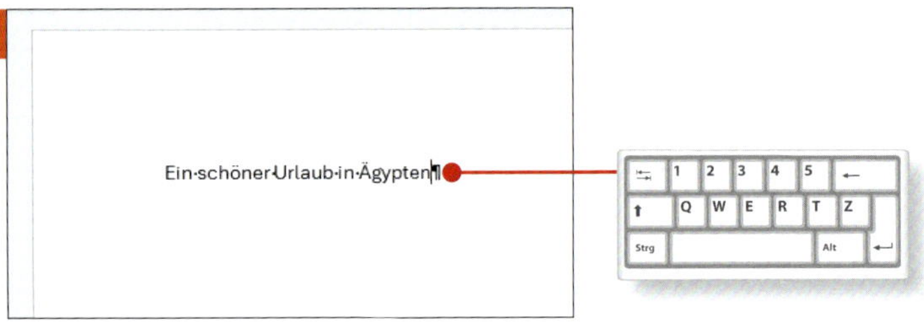

2

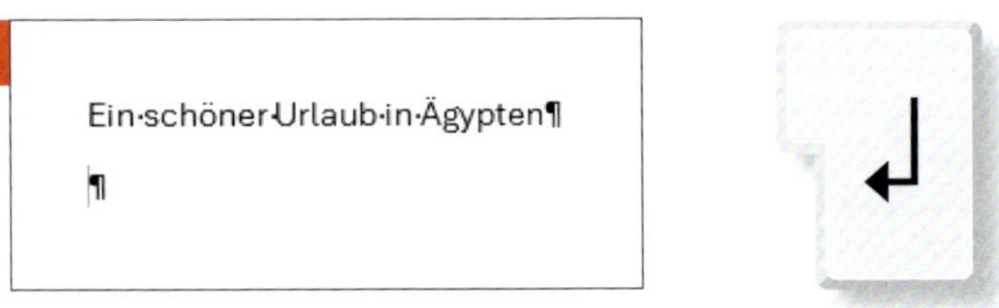

3

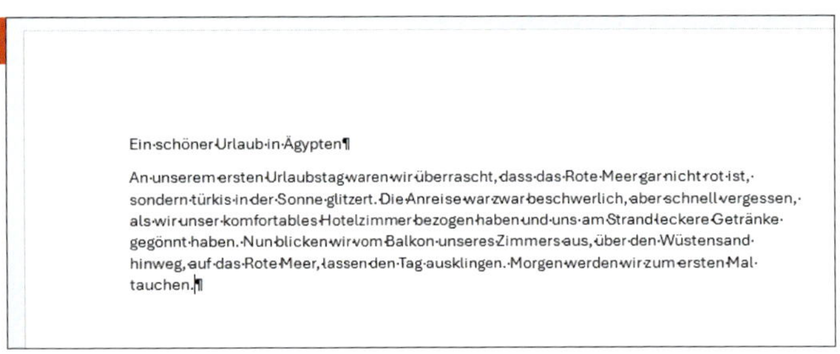

Silbentrennung einschalten

Die Silbentrennung schalten Sie über die Registerkarte **Layout** in der Gruppe **Seite einrichten** ein. Klicken Sie auf die Schaltfläche **Silbentrennung** und dann auf **Automatisch**.

In diesem Abschnitt geht es um die Eingabe (das Tippen) von Text und darum, wie Sie ihn gut lesen können.

Schritt 1

Schreiben Sie Ihren Text – legen Sie einfach los. Die Buchstaben, die Sie eintippen, erscheinen dort, wo der Cursor blinkt. Der Cursor verschiebt sich mit jedem Buchstaben weiter nach rechts.

Schritt 2

Um selbst an den Anfang der nächsten Zeile zu gelangen und so einen Absatz zu erzeugen, drücken Sie [↵]. Der Cursor springt an den Anfang der nächsten Zeile.

Schritt 3

Oft geht eine Textpassage über mehrere Zeilen. Sie brauchen in diesem Fall [↵] *nicht* zu drücken, wenn der Text das Ende einer Zeile erreicht. Word erledigt den Zeilenumbruch für Sie; der Cursor springt am Ende der Zeile von allein in die nächste Zeile. Trennen Sie lange Wörter nicht selbst, überlassen Sie auch das Word. Die Silbentrennung muss dazu aber eingeschaltet werden (siehe Kasten).

Schritt 4

Wenn das Ende einer Seite erreicht ist, wechselt Word automatisch zur nächsten Seite. In der als Standard eingestellten Ansicht **Drucklayout** – erkennbar am hervorgehobenen Symbol ganz unten ❶ – sehen Sie zwischen den Seiten einen grauen Balken ❷.

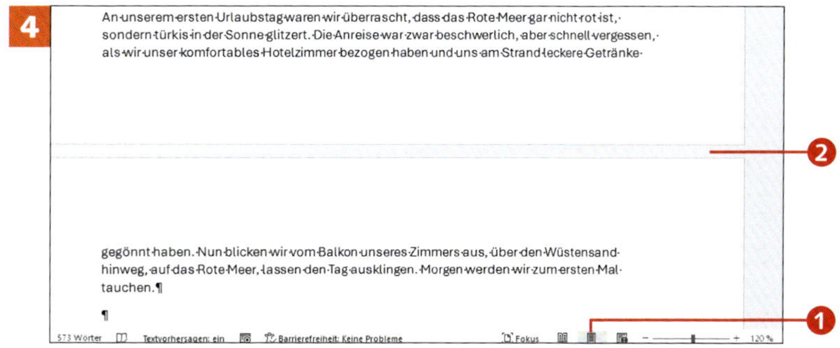

Schritt 5

Im Normalfall sehen Sie nur einen Teil einer Seite, damit die Textgröße ausreichend ist. Der Rest ist aber trotzdem immer da, nur ist er gerade nicht eingeblendet. Um den Text weiter unten zu sehen, scrollen Sie mit dem Mausrad nach unten (zu sich hin). Der Mauszeiger sieht in Word übrigens aus wie eine römische Eins ❸. Nur links vom Text wird er zum Pfeil.

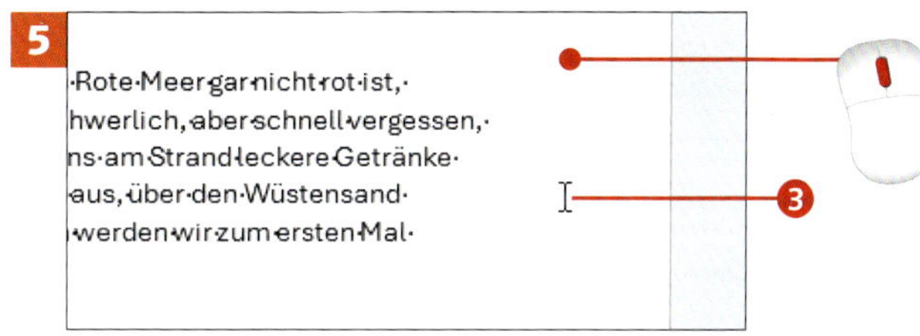

Schritt 6

Wenn Ihnen der Text beim Schreiben zu klein ist, ändern Sie nicht direkt die Schriftgröße (siehe dazu den Abschnitt »Schrift und Layout gestalten« auf Seite 190), sondern nutzen die *Zoomleiste*. Klicken Sie rechts unten auf das Plus und vergrößern Sie die Anzeige schrittweise. Mit dem Minus ❹ verkleinern Sie sie wieder.

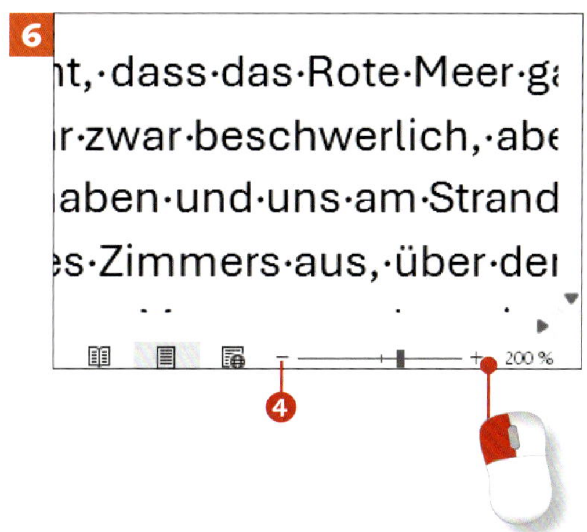

Und wie wird der Text schön?

Ist der Text einmal eingetippt, können Sie ihn nach Belieben gestalten. Wie das geht, lesen Sie im Abschnitt »Schrift und Layout gestalten« auf Seite 190.

Dokumente speichern

Gespeicherte Dokumente können Sie weiterbearbeiten, ausdrucken oder per E-Mail verschicken.

1

Schritt 1

Wenn Sie Ihr Dokument nicht speichern, gehen Änderungen verloren, sobald Sie es schließen. Klicken Sie also auf der Registerkarte **Datei** ❶ auf **Speichern unter**. Haben Sie Ihr Dokument bisher noch nicht gespeichert, heißt es einfach **Dokument1**.

2

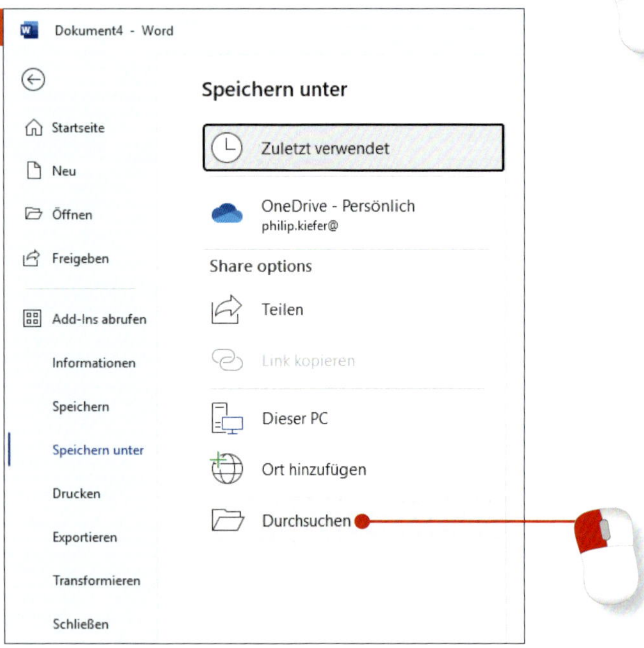

Schritt 2

In der Spalte **Speichern unter** finden Sie unten die Option **Durchsuchen**. Klicken Sie darauf; Word öffnet das Fenster **Speichern unter** direkt im Ordner *Dokumente*. Texte sind für Word Dokumente und werden deshalb standardmäßig im gleichnamigen Ordner gespeichert. Soll die Datei in einen Unterordner, klicken Sie doppelt auf dessen Namen.

3

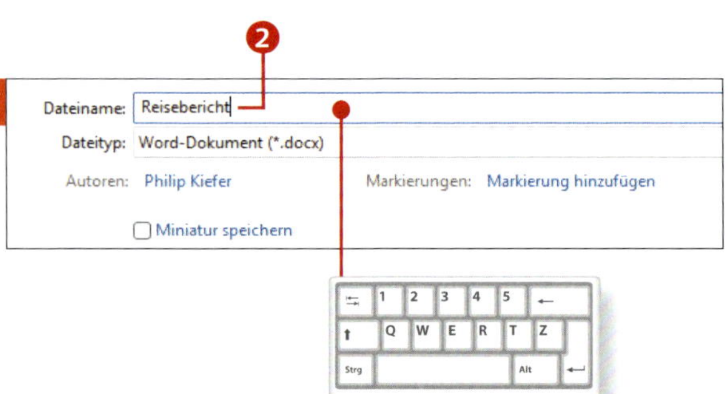

Schritt 3

Word schlägt in der Zeile **Dateiname** ❷ die ersten Wörter des Textes als Dateiname vor. Lassen Sie also den Word-Vorschlag stehen, oder tippen Sie (ohne vorher zu klicken) einen anderen Dateinamen ein.

Schritt 4

Klicken Sie unten rechts auf **Speichern**. Das Speichern geschieht sehr schnell. Word wechselt danach automatisch zur Dokumentansicht mit der Registerkarte **Start**. Oben sehen Sie nun den neuen Namen ❸, daran erkennen Sie, dass das Speichern geklappt hat.

Schritt 5

Ihre zuletzt verwendeten Speicherorte finden Sie unter **Datei ▸ Speichern unter ▸ Zuletzt verwendet**. Klicken Sie einen häufig verwendeten Speicherort mit der rechten Maustaste an ❹ und wählen **An Liste anheften** ❺, um ihn stets ganz oben in der Liste verfügbar zu haben.

Schritt 6

Wenn Sie nach dem letzten Speichern weiter an einem Dokument gearbeitet haben und später Word beenden wollen, fragt Word nach, ob das Dokument gespeichert werden soll. Falls ja, klicken Sie auf **Speichern**, ansonsten auf **Nicht speichern**.

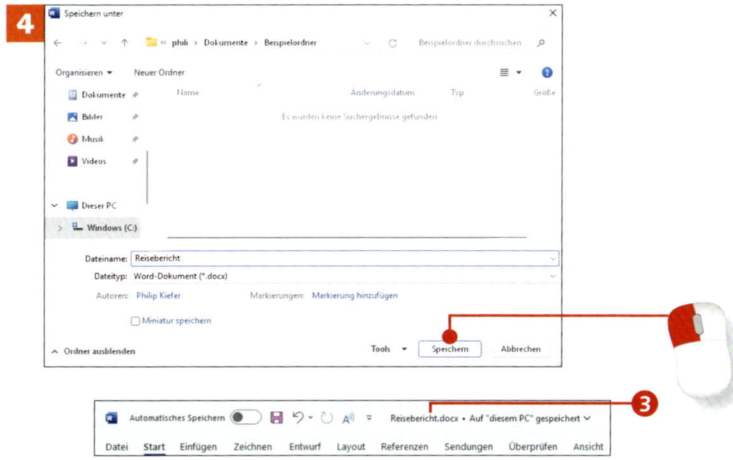

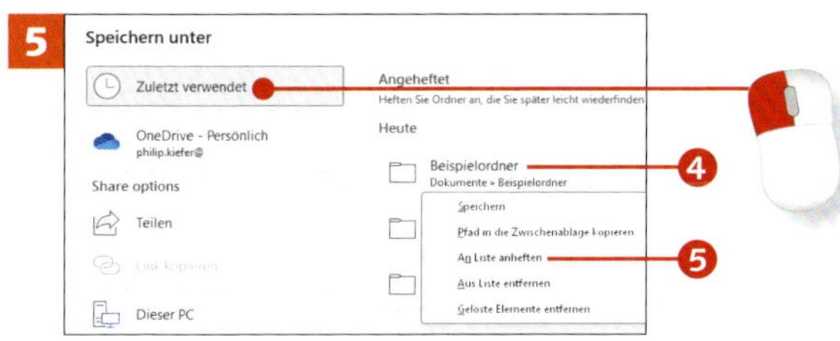

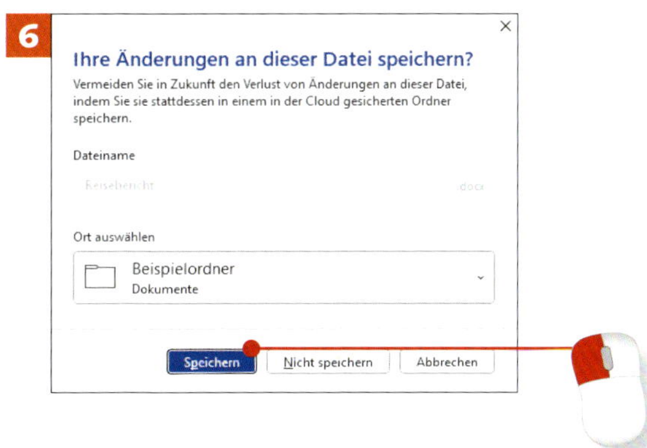

Auf »OneDrive« oder »Dieser PC« speichern?
Im Dialog **Speichern unter** finden Sie als Speicherort auch **OneDrive**. Hier werden Ihre Daten in der Cloud (also im Internet) gespeichert.

Den Text korrigieren

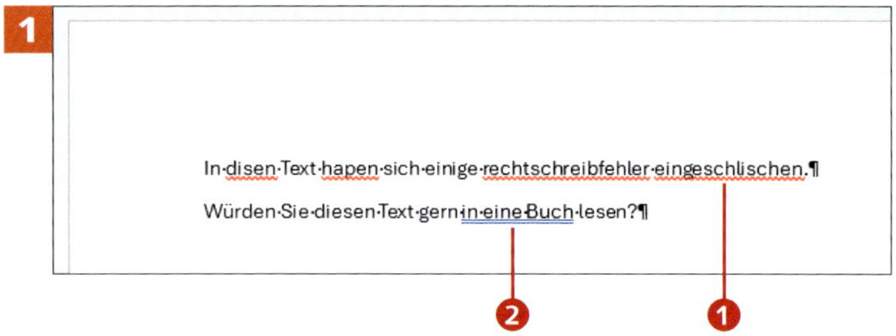

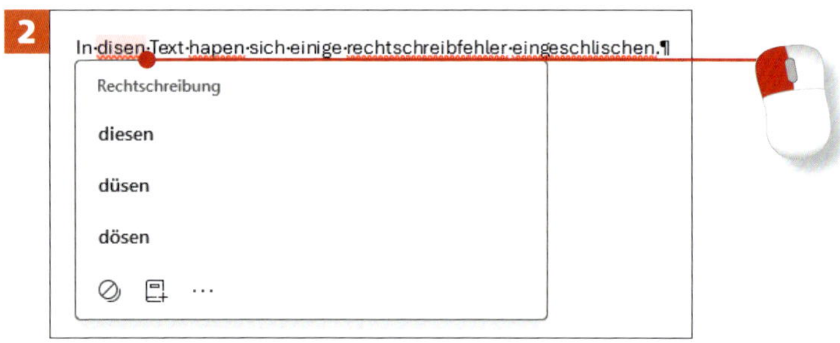

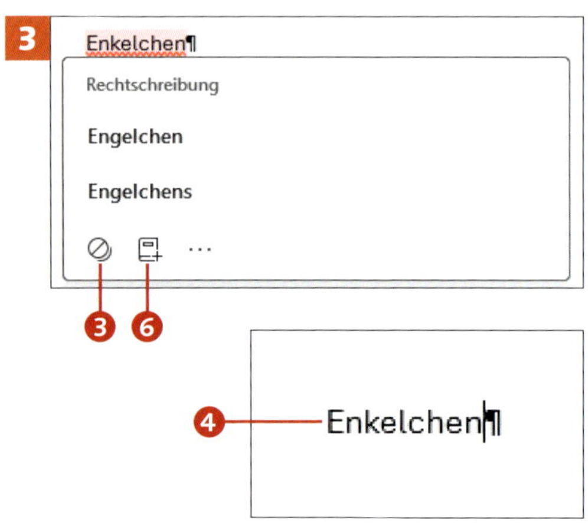

Tippfehler kommen häufiger vor. Zum Glück sind sie leicht zu korrigieren, und Word unterstützt Sie dabei.

Schritt 1

Word arbeitet im Hintergrund mit einer *Rechtschreibprüfung*, während Sie tippen. Wörter, die Word für falsch geschrieben hält oder die es nicht kennt, werden rot unterschlängelt ❶. Grammatikfehler werden blau unterstrichen ❷.

Schritt 2

Klicken Sie ein markiertes Wort an, schlägt Word Ihnen eine Korrektur vor. Da es nicht ganz genau »weiß«, was Sie schreiben wollten, listet Word mehr oder weniger gute Vorschläge auf. Im Beispiel passt der Vorschlag **diesen** und wird angeklickt.

Schritt 3

Wenn Word ein Wort nicht kennt, Sie aber sicher sind, dass es richtig ist, klicken Sie im Korrekturfenster auf das **Ignorieren**-Symbol ❸. Die rote Markierung verschwindet ❹.

Schritt 4

Eine doppelte blaue Linie macht Sie auf einen Grammatikfehler aufmerksam ❺. Klicken Sie auf eines der unterstrichenen Wörter. Word macht einen Korrekturvorschlag und bietet – je nach Version – das Umschreiben mit Copilot, einer künstlichen Intelligenz, an.

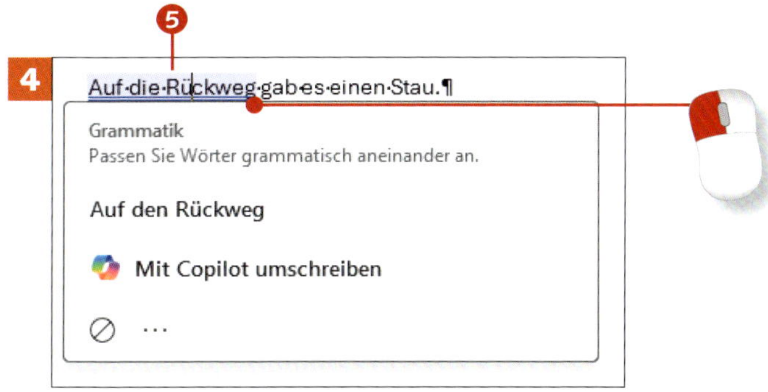

Schritt 5

Bei der Grammatik passen die Word-Vorschläge häufig nicht. Klicken Sie dann hinter einen Buchstaben und drücken Sie die Rückschritttaste [←]. So löschen Sie den Buchstaben *links* vom Cursor, hier das *n*. Drücken Sie die Taste nur einmal pro Buchstaben. (Längeres Drücken der Taste bewirkt, dass sehr schnell gleich mehrere Buchstaben gelöscht werden; dies machen Sie rückgängig, indem Sie [Strg] + [Z] drücken.) Tippen Sie den richtigen Buchstaben *m* ein.

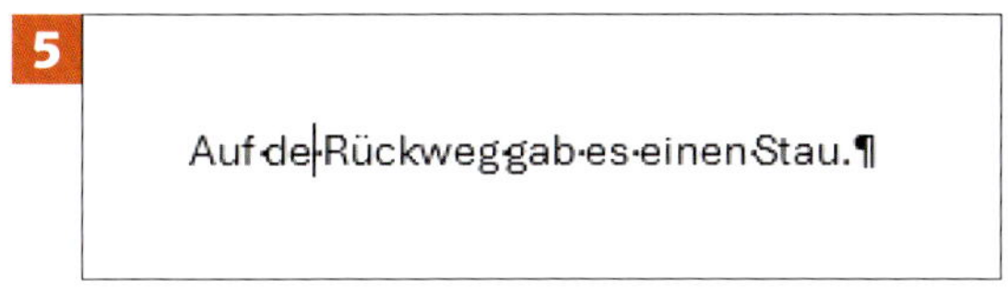

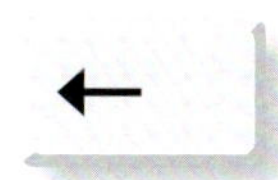

Schritt 6

Wenn Sie den Cursor *vor* einen zu löschenden Buchstaben (hier *r*) setzen, drücken Sie zum Löschen [Entf]. Damit löschen Sie Buchstaben *rechts* vom Cursor. Tippen Sie den richtigen Buchstaben *R* ein.

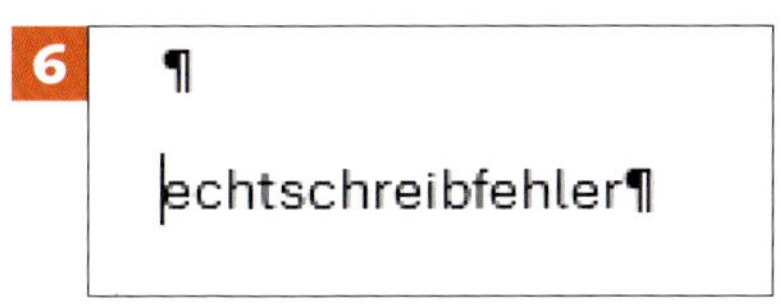

Das Wörterbuch füttern

Damit ein Wort wie ein Eigenname, den Word immer wieder als falsch markiert, künftig als richtig geschrieben erkannt wird, fügen Sie ihn zu Words Wörterbuch hinzu: Klicken Sie auf das markierte Wort und im Korrekturfenster auf das Wörterbuchsymbol (❻ in Schritt 3).

Den Text korrigieren (Forts.)

7

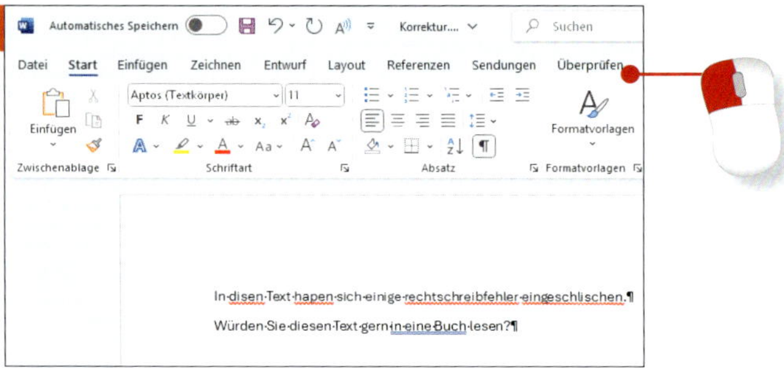

Schritt 7

Sind in dem geöffneten Dokument viele Fehler markiert, nutzen Sie den *Editor* von Word. Sie öffnen diesen mit der Schaltfläche **Editor** auf den Registerkarten **Start** oder **Überprüfen**. Alternativ drücken Sie zum Aufrufen des Editors die Taste F7.

8

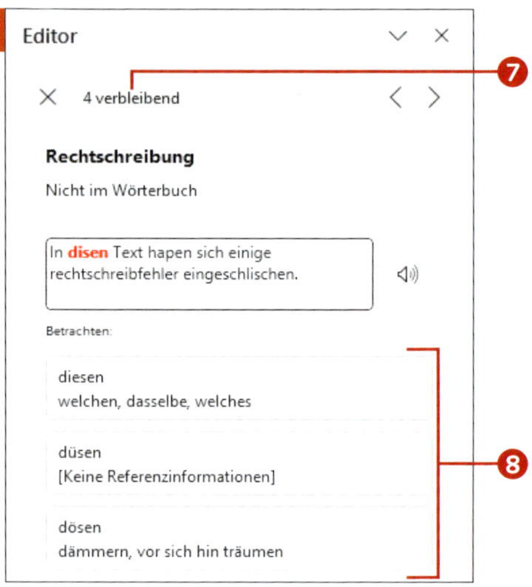

Schritt 8

Der Editor-Bereich wird rechts neben dem Dokument eingeblendet. Nehmen Sie sich dort die **Rechtschreibung** vor. Oben sehen Sie die Anzahl der Fehler, die auf Korrektur warten ❼. Word durchsucht Ihren Text und springt zum ersten als fehlerhaft erkannten Wort. Der Editor blendet einen oder mehrere Korrekturvorschläge ❽ ein, die in kleinerer Schrift erläutert werden. Klicken Sie den passenden Vorschlag an.

9

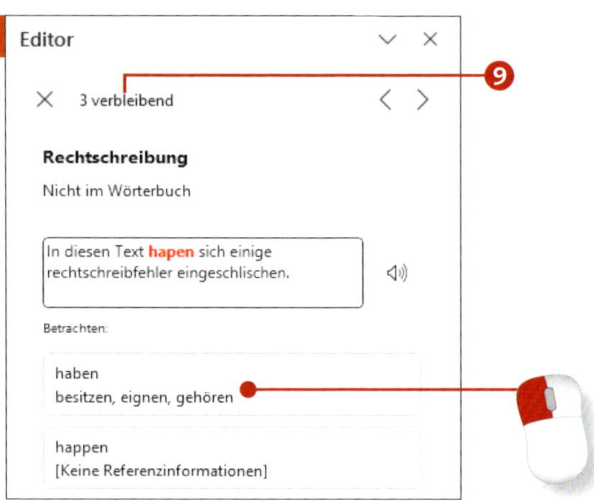

Schritt 9

Das Wort wird im Text automatisch korrigiert, und Word springt zum nächsten Fehler. Klicken Sie auch hier wieder den richtigen Korrekturvorschlag an. Die Zahl der Fehler ❾ nimmt ab, je weiter Sie sich durch die Korrekturen arbeiten.

Schritt 10

Um ein Wort dem Wörterbuch hinzuzufügen, klicken Sie unten im Editor auf **Zum Wörterbuch hinzufügen**. Soll das Wort nicht korrigiert, aber auch nicht ins Wörterbuch aufgenommen werden, klicken Sie auf **Einmal ignorieren** ⑩ bzw. – bei Wiederholung – auf **Alle ignorieren** ⑪.

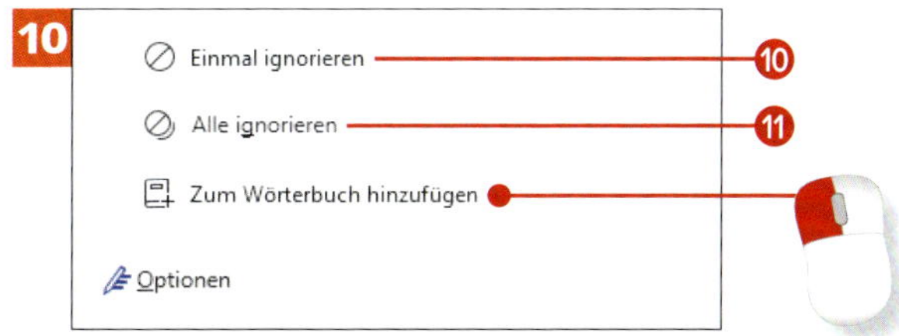

Schritt 11

Bei Grammatikfehlern müssen Sie die Korrektur eventuell wieder selbst vornehmen, da Word Ihnen im Editor keine anklickbare Lösung anzeigt. Klicken Sie dann auf **Überprüfung auf diesen Vorgang beenden** und nehmen Sie die Korrektur nach Abschluss des Suchlaufs selbst vor.

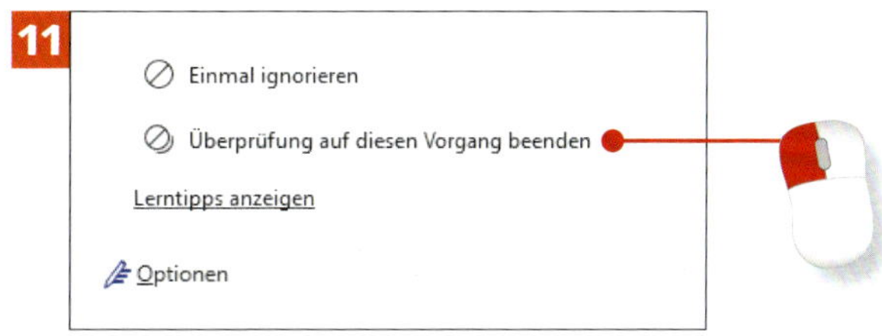

Schritt 12

Vorher gehen Sie mit Word noch den restlichen Text durch. Sobald Word mit dem Korrekturlauf fertig ist, erhalten Sie eine entsprechende Meldung ⑫. Bestätigen Sie sie mit **OK**. Der Editor zeigt Ihnen nun eine Bewertung des Textes an – ist er aus Words Sicht fehlerfrei, wird er mit 100 % bewertet (bei Texten ab 100 Wörtern). Schließen Sie den Editor, indem Sie auf das Schließkreuz ⑬ klicken.

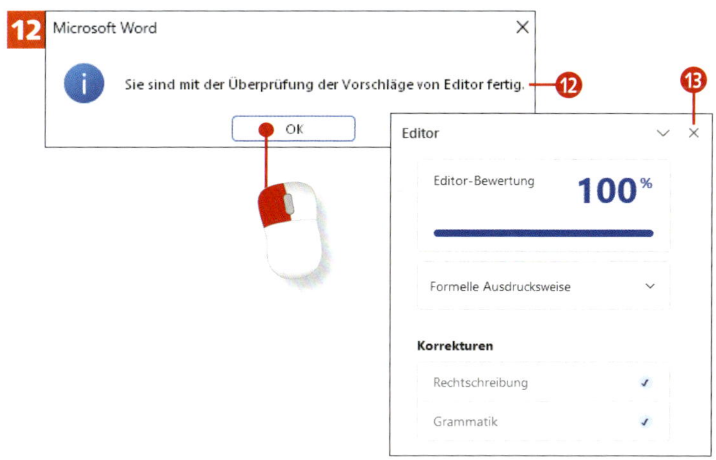

Speichern nicht vergessen

Speichern Sie Ihren Text immer mal zwischendurch, damit nichts verloren geht. Klicken Sie dazu auf das Speichernsymbol in der Symbolleiste für den Schnellzugriff (siehe Seite 173) oder klicken Sie auf **Datei ▸ Speichern**. Nur wenn Sie den Text unter einem anderen Namen speichern wollen, klicken Sie auf **Speichern unter**.

Die Seite einrichten

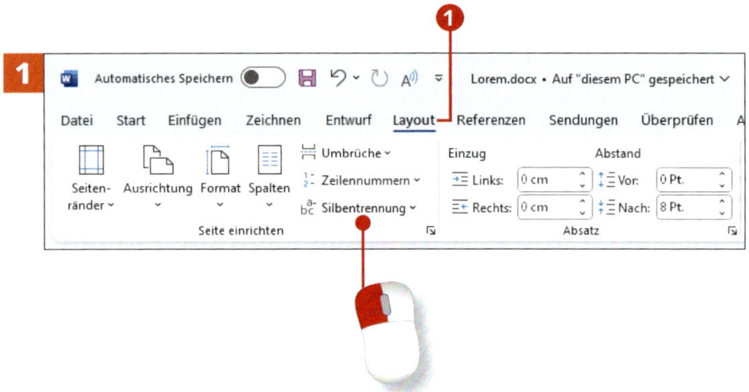

Word ist vielseitig: Sie können Formate (z. B. DIN A5), Ausrichtung, Silbentrennung und vieles mehr einstellen. Lernen Sie hier einige dieser Einstellungen kennen.

Schritt 1

Rufen Sie die Registerkarte **Layout** ❶ auf. Im linken Teil sehen Sie wesentliche Befehle wie **Seitenränder**, **Ausrichtung**, **Format** und **Silbentrennung**. Klicken Sie auf die Schaltfläche **Silbentrennung**.

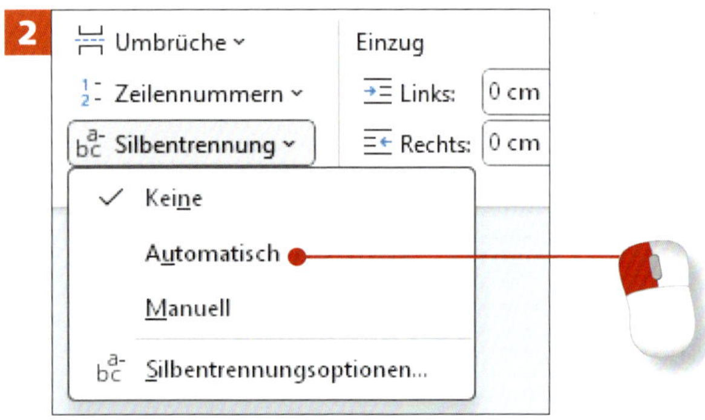

Schritt 2

Die Voreinstellung ist **Keine** – die Wörter werden nicht getrennt. Der Text verteilt sich in der Regel schöner auf dem Blatt, wenn die Silbentrennung eingeschaltet ist. Soll Word also Wörter trennen, klicken Sie auf **Automatisch**.

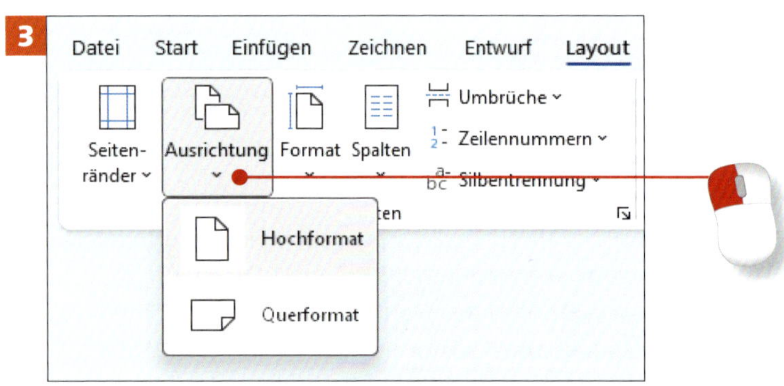

Schritt 3

Über die Schaltfläche **Ausrichtung** legen Sie fest, ob Ihr Dokument im Hoch- oder im Querformat angelegt wird. Kleine Plakate beispielsweise mit wenig, aber großem Text wirken im Querformat besser.

Schritt 4

Die Standardseite hat das Format DIN A4, Sie benötigen aber DIN A5? Kein Problem: Klicken Sie auf der Registerkarte **Layout** links auf **Format**. Word öffnet einen Katalog möglicher Formate. Klicken Sie das gewünschte Format an.

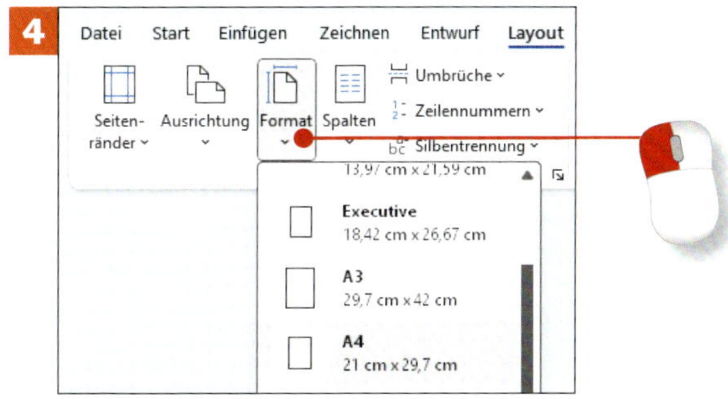

Schritt 5

Seitenränder bestimmen den weißen Bereich zwischen Ihrem Text und dem Blattrand. Um sie zu ändern, klicken Sie auf der Registerkarte **Layout** auf **Seitenränder** und ganz unten auf **Benutzerdefinierte Seitenränder**.

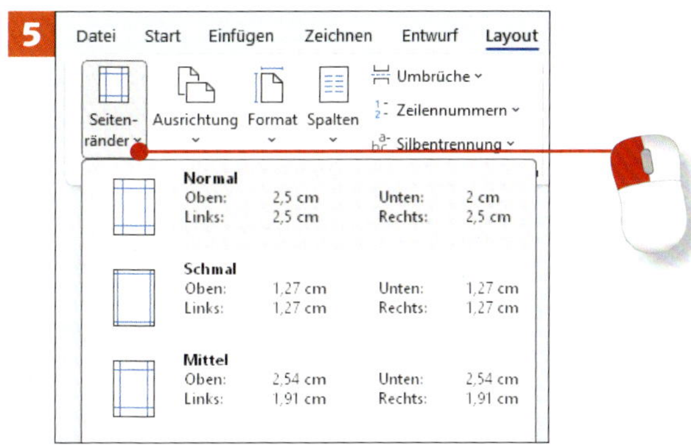

Schritt 6

Passen Sie die Werte nach Wunsch an: Ein Klick auf den oberen Pfeil neben einer Maßangabe erhöht den Abstand zum Rand. Jede Richtung (**Oben**, **Links** usw.) wird einzeln eingestellt. Im Abschnitt **Ausrichtung** können Sie auch das **Hochformat** bzw. **Querformat** einstellen ❷. Zum Bestätigen klicken Sie schließlich auf **OK**.

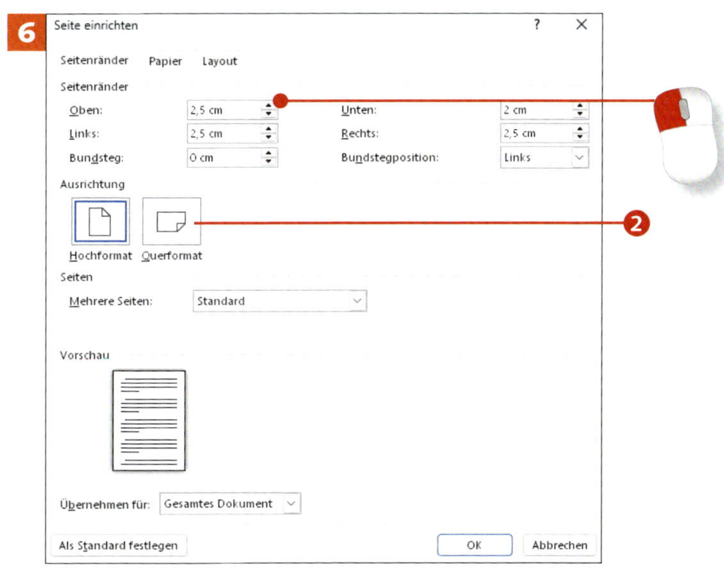

Die Seite einrichten (Forts.)

7

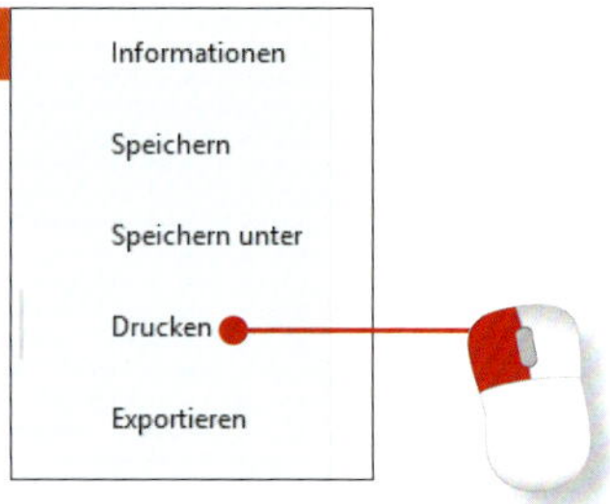

8

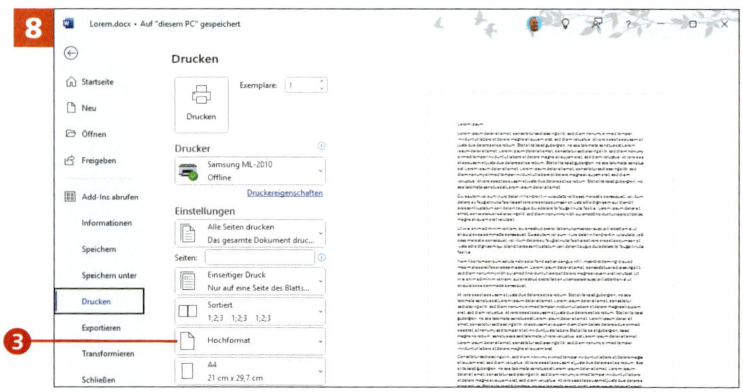

9

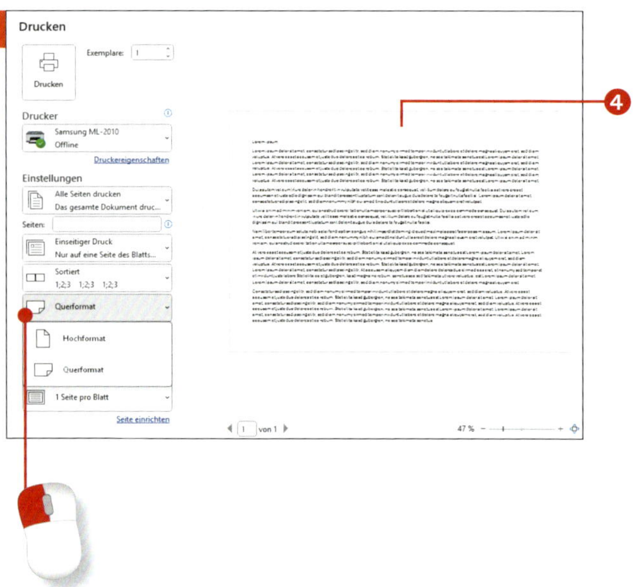

Schritt 7

Alle diese Einstellungen können Sie auch noch an einer anderen Stelle vornehmen: in der *Druckvorschau*. Hier sehen Sie auch, wie die Änderungen auf dem Blatt aussehen. Rufen Sie die Druckvorschau auf, indem Sie auf der Registerkarte **Datei** auf **Drucken** klicken.

Schritt 8

Sie sehen nun eine verkleinerte Gesamtansicht der aktuellen Textseite Ihres Dokuments. Zugleich öffnet sich das Menü **Drucken** (siehe dazu den Abschnitt »Dokumente ausdrucken« auf Seite 204). Schauen Sie sich die Einstellungen an: Voreingestellt ist **Hochformat** ❸.

Schritt 9

Klicken Sie auf die Schaltfläche **Hochformat** und im Menü dann auf **Querformat**. Rechts sehen Sie, wie Ihr Dokument jetzt gedruckt aussehen würde ❹. Doch lieber Hochformat? Mit einem Klick auf **Querformat** und dann in der Liste auf **Hochformat** stellen Sie die Ausrichtung wieder um.

Schritt 10

Direkt unter der Schaltfläche für die Ausrichtung können Sie das Papierformat festlegen. Standard ist **A4**. Klicken Sie darauf. Word öffnet die Liste, die Sie schon aus Schritt 4 kennen. Das Papierformat ändern Sie durch Klicken auf die gewünschte Größe.

10
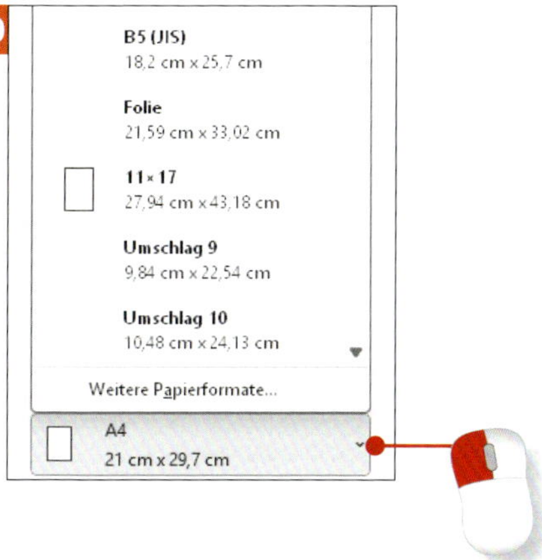

Schritt 11

Werfen Sie einen Blick rechts auf das Druckvorschaubild Ihres Textes. Ist Ihnen die Darstellung zu klein, klicken Sie unten rechts auf die Zoomleiste. Zum Vergrößern klicken Sie auf das Plus. Dies hat keinen Einfluss darauf, wie das Dokument gedruckt aussehen wird! Bei einem Dokument mit mehreren Seiten, erkennbar an den Zahlen links ❺, scrollen Sie nach unten, um auch die anderen Seiten zu sehen.

11

Schritt 12

Um das Dokument weiterzubearbeiten, klicken Sie oben auf den Pfeil nach links – die Druckvorschau wird geschlossen. Die Symbolleiste für den Schnellzugriff können Sie in der Druckvorschau nicht benutzen.

12

Text markieren, kopieren und einfügen

1

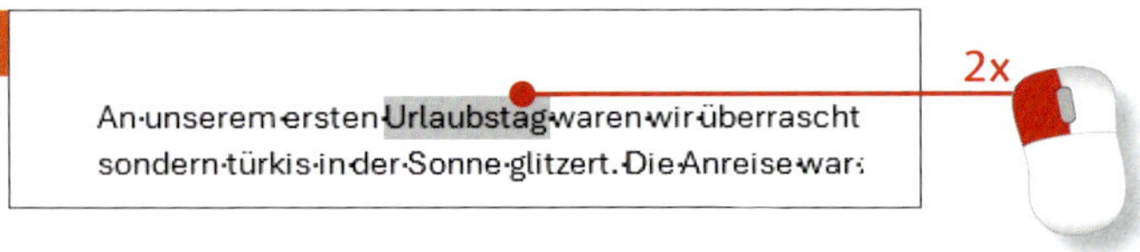

2

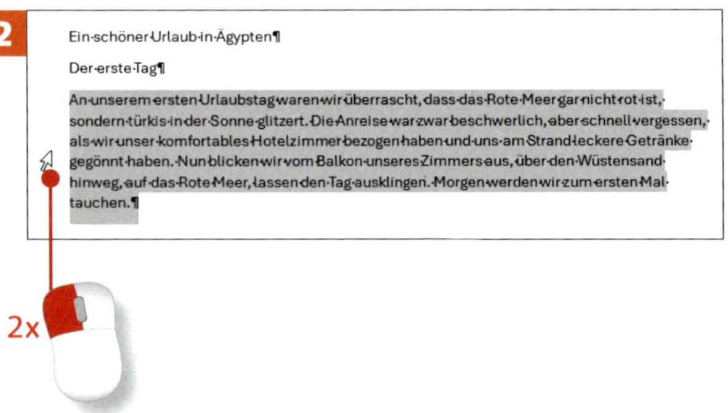

3

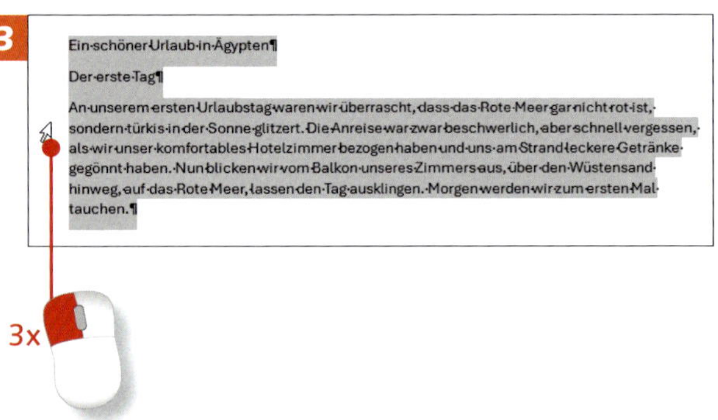

!

Warum erscheint eine kleine Leiste am Text?
Sobald Sie Text markieren, erscheint eine kleine Leiste mit einigen Formatierungsmöglichkeiten (1 in Schritt 4): Sie können den Text fetten, einfärben, Schriftart und -größe ändern usw. Klicken Sie dazu auf das entsprechende Symbol. Die *Minisymbolleiste* verschwindet schnell wieder. Nutzen Sie dann die Möglichkeiten im Menüband (siehe den folgenden Abschnitt).

Word erleichtert Ihnen die Arbeit – auch beim Kopieren und Einfügen von Textabschnitten. So brauchen Sie denselben Text nicht mehrmals zu schreiben. Die wichtigste Technik hierbei ist das Markieren von Text.

Schritt 1

Mit einer Markierung teilen Sie Word mit, welche Textstelle Sie bearbeiten wollen. Nur markierter Text kann formatiert, kopiert oder ausgeschnitten werden. Um ein Wort zu markieren, klicken Sie doppelt darauf. An der grauen Hinterlegung erkennen Sie die Markierung.

Schritt 2

Jetzt markieren Sie einen ganzen Absatz: Klicken Sie dazu doppelt auf den weißen Bereich links neben dem Absatz (die *Markierungsleiste*). Der Absatz wird grau hinterlegt.

Schritt 3

Um den gesamten Text zu markieren, klicken Sie dreimal schnell hintereinander auf die Markierungsleiste. Alternativ drücken Sie die Tastenkombination `Strg` + `A`.

Schritt 4

Wenn nur ein Teil des Textes markiert werden soll, klicken Sie vor den ersten Buchstaben des zu markierenden Bereichs. Halten Sie die Maustaste gedrückt und ziehen Sie den Mauszeiger bis zum Ende des Textteils, den Sie markieren (auswählen) wollen. Das funktioniert auch, wenn Sie mehrere Zeilen Text markieren wollen. Lassen Sie die Maustaste dann wieder los.

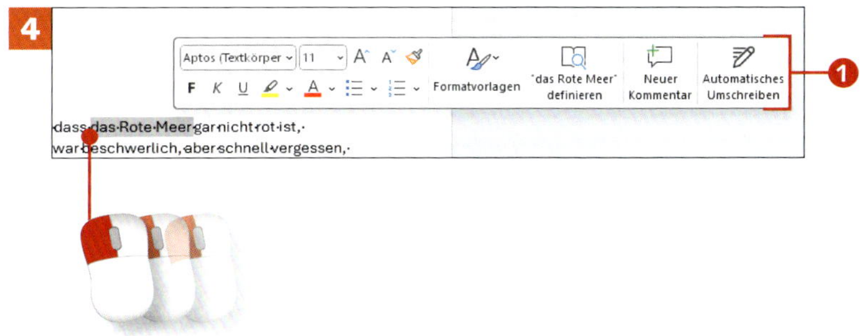

Schritt 5

Zum Kopieren drücken Sie bei markiertem Text Strg + C. Zweite Möglichkeit: Klicken Sie mit der *rechten* Maustaste auf den markierten Text und im Kontextmenü auf **Kopieren**. Welche Variante Sie auch wählen: Word behält den kopierten Text »im Kopf«, d. h. in der *Zwischenablage*.

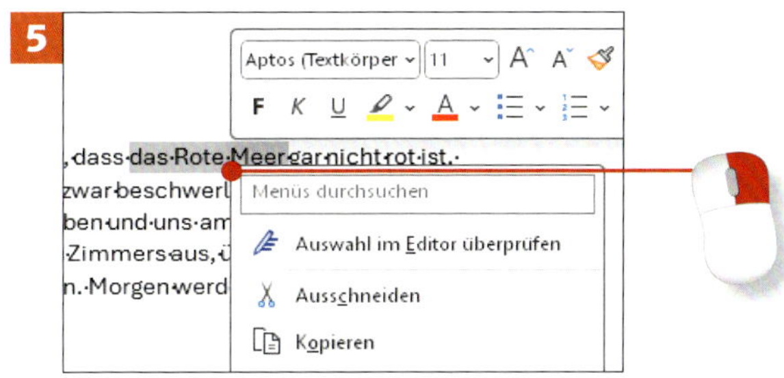

Schritt 6

Jetzt setzen Sie den Cursor an die Stelle, an der Sie den kopierten Text einfügen möchten. Drücken Sie Strg + V, oder klicken Sie mit der *rechten* Maustaste an diese Stelle, und wählen Sie das linke Symbol ❷ unter **Einfügeoptionen**.

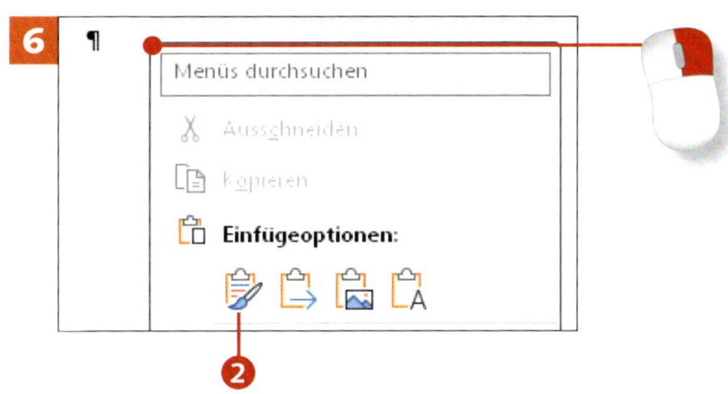

Texte umbauen

Soll ein Textabschnitt an eine andere Stelle im Dokument verschoben werden, können Sie ihn ausschneiden und am neuen Ort einfügen. Markieren Sie den Text, und drücken Sie Strg + X. An der »Zielstelle« drücken Sie Strg + V.

Schrift und Layout gestalten

Text zu formatieren bedeutet, ihn zu verschönern. Ändern Sie Schriftart und -größe, fügen Sie Farbe hinzu, oder heben Sie Wörter hervor.

1

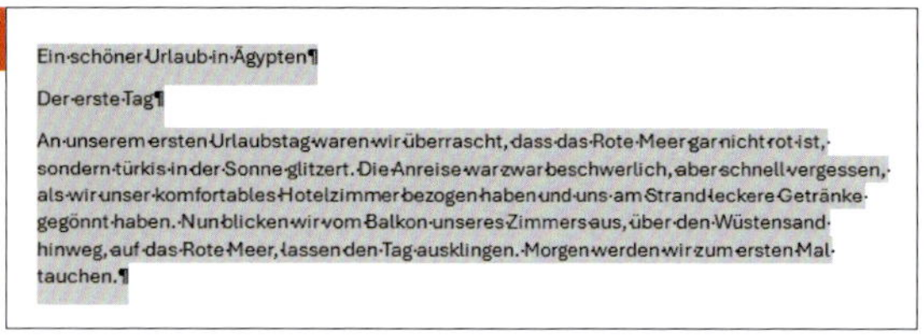

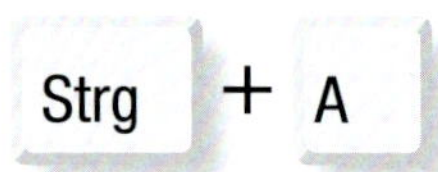

2

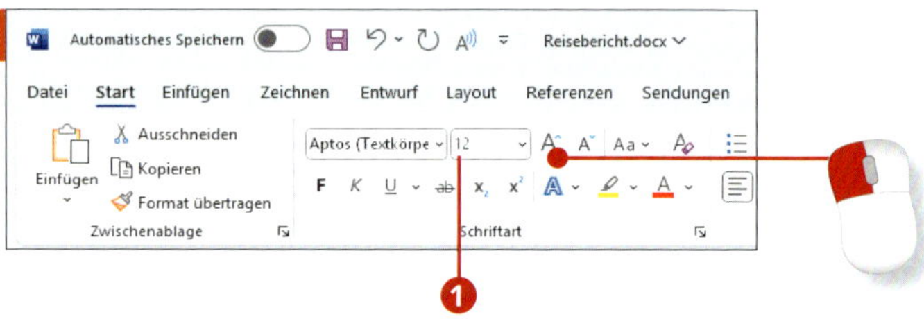

3

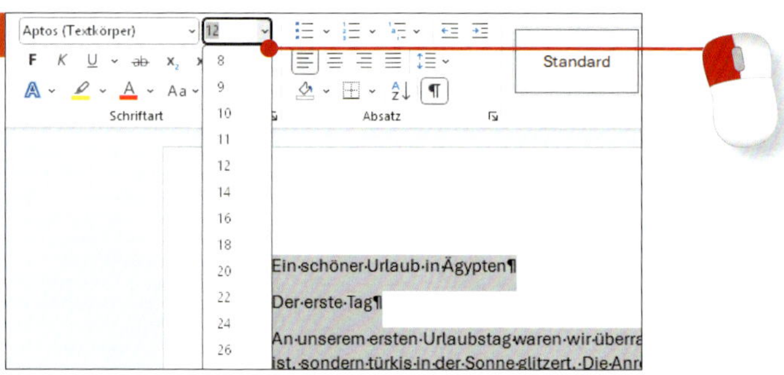

Schritt 1

Beim Gestalten gilt: erst markieren, dann formatieren. Im Beispiel soll der komplette Text eine größere Schrift erhalten. Markieren Sie zunächst den gesamten Text, indem Sie Strg + A drücken.

Schritt 2

Klicken Sie auf der Registerkarte **Start** in der Gruppe **Schriftart** auf die Schaltfläche mit dem größeren **A**. Der Schriftgrad wird um eine Stufe vergrößert. Je höher die Zahl im Feld 1 daneben ist, desto größer ist die Schrift.

Schritt 3

Klicken Sie auf den kleinen Pfeil am Feld **Schriftgrad**, wenn Sie einen Schriftgrad genau einstellen möchten. Word öffnet eine Liste mit Zahlen; fahren Sie mit dem Mauszeiger über die Werte. Der markierte Text wird live in der Vorschau in der entsprechenden Größe angezeigt. Um eine Größe auszuwählen, klicken Sie darauf.

Vorsicht bei markiertem Text!

Wenn Text markiert ist, müssen Sie aufpassen: Ein Tastendruck ersetzt die gesamte Markierung! Sind Sie mit der Bearbeitung des markierten Textes fertig, klicken Sie an eine Stelle außerhalb der Markierung, um sie aufzuheben.

Schritt 4

Die Schriftart ändern Sie so: Markieren Sie den Text, und klicken Sie auf den Pfeil am Feld **Schriftart**. Fahren Sie mit dem Mauszeiger über die Liste; im Hintergrund sehen Sie Ihren Text in einer Vorschau jeweils in der Schriftart, über der der Mauszeiger gerade schwebt. Klicken Sie auf einen Eintrag, um die Schrift auch auszuwählen.

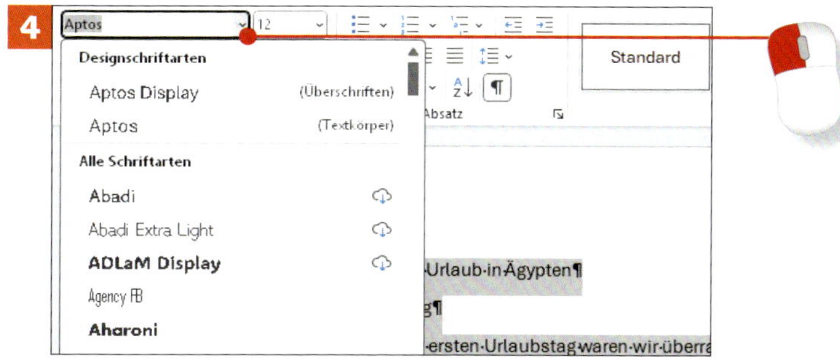

Schritt 5

Die Standardschriftfarbe ist Schwarz, doch Sie können natürlich auch eine andere Farbe wählen. Markieren Sie dazu den Text, im Beispiel die Überschrift, und klicken Sie auf den kleinen Pfeil neben der Schaltfläche **Schriftfarbe** (das **A** mit dem farbigen Strich darunter). Wählen Sie durch Klicken eine Farbe aus.

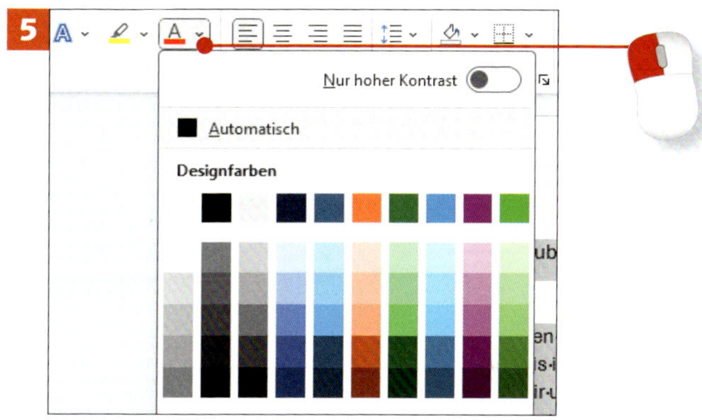

Schritt 6

Bestimmte Wörter heben Sie hervor, indem Sie sie fett oder kursiv formatieren. Markieren Sie das Wort, und klicken Sie auf der Registerkarte **Start** auf die Schaltfläche **F** (für fett). Kursiv wird der markierte Text, wenn Sie auf das **K** ❷ daneben klicken. Denken Sie daran, die Markierung durch Klicken wieder aufzuheben, bevor Sie weitertippen.

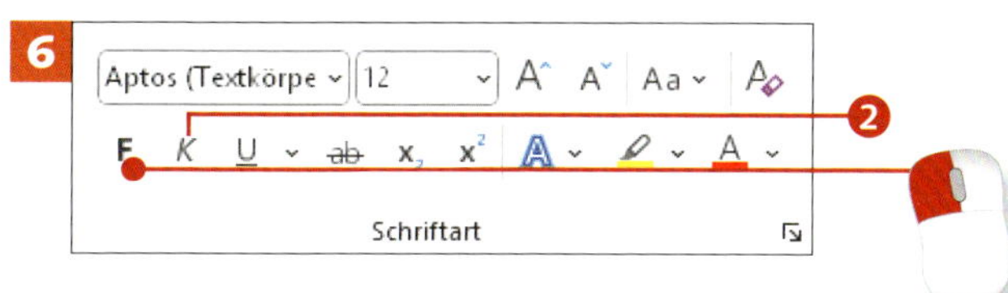

Formatvorlagen verwenden

Auf der Registerkarte **Start** finden Sie auch einige Formatvorlagen, z. B. für Überschriften oder Zitate. Nutzen Sie diese für eine automatische Formatierung. Das Formatieren als Überschrift erlaubt später außerdem das Erstellen eines Inhaltsverzeichnisses.

Absätze und Aufzählungen formatieren

1
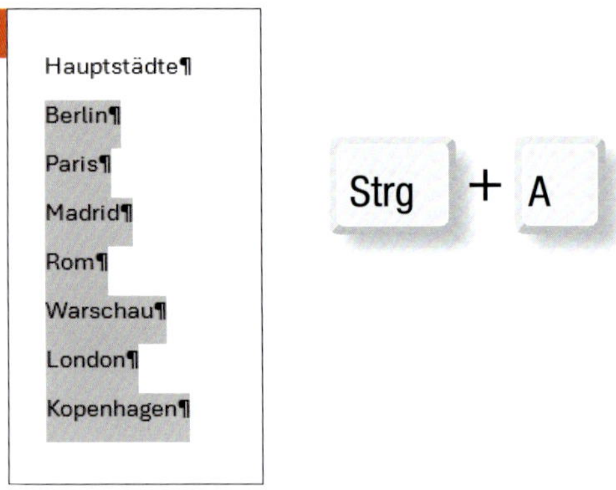

2
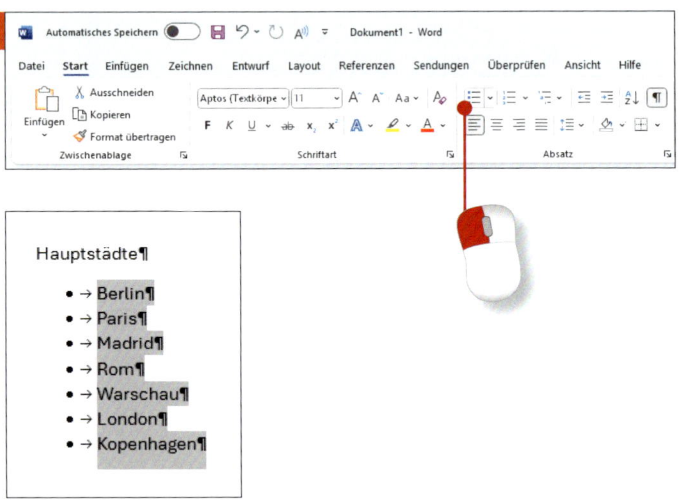

3
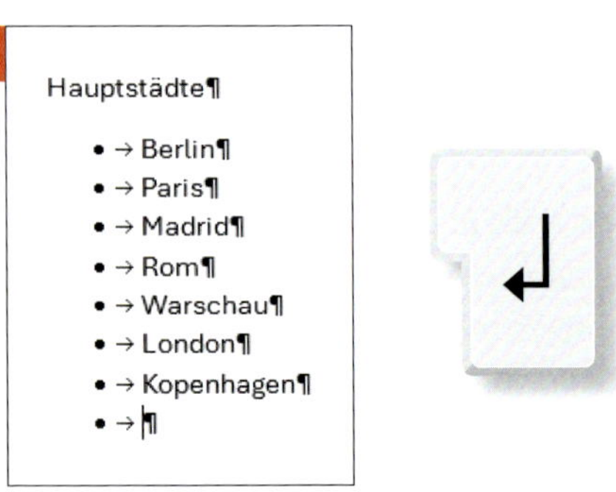

Listen sind leichter zu lesen, wenn Sie sie mithilfe von Aufzählungspunkten gliedern.

Schritt 1

Schreiben Sie Ihre Liste, und drücken Sie am Ende jedes Aufzählungspunktes die Taste [↵]. Markieren Sie die ganze Liste, indem Sie bei gedrückter linker Maustaste darüberfahren.

Schritt 2

Klicken Sie auf der Registerkarte **Start** auf die Schaltfläche **Aufzählungszeichen**. Wenn Sie auf den linken Teil der Schaltfläche klicken, wird Ihre Liste sofort mit den Standardaufzählungszeichen versehen. Gleichzeitig wird der Zeilenabstand etwas enger.

Schritt 3

Um die Liste fortzusetzen, klicken Sie hinter das letzte Wort, im Beispiel Kopenhagen. So heben Sie die Markierung auf und sagen Word gleichzeitig, wo Sie weiterarbeiten möchten. Drücken Sie [↵]. Der Cursor springt in die nächste Zeile, die wieder mit einem Aufzählungspunkt beginnt.

Schritt 4

Anstelle der neutralen Aufzählungspunkte können Sie auch eine Nummerierung verwenden. Markieren Sie dazu die Liste wie in Schritt 1. Klicken Sie dann rechts neben der Schaltfläche **Aufzählungszeichen** ❶ auf die Schaltfläche **Nummerierung**.

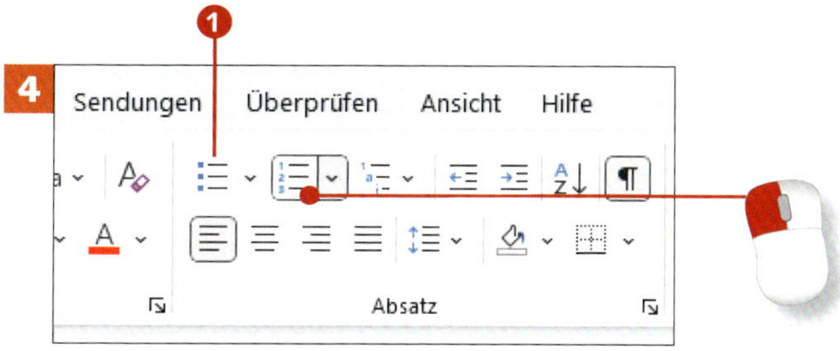

Schritt 5

Word nummeriert Ihre Liste. Auch hier gilt: Wenn Sie noch weitere Listenpunkte hinzufügen möchten, klicken Sie erst hinter einen der vorhandenen Einträge. Drücken Sie dann [↵] für einen weiteren Listeneintrag.

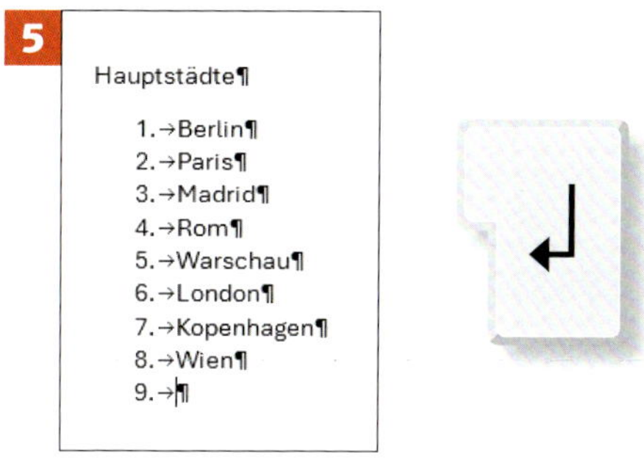

Schritt 6

Word setzt die Liste mit der passenden Zahl fort. Ergänzen Sie sie. Die Liste ist etwas eingerückt, d.h., sie steht auf dem Blatt weiter rechts als ein Standardabsatz. Um wieder »normal« weiterzuschreiben, die Liste also zu beenden, klicken Sie hinter den letzten Eintrag und drücken zweimal [↵]. Der Cursor springt wieder an den linken Rand.

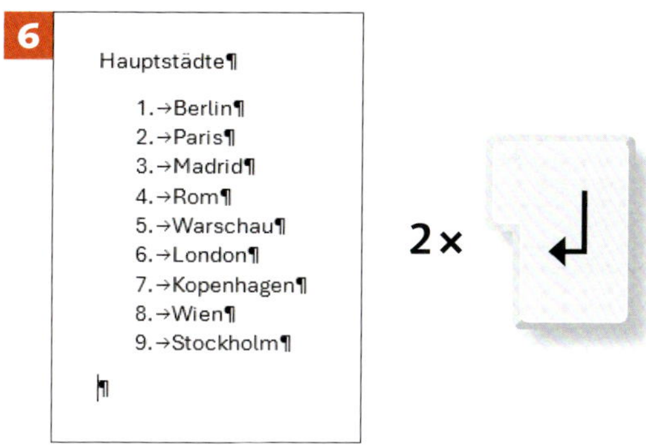

Listen »zwischendrin« ergänzen

Nicht nur am Ende der Liste können Sie weitere Einträge eintippen. Auch zwischen zwei Einträgen lässt sich die Liste ergänzen, sollten Sie mittendrin einen Eintrag vergessen haben. Klicken Sie hinter den Eintrag, nach dem der fehlende Text stehen soll, und drücken Sie [↵]. Schreiben Sie nun Ihren Text. Die Nummerierung wird automatisch angepasst.

Einen Brief schreiben

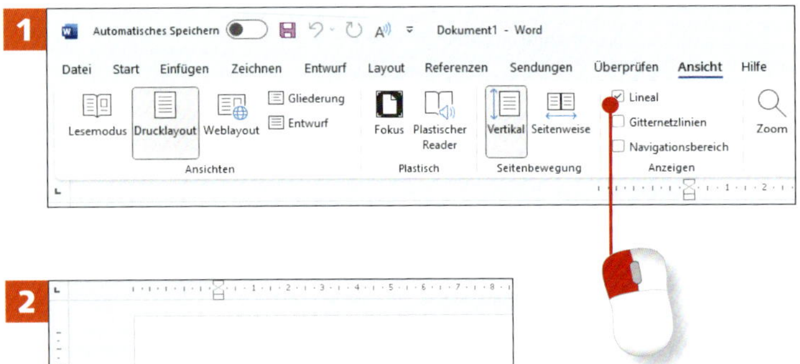

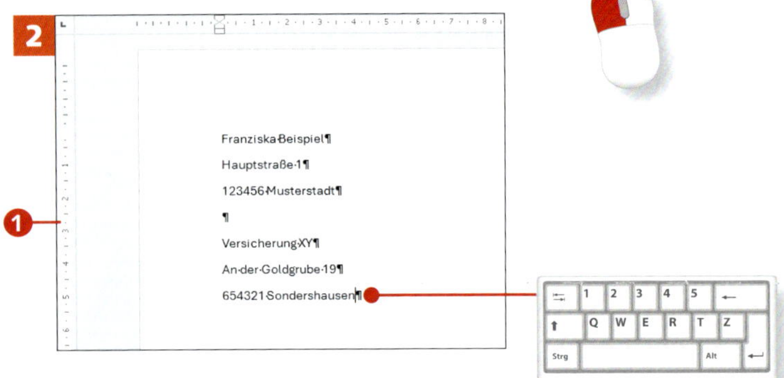

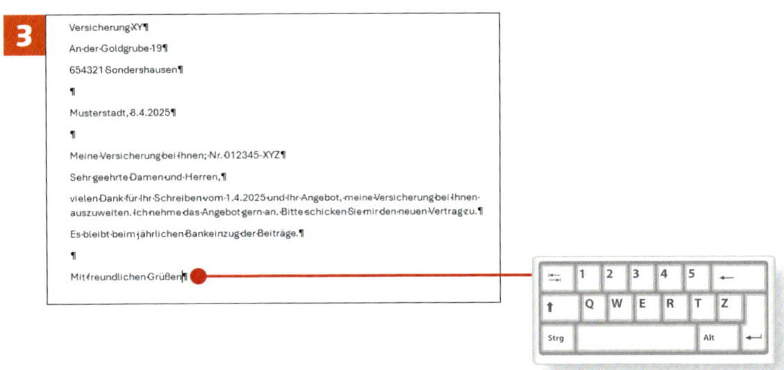

Manchmal reicht eine E-Mail nicht; dann muss es ein »echter« Brief sein. Lesen Sie hier, mit welchen Schritten Sie ganz leicht einen Brief erstellen.

Schritt 1

Öffnen Sie in Word ein neues Dokument. Aktivieren Sie auf der Registerkarte **Ansicht** das **Lineal**. Sie sehen anschließend über und links neben dem weißen Blatt ein Lineal eingeblendet.

Schritt 2

Fangen Sie Ihren Brief oben auf dem Blatt an, und tippen Sie Ihre Adresse. Fügen Sie einen oder zwei Absätze ein, und schreiben Sie die Empfängeradresse auf das Blatt. Sie sollte ungefähr auf der Höhe des 3. Zentimeters links am Lineal ❶ beginnen, dann passt sie später in das Fenster eines Fensterumschlags.

Schritt 3

Schreiben Sie nach einem Absatz Ort und Datum und nach einem weiteren Absatz die Begrüßungsformel und Ihren Brieftext. Bei Geschäftsbriefen können Sie vor der Begrüßung auch einen Betreff eintragen. Tippen Sie erst alles ein, bevor Sie das Ganze aufhübschen (*formatieren*).

»Willkommen zurück«

Wenn Sie ein Dokument öffnen, das Sie bei anderer Gelegenheit gespeichert haben und das über zwei Seiten hinausgeht, dann begrüßt Word Sie mit den Worten **Willkommen zurück**. An der rechten Seite erscheint eine Art Sprechblase, die Ihnen anbietet, da weiterzumachen, wo Sie aufgehört haben. Klicken Sie darauf, springt Word zur zuletzt bearbeiteten Stelle des Dokuments.

Schritt 4

Markieren Sie Ihre Absenderadresse. Klicken Sie auf der Registerkarte **Start** auf **Rechtsbündig**, sodass der ganze Block nach rechts hüpft. Wiederholen Sie dies mit der Datumszeile.

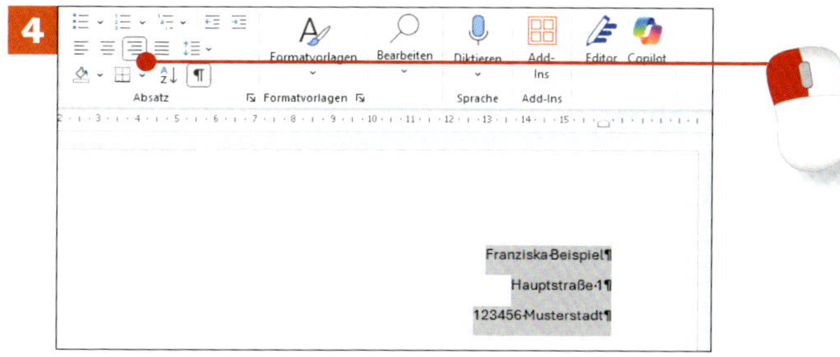

Schritt 5

Markieren Sie den Brieftext ab dem Betreff bis zu den freundlichen Grüßen. Damit dieser Text besser lesbar wird, vergrößern Sie ihn: Klicken Sie auf das große **A** neben der aktuellen Schriftgröße. Eine Stufe größer sollte reichen; Sie möchten Ihre Leser ja nicht »anbrüllen«. Markieren Sie dann nur den Betreff, und klicken Sie in der **Minisymbolleiste** auf das **K** ❷ für Kursiv.

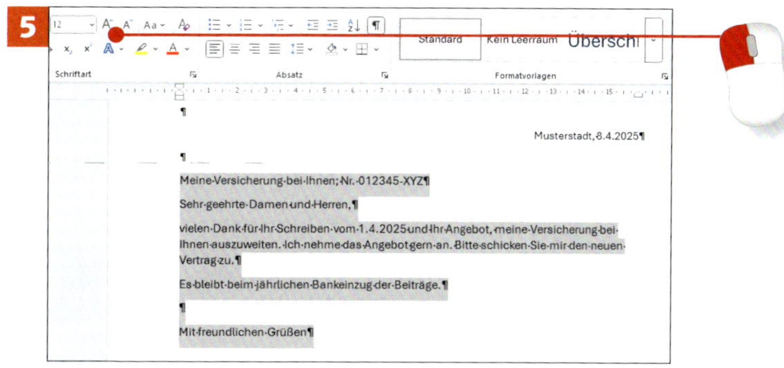

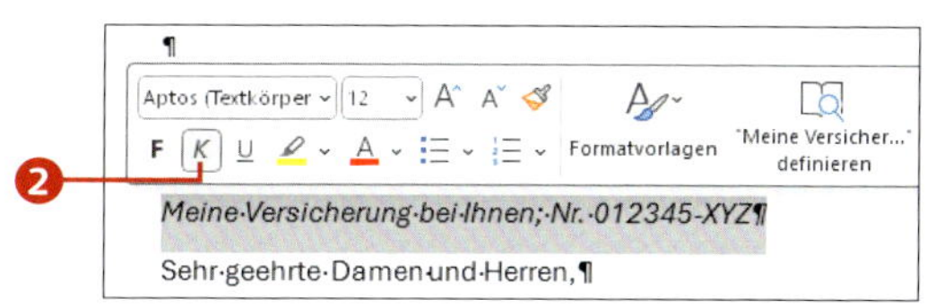

Schritt 6

Markieren Sie noch einmal Ihre Absenderadresse. Ändern Sie den *Zeilenabstand*: Klicken Sie auf der Registerkarte **Start** auf die Schaltfläche **Zeilen- und Absatzabstand** und im Menü auf **Abstand nach Absatz entfernen**. Etwas enger darf auch die Empfängeradresse sein: Markieren Sie sie, und drücken Sie dann gleichzeitig [Strg] + [1]. Der Zeilenabstand wird einzeilig. Speichern Sie den Brief.

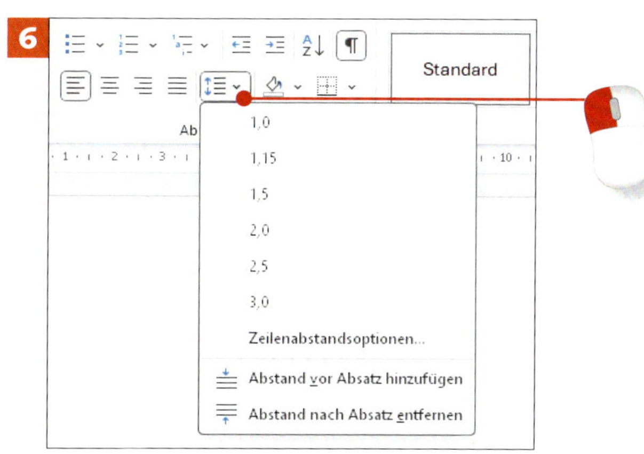

Tabellen anlegen und formatieren

In vielen Dokumenten benötigen Sie kleine Tabellen. Damit lassen sich viele Informationen auf einen Blick präsentieren.

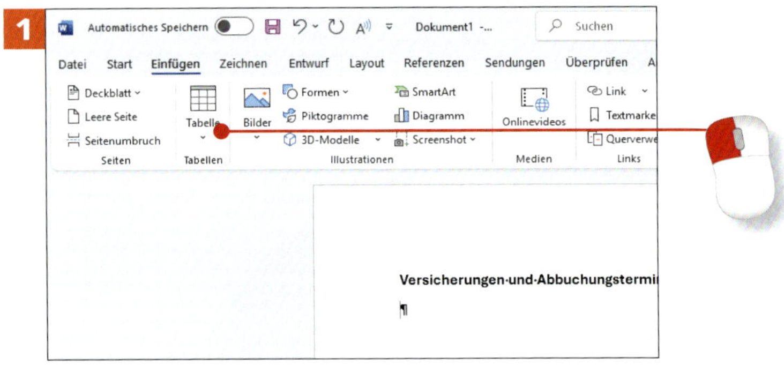

Schritt 1

Klicken Sie in Ihrem Dokument an die Stelle, an der Sie die Tabelle einfügen möchten. Wechseln Sie im Menüband zur Registerkarte **Einfügen**, und klicken Sie hier auf **Tabelle**.

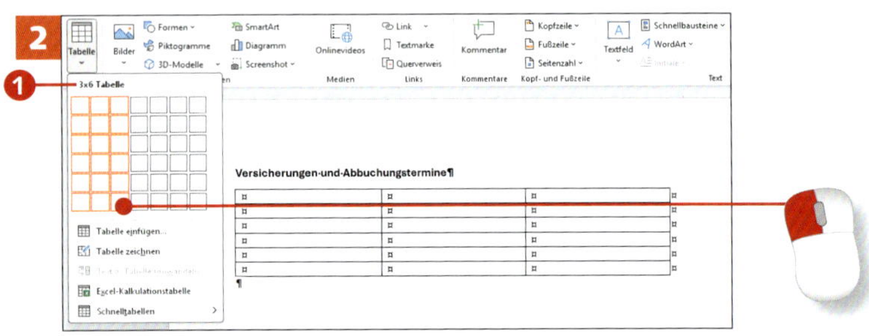

Schritt 2

Ein Raster klappt auf. Jede Reihe steht für eine Zeile in der Tabelle, jede Spalte für eine Tabellenspalte. Wenn Sie über das Raster fahren, sehen Sie am oberen Rand **1** die »Abmessungen« der Tabelle. Klicken Sie auf die gewünschte Größe. Im Beispiel werden sechs Zeilen und drei Spalten angelegt.

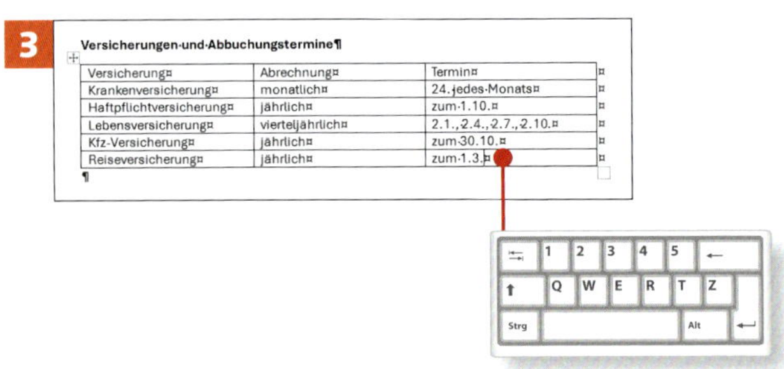

Schritt 3

Word fügt die Tabelle ein. Sie sieht noch recht unspektakulär aus. Füllen Sie sie mit Text. Um in die nächste Tabellenzelle zu kommen, nutzen Sie die Pfeiltasten auf Ihrer Tastatur oder die Tabulatortaste [Tab]. Oder Sie klicken jeweils mit der Maus in die nächste Zelle.

Zelle – Zeile – Spalte?

Eine Tabelle besteht aus vielen einzelnen *Zellen*. In die Zellen können Sie Ihren Text schreiben. Zellen übereinander machen eine *Spalte* aus. Alle Zellen, die nebeneinanderliegen, bilden eine *Zeile*.

Schritt 4

Ist die Tabelle mit Inhalt gefüllt, formatieren Sie sie. Klicken Sie in die Tabelle. Das Menüband zeigt zwei neue Registerkarten: **Tabellenentwurf** und **Tabellenlayout** ❷. Links auf der Registerkarte **Tabellenentwurf** können Sie angeben, ob Ihre Tabelle eine **Kopfzeile** und eine **Erste Spalte** hat ❸; im Beispiel gibt es nur eine Kopfzeile. Daher wird das Häkchen bei **Erste Spalte** durch Anklicken entfernt.

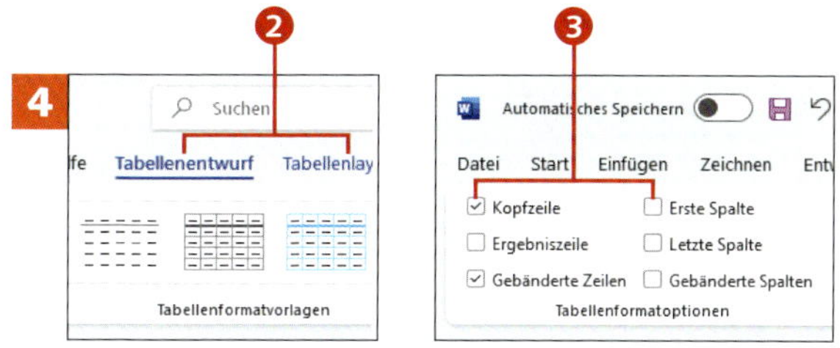

Schritt 5

Klicken Sie jetzt auf den Pfeil bei **Tabellenformatvorlagen**. Ein Katalog mit verschiedenen Layoutvorlagen klappt auf. Sie erhalten wieder eine Livevorschau Ihrer Tabelle. Klicken Sie auf ein Layout ❹.

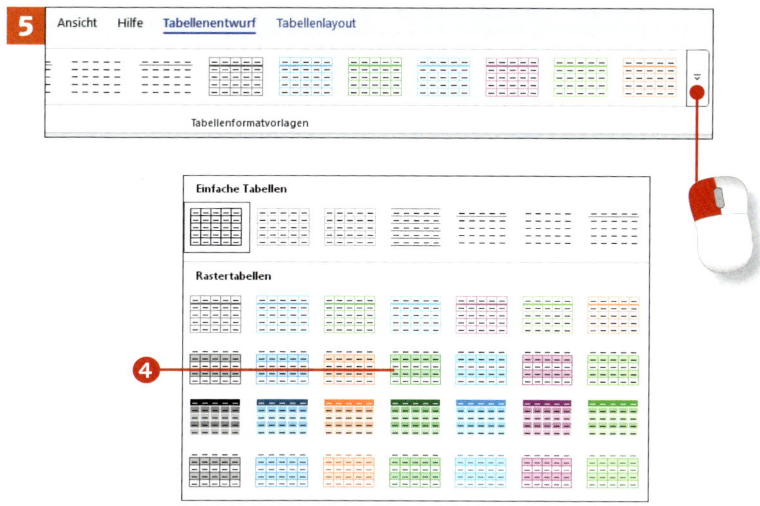

Schritt 6

Ihre Tabelle sieht nun schon interessanter aus. Um sie weiter zu verfeinern, markieren Sie die gesamte Tabelle. Klicken Sie dazu auf den Vierfachpfeil an der linken oberen Ecke der Tabelle. Alternativ halten Sie Alt gedrückt und klicken doppelt in die Tabelle.

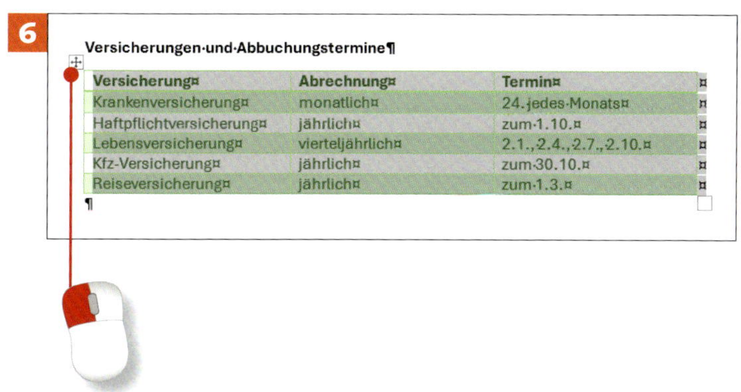

Tabellen anlegen und formatieren (Forts.)

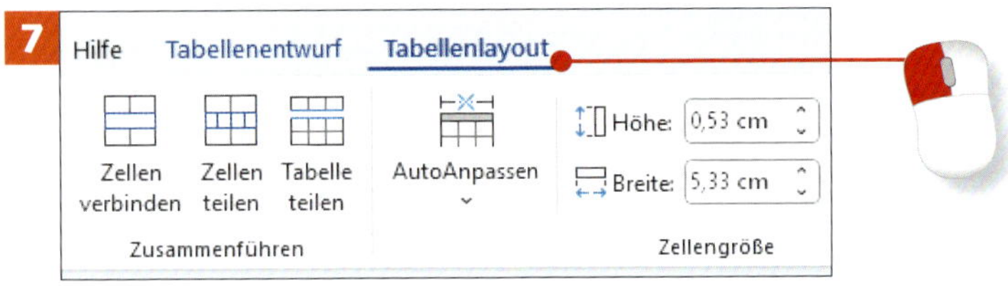

Schritt 7

Damit die Tabelle etwas luftiger wirkt, vergrößern Sie die Zeilenhöhe. Klicken Sie im Menüband auf die Registerkarte **Tabellenlayout**.

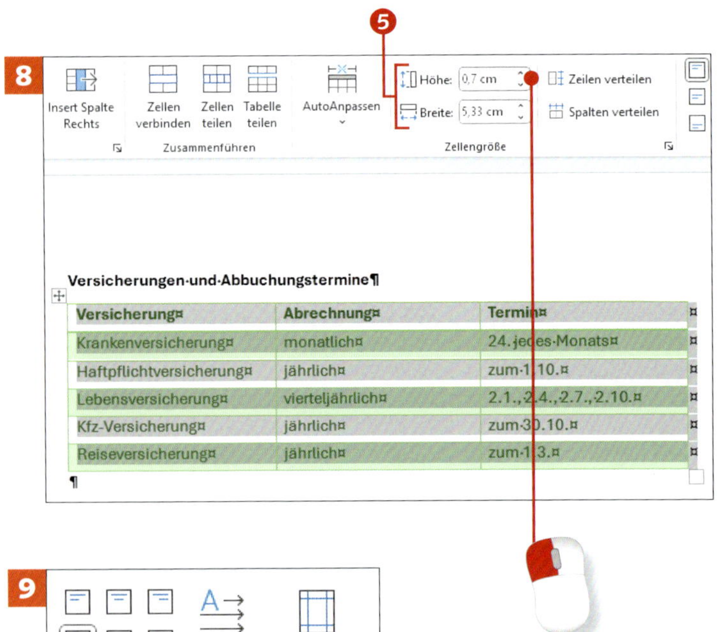

Schritt 8

In der Gruppe **Zellengröße** finden Sie die beiden Felder zum Einstellen der **Zeilenhöhe** und der **Spaltenbreite** ❺. Klicken Sie bei **Zeilenhöhe** auf den kleinen Pfeil nach oben, bis die passende Zeilenhöhe erreicht ist. Die Höhe der Zeilen in Ihrer Tabelle ändert sich direkt mit jedem Klick.

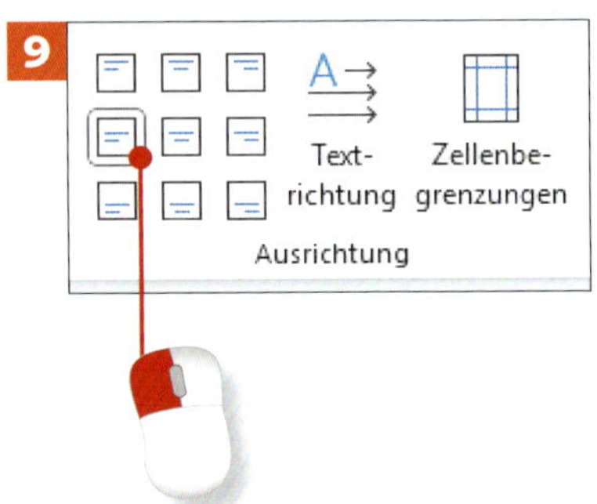

Schritt 9

Jetzt soll der Text noch vertikal mittig ausgerichtet werden. Auf der Registerkarte **Tabellenlayout** haben Sie neun Optionen zur **Ausrichtung**. Klicken Sie auf die linke Schaltfläche in der mittleren Reihe. Der Text wird in allen Zellen zentriert (mittig) ausgerichtet, jeweils vom oberen und unteren Zellenrand aus gesehen.

Die Tabelle kann weg

Wollen Sie die ganze Tabelle wieder löschen, klicken Sie in die Tabelle und im Register **Tabellenlayout** auf **Löschen ▸ Tabelle löschen**.

Schritt 10

Wenn Sie eine Tabellenzeile Ihrer Tabelle anfügen möchten, klicken Sie in die letzte Tabellenzelle ❻ und drücken die [⇆]-Taste. Alternativ klicken Sie in die letzte Zeile und dann auf der Registerkarte **Tabellenlayout** auf die Schaltfläche **Zeile einfügen darunter**.

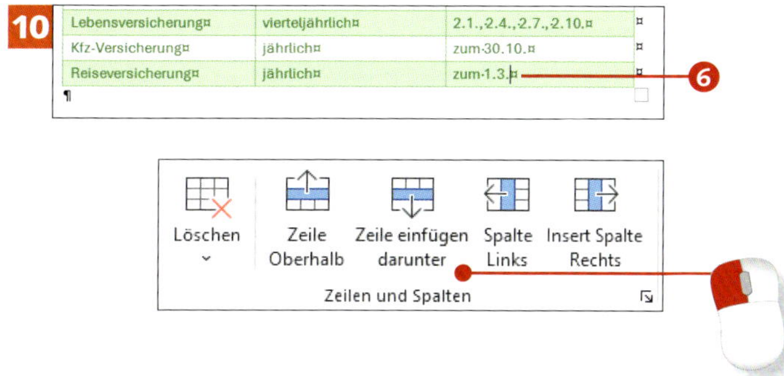

Schritt 11

Word fügt die Tabellenzeile an und passt sie direkt dem von Ihnen gewählten Layout an. Geben Sie den entsprechenden Text ein.

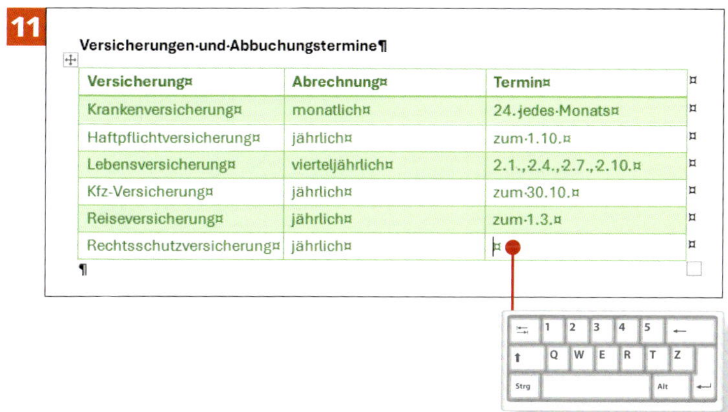

Versicherungen und Abbuchungstermine

Versicherung	Abrechnung	Termin
Krankenversicherung	monatlich	24. jedes Monats
Haftpflichtversicherung	jährlich	zum 1.10.
Lebensversicherung	vierteljährlich	2.1., 2.4., 2.7., 2.10.
Kfz-Versicherung	jährlich	zum 30.10.
Reiseversicherung	jährlich	zum 1.3.
Rechtsschutzversicherung	jährlich	

Schritt 12

Um eine Zeile zu löschen, klicken Sie in eine Zelle der entsprechenden Zeile. Rufen Sie das Register **Tabellenlayout** auf. Klicken Sie auf **Löschen** und dann auf **Zeilen löschen** ❼. Eine Spalte löschen Sie entsprechend: Sie klicken in die Spalte, im Register **Tabellenlayout** auf **Löschen** und dann auf **Spalten löschen** ❽.

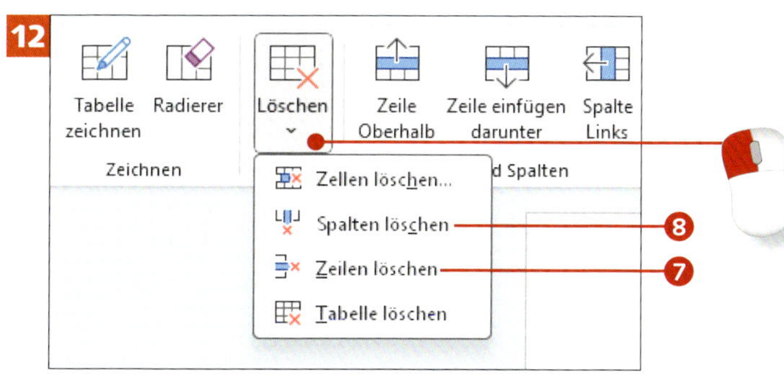

Bilder einfügen

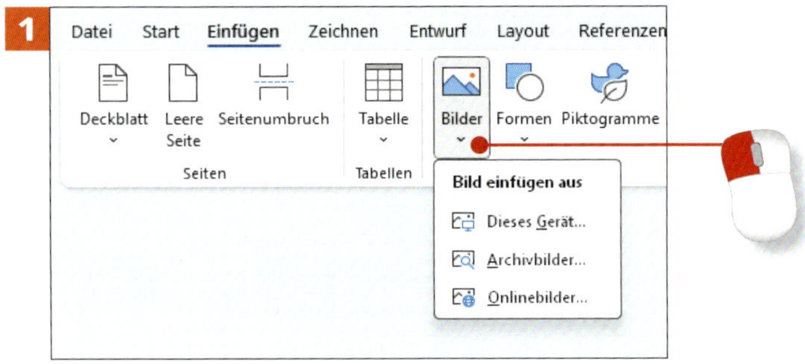

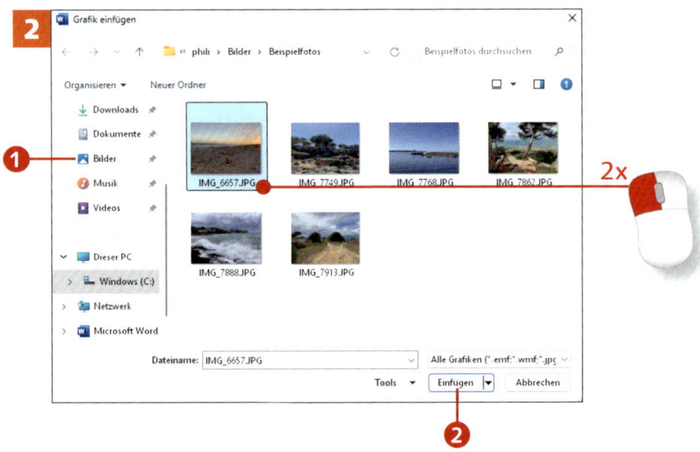

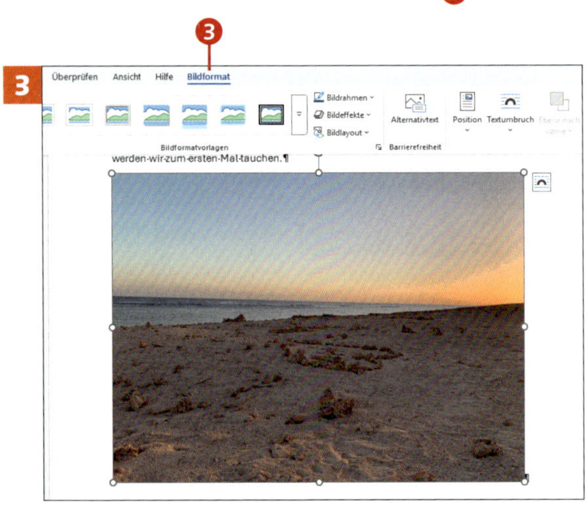

Viele Texte lassen sich mit Bildern auflockern. Lesen Sie hier, wie Sie Bilder einfügen, deren Größe und Position anpassen und sie mit Effekten versehen.

Schritt 1

Klicken Sie an die Stelle in Ihrem Text, an der Sie ein Bild einfügen möchten. Auf der Registerkarte **Einfügen** klicken Sie dann auf die Schaltfläche **Bilder** und im kleinen Menü auf **Dieses Gerät**.

Schritt 2

Word öffnet das Dialogfenster **Grafik einfügen**, das direkt den Ordner **Bilder** ❶ anzeigt. Wählen Sie aus den Bildern im rechten Bereich ein Foto mit einem Doppelklick aus. Liegt das Bild in einem der Unterordner, klicken Sie erst doppelt auf den Ordner und dann doppelt auf das Bild. Sie können auch nur einmal auf das Bild und dann unten rechts auf **Einfügen** ❷ klicken.

Schritt 3

Word fügt das Bild in Ihren Text ein. Solange das Bild angeklickt ist, ist die Registerkarte **Bildformat** verfügbar ❸.

Schritt 4

Neben dem Bild finden Sie das kleine Symbol **Layoutoptionen**. Klicken Sie darauf und im Menü auf **Eng** ❹. Damit können Sie das Bild verschieben (siehe Schritt 6) und es vom Text umfließen lassen. Schließen Sie die Layoutoptionen mit dem **Schließkreuz** ❺.

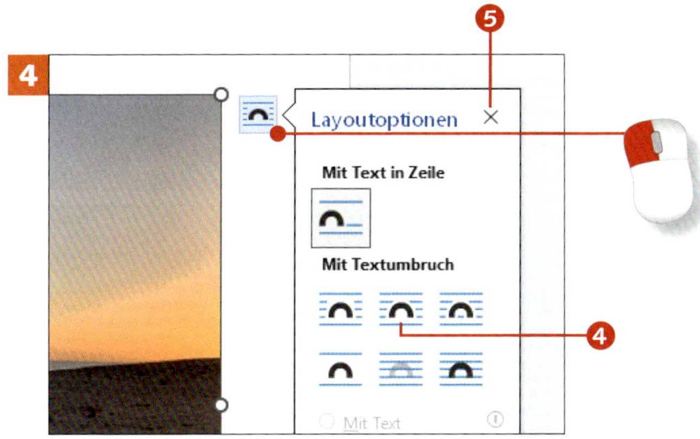

Schritt 5

Mit den *Ziehpunkten*, die sich an den Ecken des Bildes befinden, können Sie das Bild verkleinern. Fahren Sie mit dem Mauszeiger über einen Eckpunkt, bis Sie einen Doppelpfeil sehen, und drücken Sie dann die linke Maustaste. Bei gedrückter Maustaste – der Cursor verwandelt sich in ein großes Plus – ziehen Sie den Punkt Richtung Bildmitte, bis das Bild klein genug ist. Lassen Sie die Taste los.

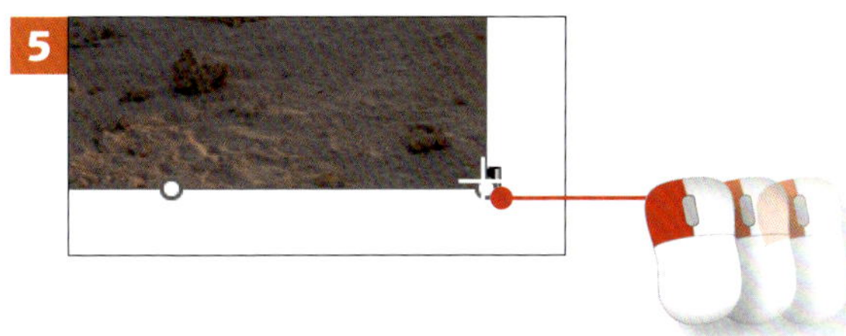

Schritt 6

Das Bild lässt sich auch an eine andere Stelle verschieben: Fahren Sie mit dem Mauszeiger über das Bild, bis Sie einen Vierfachpfeil sehen. Drücken Sie die linke Maustaste, und halten Sie sie gedrückt, während Sie das Bild an die gewünschte Stelle ziehen. Lassen Sie die Taste dann wieder los.

Das Bild springt weg!

Wenn Sie das Bild zu nah an den Seitenanfang oder das Seitenende verschieben, springt es auf die vorherige bzw. nachfolgende Seite. Ziehen Sie es dann wieder zurück; eventuell müssen Sie es verkleinern, wenn es nicht auf die Seite passen will.

Bilder einfügen (Forts.)

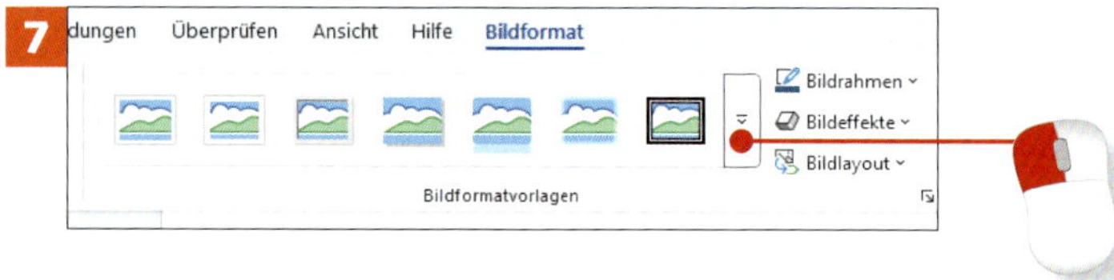

Schritt 7

Klicken Sie das Bild an und oben auf die Registerkarte **Bildformat**. In der Gruppe **Bildformatvorlagen** stehen Ihnen einige Rahmen zur Verfügung. Klicken Sie auf den Pfeil am rechten Rand der Rahmenminiaturen, um die ganze Liste zu sehen. Bei kleinen Fenstern steht hier **Schnellformatvorlagen**; klicken Sie darauf.

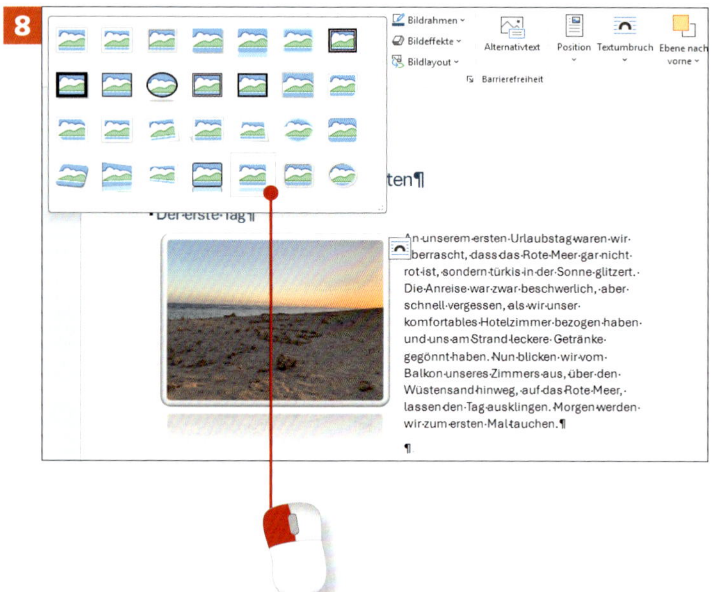

Schritt 8

Fahren Sie mit dem Mauszeiger über die Rahmenvorlagen. Sie sehen bei Ihrem Bild in der Livevorschau, wie es mit dem jeweiligen Rahmen aussähe. Klicken Sie schließlich entweder einen Rahmen an oder auf eine leere Stelle in Ihrem Dokument, wenn Sie doch keinen Rahmen haben möchten.

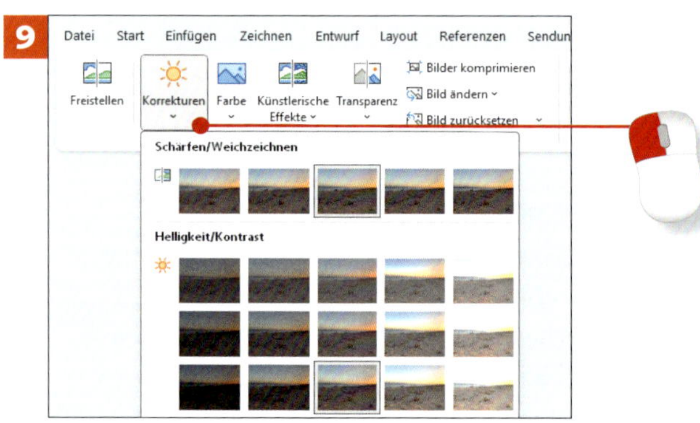

Schritt 9

Word bringt auch Werkzeuge mit, um Ihr Bild zu bearbeiten. Klicken Sie auf der Registerkarte **Bildformat** links auf **Korrekturen**. Die Miniaturansichten zeigen Ihr Bild in verschiedenen Variationen. Fahren Sie wieder mit dem Mauszeiger über die Varianten, und schauen Sie, wie Ihr Bild sich verändern würde. Im Beispiel wird der Kontrast angepasst.

Schritt 10

Sie können Ihr Bild auch umfärben: Klicken Sie auf die Schaltfläche **Farbe**. Sie können **Farbsättigung** und **Farbton** ändern oder das Bild insgesamt neu einfärben.

10
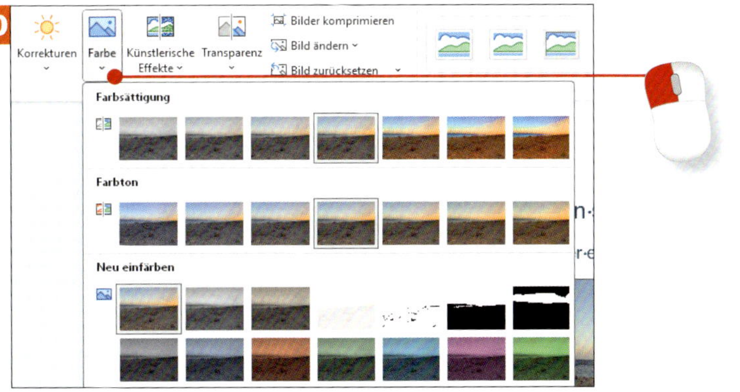

Schritt 11

Künstlerische Effekte erreichen Sie mit der gleichnamigen Schaltfläche in der Gruppe **Anpassen**. Auch hier können Sie die Livevorschau nutzen, um zu sehen, wie sich ein Klick auf die betreffende Variante auf Ihr Bild auswirkt. Möchten Sie keinen Effekt anwenden, klicken Sie einfach auf eine leere Stelle in Ihrem Dokument.

11
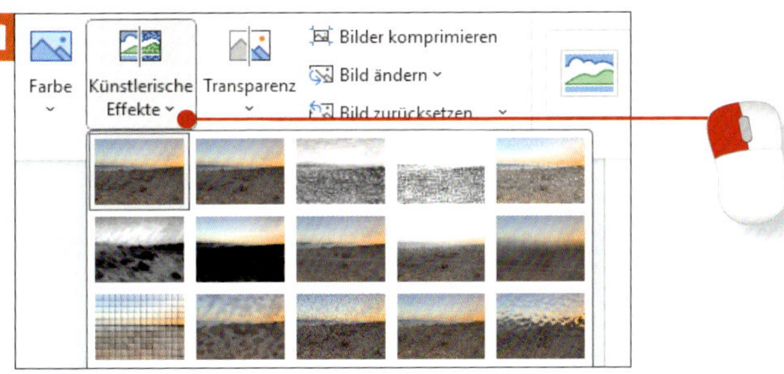

Schritt 12

Lassen Sie sich in der Druckvorschau anzeigen, wie Ihr Dokument nun aussieht (siehe dazu die Schritte 7 und 8 im Abschnitt »Die Seite einrichten« auf Seite 186). Um die Druckvorschau wieder zu schließen, klicken Sie auf den Pfeil oben. Speichern Sie Ihr Dokument regelmäßig!

12
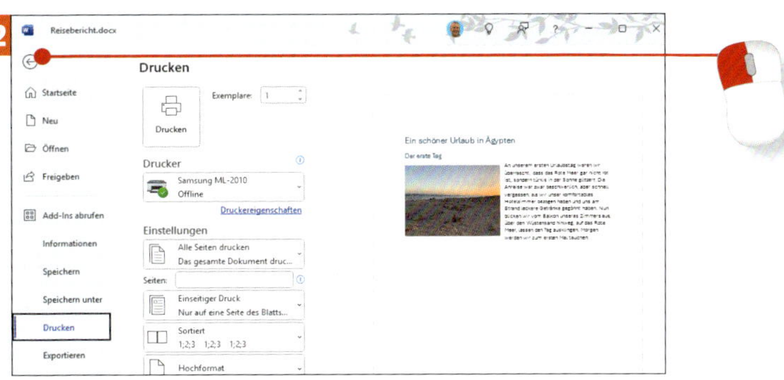

Die letzte Änderung rückgängig machen …

… ist kein Problem. Auch hier gilt: Klicken Sie entweder in der Symbolleiste für den Schnellzugriff auf den Pfeil nach links oder drücken Sie Strg + Z.

Dokumente ausdrucken

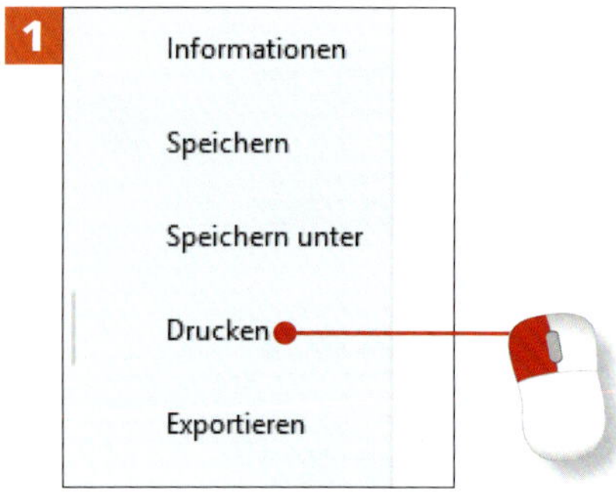

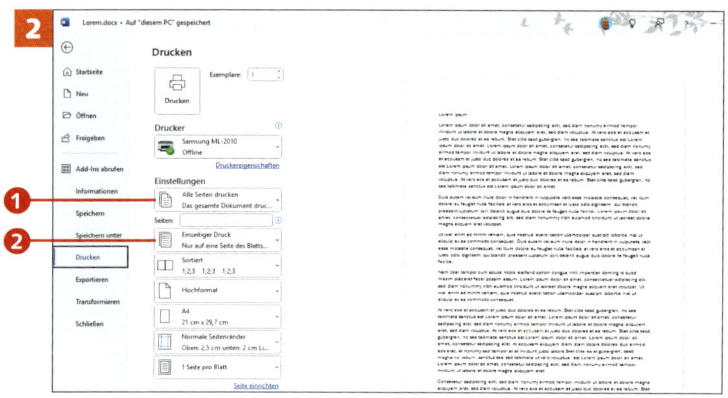

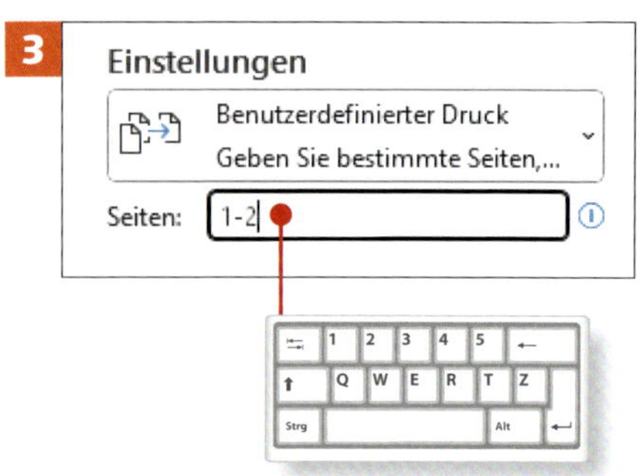

Digitalisierung ist gut und schön, aber einiges braucht man trotz allem »schwarz auf weiß«. Auch Briefe müssen Sie ausdrucken, um sie verschicken zu können. Word druckt für Sie mit wenigen Klicks.

Schritt 1

Das Dokument, das Sie drucken möchten, muss geöffnet und der Drucker eingeschaltet sein. Klicken Sie auf die Registerkarte **Datei** und dort links auf **Drucken**.

Schritt 2

In den Druckoptionen sehen Sie rechts die Seitenansicht, die gleichzeitig die Druckvorschau ist. In der Mitte sind Ihr Drucker und die Standardeinstellungen für den Druck zu sehen, z. B. **Alle Seiten drucken** ❶ oder – je nach Drucker – **Ein-** oder **Beidseitiger Druck** ❷.

Schritt 3

Im Bereich **Einstellungen** legen Sie unter anderem fest, ob nur bestimmte Seiten gedruckt werden sollen. Klicken Sie in das Feld **Seiten**, und geben Sie »1-2« ein, wenn Sie die beiden ersten Seiten drucken möchten. Um nur die Seiten 1 und 3 zu drucken, geben Sie »1,3« ein.

Schritt 4

Es sind noch weitere Druckeinstellungen möglich. Sie öffnen die Listen, indem Sie auf ein Feld klicken. Bei »normalen« Dokumenten müssen Sie hier nichts weiter einstellen.

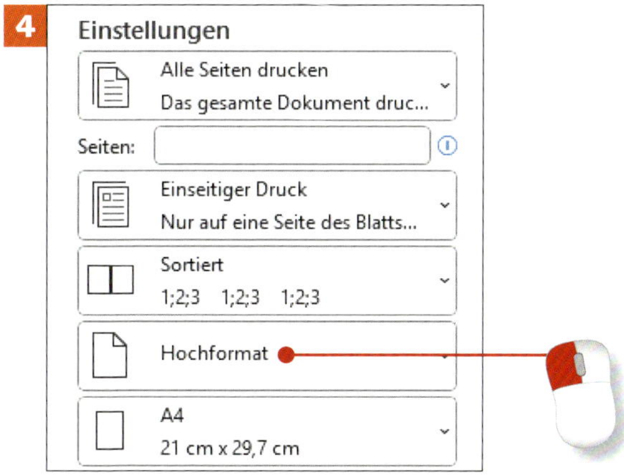

Schritt 5

Im oberen Teil der Druckoptionen legen Sie noch fest, wie viele Exemplare Ihres Dokuments Sie ausdrucken möchten. Ein Klick auf den Pfeil nach oben erhöht die Anzahl, mit dem unteren verringern Sie sie.

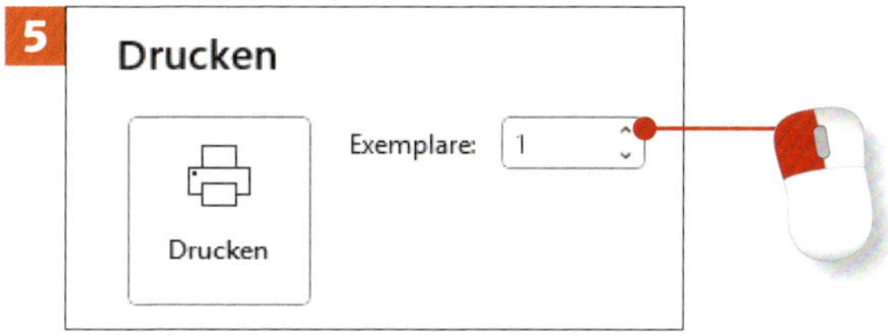

Schritt 6

Vergewissern Sie sich, dass der richtige Drucker ausgewählt ist ❸ und nicht z. B. ein PDF-Drucker. Prüfen Sie, ob Ihr Drucker über genügend Papier verfügt. Klicken Sie schließlich auf die Schaltfläche **Drucken**.

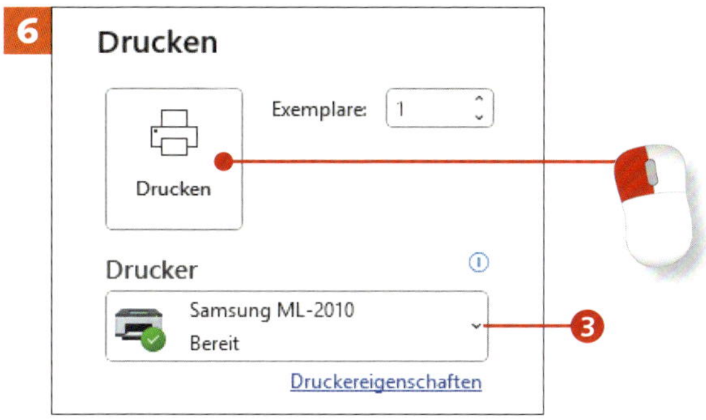

Drucker installieren

Wie Sie einen Drucker anschließen, erfahren Sie im Abschnitt »Einen Drucker installieren« auf Seite 288.

Web-Apps verwenden

1

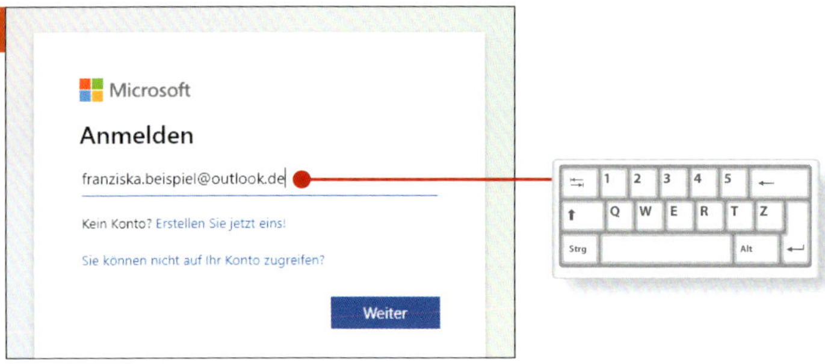

2

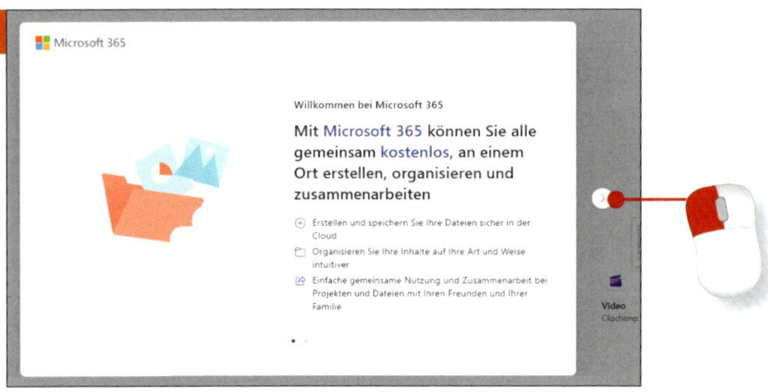

3

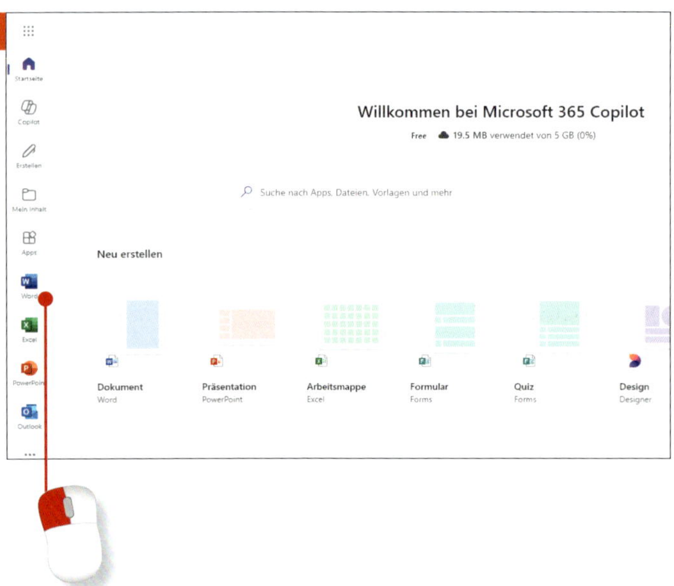

Mit Ihrem Outlook.com-E-Mail-Konto haben Sie auch Zugang zu den Web-Apps von Word, Excel & Co. Lesen Sie hier, wie Sie sie nutzen.

Schritt 1

Öffnen Sie Edge, und loggen Sie sich auf der Seite *www.office.com* in Ihr Outlook.com-Konto ein (siehe den Abschnitt »Ihr E-Mail-Konto aufrufen« auf Seite 122).

Schritt 2

Ihnen wird nun im Browser die Online-Version von Microsoft 365 angezeigt. Beim ersten Start erhalten Sie einige Informationen, die Sie mit den kleinen Pfeilen rechts durchblättern und dann beenden.

Schritt 3

Um den Word-Bereich aufzurufen, klicken Sie in der Navigationsleiste links auf das Symbol der Web-App **Word**.

Schritt 4

Um ein neues Dokument zu erstellen, klicken Sie auf **Leeres Dokument**. Nach einigen Augenblicken wird die Onlineversion von Word mit einem leeren Dokument geöffnet.

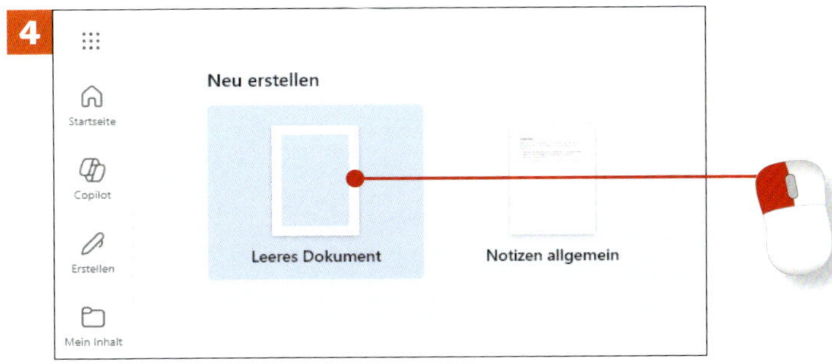

Schritt 5

Das Menüband ❶ enthält die wesentlichen Befehle der in den vorherigen Abschnitten beschriebenen Word-Version. Tippen Sie nun Ihren Text ein wie bei der installierten Word-Version.

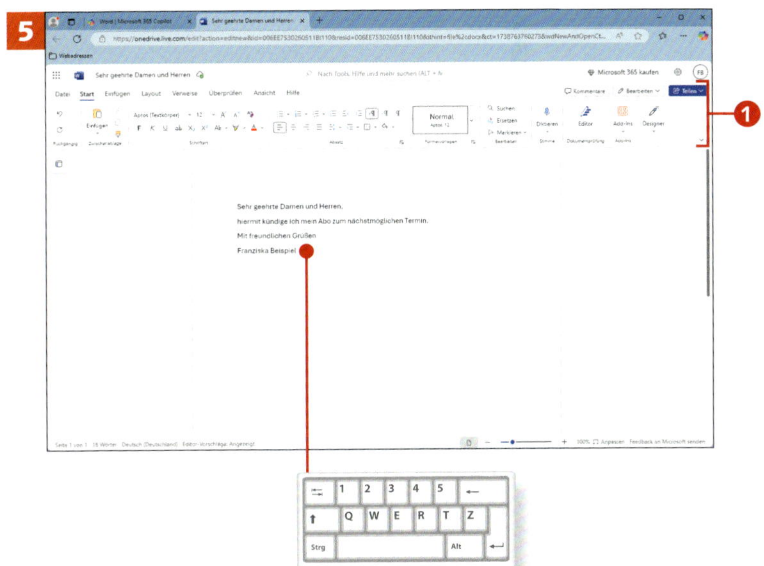

Schritt 6

Statt zu tippen, können Sie den Text auch diktieren, sofern ein Mikrofon vorhanden ist (siehe den Abschnitt »Kopfhörer verwenden« auf Seite 284). Klicken Sie auf das Mikrofon im Menüband ❷. Lassen Sie die Nutzung des Mikrofons zu. Ein Signalton zeigt den Beginn des Diktats an. Diktieren Sie langsam, und sagen Sie die Worte »Punkt« und »Komma«, wenn diese Satzzeichen im Text stehen sollen, und »neue Zeile« für einen Absatz. Ein Klick auf das jetzt blaue Symbol beendet das Diktat.

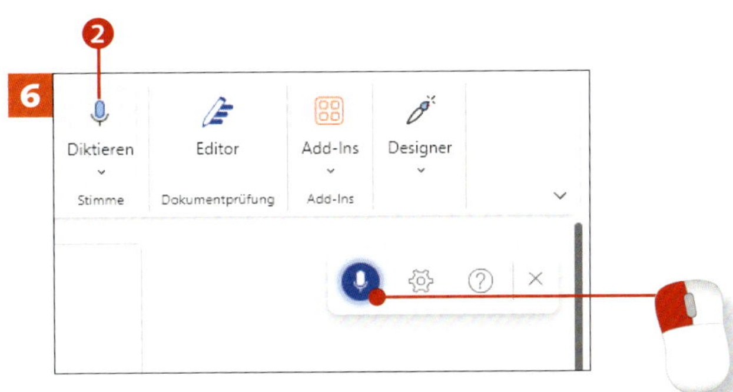

Web-Apps verwenden (Forts.)

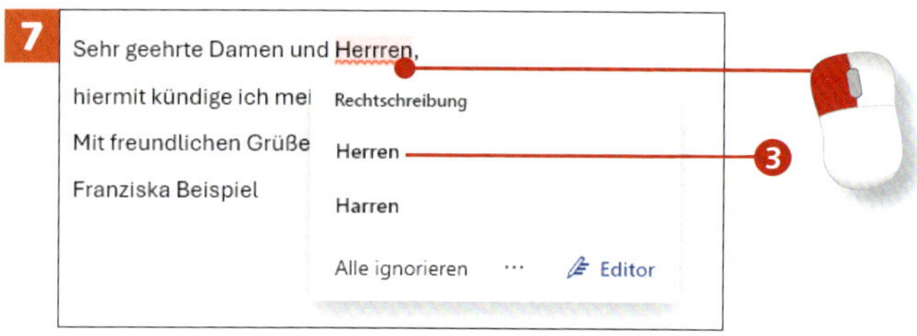

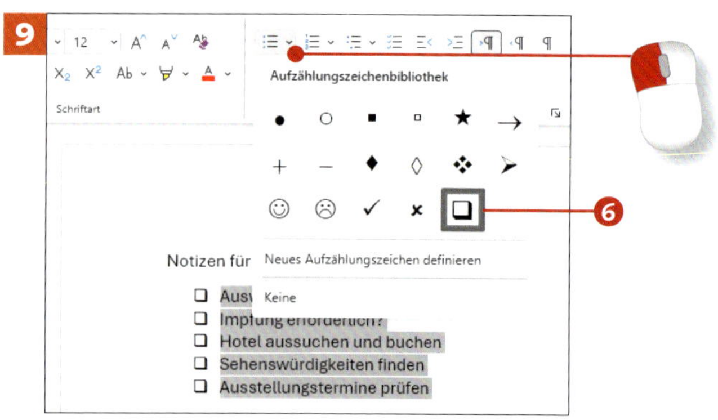

Schritt 7

Hat sich ein Tippfehler eingeschlichen, klicken Sie auf das rot unterkringelte Wort und dann auf den Korrekturvorschlag ❸. Wiederholen Sie den Vorgang für alle weiteren rot und blau unterstrichenen Fehler. Verlassen Sie sich aber nicht ausschließlich auf Word!

Schritt 8

Jetzt formatieren Sie Ihren Text. Markieren Sie die Überschrift. Mit einem Klick auf das **F** ❹ wird der markierte Text fett. Ändern Sie die Schriftgröße, indem Sie auf den Pfeil neben der Zahl und dann in der Liste auf die gewünschte Größe klicken. Die Schriftfarbe ändern Sie über den Pfeil beim farbig unterstrichenen **A** ❺. Immer erst markieren, dann formatieren.

Schritt 9

Sie können Ihren Text auch mit Aufzählungspunkten versehen: Markieren Sie die Zeilen, und klicken Sie auf den Pfeil neben **Aufzählungszeichen**. Ein Menü öffnet sich mit einer Auswahl. Im Beispiel wird das **Kästchen** ❻ angeklickt.

Wo wird mein Dokument gespeichert?
Ihre Datei wird auf *OneDrive* gespeichert. Das ist Ihr Speicherplatz im Internet, den Sie zusammen mit Ihrem Outlook.com-Konto erhalten haben. Um der Datei einen aussagekräftigen Namen zu geben, klicken Sie den automatischen Namen oben an und geben den neuen Namen ein. Drücken Sie dann [↵].

Schritt 10

Beim Brief lassen Sie die Absenderadresse nach rechts hüpfen: Markieren Sie die entsprechenden Zeilen und wählen Sie in der Gruppe **Ausrichtung** die rechtsbündige Ausrichtung.

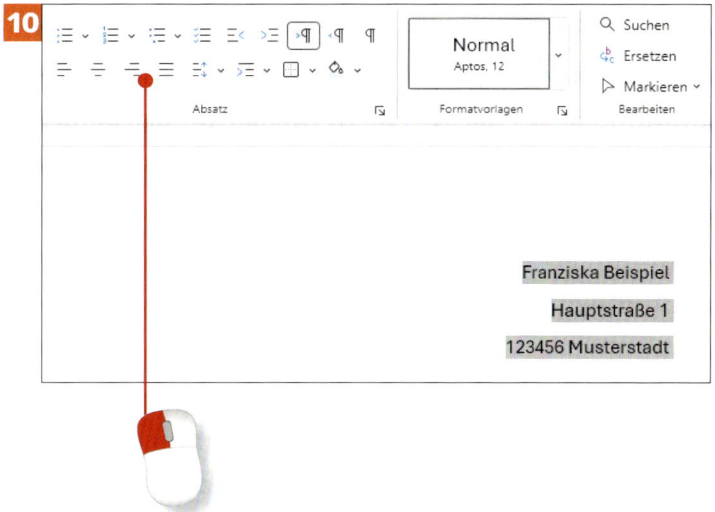

Schritt 11

Der große Vorteil der Online-Office-Version ist die einfache Weitergabe von Dateien an Dritte, z. B. zum Bearbeiten. Klicken Sie auf **Teilen** und noch mal auf **Teilen**.

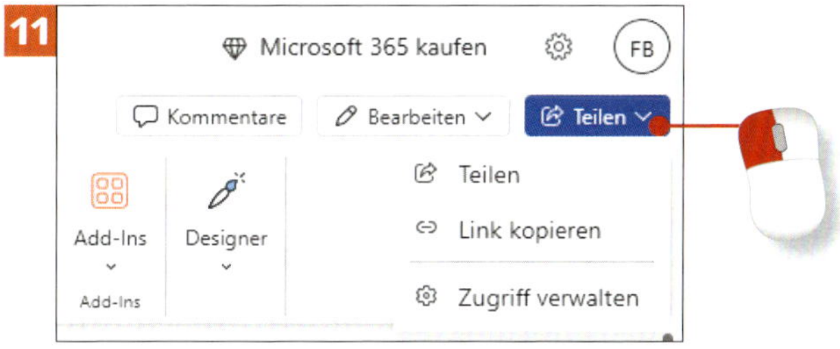

Schritt 12

Das Fenster **Link senden** erscheint. In die Zeile **An:** geben Sie einen oder mehrere Empfänger ein ❼. Fügen Sie eine Nachricht hinzu ❽, und klicken Sie schließlich auf **Senden**. Der Empfänger oder die Empfängerin erhält den Link zu Ihrer Datei, kann den Text bearbeiten bzw. auch drucken.

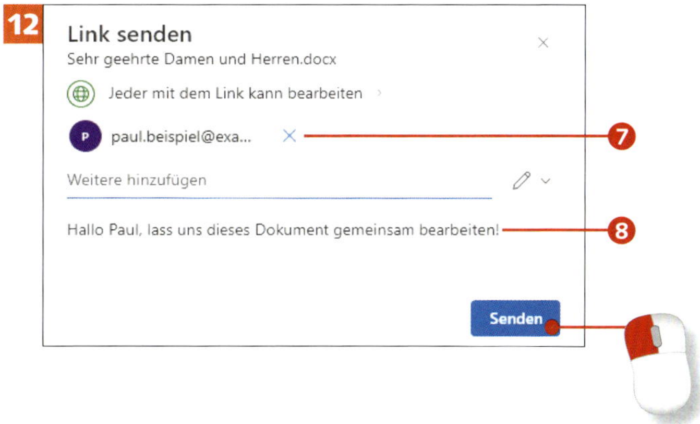

Kapitel 8
Rechnen mit dem Computer

Ob kleine Summe oder große komplizierte Formel: Excel rechnet für Sie fast alles. Sobald Sie Ihre Daten eingetragen haben, kann das Programm loslegen. Aus einfachen Worten und Zahlen zaubern Sie dann mit den Vorlagen von Excel eine aussagekräftige Tabelle. Für kleine Berechnungen nutzen Sie den Windows-Rechner.

Mit dem Windows-Rechner rechnen
Er sieht einfach aus, bringt aber eine Menge Funktionen mit: der Rechner von Microsoft. Er rechnet Einheiten um, findet die Anzahl an Tagen zwischen zwei Daten heraus und rechnet tagesaktuell Währungen um.

Text und Zahlen in Excel eingeben
Auch wenn es zunächst gewöhnungsbedürftig ist: Selbst Text geben Sie leicht in Excel ein. Sie nutzen die Autoausfüllen-Funktion und sparen sich damit viel Arbeit. Zahlen tippen Sie ein und formatieren sie.

Eigene Formeln eingeben
Das klingt schwierig, ist es aber nicht. Mit ein paar Eingaben addieren Sie Zahlen oder berechnen den Durchschnitt einer Zahlenreihe.

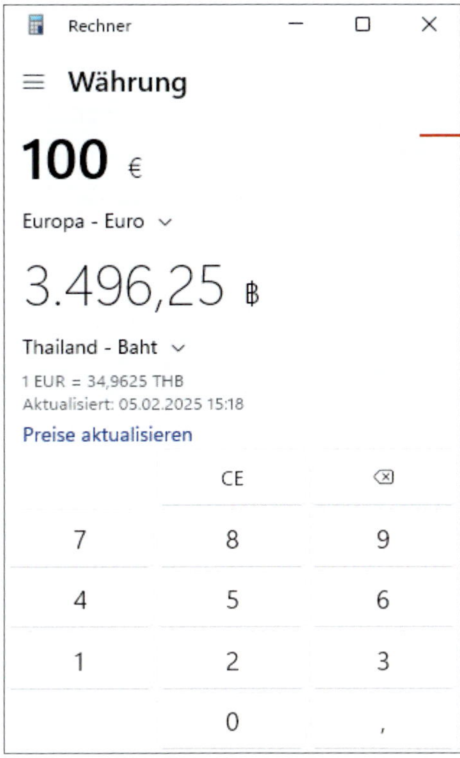

❶ Kleine Kalkulationen und Umrechnungen tippen Sie in den Rechner ein.

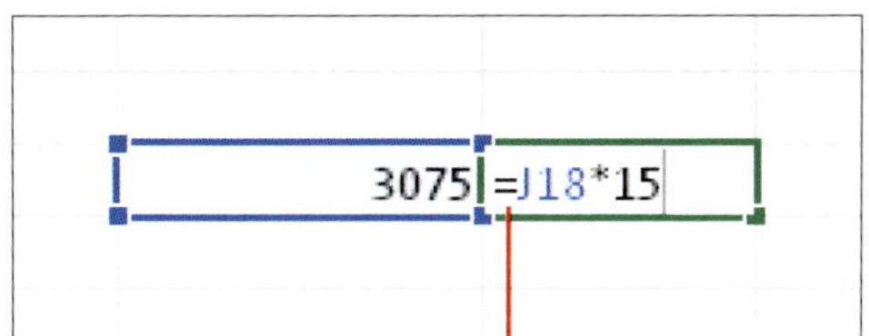

❸ Ihre Formeln beginnen immer mit einem Gleichheitszeichen.

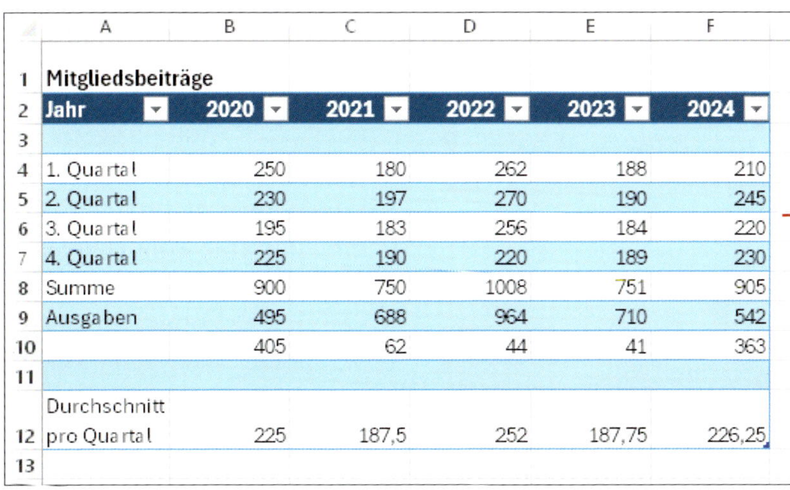

	A	B	C	D	E	F
1	**Mitgliedsbeiträge**					
2	**Jahr**	**2020**	**2021**	**2022**	**2023**	**2024**
3						
4	1. Quartal	250	180	262	188	210
5	2. Quartal	230	197	270	190	245
6	3. Quartal	195	183	256	184	220
7	4. Quartal	225	190	220	189	230
8	Summe	900	750	1008	751	905
9	Ausgaben	495	688	964	710	542
10		405	62	44	41	363
11						
12	Durchschnitt pro Quartal	225	187,5	252	187,75	226,25
13						

❷ Aus Text und Zahlen wird mit Excel eine aussagekräftige Tabelle.

Den Taschenrechner nutzen

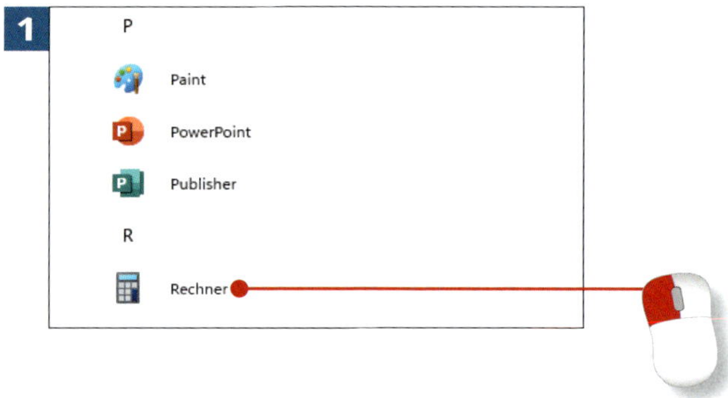

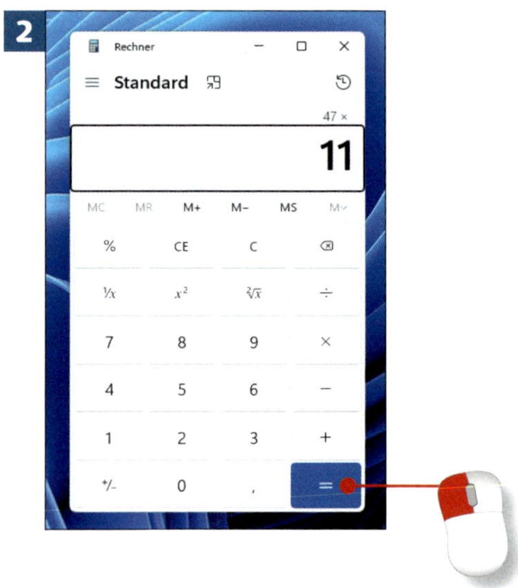

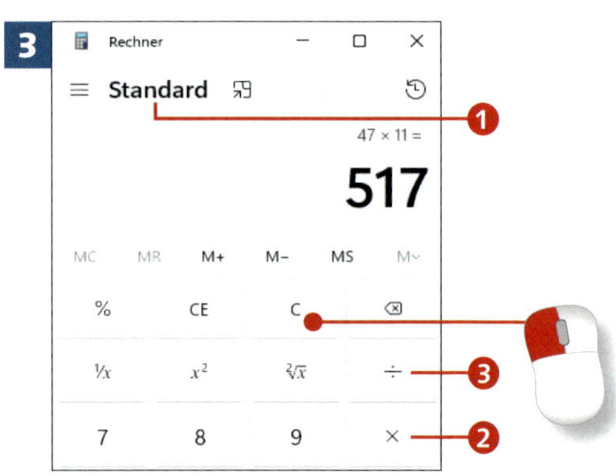

Windows bringt einen Taschenrechner mit, der für kleine Rechenoperationen schnell zur Verfügung steht.

Schritt 1

Öffnen Sie die App **Rechner**, z. B. im Startmenü unter **Alle** unter dem Buchstaben **R**.

Schritt 2

Der Rechner öffnet sich auf dem Desktop. Die Größe können Sie durch Ziehen des Randes anpassen. Sie bedienen den Rechner mit der Maus, indem Sie auf die Tasten klicken, oder mit der Tastatur. Tippen Sie eine kleine Rechnung ein. Zum Abschließen klicken Sie auf **=** oder drücken [↵].

Schritt 3

Im Standardmodus ❶ stehen Ihnen die Grundrechenarten zur Verfügung. Zum Multiplizieren klicken Sie auf das **×** ❷ auf dem Rechner oder tippen gleichzeitig [⇧] und [+] auf Ihrer Tastatur. Zum Dividieren nutzen Sie das Geteiltzeichen ❸ bzw. [⇧] und [7] oberhalb des Buchstabenblocks. Mit einem Klick auf **C** setzen Sie den Rechner wieder auf 0.

Schritt 4

Klicken Sie auf die drei Striche oben links (das Menüsymbol): In der Rubrik **Rechner** finden Sie unter anderem den aktiven Rechner **Standard** und den Rechner **Wissenschaftlich**. Scrollen Sie nach unten zum **Konverter**: Hier finden Sie Hilfen für die Einheitenumrechnung wie **Volumen** oder **Temperatur** ❹.

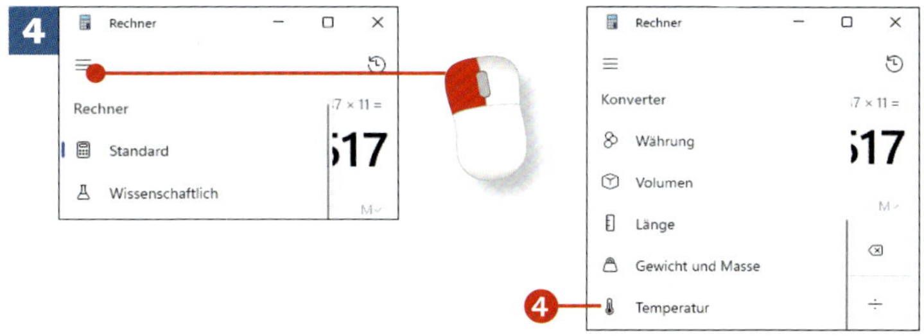

Schritt 5

Wählen Sie doch einmal **Temperatur** und klicken Sie auf den Pfeil neben **Fahrenheit**, wenn Ihr Zielwert eine andere Einheit haben soll. Im Beispiel bleibt es bei Fahrenheit. Auch die Ausgangseinheit bleibt, hier Celsius ❺. Geben Sie oben die Celsius-Gradzahl ein ❻. Der Rechner zeigt sofort die Temperatur in Fahrenheit an ❼.

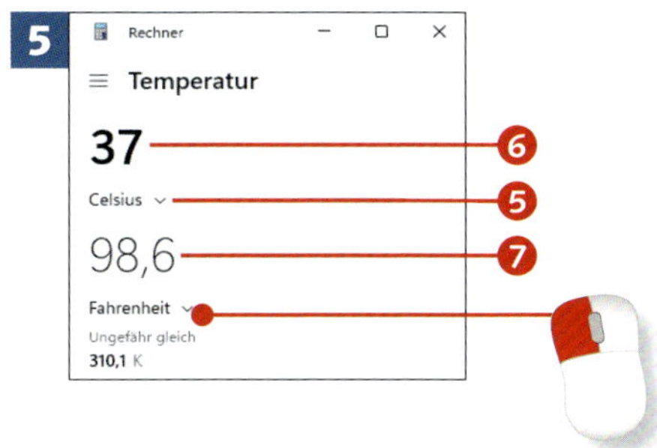

Schritt 6

Wie viele Tage noch bis zum Urlaub? Klicken Sie auf das Menüsymbol und dann auf **Datumsberechnung**. Nach einem Klick auf das Kalendersymbol ❽ hinter dem aktuellen Datum können Sie auch einen anderen Tag auswählen. Legen Sie darunter bei **Bis** das zweite Datum fest. Der Rechner zeigt Ihnen die **Differenz** ❾ an.

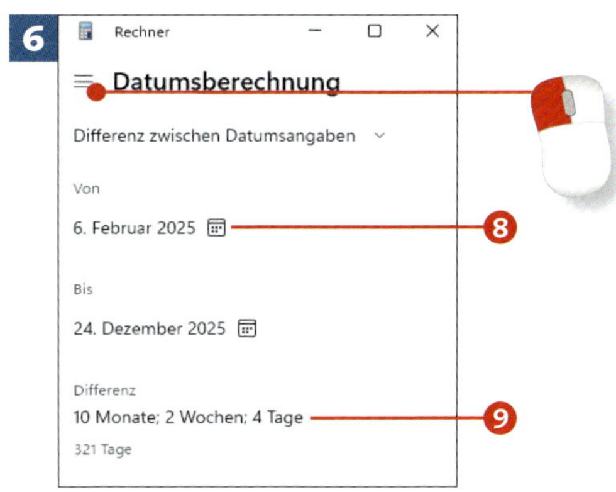

Eine wirklich große Auswahl

Egal, was Sie umrechnen und in welche Einheit: Der Rechner bietet Ihnen immer verschiedene Ausgangs- und Zieleinheiten an. So können Sie amerikanische *Pint* in *Liter* umrechnen oder in *Flüssigunzen*, *Bits* in *Bytes* usw. Achten Sie auf die kleinen Extraangaben bei *Maßen* und *Längen*!

Excel kennenlernen

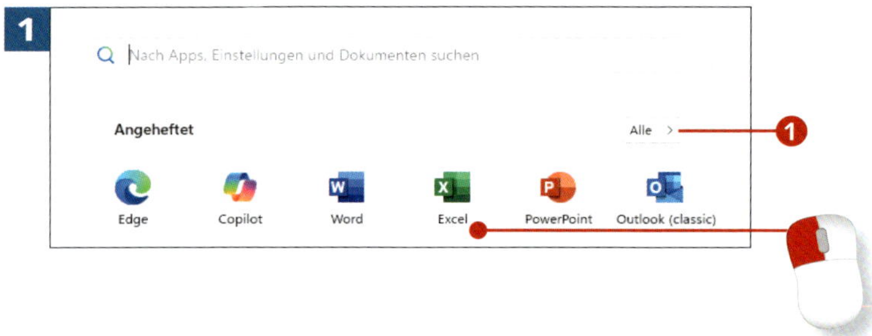

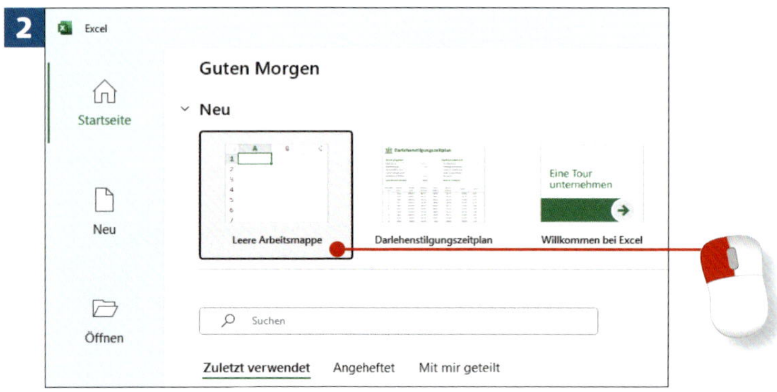

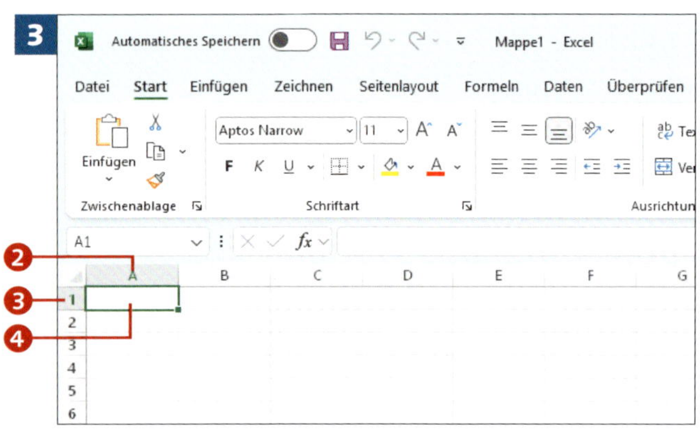

Excel arbeitet mit Tabellen und ist spezialisiert aufs Rechnen. Aber auch mit Text kann Excel umgehen.

Schritt 1

Excel können Sie über das Startmenü öffnen: Ist das **Excel**-Symbol hier angeheftet, klicken Sie darauf. Sehen Sie das Symbol nicht, klicken Sie im Startmenü auf **Alle** ❶ und scrollen bis **E**. Klicken Sie auf **Excel**. Haben Sie das Programmsymbol in der Taskleiste abgelegt, klicken Sie darauf.

Schritt 2

Ähnlich wie bei Word: Excel startet und öffnet den Startbildschirm mit einigen Vorlagen und dem Bereich **Zuletzt verwendet**. Klicken Sie auf **Leere Arbeitsmappe**.

Schritt 3

Excel zeigt ein leeres Tabellenblatt. Es besteht aus *Spalten* ❷ und *Zeilen* ❸. Die einzelnen Felder, in die Sie schreiben können, sind die *Zellen* ❹. Sie stellen die Schnittstellen von Spalten und Zeilen dar.

Schritt 4

Die aktuell angeklickte Zelle hat einen dunkelgrünen Rahmen ❺. So können Sie schnell erkennen, an welcher Stelle Sie sich befinden; der Rahmen ist quasi Ihr Cursor. Dementsprechend heißt er *Zellcursor*. Die aktuell angeklickte Zelle wird auch *aktive Zelle* genannt.

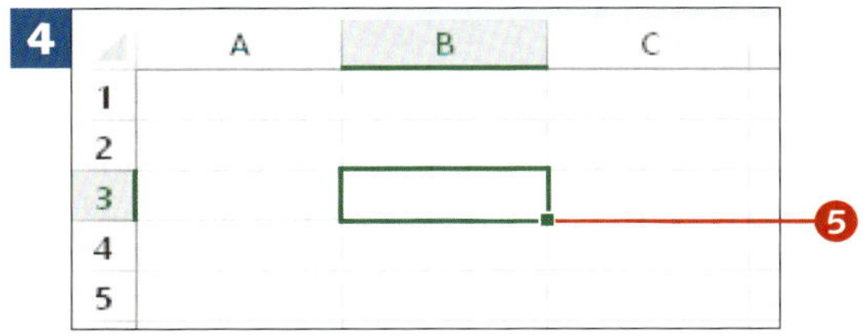

Schritt 5

Um eine Zahl oder ein Wort in eine Zelle zu schreiben, klicken Sie die Zelle einmal an und tippen einfach los. Erst wenn Sie ein Zeichen getippt haben, ist ein »normaler« Cursor in der Zelle zu sehen. Sie benötigen ihn also nicht, um mit dem Tippen zu beginnen.

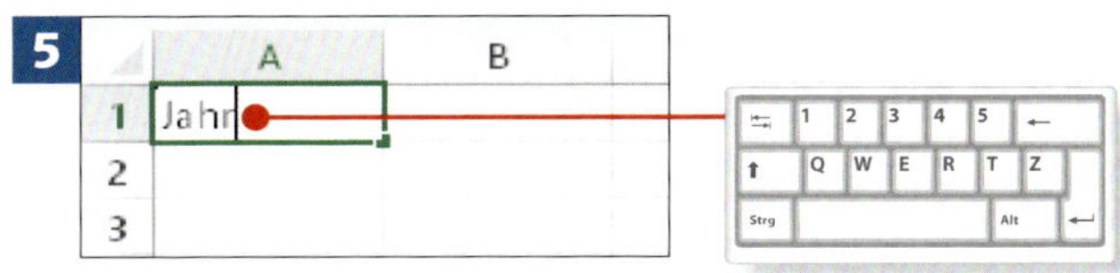

Schritt 6

Bei Excel müssen Sie die Eingabe von Zahlen oder Buchstaben immer bestätigen. Klicken Sie daher mit der Maus in eine andere Zelle, oder drücken Sie [↵], wenn Sie mit der Eingabe in einer Zelle fertig sind.

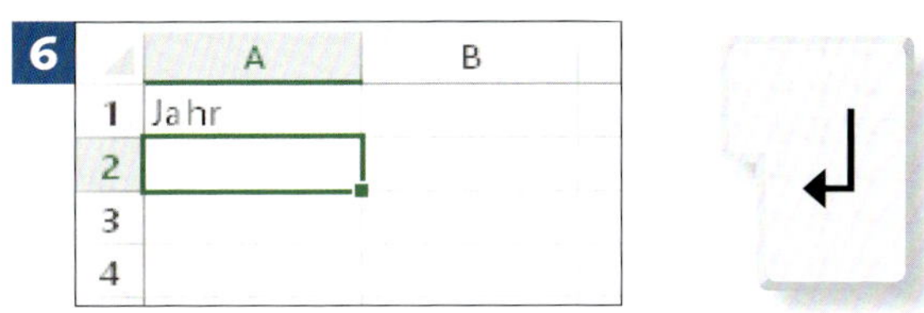

»Enter« verschiebt den Zellcursor

Excel ist so eingestellt, dass mit jedem Klick auf [↵] der Zellcursor in die Zelle darunter springt. Möchten Sie stattdessen nach der Eingabe in der Zelle rechts daneben etwas eintragen, klicken Sie in diese Zelle, ohne vorher [↵] zu drücken.

Excel kennenlernen (Forts.)

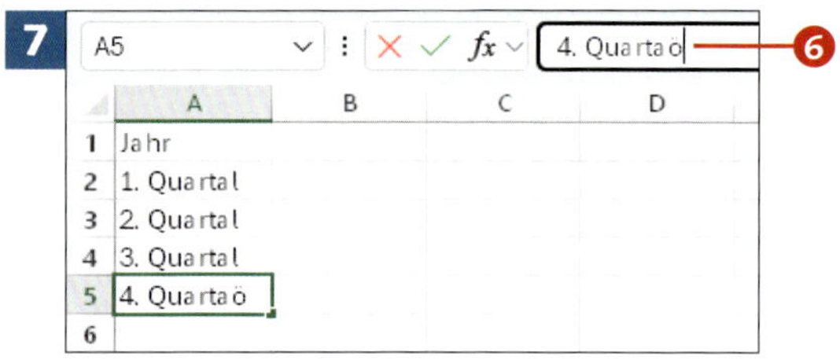

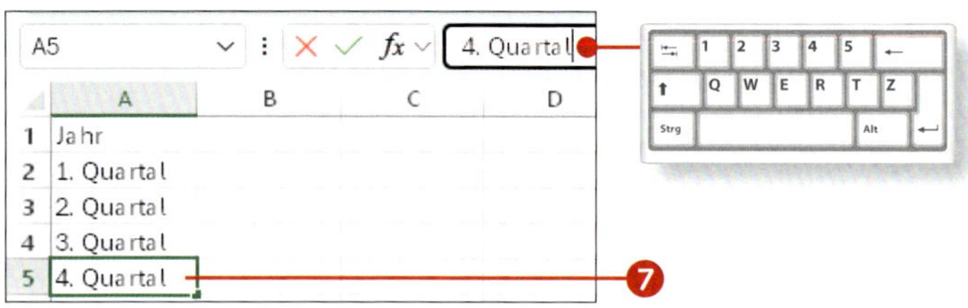

Schritt 7

Zum Bearbeiten klicken Sie die Zelle einmal an. In der *Bearbeitungsleiste* 6 direkt über den Spaltenköpfen mit den Buchstaben können Sie dann Fehler korrigieren oder Zahlen und Text ergänzen. Gleichzeitig erscheinen die Änderungen in der Zelle, die Sie gerade bearbeiten 7. Bestätigen Sie Ihre Eingabe mit [↵], oder klicken Sie in eine andere Zelle.

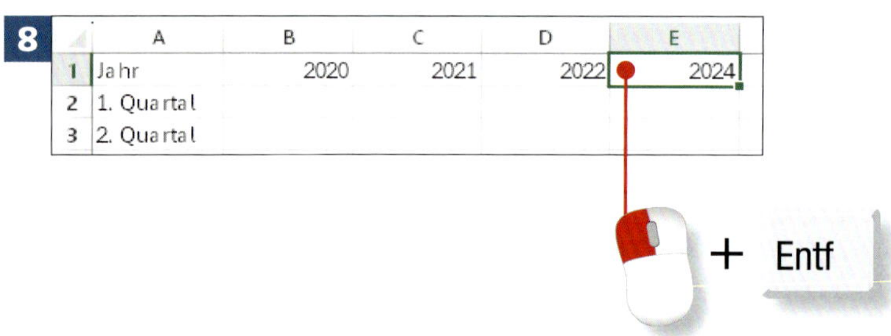

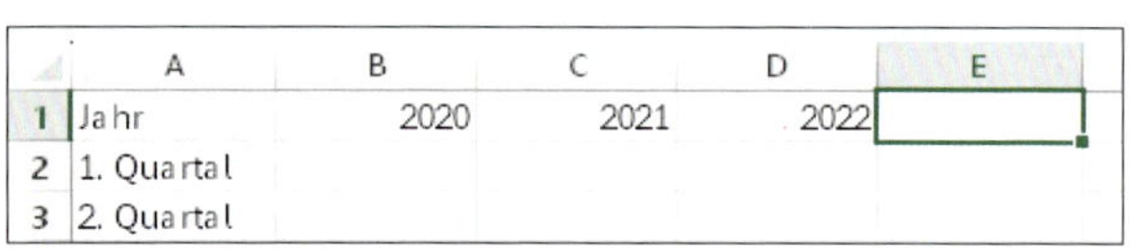

Schritt 8

Um den ganzen Inhalt einer Zelle zu löschen, benötigen Sie die Bearbeitungsleiste nicht. Klicken Sie die Zelle einmal an, und drücken Sie dann [Entf] oder [←]. Beim Drücken der [←]-Taste wird die Zelle außerdem aktiviert und der Cursor blinkt in der jetzt leeren Zelle.

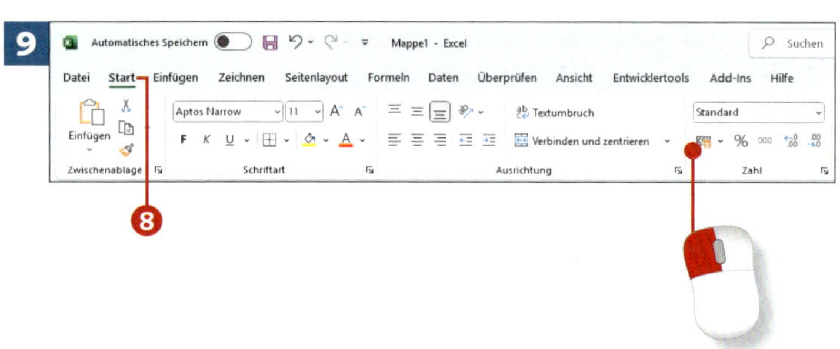

Schritt 9

Über der Bearbeitungsleiste befindet sich das *Menüband*. Hier finden Sie alle wichtigen Befehle, sortiert in *Registerkarten*. Die Registerkarte **Start** 8 ist im Vordergrund, wenn Sie eine *Arbeitsmappe* in Excel öffnen. Hier können Sie z. B. mit einem Klick auf das Symbol für Währung eine Zahl in einen Euro-Wert umwandeln.

Schritt 10

Rufen Sie die Registerkarte **Einfügen** auf. Hier können Sie verschiedene **Diagramme** ⑨ auswählen, die die in einer Tabelle ausgewählten Daten anschaulich darstellen.

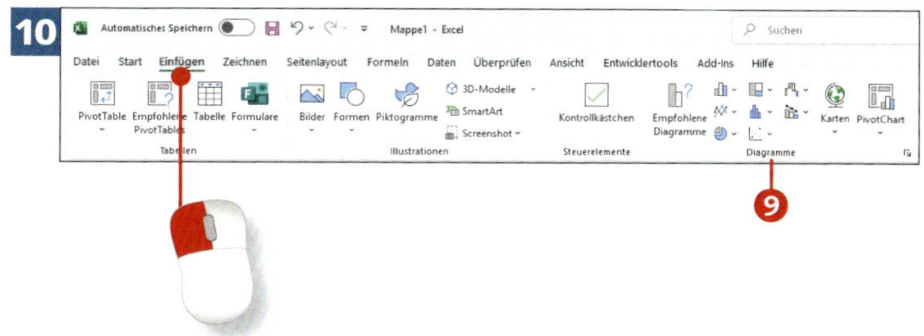

Schritt 11

Die Registerkarte **Datei** enthält alle Befehle rund ums Öffnen, Speichern und Drucken von Dateien. Hier können Sie die Daten in Ihrer Arbeitsmappe nicht bearbeiten. Klicken Sie auf den Pfeil oben links ⑩: So kehren Sie zu Ihrer Tabelle zurück.

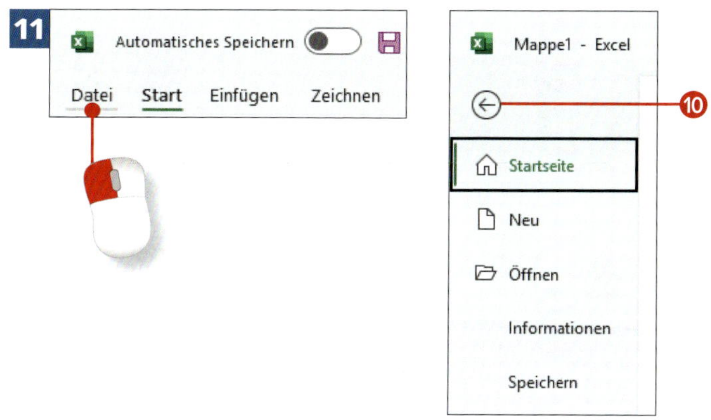

Schritt 12

Um Excel zu schließen, klicken Sie oben rechts auf das Schließkreuz **×**.

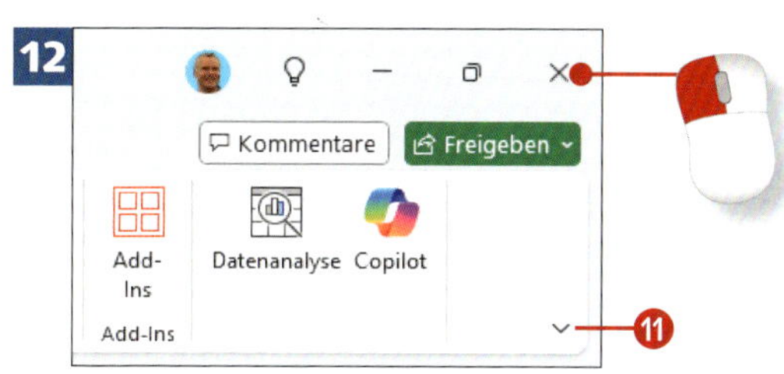

Das Menüband ist weg!

Wenn Sie nur noch die Namen der Registerkarten sehen, klicken Sie eine Registerkarte an und ganz rechts im Menüband auf den Pfeil nach unten ⑪. In der Liste klicken Sie auf **Menüband immer anzeigen**.

Daten in Tabellen eingeben

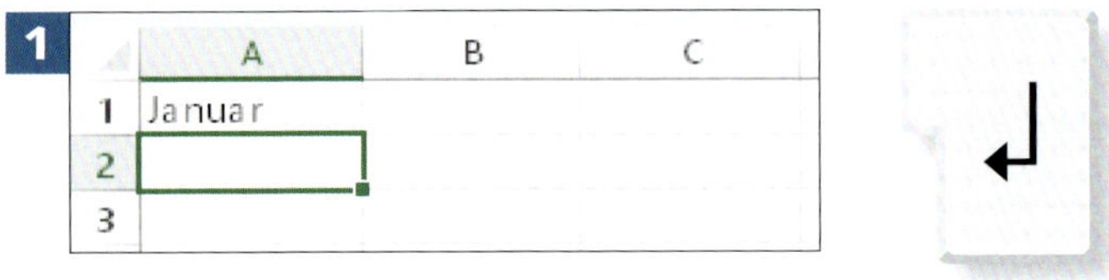

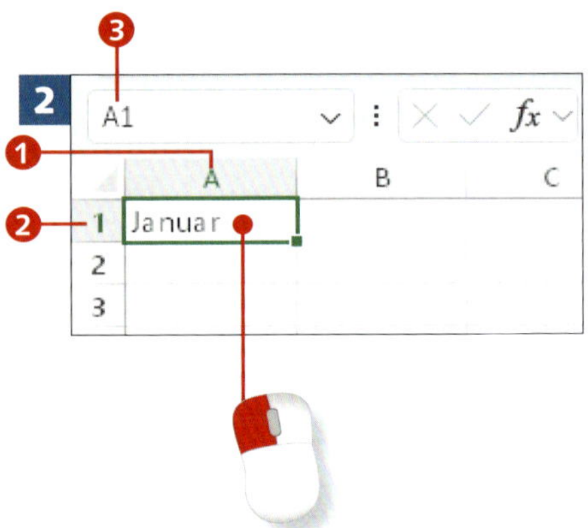

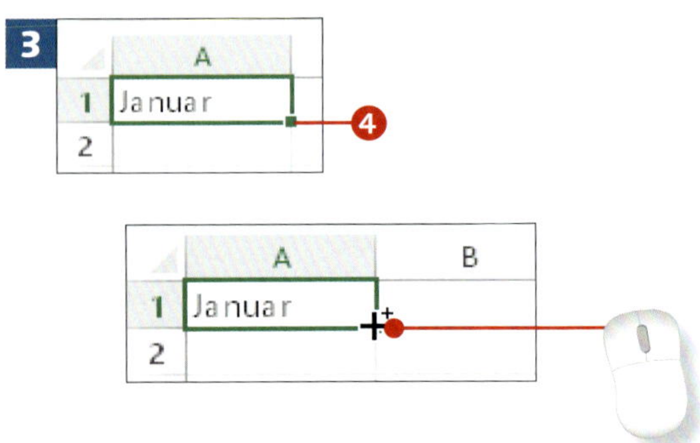

Eine ausgefüllte Tabelle enthält Text und Zahlen. Hier erfahren Sie, wie Sie beides unterbringen.

Schritt 1

Öffnen Sie eine neue, leere Arbeitsmappe und schreiben Sie in die erste Zelle oben links ein Wort, z. B. »Januar«. Zum Bestätigen der Eingabe klicken Sie in eine andere Zelle oder drücken ↵.

Schritt 2

Klicken Sie die Zelle mit *Januar* wieder an. Die Zelle befindet sich in Spalte **A** ❶ und Zeile **1** ❷. Daher hat sie standardmäßig den Namen A1. Den Namen können Sie bei jeder beliebigen Zelle direkt über der Spalte **A** ablesen: Dort finden Sie das *Namensfeld* ❸. Hier lesen Sie die Koordinate **A1**.

Schritt 3

An der rechten unteren Ecke der markierten Zelle sehen Sie ein kleines Quadrat ❹. Fahren Sie mit dem Mauszeiger darüber. Der Zeiger verwandelt sich in ein Pluszeichen.

Schritt 4

Ziehen Sie das Quadrat mit gedrückter Maustaste nach rechts. Lassen Sie bei Spalte **L** die Maustaste los. Excel schreibt automatisch die weiteren Monatsnamen in die Zellen neben **A1** – das ist die Funktion *Autoausfüllen*.

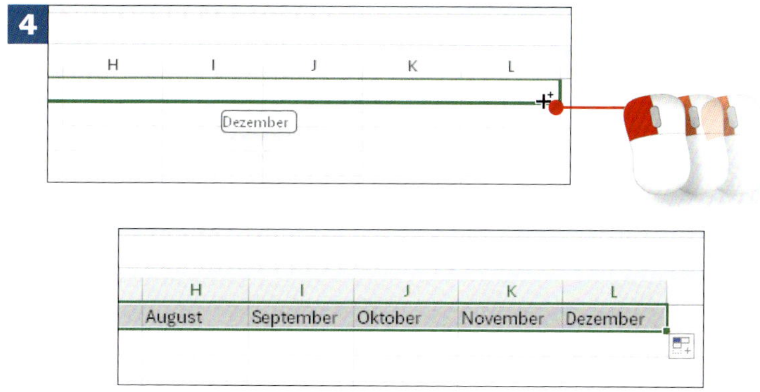

Schritt 5

Klicken Sie in die Zelle **A2**, das ist die Zelle unter *Januar*. Tippen Sie eine Zahl ein. Klicken Sie jetzt in die Zelle **B2**, die Zelle rechts neben der ersten Zahl und unter *Februar*. Tippen Sie auch hier eine Zahl ein.

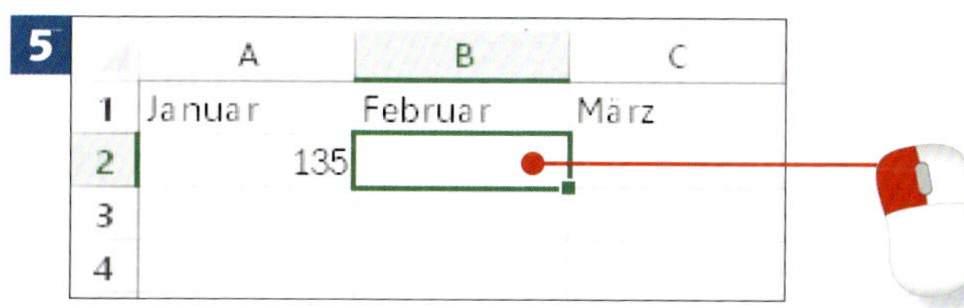

Schritt 6

Geben Sie für die anderen Monate Zahlen ein. Nach der Eingabe der letzten Zahl unter *Dezember* können Sie auch das Häkchen ❺ in der Bearbeitungsleiste anklicken. Der Zellcursor springt dann nicht weiter.

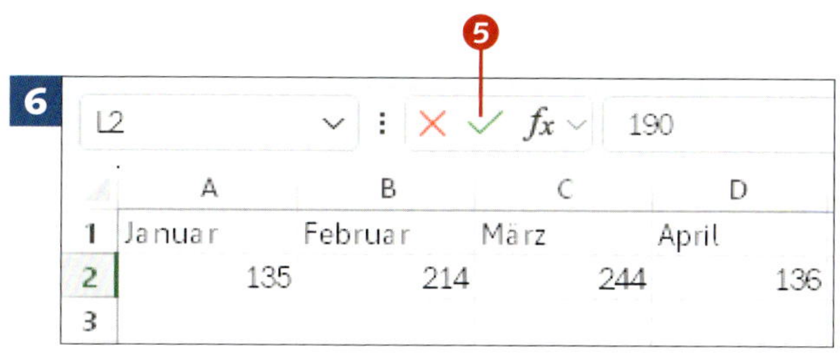

Lassen Sie Excel rechnen!
Tragen Sie Summen, Produkte usw. nicht von Hand ein, sondern lassen Sie Excel rechnen – dafür ist es da. Außerdem ändert Excel das Ergebnis automatisch, wenn Sie eine Zahl in einer Zelle ändern, auf die sich die Berechnung bezieht.

Daten in Tabellen eingeben (Forts.)

7

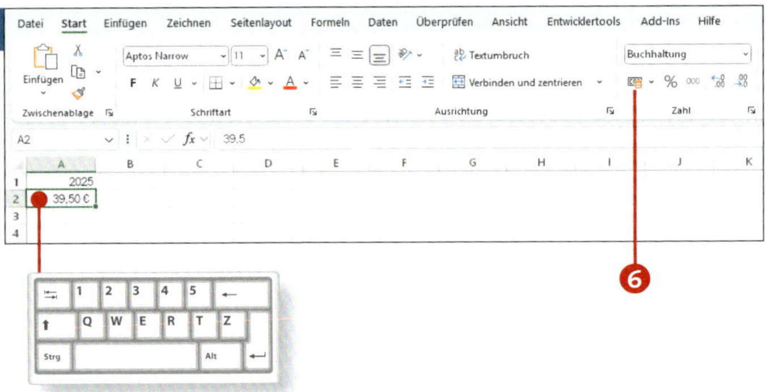

8

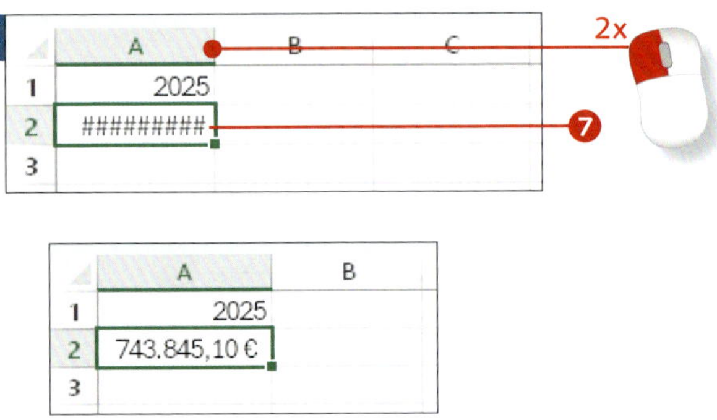

9

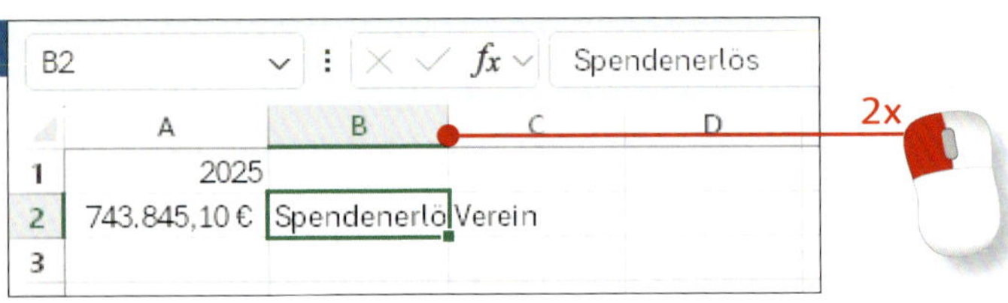

Bei mir sehen die Schaltflächen ganz anders aus!
In kleineren Programmfenstern sehen Sie manchmal nur die Symbole, oder die Bezeichnungen stehen untereinander. Bei größeren Fenstern steht mehr Text neben den Symbolen. Dies hat keinen Einfluss auf die Bedienung von Excel: Richten Sie sich nach den hier abgebildeten Symbolen.

Schritt 7

Jahreszahlen tippen Sie einfach ein, z. B. »2025«. Zahlen mit zwei Stellen hinter dem Komma wie Euro-Beträge tippen Sie ebenfalls einfach ein: »38,50«. Das Euro-Zeichen ergänzt Excel für Sie: Klicken Sie oben links auf das Häkchen (siehe Schritt 6) und dann auf der Registerkarte **Start** auf das Symbol mit dem Geld ❻. Ihre Zahl erhält ein Euro-Zeichen.

Schritt 8

Es wird manchmal vorkommen, dass Sie die Zahl in einer Zelle gar nicht sehen, sondern nur Doppelkreuze ❼. Das ist immer ein Hinweis darauf, dass die Zahl nicht in die Zelle passt. Klicken Sie dann doppelt auf die Linie zwischen der Spalte mit der Zahl und der Spalte rechts daneben. Die Zellbreite wird dem Inhalt angepasst.

Schritt 9

Auch für Text kann zu wenig Platz da sein; er wird dann nicht vollständig angezeigt. Hier können Sie ebenfalls Platz schaffen, indem Sie die Spalte durch Doppelklicken auf die Linie zwischen der aktuellen und der Spalte rechts daneben verbreitern.

Schritt 10

Soll die Spalte aber auf keinen Fall breiter werden, verwenden Sie den Textumbruch: Klicken Sie die Zelle mit dem Text an. Auf der Registerkarte **Start** klicken Sie auf **Textumbruch**. Die Zeilenhöhe wird angepasst, und der Text ist komplett lesbar.

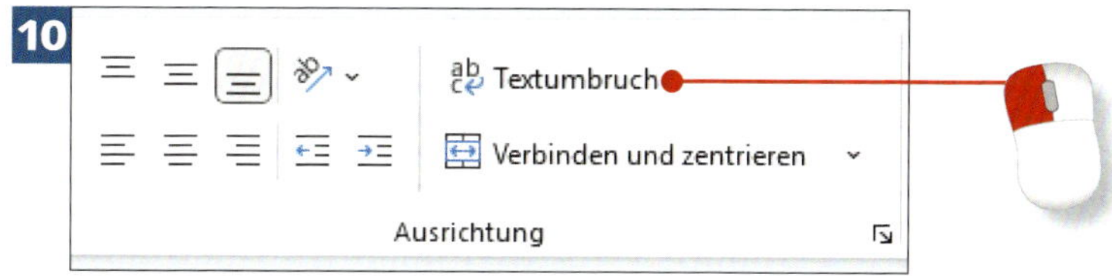

Schritt 11

Eine leere Excel-Tabelle ist groß. Sie können sehr viele Daten eingeben, bevor Sie an ihr Ende kommen. Nach den Buchstaben A bis Z »zählt« Excel bei den Spalten weiter ❽ mit **AA**, **AB** und nach **AZ** dann mit **BA**, **BB** usw. Auch die Zeilen bieten Ihnen reichlich Raum für Text und Zahlen.

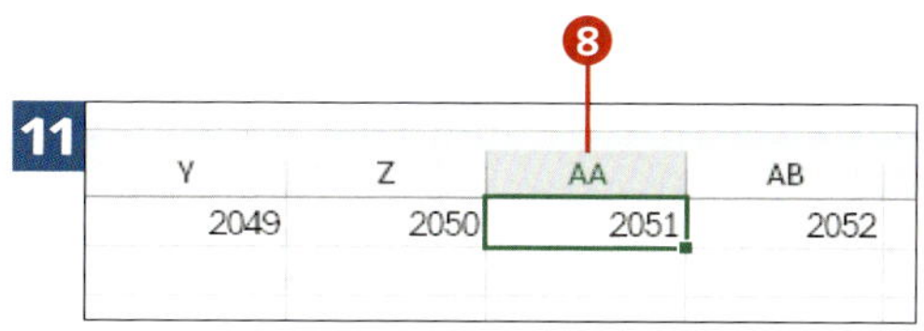

Schritt 12

Brauchen Sie für andere Daten eine eigene Tabelle, können Sie sie in der gerade geöffneten Datei (genannt *Arbeitsmappe*) anlegen. Klicken Sie dazu unten auf das Plus neben **Tabelle1**. Die neue Tabelle heißt **Tabelle2** ❾ und wird sofort geöffnet.

Excel und Text …

… harmonieren nicht immer, vor allem bei längerem Text. Wenn Sie, wie in Schritt 10 beschrieben, den Zeilenumbruch aktiviert haben, trennt Excel Ihre Wörter am Ende der Zelle, egal, ob das Sinn ergibt oder nicht. Hier müssen Sie mit Trennstrichen von Hand nachsteuern. Optimal ist auch das nicht: Wenn Sie später die Schriftgröße ändern oder doch die Spaltenbreite, steht das Trennzeichen eventuell mitten im Text.

Excel-Dateien speichern und wieder öffnen

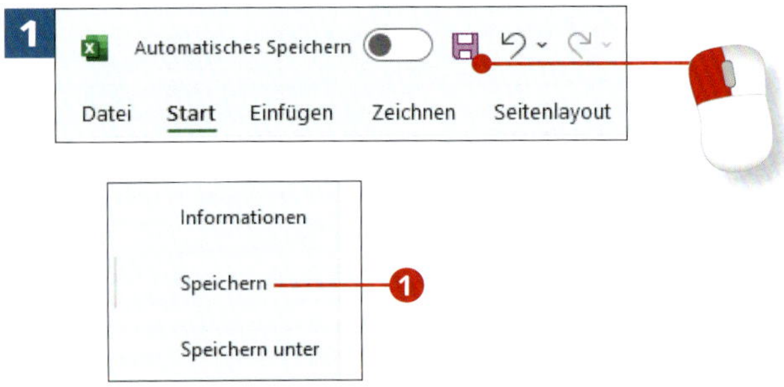

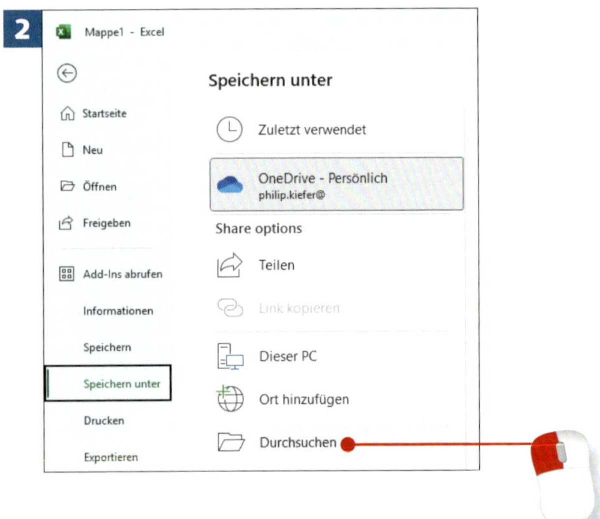

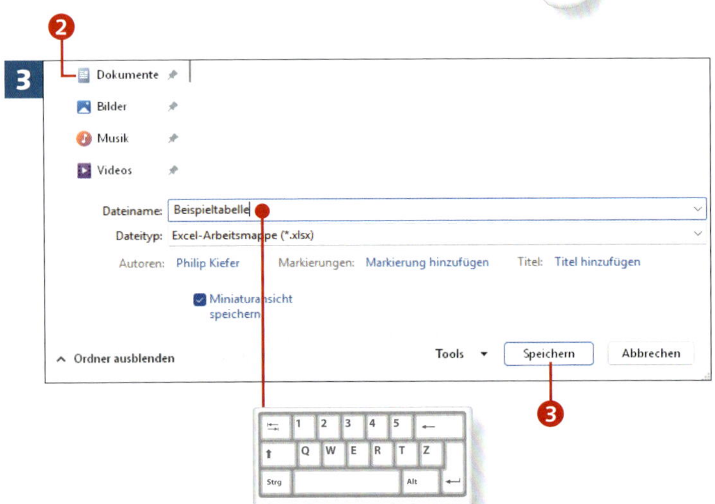

Ihre Arbeit in Excel sollte nicht verloren gehen; speichern Sie sie daher regelmäßig. Eigene und zugeschickte Excel-Dateien können Sie nach dem Öffnen weiterbearbeiten.

Schritt 1

Speichern Sie auch in Excel regelmäßig Ihre Arbeit. Klicken Sie dazu bei einer bereits zuvor gespeicherten Datei auf das Speichernsymbol in der Symbolleiste für den Schnellzugriff oder auf **Datei ▸ Speichern** ❶.

Schritt 2

Haben Sie die Datei noch nie gespeichert, öffnet sich das Fenster **Speichern unter**. Klicken Sie hier auf **Durchsuchen**.

Schritt 3

Im neuen Fenster tippen Sie in das Feld **Dateiname** einen aussagekräftigen Namen. Als Ordner, in dem Ihre Datei gespeichert wird, schlägt Excel **Dokumente** ❷ vor. Akzeptieren Sie den Vorschlag, und klicken Sie auf **Speichern** ❸.

Schritt 4

Wenn Sie in dieser Datei weiterarbeiten und dann wieder auf das Speichersymbol oben links klicken, speichert Excel diese neue Fassung Ihrer Tabelle ohne weitere Nachfragen.

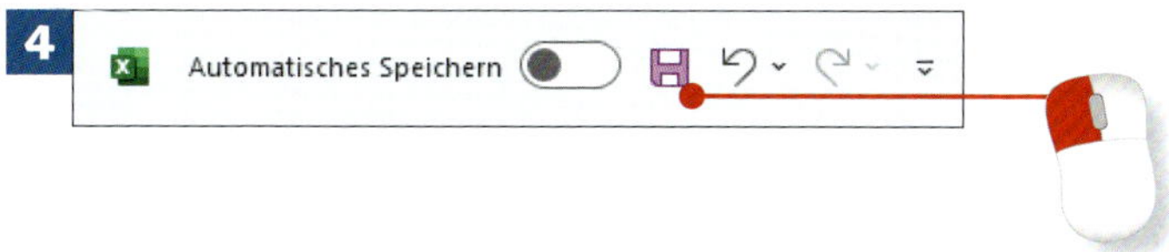

Schritt 5

Um eine bereits gespeicherte Datei unter einem anderen Namen zu speichern, klicken Sie auf **Datei ▸ Speichern unter** und dann im rechten Fensterteil in das Feld mit dem aktuellen Dateinamen ❹. Geben Sie den neuen Namen ein, und klicken Sie auf **Speichern** ❺. Alternativ klicken Sie auf **Durchsuchen** ❻. Excel öffnet das Fenster **Speichern unter** (siehe Schritt 3). Geben Sie hier bei **Dateiname** einen neuen Namen ein. Klicken Sie auf **Speichern**. Excel zeigt nun wieder Ihre Tabelle.

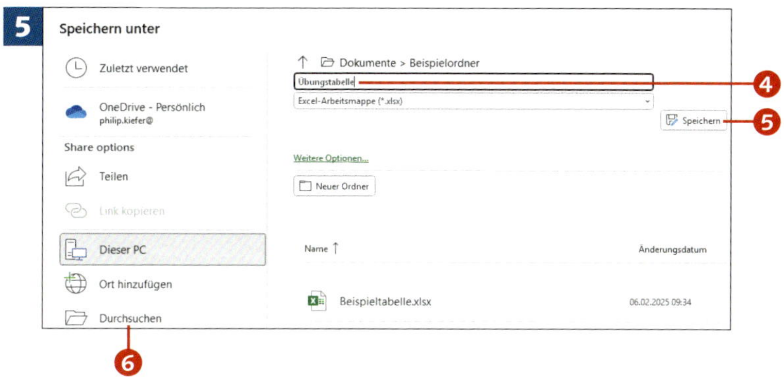

Schritt 6

Wenn Sie Excel öffnen, erhalten Sie eine Liste der zuletzt verwendeten Dateien. Um eine dieser Dateien wieder aufzurufen, klicken Sie den Dateinamen in dieser Liste an.

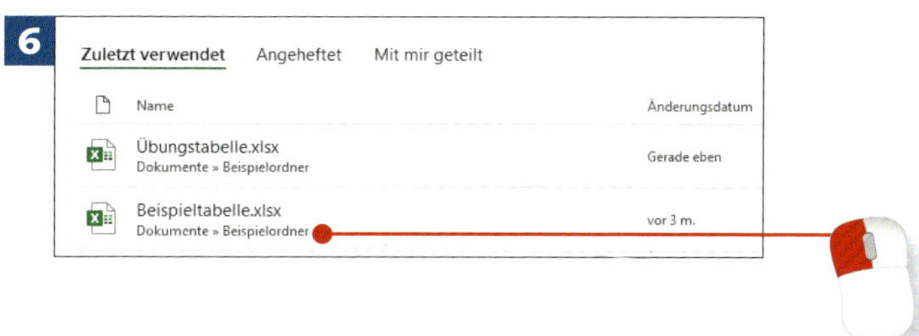

Kann ich mehrere Dateien öffnen?

In Excel – wie auch in Word – können Sie mehrere Dateien gleichzeitig geöffnet haben. Wenn Sie dann mit dem Mauszeiger über das grüne Excel-Symbol in der Taskleiste fahren, sehen Sie Miniaturansichten der geöffneten Excel-Dateien. Um eine der anderen Excel-Dateien nach vorn zu holen, klicken Sie die Miniatur an.

Zellen autoausfüllen, kopieren und verschieben

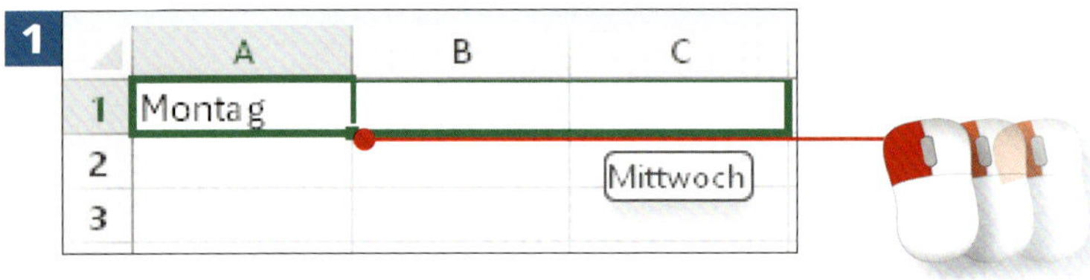

Reihen fortschreiben, Zellen kopieren oder verschieben – mit Excel ist das kein Problem.

Schritt 1

Die *Autoausfüllen*-Funktion spart viele Arbeitsschritte. Schreiben Sie »Montag« in eine Zelle. Ziehen Sie das Quadrat unten rechts an der Zelle mit der Maus nach rechts, und Excel ergänzt die Wochentage.

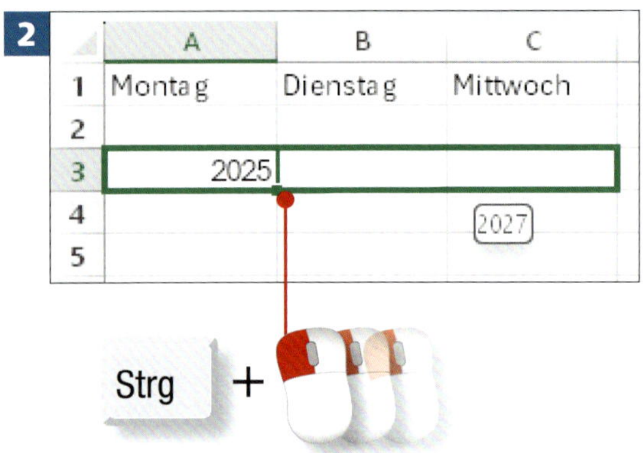

Schritt 2

Zahlen und Formeln (siehe den Abschnitt »Rechnen in Tabellen« auf Seite 228) können Sie ebenfalls mit dem kleinen Quadrat in andere Zellen ziehen: Damit diese nicht nur kopiert, sondern als Reihe fortgeführt werden, müssen Sie gleichzeitig die Strg-Taste drücken.

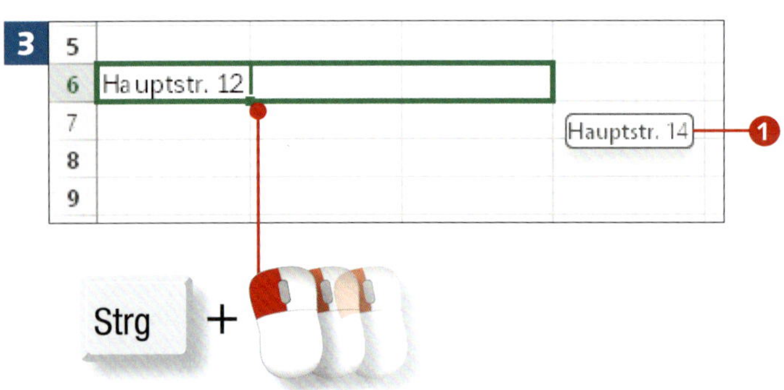

Schritt 3

Bei Kombinationen von Text und Zahlen (in dieser Reihenfolge!) verhält sich Excel beim Ziehen genau umgekehrt: Der Text wird kopiert, die Zahlen werden fortgeführt (1). Damit bei einer Anschrift die Hausnummer ebenfalls übernommen wird, ziehen Sie das Ausfüllkästchen bei gedrückter Strg-Taste über die folgenden Zellen.

Schritt 4

Sie können eine Zelle auch an eine ganz andere Stelle kopieren. Zeigen Sie mit der Maus auf den *Rand* der Originalzelle (nicht auf das Quadrat unten rechts). Sobald Sie einen Vierfachpfeil sehen, drücken Sie die Taste Strg. Der Mauszeiger verwandelt sich in einen weißen Pfeil mit kleinem Pluszeichen. Ziehen Sie die Zelle bei gedrückter Strg- und Maustaste an den neuen Ort. Lassen Sie die Tasten wieder los.

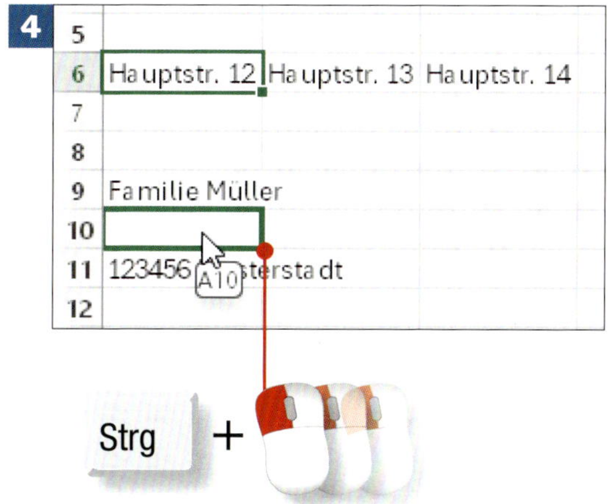

Schritt 5

Zum Verschieben einer Zelle greifen Sie den Rand der Zelle und ziehen sie an den neuen Ort. Hier benötigen Sie keine weitere Taste.

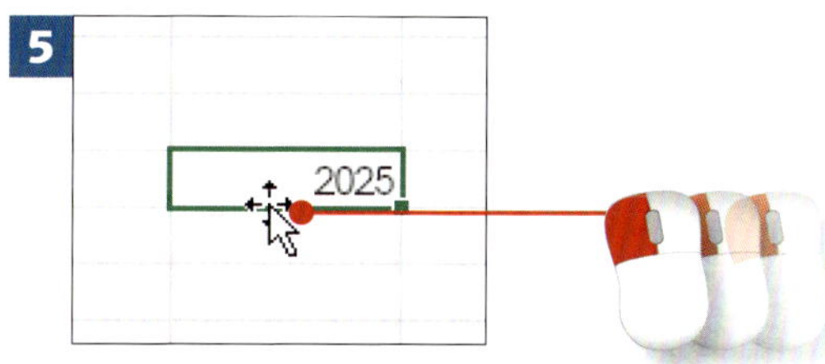

Schritt 6

Mehrere Zellen verschieben Sie so: Markieren Sie die Zellen, indem Sie auf die erste Zelle klicken und mit gedrückter Maustaste bis zur letzten Zelle ziehen. Lassen Sie die Maustaste los. Führen Sie den Mauszeiger über den Rand der Zellen, und drücken Sie die Maustaste, sobald Sie den Vierfachpfeil sehen. Ziehen Sie die Zellen mit gedrückter Maustaste an den neuen Platz. Klicken Sie an eine andere Stelle, um die Markierung aufzuheben.

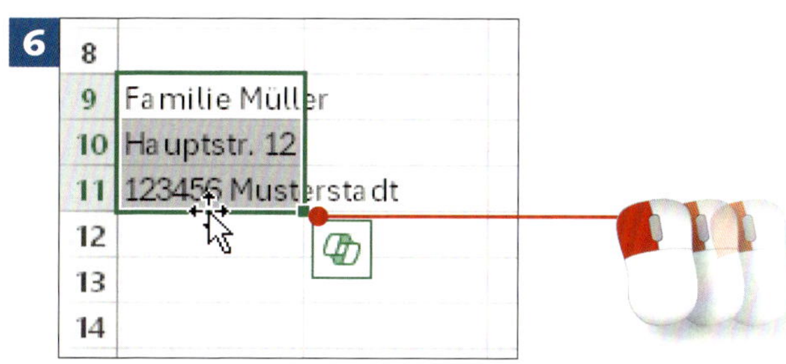

Tabellen erweitern

Ihre Tabelle scheint fertig zu sein, doch dann kommen noch Daten hinzu. Lesen Sie hier, wie Sie eine Tabelle um Zeilen und Spalten erweitern.

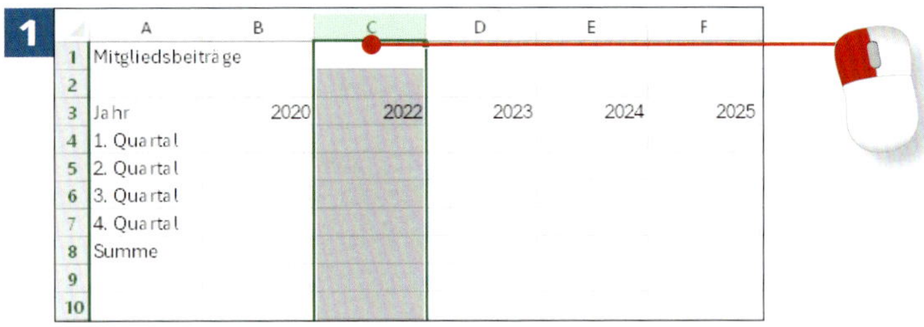

Schritt 1

Im Beispiel wird eine Spalte zwischen den Spalten **B** und **C** gebraucht. Klicken Sie auf das **C** über der dritten Spalte. Die ganze Spalte wird markiert.

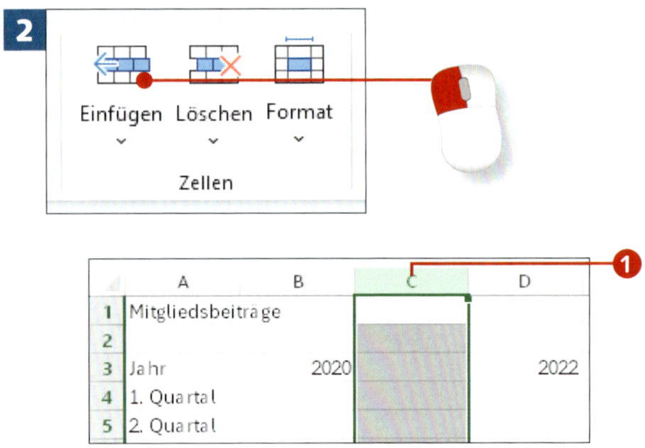

Schritt 2

Jetzt klicken Sie auf der Registerkarte **Start** in der Gruppe **Zellen** auf die Schaltfläche **Einfügen**. Klicken Sie direkt auf die Schaltfläche, nicht aber auf den kleinen Pfeil. Links neben der bisherigen Spalte **C** fügt Excel sofort eine neue leere Spalte ein **1**. Die neue Spalte verschiebt die in Schritt 1 markierte Spalte nach rechts, sie wird zu Spalte **D** und hat die Breite der Spalte links neben ihr (**C**).

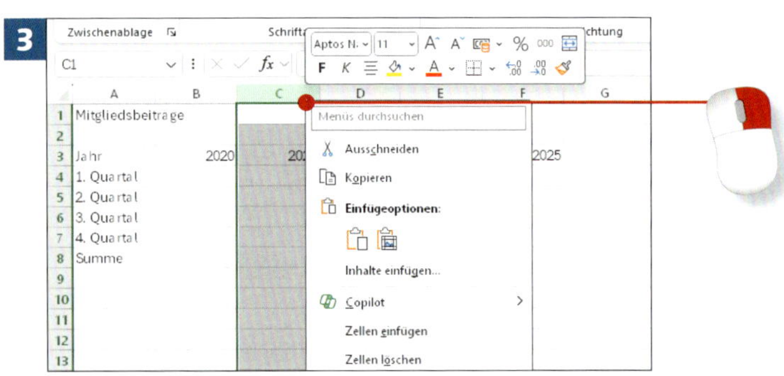

Schritt 3

Alternativ klicken Sie mit der *rechten* Maustaste auf die zuvor markierte Spalte und im Kontextmenü (nun mit der *linken* Maustaste) auf **Zellen einfügen**. Auch so wird links daneben eine weitere Spalte eingefügt.

Schritt 4

Auch neue Zeilen sind schnell eingefügt: Markieren Sie eine ganze Zeile, indem Sie vorn auf die Zeilennummer ❷ klicken. Klicken Sie auf der Registerkarte wieder in der Gruppe **Zellen** auf **Einfügen**. Die neue Zeile schiebt die angeklickte (markierte) Zeile nach unten. Zum gleichen Ziel kommen Sie mit einem Rechtsklick auf die markierte Zeile und dann im Kontextmenü mit einem Klick auf **Zellen einfügen**.

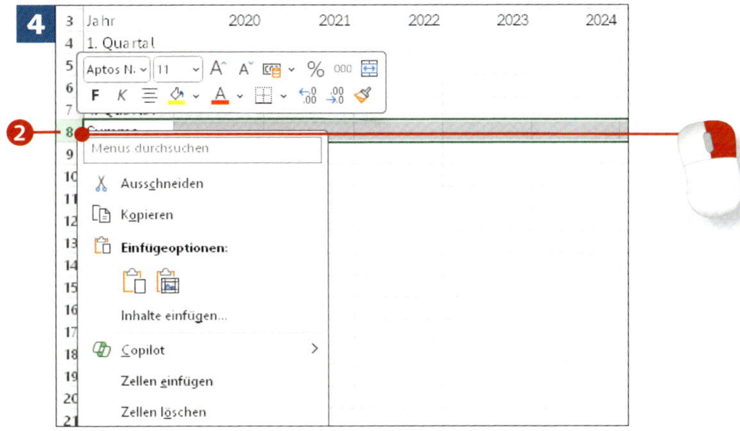

Schritt 5

Das Löschen von Zeilen funktioniert ähnlich: Klicken Sie auf die Zeilennummer ❸ der Zeile, die Sie löschen möchten. Klicken Sie dann im rechten Teil der Registerkarte **Start** auf **Löschen** – schon ist die Zeile weg.

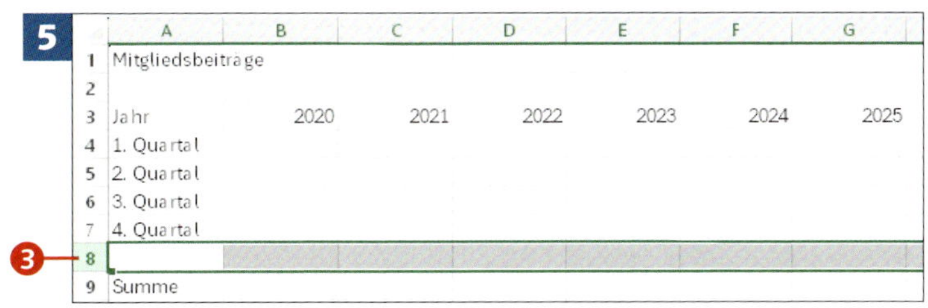

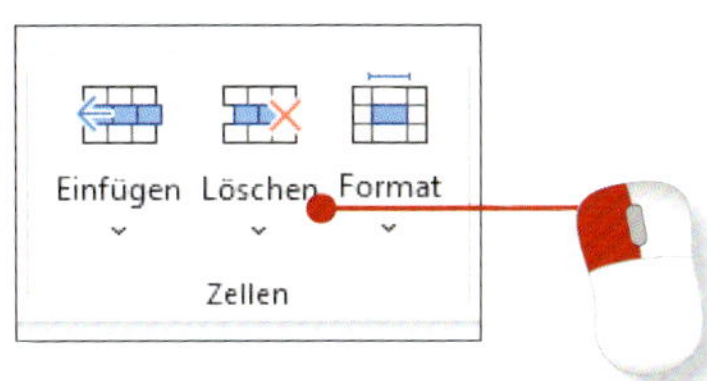

Schritt 6

Bei Spalten gehen Sie genauso vor: Wählen Sie die zu löschende Spalte aus, indem Sie auf den Spaltenbuchstaben klicken ❹. Klicken Sie dann im Menüband auf **Löschen**. Auch der **Löschen**-Befehl steht alternativ im Kontextmenü zur Verfügung.

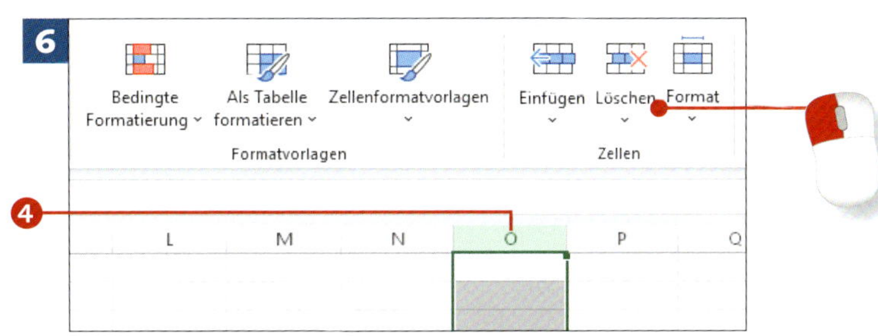

Rechnen in Tabellen

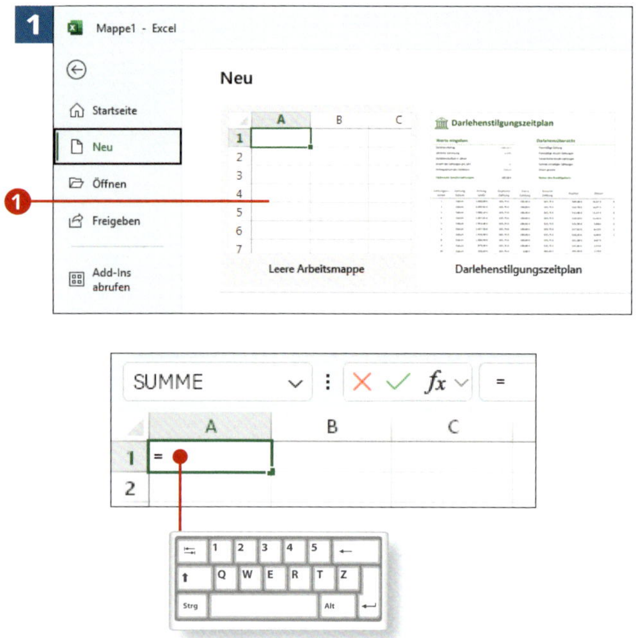

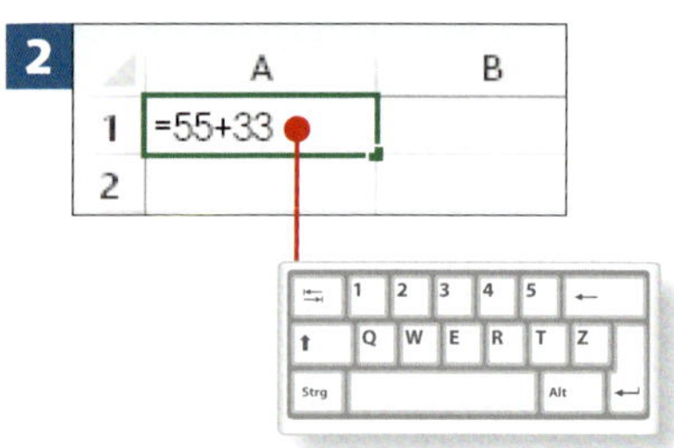

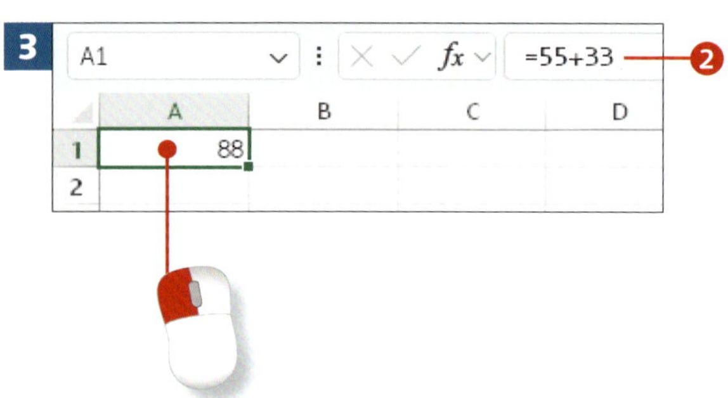

Excel nimmt Ihnen das Rechnen ab und hat immer die passende Formel parat.

Schritt 1

Öffnen Sie eine neue Excel-Datei, indem Sie auf **Datei ▸ Neu** und auf **Leere Arbeitsmappe** ❶ klicken. Lassen Sie Excel nun rechnen, indem Sie eine Formel eingeben. Formeln beginnen immer mit einem Gleichheitszeichen. Geben Sie also [=] (gleichzeitig [⇧]-Taste und [0] drücken) ein, noch *ohne* [↵] zu drücken.

Schritt 2

Tippen Sie eine Zahl ein, dann ein Rechenzeichen ([+], [-], [*] oder [/]) und schließlich wieder eine Zahl. Benutzen Sie keine Leerzeichen in Formeln, diese sind unnötig.

Schritt 3

Drücken Sie nun [↵]. Excel schreibt das Ergebnis Ihrer Rechnung in die Zelle, in die Sie die Formel getippt haben. Klicken Sie die Zelle mit der Berechnung wieder an, und achten Sie auf die Bearbeitungsleiste ❷: Dort lesen Sie statt des Ergebnisses Ihre Formel. Hier können Sie stets kontrollieren, ob eine Formel stimmt.

Schritt 4

Schreiben Sie in eine andere Zelle eine Zahl. In die Zelle darunter schreiben Sie eine weitere Zahl; drücken Sie jeweils [↵] nach der Eingabe.

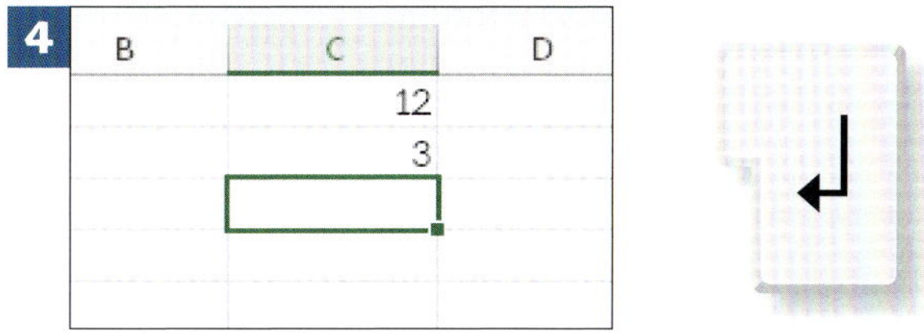

Schritt 5

Geben Sie jetzt [=] ein. Klicken Sie auf die erste eben eingetippte Zahl, geben Sie auf der Tastatur ein Rechenzeichen ein (z. B. wie hier [*]), und klicken Sie die zweite Zahl an. Die Zahlen, die Sie anklicken, müssen nicht einmal neben- bzw. untereinanderstehen. Drücken Sie [↵].

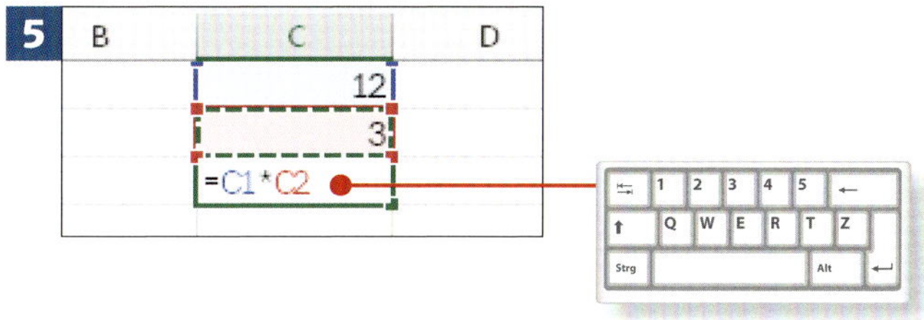

Schritt 6

Das Ergebnis der Berechnung steht in der Zelle. Klicken Sie die Zelle wieder an. Auch diese mit der Tastatur und zusätzlich durch Anklicken erzeugte Formel steht in der Bearbeitungsleiste ❸, aber diesmal nicht mit den tatsächlichen Zahlen, sondern mit den Namen der Zellen, in denen die Zahlen stehen. Doppelklicken Sie auf die Zelle mit der Formel: Die verwendeten Zellen werden markiert ❹.

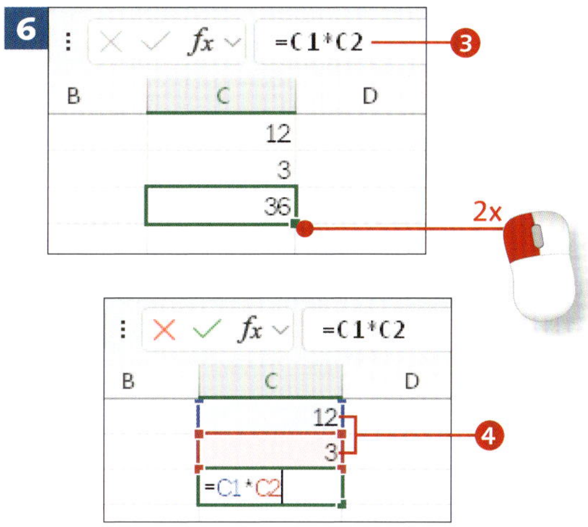

1.000er-Trennzeichen einfügen

Damit große Zahlen besser lesbar sind, schalten Sie die 1.000er-Trennzeichen ein. Markieren Sie die Zellen mit den Zahlen, und klicken Sie auf der Registerkarte **Start** in der Gruppe **Zahl** auf die Schaltfläche **000**. Gleichzeitig erhalten Ihre Zahlen jetzt zwei Stellen nach dem Komma.

Rechnen in Tabellen (Forts.)

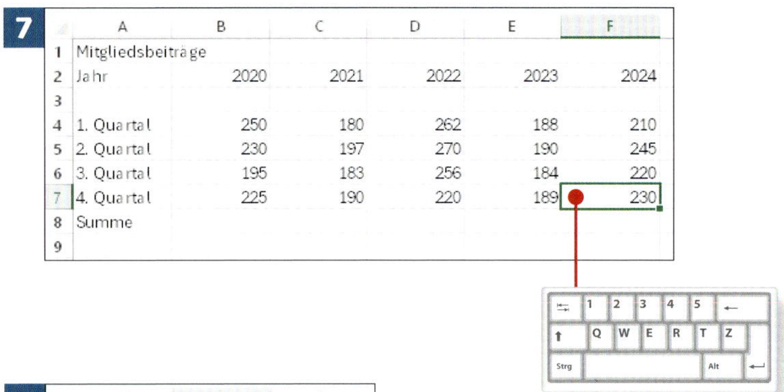

Schritt 7

Excel stellt viele Formeln selbst bereit, z. B. für die Summenbildung. Füllen Sie eine Tabelle mit Daten, die Sie auswerten möchten.

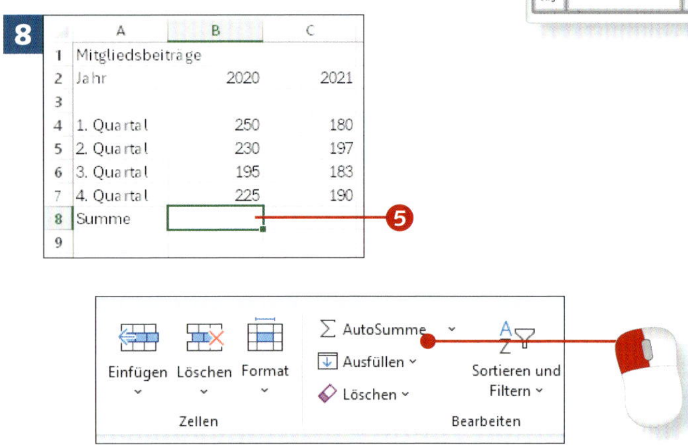

Schritt 8

Es sollen nun verschiedene Jahressummen gezogen werden. Klicken Sie in die Zelle, in der die Summe stehen soll ❺. Klicken Sie dann auf der Registerkarte **Start** auf das Symbol **AutoSumme**.

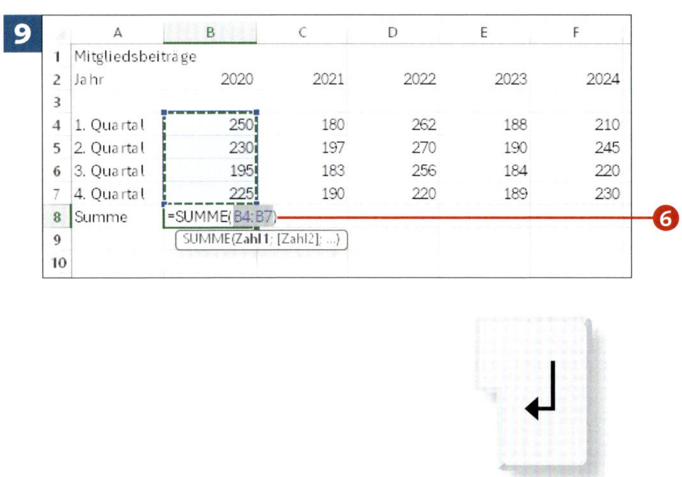

Schritt 9

Excel erkennt die Werte, die addiert werden sollen, automatisch ❻. Klicken Sie noch einmal auf das **AutoSumme**-Symbol, oder drücken Sie [↵]. In so einem »klaren Fall« führt auch ein Doppelklick auf das Summensymbol zum Erfolg.

!

Aufgepasst beim Datum!

Wenn in der Spalte das Datum direkt über den zu addierenden Werten steht, gehen Sie etwas anders vor. Klicken Sie zuerst auf **AutoSumme**. Klicken Sie anschließend auf die erste Zahl, die addiert werden soll. Ziehen Sie die Maus mit gedrückter Taste bis zur letzten Zahl. Klicken Sie dann erneut auf **AutoSumme**.

Schritt 10

In der Zelle steht nun die Summe ❼. Klicken Sie auf das Quadrat unten rechts an dieser Zelle, und ziehen Sie es bis zur letzten gefüllten Spalte nach rechts. So kopieren Sie die Formel in die anderen Summenzellen. Die kopierte Formel rechnet in jeder Spalte mit den richtigen Werten.

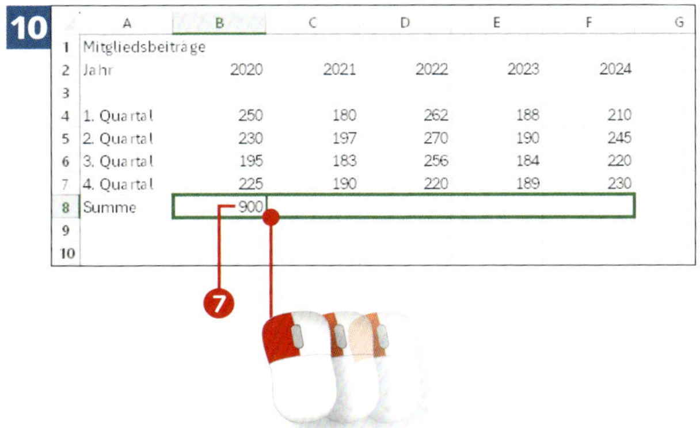

Schritt 11

Erstellen Sie eine weitere Tabelle (siehe Schritt 12 auf Seite 221), und geben Sie dort Daten ein. Im Beispiel soll die Summe neben die Daten. Klicken Sie in die Zelle neben der letzten Spalte ❽. Die Zahlen links daneben sollen – bis auf das Datum! – alle addiert werden. Klicken Sie auf das **AutoSumme**-Symbol rechts auf der Registerkarte **Start**. Korrigieren Sie gegebenenfalls die Auswahl (siehe den Kasten links). Klicken Sie dann erneut auf das **AutoSumme**-Symbol.

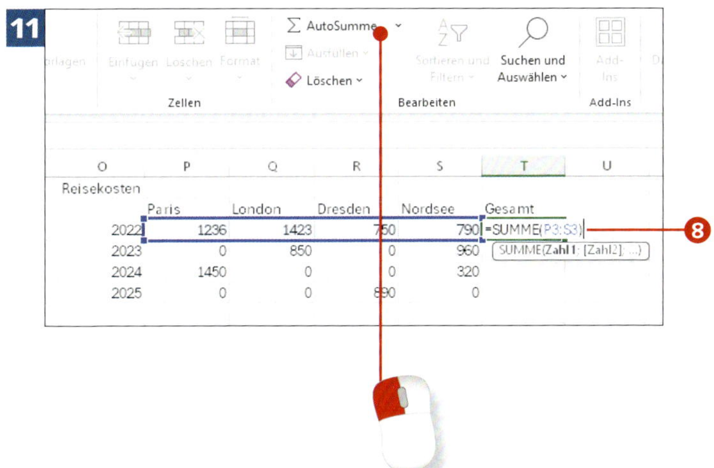

Schritt 12

Schon steht die Summe in der Zelle ❾. Kopieren Sie die Formel durch Ziehen des Quadrats an der Zelle bis zur letzten gefüllten Zeile, lassen Sie die Maustaste dann los. Eventuell erscheinen Hinweissymbole, die Sie ignorieren können.

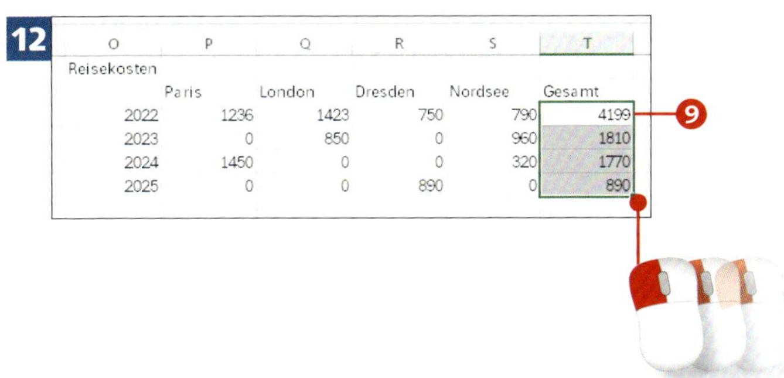

Rechnen in Tabellen (Forts.)

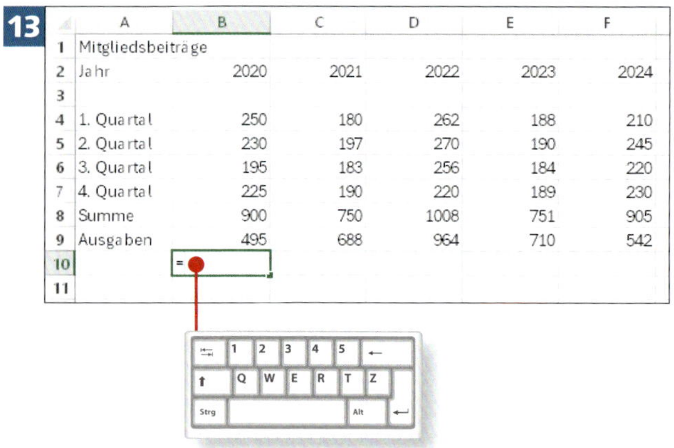

Schritt 13

Doch zurück zur vorherigen Tabelle. In Zeile 8 wurden im Beispiel die Einnahmen aus Mitgliedsbeiträgen eingetragen, in Zeile 9 zusätzlich die Summe der Ausgaben. Um die Ausgaben von den Einnahmen abzuziehen, klicken Sie die Zelle unter der Ausgabensumme an und geben [=] ein.

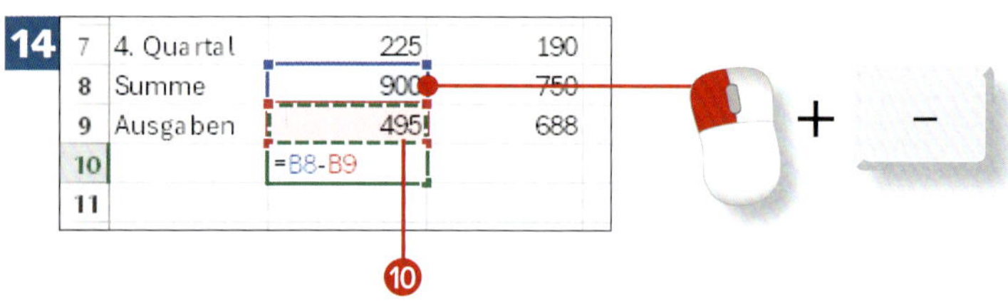

Schritt 14

Klicken Sie die Einnahmensumme in Zelle B8 an. Drücken Sie die Taste [–], und klicken Sie dann auf die Zahl, die Sie abziehen möchten, hier die Ausgabensumme in Zelle B9 ⑩. Drücken Sie jetzt erst [↵].

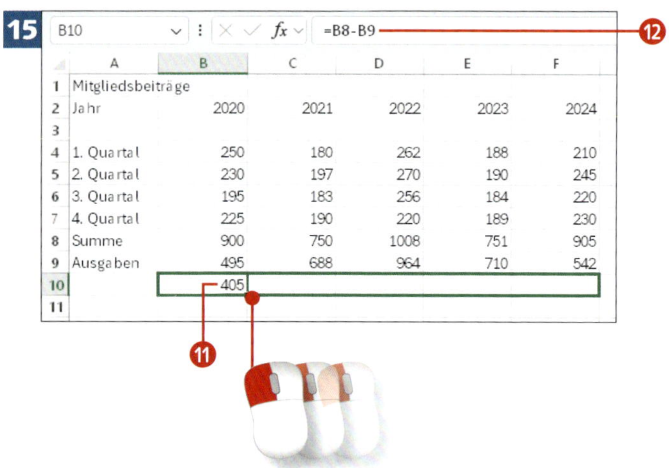

Schritt 15

Klicken Sie noch einmal auf die Zelle mit Ihrer Formel: In der Zelle sehen Sie das Ergebnis ⑪, während in der Bearbeitungsleiste die Formel steht ⑫. Ziehen Sie die Formel mit dem Quadrat an der Zelle nach rechts, um auch für die anderen Jahre das Ergebnis der Berechnung zu sehen.

Excel ergänzt meine Eingabe!

Wenn Excel Ihren Text ergänzt, Sie aber etwas anderes schreiben wollen, löschen Sie den überflüssigen Text mit der [←]-Taste.

Schritt 16

Um einen Durchschnitt pro Quartal zu berechnen, gehen Sie so vor: Klicken Sie unter die Tabelle, im Beispiel in Zelle B12. Geben Sie [=] ein.

16

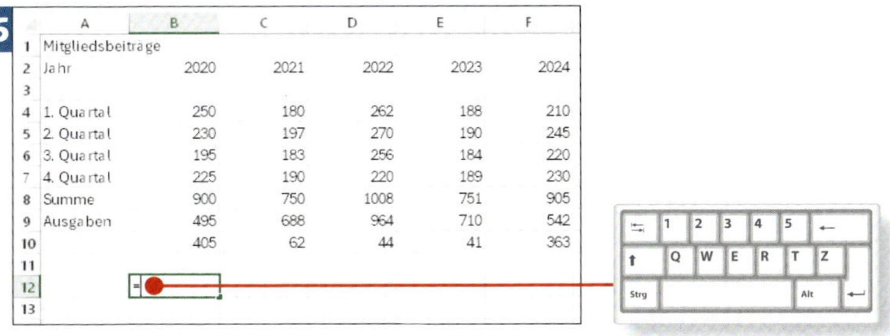

Schritt 17

Klicken Sie auf die Summe in der Zelle B8, und geben Sie das Geteilzeichen [/] ein. Dann tippen Sie eine »4« (für vier Quartale) und drücken [↵]; so erhalten Sie den Mittelwert pro Quartal ⑬. Ziehen Sie die Formel nach rechts. Überflüssige Nachkommastellen entfernen Sie mit der Schaltfläche **Dezimalstelle entfernen** ⑭.

17

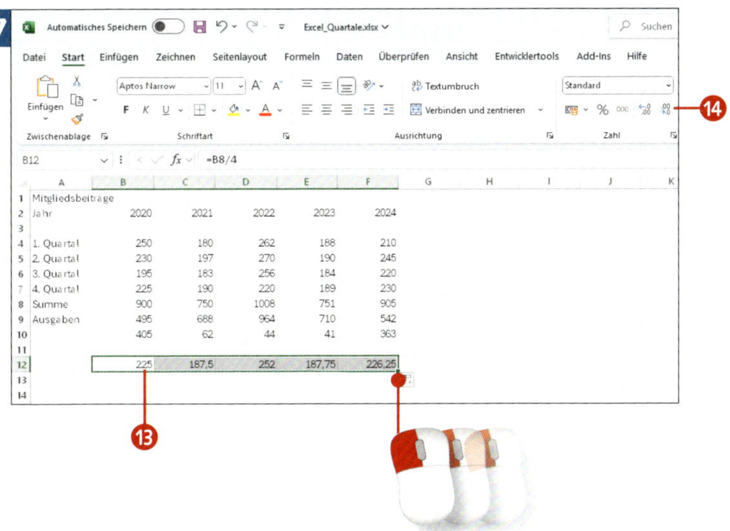

Schritt 18

Wenn Sie eine Formel oder eine Zahl nach rechts bzw. nach unten ziehen, erscheint neben der letzten Zelle das Symbol für die **Auto-Ausfülloptionen**. Klicken Sie darauf und in der Liste auf **Ohne Formatierung ausfüllen** ⑮. Auch so verschwinden die Dezimalstellen, die aus der Rechenoperation von Schritt 17 resultieren.

18

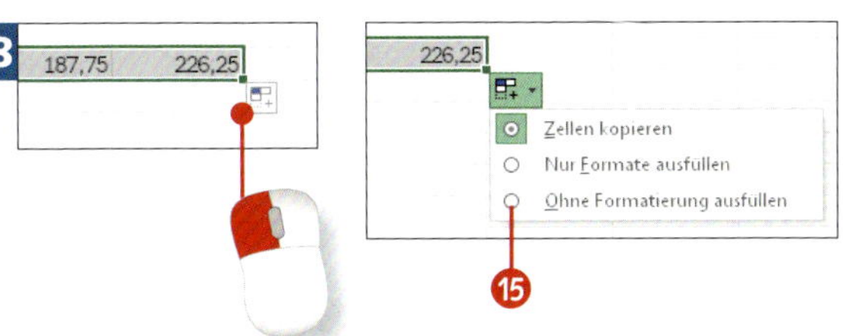

Schnell zur obersten Zeile

Wenn Sie »A1« in das Namensfeld ganz links in der Bearbeitungsleiste tippen und [↵] drücken, springt der Cursor wieder nach oben zur Zelle A1. Per [Strg] + [Pos1] gelingt das aus.

Tabellen verschönern und Daten sortieren

Formatieren Sie Ihre Tabelle ansprechend. Excel bringt Vorlagen mit, die Sie mit einem Klick verschönern.

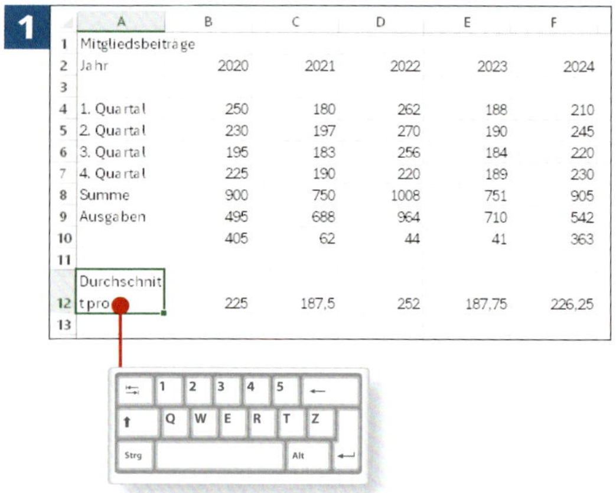

Schritt 1

Tragen Sie Ihre Daten in ein Tabellenblatt ein, wie im vorigen Abschnitt beschrieben.

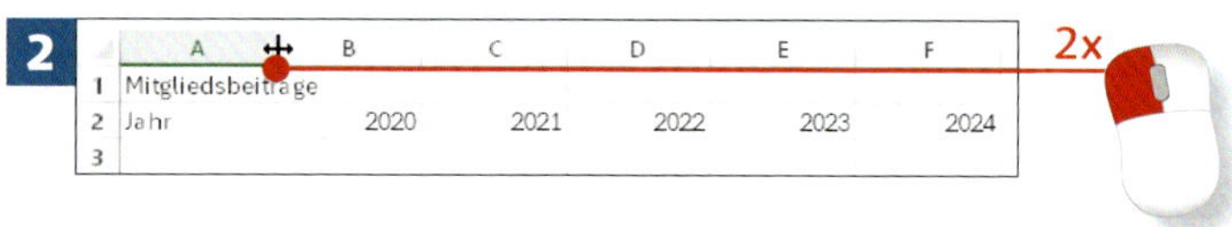

Schritt 2

Verbreitern Sie Spalten, indem Sie doppelt auf die Linien klicken, z. B. zwischen den Spalten **A** und **B**.

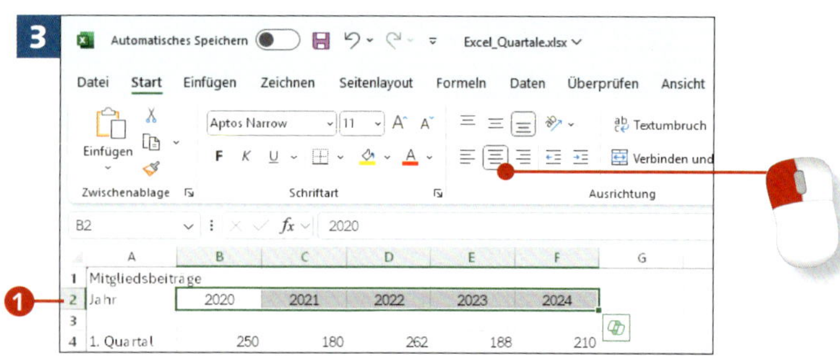

Schritt 3

Als Nächstes sollen die Spaltenköpfe Ihrer Tabelle (hier die Jahreszahlen) mittig platziert werden. Markieren Sie Zellen mit den Jahreszahlen, indem Sie bei gedrückter Maustaste darüberfahren ❶. Klicken Sie auf der Registerkarte **Start** auf **Zentriert**.

Spaltenbreite individuell ändern

Wenn Sie bei einer Spalte eine bestimmte Breite einstellen wollen, greifen Sie die Linie zwischen den Buchstaben der beiden Spalten und ziehen sie nach rechts (breiter) oder links (schmaler). Excel ändert immer die Spalte links vom Doppelpfeil.

Schritt 4

Der Inhalt der Zellen ist zentriert ❷. Um die Überschriften in den Zeilen 1 und 2 hervorzuheben, formatieren Sie sie fett: Zum Markieren der Zeile klicken Sie auf die **1** ganz links und ziehen bei gedrückter Maustaste auf die **2**. Klicken Sie anschließend auf das **F** für **Fett** links auf der Registerkarte **Start**.

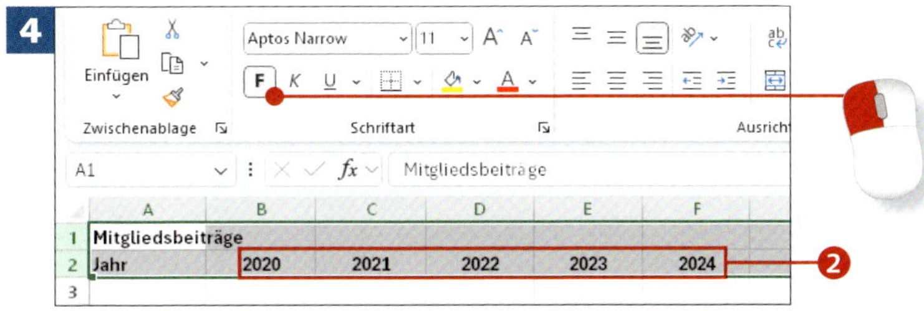

Schritt 5

Die Schriftgröße ändern Sie auch gleich: Lassen Sie die beiden Zeilen noch markiert, und klicken Sie auf das größere **A** in der Gruppe **Schriftart**. Die Schrift in den markierten Zellen wird nun pro Klick eine Stufe größer. Passen Sie gegebenenfalls die Spaltenbreiten wieder an: Fetter und größerer Text braucht natürlich mehr Platz.

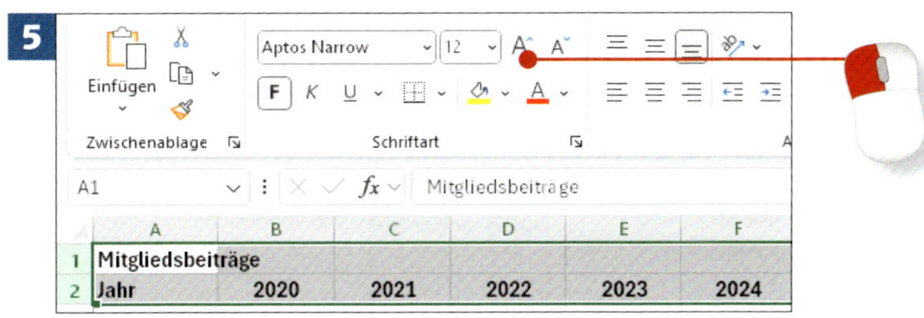

Schritt 6

Geben Sie der Überschrift zudem mehr Platz nach oben: Klicken Sie auf die Linie zwischen den Zeilen **1** und **2**, und ziehen Sie sie mit gedrückter Maustaste nach unten. Excel zeigt Ihnen dabei an, welche Höhe genau die Zeile gerade hat ❸. Lassen Sie die Maustaste wieder los.

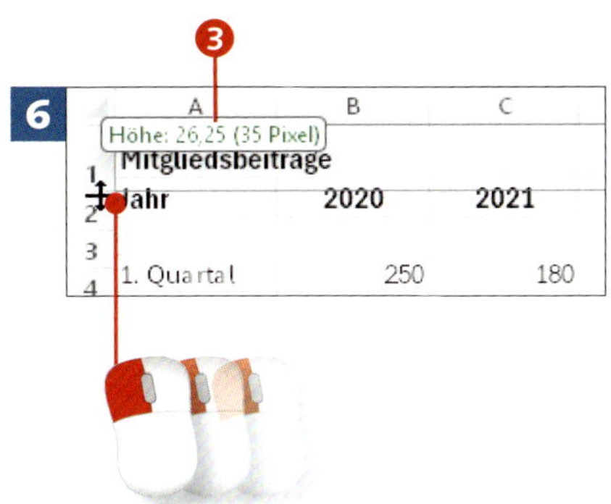

Tabellen verschönern und Daten sortieren (Forts.)

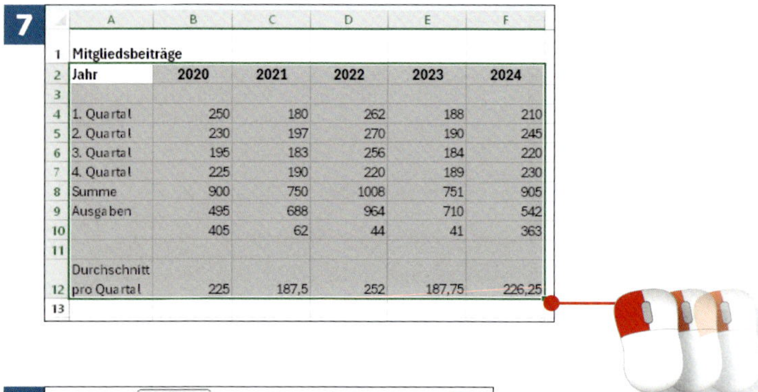

Schritt 7

Excel bietet Ihnen die Möglichkeit, Ihre Tabelle schnell zu formatieren. Diese Möglichkeit heißt sinnigerweise **Als Tabelle formatieren**. Markieren Sie zunächst Ihre Daten in der Tabelle. Dazu klicken Sie in die erste Zelle ohne die Tabellenbezeichnung (hier **A2**) und ziehen die Maus mit gedrückter Maustaste diagonal nach unten bis einschließlich zur Zeile mit den letzten Daten. Lassen Sie die Maustaste los, sobald alle Zellen markiert sind.

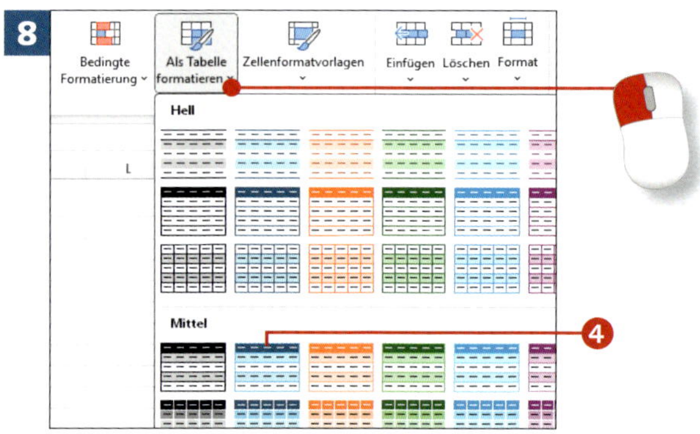

Schritt 8

Auf der Registerkarte **Start** klicken Sie bei **Formatvorlagen** auf **Als Tabelle formatieren**. Wählen Sie ein Design ❹ aus dem Katalog aus.

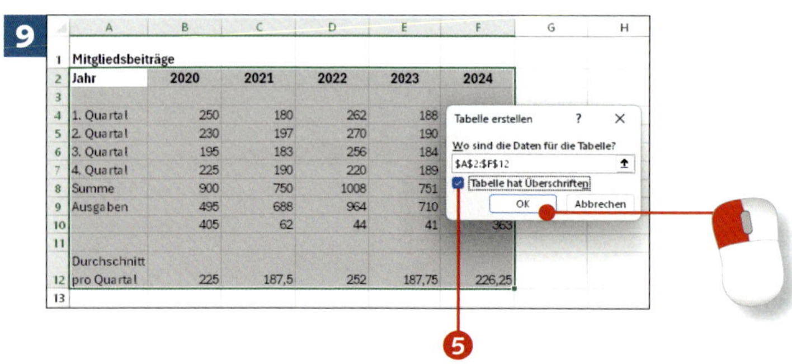

Schritt 9

Im nächsten Fenster fragt Excel, wo die Daten der Tabelle sind, und schlägt den markierten Bereich vor. Da Sie die Daten in Schritt 7 selbst markiert haben, ändern Sie hier nichts. Die Tabelle hat Überschriften, also setzen Sie ein Häkchen vor **Tabelle hat Überschriften** ❺. Klicken Sie auf **OK**.

Sortieren in Tabellen ohne Formatvorlagen

Daten in Tabellen ohne Formatvorlagen sortieren Sie so: Markieren Sie die Tabelle. Klicken Sie auf der Registerkarte **Start** ganz rechts auf **Sortieren und Filtern ▸ Von A bis Z sortieren**.

Schritt 10

Klicken Sie eine beliebige Zelle an. Sie sehen jetzt das neue Design, da die Markierung der Tabelle durch den Klick aufgehoben wurde. Außerdem sehen Sie neben den Überschriften kleine Pfeile ❻. Damit können Sie die Daten schnell sortieren und filtern.

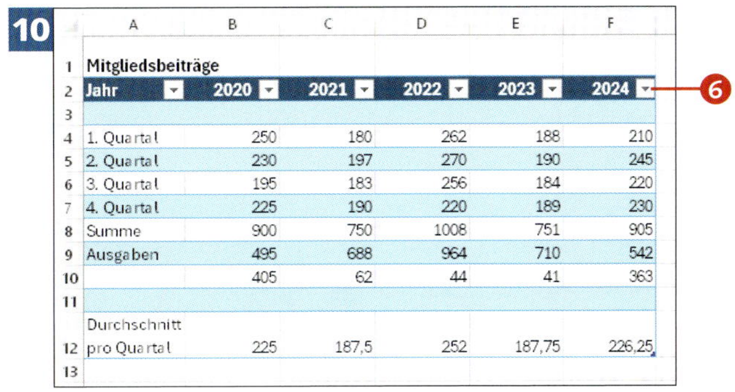

	A	B	C	D	E	F
1	Mitgliedsbeiträge					
2	Jahr	2020	2021	2022	2023	2024
3						
4	1. Quartal	250	180	262	188	210
5	2. Quartal	230	197	270	190	245
6	3. Quartal	195	183	256	184	220
7	4. Quartal	225	190	220	189	230
8	Summe	900	750	1008	751	905
9	Ausgaben	495	688	964	710	542
10		405	62	44	41	363
11						
12	Durchschnitt pro Quartal	225	187,5	252	187,75	226,25
13						

Schritt 11

Zum Sortieren klicken Sie auf den Pfeil an der Spalte, nach der sortiert werden soll. Im Beispiel einer Reisekostentabelle soll ermittelt werden, welches Jahr das »teuerste« war. Klicken Sie auf den Pfeil an der Spalte **Gesamt**. Klicken Sie in der Liste auf **Nach Größe sortieren (absteigend)** ❼, damit die höchste Zahl oben steht.

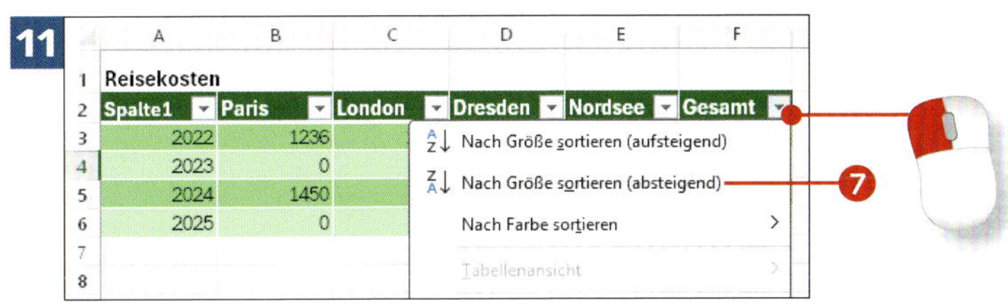

Schritt 12

Möchten Sie der formatierten Tabelle weitere Zeilen hinzufügen, die das gleiche Design haben sollen, klicken Sie in die Zeile direkt unter Ihrer Tabelle. Geben Sie Text bzw. Zahlen ein. Sobald Sie [↵] drücken, passt Excel die Formatierung an.

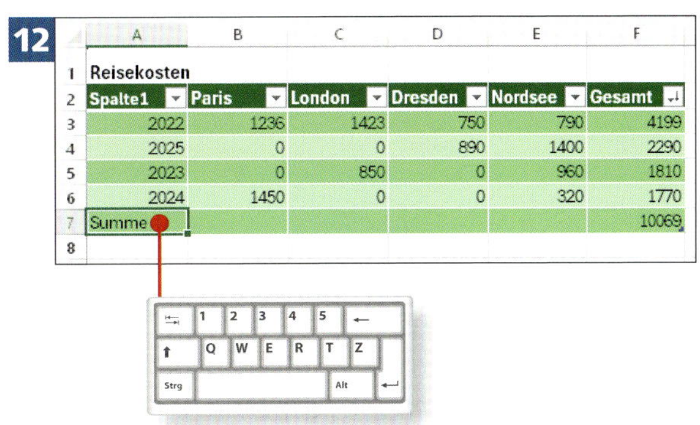

	A	B	C	D	E	F
1	Reisekosten					
2	Spalte1	Paris	London	Dresden	Nordsee	Gesamt
3	2022	1236	1423	750	790	4199
4	2025	0	0	890	1400	2290
5	2023	0	850	0	960	1810
6	2024	1450	0	0	320	1770
7	Summe					10069
8						

Diagramme einfügen – Daten veranschaulichen

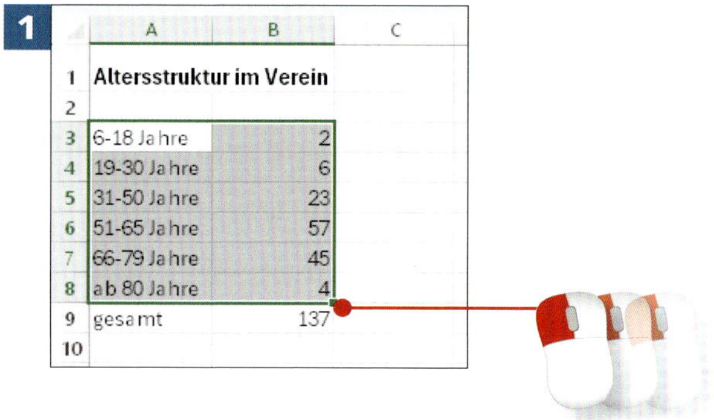

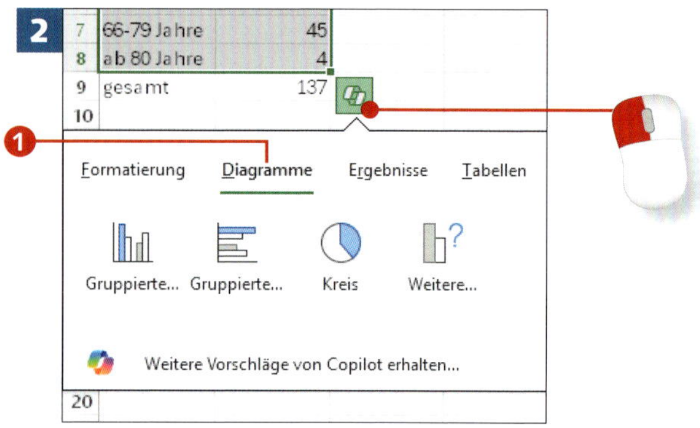

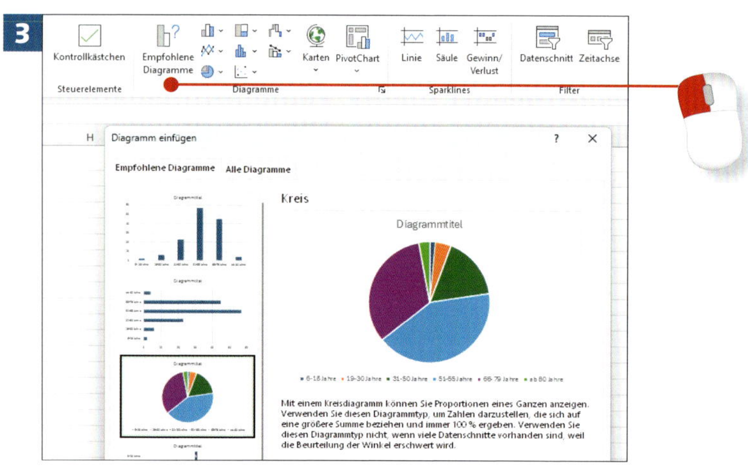

Oft wird erst durch ein Diagramm deutlich, was die Daten einer Tabelle aussagen.

Schritt 1

Je nach Art der Daten in Ihrer Tabelle bietet es sich an, diese Daten mit einem Diagramm zu verdeutlichen. Zuerst markieren Sie Ihre Tabelle bzw. die entsprechenden Daten für Ihr Diagramm (ohne Summe).

Schritt 2

Sie sehen an der rechten unteren Ecke das Symbol **Schnellanalyse**. Klicken Sie darauf und hier auf **Diagramme** ❶. Excel zeigt Ihnen einige mögliche Diagramme. Klicken Sie eines an; es wird neben oder vor Ihren Daten eingefügt.

Schritt 3

Um ein anderes Diagramm zu verwenden, markieren Sie wieder Ihre Daten. Klicken Sie auf der Registerkarte **Einfügen** auf **Empfohlene Diagramme**. Im Beispiel wird ein *Kreisdiagramm* gewählt, um die Anteile an der Gesamtheit darzustellen.

Schritt 4

Damit deutlich wird, um was es im Diagramm geht, fügen Sie einen Titel ein. Doppelklicken Sie auf das Feld **Diagrammtitel**, und tippen Sie den Titel ein. Wenn Sie den Titel der Tabelle bei der Datenauswahl direkt mit markiert hätten, würde Excel ihn bei den Daten einsortieren.

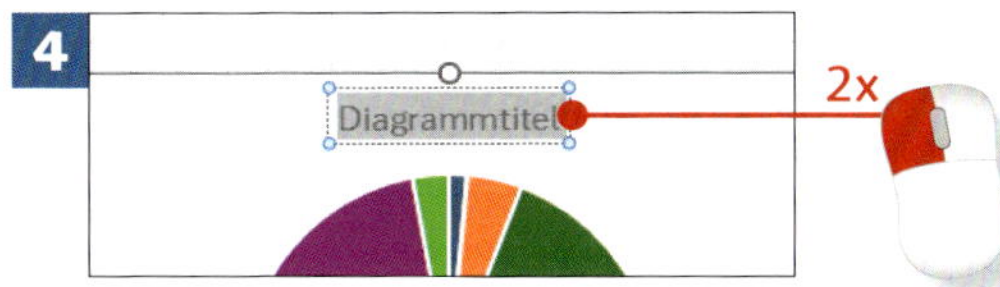

Schritt 5

Klicken Sie in das Diagramm und im Menüband auf die Registerkarte **Diagrammentwurf**. Bei **Schnelllayout** ❷ legen Sie fest, welche weiteren Erläuterungen an Ihrem Diagramm stehen sollen. Fahren Sie mit dem Mauszeiger über die verschiedenen Optionen. In der Vorschau sehen Sie, wie das Layout bei Ihrem Diagramm aussehen würde. Klicken Sie auf eine Option.

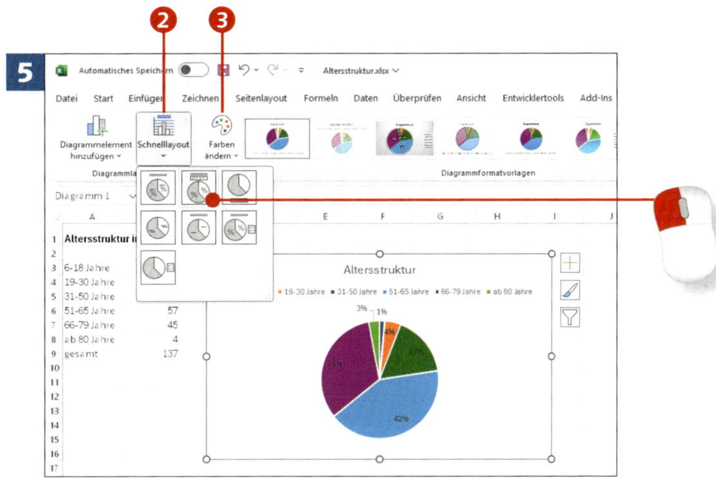

Schritt 6

Das fertige Diagramm können Sie kopieren und z. B. in Word einfügen. Öffnen Sie ein Dokument in Word, und kehren Sie zu Excel zurück. Klicken Sie mit der *rechten* Maustaste auf das Diagramm und auf **Kopieren**. Wechseln Sie zu Word, klicken Sie an die passende Stelle Ihres Dokuments, und drücken Sie [Strg] + [V].

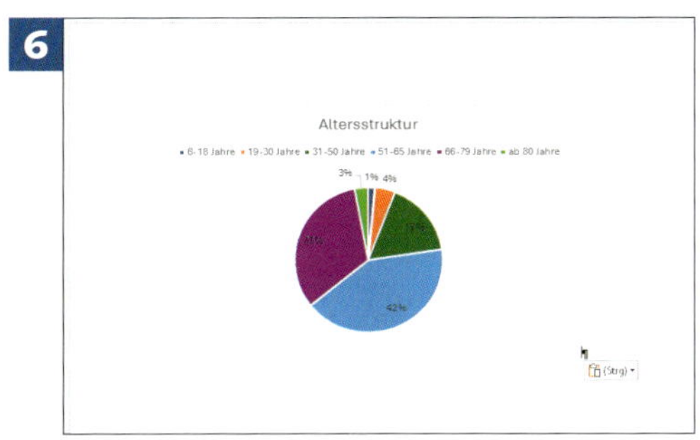

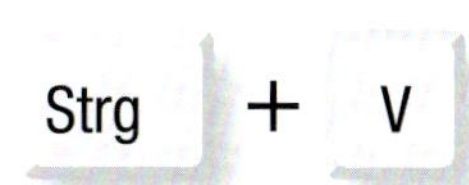

Diagrammfarben ändern

Klicken Sie auf Ihr Diagramm und unter der Registerkarte **Diagrammtools ▸ Entwurf** auf **Farben ändern** (siehe ❸ in Schritt 5). Wählen Sie durch Klicken eine Farbkombination aus.

Die Blitzvorschau – clevere Hilfe in Excel

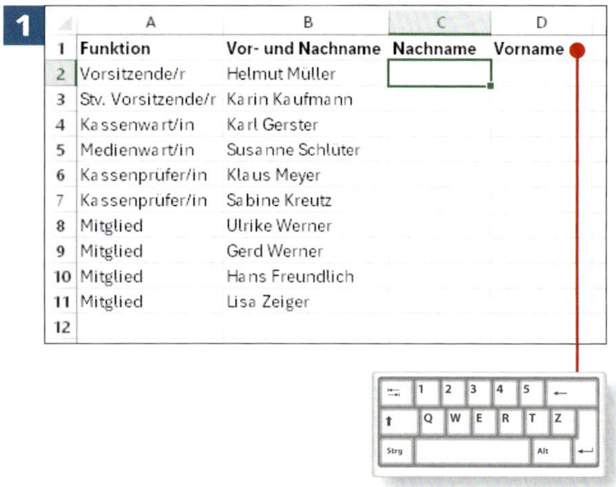

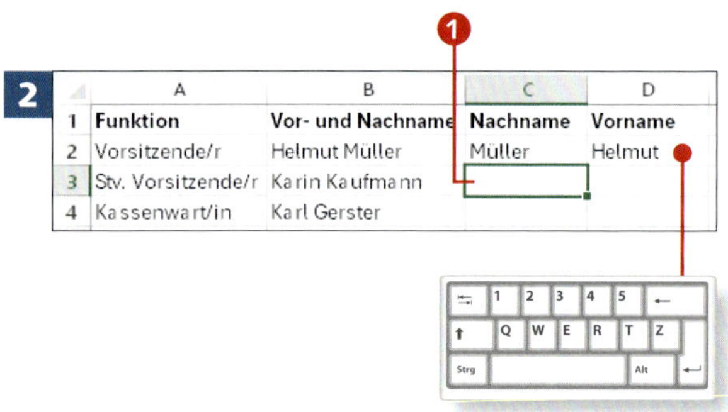

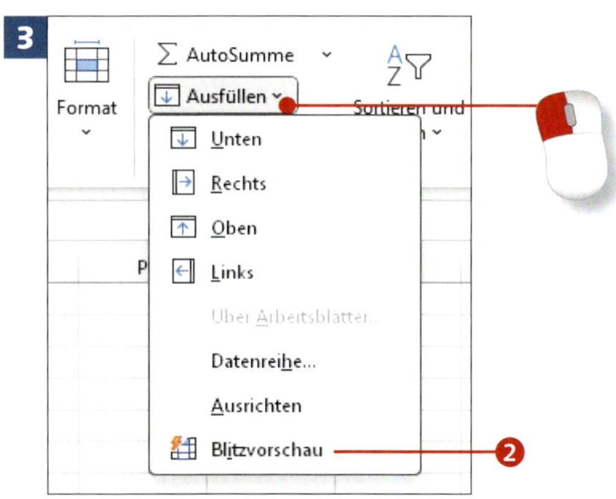

In einer Spalte stehen Vorname und Name. Sie benötigen die Daten aber in eigenen Spalten. Bevor Sie nun jeden Eintrag von Hand ändern, lassen Sie Excel die Arbeit machen.

Schritt 1

Die Namensspalte soll aufgeteilt werden: Vor- und Nachname sollen jeweils in einer eigenen Spalte stehen. Tragen Sie in die beiden Spalten rechts neben der Ausgangsspalte die Spaltentitel ein, im Beispiel **Nachame** und **Vorname**.

Schritt 2

Tippen Sie nur den ersten Namen von Hand in die entsprechenden Spalten ein, und klicken Sie dann in die erste leere Zelle ❶ darunter.

Schritt 3

Klicken Sie nun ganz rechts auf der Registerkarte **Start** auf **Ausfüllen** und im Menü unten auf **Blitzvorschau** ❷. Excel füllt den Rest der Spalte mit den korrekten Werten aus.

Schritt 4

Klicken Sie nun in die erste leere Zelle der zweiten Spalte (**Vorname**) und wieder auf **Ausfüllen ▸ Blitzvorschau**. Auch diese Spalte wird gefüllt. Die überflüssige Spalte können Sie nun löschen. Klicken Sie dazu mit der *rechten* Maustaste auf den Spaltenkopf (den Buchstaben) ❸ und im Kontextmenü auf **Zellen löschen**.

Schritt 5

Das Trennen klappt auch bei Zellen, die sowohl mit Text als auch mit Zahlen gefüllt sind. Im Beispiel stehen Postleitzahl und Ort zusammen, sollen aber in je eine eigene Spalte. Schreiben Sie die ersten Werte in die beiden Spalten rechts neben **PLZ und Ort**. Klicken Sie erst in die leere Zelle darunter und dann auf **Ausfüllen ▸ Blitzvorschau**.

Schritt 6

Wiederholen Sie diesen Schritt für die zweite Spalte. Excel füllt auch diese Spalte aus. Löschen Sie dann die überflüssige Spalte, die beide Werte enthält, im Beispiel in Schritt 5 die Spalte **D**.

	A	B	C	D
1	Funktion	Vor- und Nachname	Nachname	Vorname
2	Vorsitzende/r	Helmut Müller	Müller	Helmut
3	Stv. Vorsitzende/r	Karin Kaufmann	Kaufmann	
4	Kassenwart/in	Karl Gerster	Gerster	
5	Medienwart/in	Susanne Schlüter	Schlüter	
6	Kassenprüfer/in	Klaus Meyer	Meyer	
7	Kassenprüfer/in	Sabine Kreutz	Kreutz	
8	Mitglied	Ulrike Werner	Werner	
9	Mitglied	Gerd Werner	Werner	
10	Mitglied	Hans Freundlich	Freundlich	
11	Mitglied	Lisa Zeiger	Zeiger	
12				

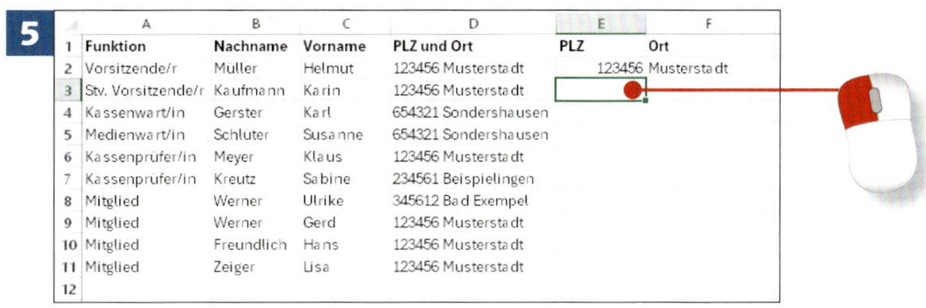

	A	B	C	D	E	F
1	Funktion	Nachname	Vorname	PLZ und Ort	PLZ	Ort
2	Vorsitzende/r	Müller	Helmut	123456 Musterstadt	123456	Musterstadt
3	Stv. Vorsitzende/r	Kaufmann	Karin	123456 Musterstadt		
4	Kassenwart/in	Gerster	Karl	654321 Sondershausen		
5	Medienwart/in	Schlüter	Susanne	654321 Sondershausen		
6	Kassenprüfer/in	Meyer	Klaus	123456 Musterstadt		
7	Kassenprüfer/in	Kreutz	Sabine	234561 Beispielingen		
8	Mitglied	Werner	Ulrike	345612 Bad Exempel		
9	Mitglied	Werner	Gerd	123456 Musterstadt		
10	Mitglied	Freundlich	Hans	123456 Musterstadt		
11	Mitglied	Zeiger	Lisa	123456 Musterstadt		
12						

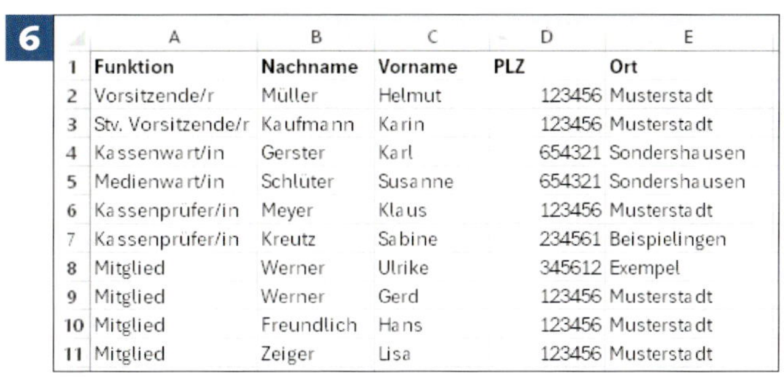

	A	B	C	D	E
1	Funktion	Nachname	Vorname	PLZ	Ort
2	Vorsitzende/r	Müller	Helmut	123456	Musterstadt
3	Stv. Vorsitzende/r	Kaufmann	Karin	123456	Musterstadt
4	Kassenwart/in	Gerster	Karl	654321	Sondershausen
5	Medienwart/in	Schlüter	Susanne	654321	Sondershausen
6	Kassenprüfer/in	Meyer	Klaus	123456	Musterstadt
7	Kassenprüfer/in	Kreutz	Sabine	234561	Beispielingen
8	Mitglied	Werner	Ulrike	345612	Exempel
9	Mitglied	Werner	Gerd	123456	Musterstadt
10	Mitglied	Freundlich	Hans	123456	Musterstadt
11	Mitglied	Zeiger	Lisa	123456	Musterstadt

Auf die Daten kommt es an

Die Blitzvorschau funktioniert nur richtig, wenn die Daten in der Ausgangsspalte einheitlich sind: Wenn mal der Vorname, mal der Nachname zuerst steht, kann Excel dies nicht erkennen.

Kapitel 9
Dateien und Ordner verwalten

Auf Ihrem Computer sammeln sich im Laufe der Zeit viele persönliche Dateien an: Texte, Excel-Tabellen, Fotos, Musik. Je mehr, desto unübersichtlicher wird es. Wie finden Sie bei 1.000 Aufnahmen, die alle einfach unter »Bilder« abgelegt sind, ein bestimmtes Foto wieder? In diesem Kapitel lernen Sie, wie Sie Ihre Dateien besser in klar benannten Ordnern speichern oder über die Suche finden.

Den Explorer kennenlernen
Der Explorer erlaubt den Zugriff auf Ihre Dateien. Er sortiert sie grob nach Musik, Dokumenten, Bildern, Videos und Downloads aus dem Internet. Um Ihnen die oft benutzten Ordner und Dateien schneller anzeigen zu können, bietet der Explorer den Schnellzugriff. Weitere Ordner und Dateien können Sie hier jederzeit hinzufügen.

Dateien im Explorer verwalten
Sie legen thematische oder chronologische Unterordner an, um stets den Überblick über Ihre Dateien zu behalten. Sie benennen Dateien und Ordner um und verschieben die »losen« Dateien in die richtigen Ordner. Was Sie nicht mehr aufheben möchten, löschen Sie.

Dateien wiederfinden
Sie wissen, wann Sie die Datei bearbeitet haben, aber nicht, wie sie heißt oder wo Sie sie gespeichert haben? Kein Problem, die Suchfunktion im Explorer hilft Ihnen, die Datei wiederzufinden.

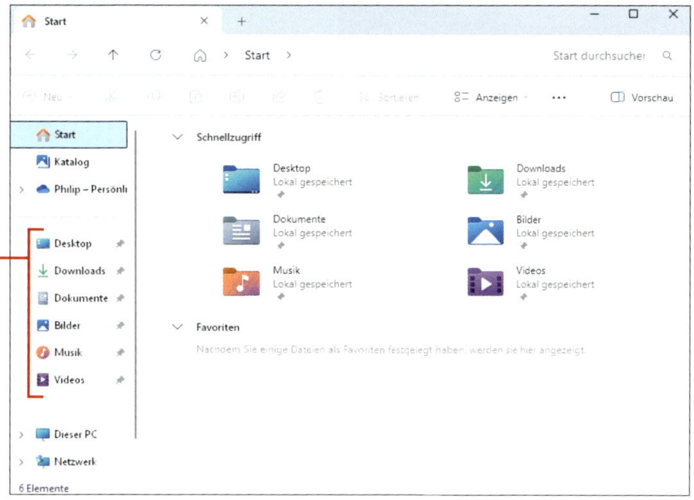

Bilder, Dokumente, Musik – der Explorer verwahrt Ihre Dateien in den passenden Hauptordnern, die im Schnellzugriff angezeigt werden. ❶

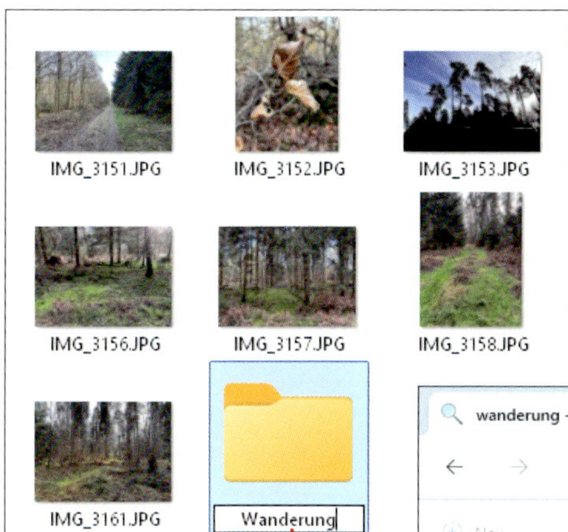

Legen Sie neue Ordner an, um passende Fotos darin zu sammeln. ❷

Dateien finden Sie mit der Explorer-Suche. ❸

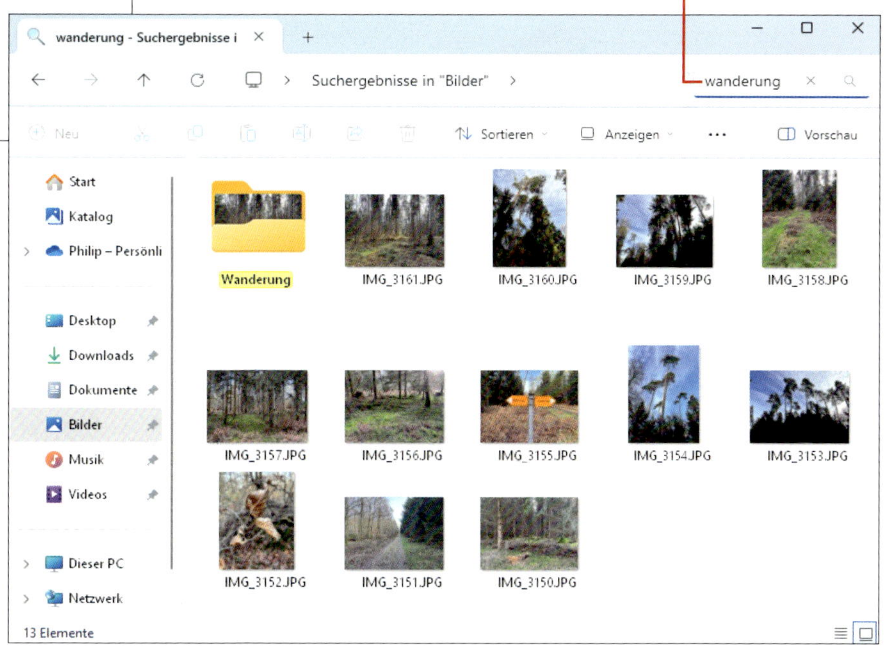

Dateien und Ordner anzeigen lassen

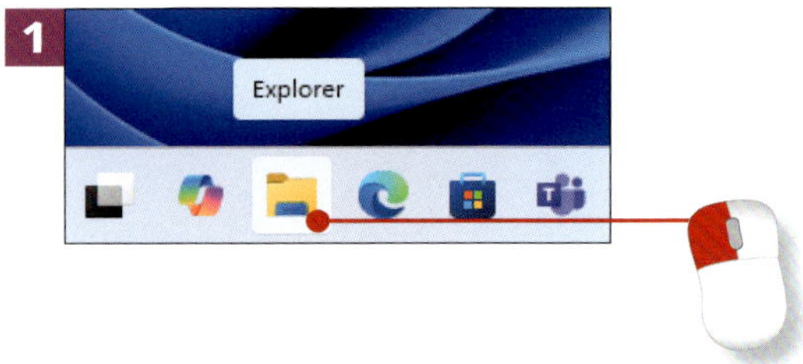

Windows bringt ein Programm mit, das Ihre Dateien und Ordner anzeigt, den Explorer.

Schritt 1

Öffnen Sie den *Explorer* durch einen Klick auf das Programmsymbol in der Taskleiste.

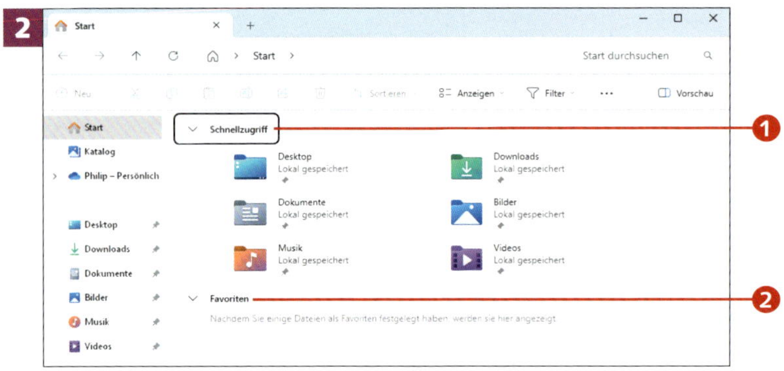

Schritt 2

Der Explorer wird mit der Seite **Schnellzugriff** ❶ geöffnet. Hier sehen Sie die Ordner, die Sie häufig verwenden. Darunter werden **Favoriten** ❷ sowie gegebenenfalls die zuletzt geöffneten Dateien angezeigt.

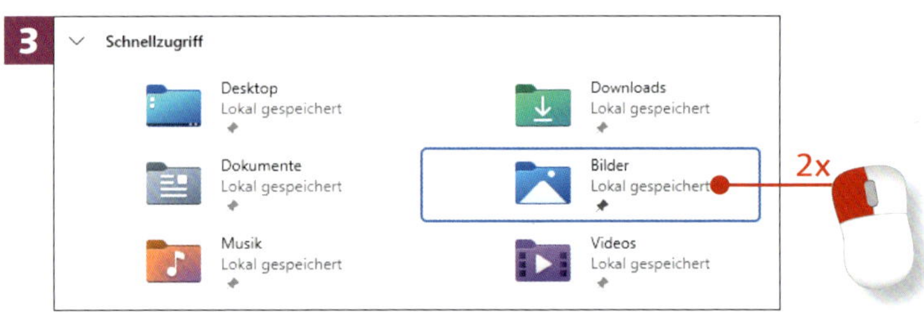

Schritt 3

Der Explorer sortiert alle Dateien in passende Ordner: Texte und Excel-Dateien finden Sie im Ordner **Dokumente**, Fotos in **Bilder**. Dateien, die Sie herunterladen, landen in **Downloads**. Musik und Videos werden in den gleichnamigen Ordnern aufbewahrt. Klicken Sie doppelt auf **Bilder**.

Rückgängig machen

Wenn Sie eine Datei aus Versehen verschoben, gelöscht oder falsch umbenannt haben, drücken Sie auch im Explorer gleichzeitig Strg + Z. So machen Sie die letzte Aktion rückgängig.

Schritt 4

Ihre Bilder listet der Explorer entweder in Unterordnern oder direkt im Hauptordner *Bilder* auf (siehe Kapitel 6, »Fotos importieren und bearbeiten«, ab Seite 146). Ein Doppelklick auf das Foto zeigt es groß in der App *Windows-Fotoanzeige*. Schließen Sie die App, um zum Explorer zurückzukehren.

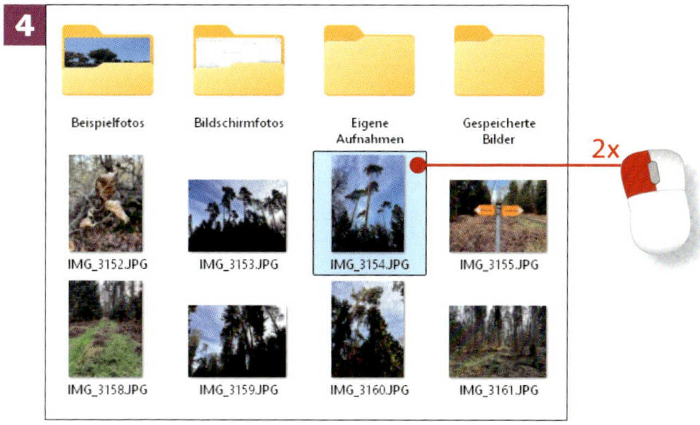

Schritt 5

Sie sehen gar keine Bilderminiaturen, sondern nur Datei- und Ordnernamen? Dann stellen Sie die Ansicht um: Klicken Sie in der Menüleiste auf **Anzeigen** und hier auf **Große Symbole**. Noch mehr Details sehen Sie mit einem Klick auf **Extra große Symbole** ❸.

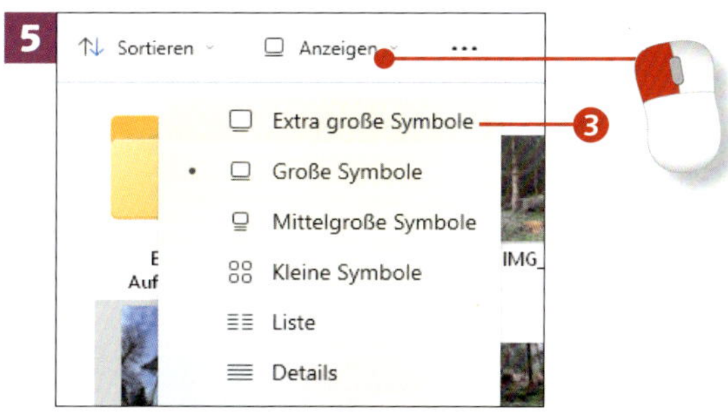

Schritt 6

Klicken Sie erneut auf **Anzeigen** und unten in der Liste auf **Einblenden**. Seitlich davon wird eine weitere Liste geöffnet; fahren Sie mit dem Mauszeiger über diese Liste und klicken Sie auf **Elementkontrollkästchen** ❹. Ihre Dateien zeigen nun ein Kästchen links oben, wenn Sie mit dem Mauszeiger auf die Datei zeigen. Mit den Kästchen können Sie die Dateien leichter auswählen.

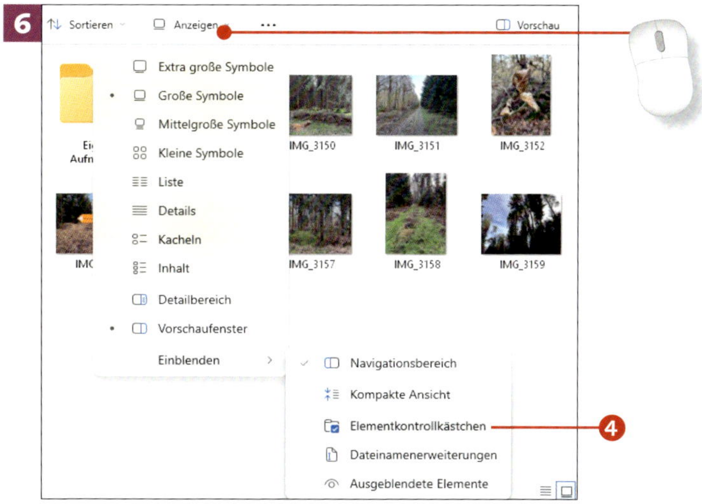

Dateien und Ordner anzeigen lassen (Forts.)

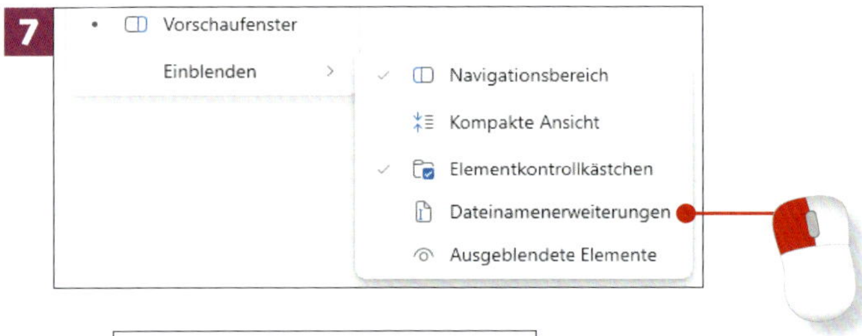

Schritt 7

Klicken Sie noch einmal auf **Anzeigen ▸ Einblenden**, und klicken Sie diesmal auf **Dateinamenerweiterungen**. Alle Dateien erhalten am Ende einen Punkt und einige Buchstaben, die anzeigen, um welchen *Dateityp* es sich dabei handelt. Bilder z. B. haben die Endung *.jpg*, Word-Texte *.docx* usw.

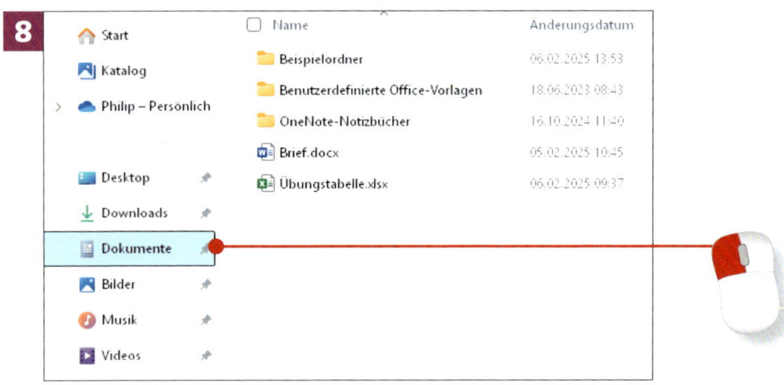

Schritt 8

Schauen Sie sich den Navigationsbereich in der linken Spalte näher an. Auch hier sind der **Schnellzugriff** sowie der ganze Inhalt des Computers zu sehen, alles verpackt in Ordner. Von Ihnen erstellte und/oder gespeicherte Dateien (Texte, Bilder, Tabellen, …) sind immer im Schnellzugriff zu finden. Sie können hier schnell zu einem anderen Ordner wechseln. Klicken Sie einmal auf **Dokumente**; jetzt sehen Sie rechts alle Ihre Dokumente.

Schritt 9

Klicken Sie im Navigationsbereich auf **Bilder**. Hier müssen Sie nur einmal klicken, schon wird im rechten Fensterteil, dem Hauptbereich, der Inhalt des links angeklickten Ordners angezeigt.

Schritt 10

Die Unterordner Ihres *Bilder*-Ordners sehen Sie je nach Einstellung nur rechts im Hauptbereich. Um den Inhalt eines Unterordners anzuzeigen, klicken Sie doppelt auf den Ordner im Hauptbereich. Sie können auch in das Kästchen am Ordner ❺ klicken und dann [↵] drücken.

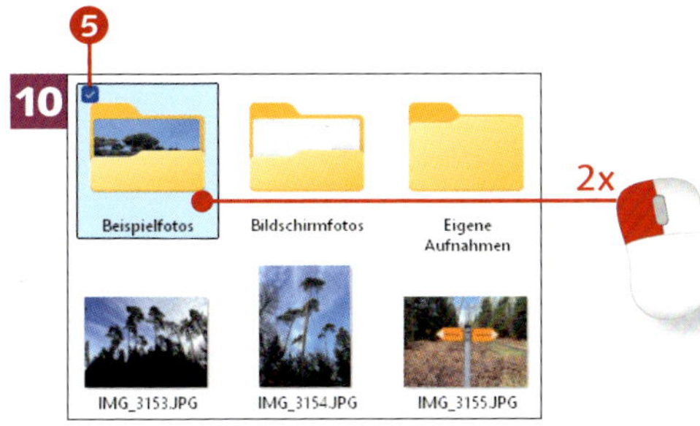

Schritt 11

Im Hauptbereich sehen Sie jetzt den Inhalt des Unterordners. Um zurück zum Ordner *Bilder* zu kommen, können Sie entweder im Navigationsbereich auf **Bilder** oder links oben auf den **Zurück**-Pfeil ❻ klicken. Auch ein Klick auf **Bilder** in der *Adressleiste* bringt Sie zurück.

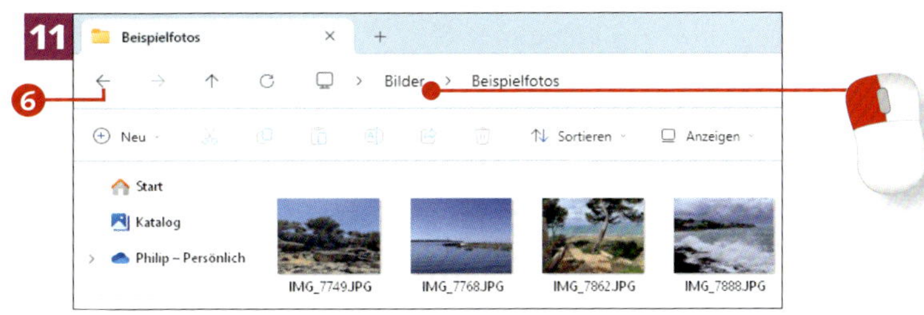

Schritt 12

In dieser Adressleiste sehen Sie immer, welcher Ordner gerade angezeigt wird: Im Beispiel wurde der Ordner *Bilder* ❼ geöffnet und darin der Unterordner *Beispielfotos* ❽, dessen Inhalt Sie im Hauptbereich sehen. Klicken Sie auf den Pfeil am Symbol, das am Anfang der Adressleiste zu sehen ist. Mit einem Klick auf einen Ordnernamen gelangen Sie zu allen angezeigten Ordnern, z. B. zum **Desktop**.

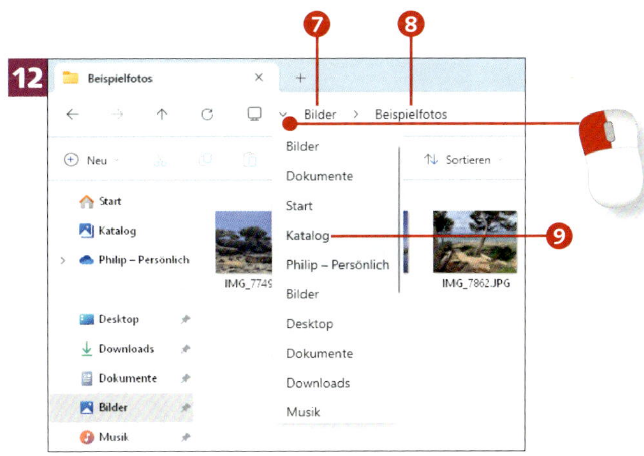

!

Was ist der Katalog im Explorer?

In der Navigationsleiste des Explorers wird Ihnen ein Katalog angeboten (❾ in Schritt 12). Klicken Sie diesen an, um eine chronologische Sortierung Ihrer Aufnahmen zu erhalten, die der in der Windows-Fotoanzeige entspricht (siehe Kapitel 6, »Fotos importieren und bearbeiten«).

Dateien und Ordner markieren und auswählen

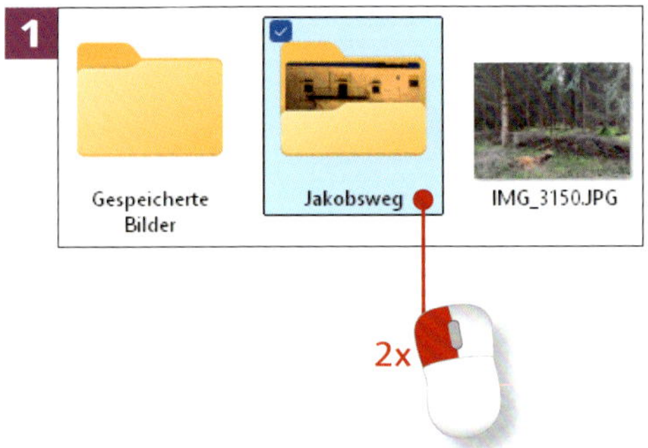

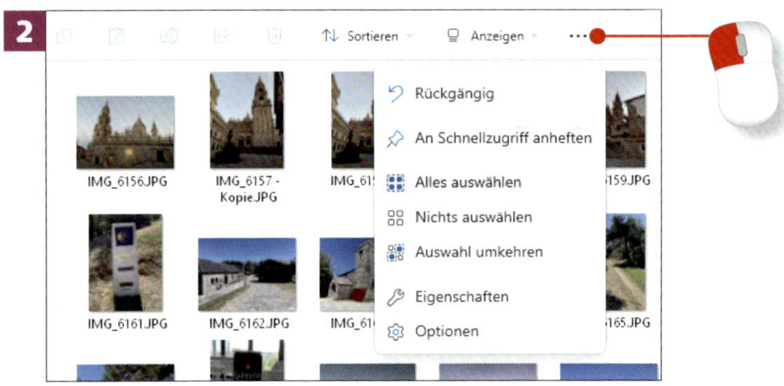

Sie sparen viele kleine Einzelschritte, wenn Sie Dateien richtig markieren und somit auswählen können.

Schritt 1

Öffnen Sie im Explorer einen Ordner mit vielen Dateien. Im Beispiel wurde im Ordner *Bilder* per Doppelklick ein Unterordner mit Fotos aufgerufen.

Schritt 2

Wollen Sie alle Bilder in einem Ordner auf einmal markieren, drücken Sie gleichzeitig die Tasten [Strg] + [A]. Wenn Sie lieber die Maus nutzen, klicken Sie im Menüband auf die drei Punkte und in der Liste auf **Alles auswählen**. Markierte Dateien werden hellblau unterlegt. Mit **Nichts auswählen** heben Sie die Markierung wieder auf.

Schritt 3

Nur ein paar nebeneinanderliegende Dateien sollen markiert werden? Klicken Sie das erste Bild (1) an, und lassen Sie die Maustaste los. Drücken Sie [⇧], und klicken Sie bei gedrückter [⇧]-Taste mitten auf das letzte Bild, das Sie markieren möchten. Jetzt lassen Sie die Tasten wieder los.

Schritt 4

Sie möchten Dateien markieren, die nicht nebeneinanderliegen? Hier hilft die Taste [Strg]. Drücken Sie [Strg], und halten Sie sie gedrückt. Klicken Sie mit der Maus die Bilder an, die markiert werden sollen.

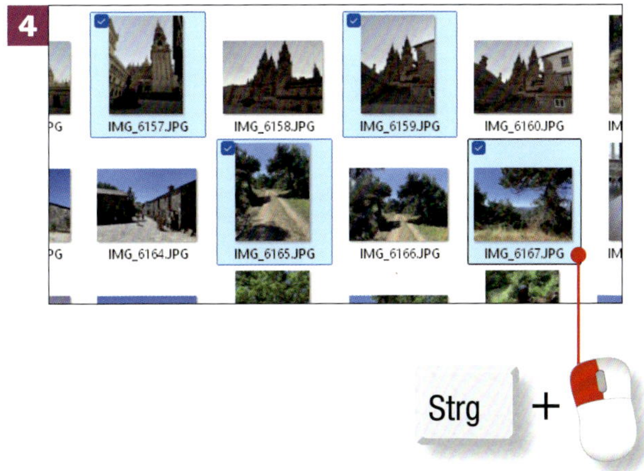

Schritt 5

Das Markieren mit [Strg] hat einen kleinen Haken: Wenn Sie die Maus bewegen, während [Strg] *und* die Maustaste gedrückt sind, legen Sie Kopien der Dateien an ❷ – das ist meist nicht beabsichtigt. Bewegen Sie also die Maus nicht, während [Strg]- und Maustaste gedrückt sind!

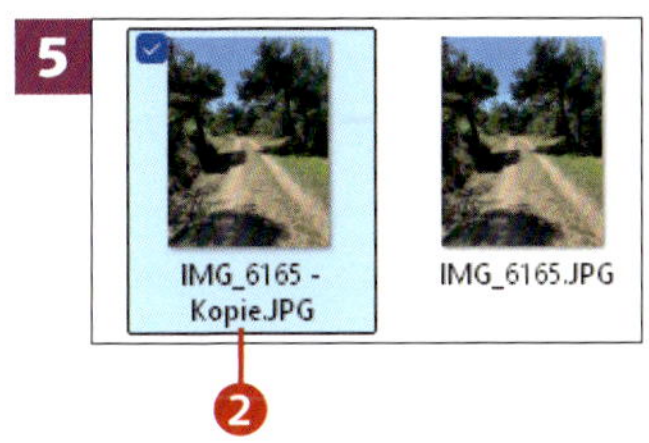

Schritt 6

Sie können alternativ mit den Kästchen an den Dateien arbeiten. Dabei ist es egal, wie weit die Dateien auseinanderliegen. Sie können auch scrollen, um weitere Dateien anzuklicken, und benötigen dafür nur Ihre Maus. Unten sehen Sie, wie viele Dateien Sie ausgewählt haben ❸.

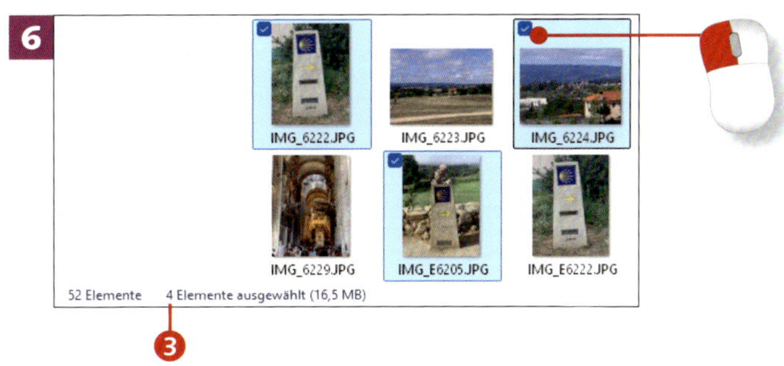

Richtig markieren

Wenn Sie Dateien markieren möchten, die nicht nebeneinanderliegen, klicken Sie in die Kästchen an den Dateien. Wollen Sie mehrere Dateien, die nebeneinanderliegen, mithilfe der [⇧]-Taste markieren, müssen Sie das erste und letzte Bild *mittig* anklicken (siehe Schritt 3). Hier helfen die Kästchen nicht!

Dateien kopieren, verschieben und löschen

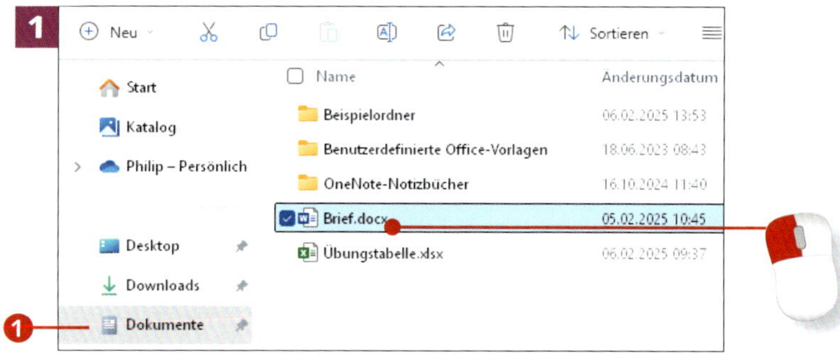

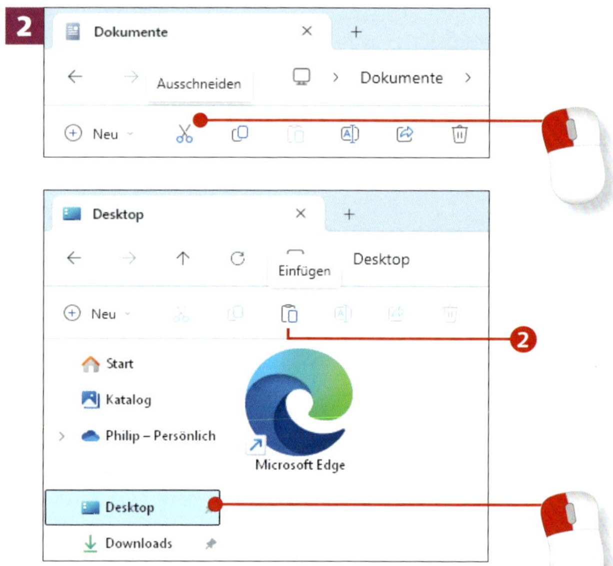

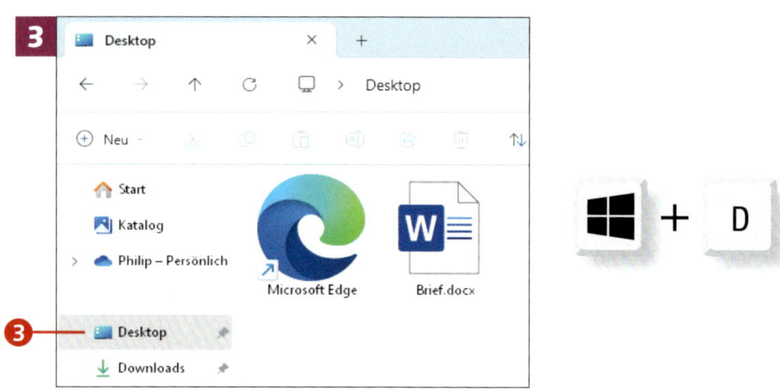

Dateien, die Sie an mehreren Stellen brauchen, kopieren Sie. Um Dateien leichter wiederzufinden, verschieben Sie sie. Nicht mehr benötigte Dateien löschen Sie.

Schritt 1

Öffnen Sie den Explorer, und klicken Sie den Ordner **Dokumente** ❶ an. Die Word-Datei *Brief.docx* soll auf den Desktop verschoben werden, damit Sie schnell direkten Zugriff auf sie haben. Klicken Sie dazu die Datei einmal an.

Schritt 2

Oben in der Menüleiste klicken Sie auf das **Ausschneiden**-Symbol. Die Datei wird aus dem aktuellen Ordner herausgenommen, sobald Sie sie im Zielordner einfügen. Klicken Sie links im Navigationsbereich auf **Desktop** und oben in der Menüleiste auf das Symbol **Einfügen** ❷. Nach einem kleinen Moment ist die Datei verschoben.

Schritt 3

Die Datei befindet sich nun auf dem Desktop ❸. Zum Ein- und wieder Ausblenden des Desktops verwenden Sie die Tasten [Win] + [D].

Schritt 4

Nun kopieren Sie ein Bild in den Ordner **Dokumente**, um Text und Bild zusammenzufügen. Klicken Sie also das Bild an und in der Menüleiste auf das **Kopieren**-Symbol ❹. Wechseln Sie zum Ordner **Dokumente** und klicken Sie in der Menüleiste auf das **Einfügen**-Symbol ❺. Das Bild ist nun sowohl im Ordner **Bilder** als auch im Ordner **Dokumente** zu sehen.

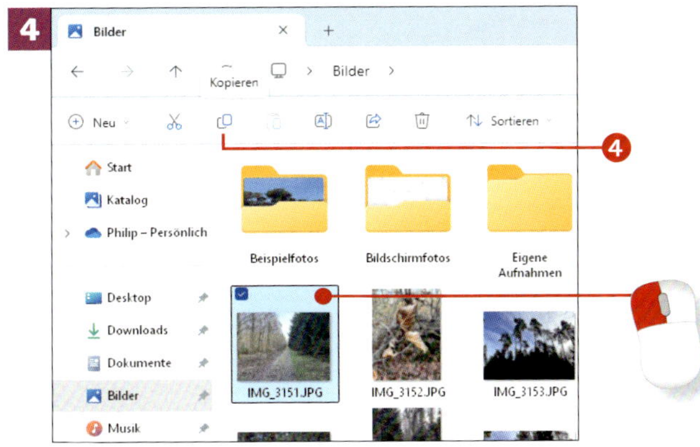

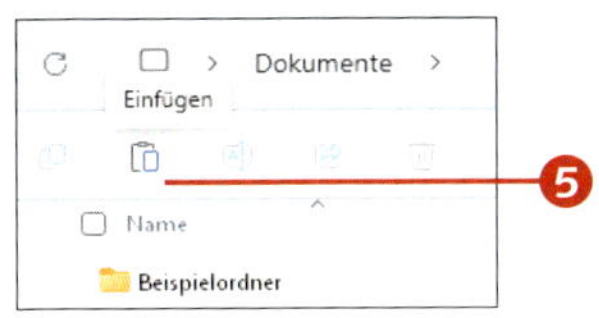

Schritt 5

Sollen mehrere Dateien in einen Unterordner transferiert werden, markieren Sie die Dateien und ziehen sie mit gedrückter Maustaste in den Zielordner. Der Explorer zeigt Ihnen an, wo die Dateien landen werden ❻, wenn Sie die Maustaste jetzt loslassen. Lassen Sie los, sobald der richtige Ordner genannt wird.

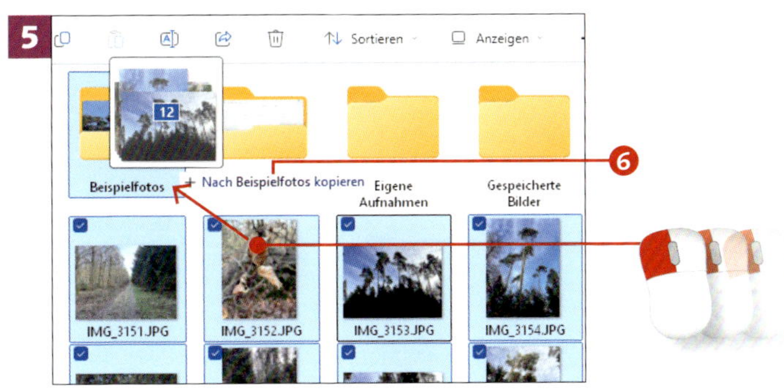

Schritt 6

Eine Datei löschen Sie mit dem entsprechenden Symbol in der Menüleiste, dem Papierkorb. Klicken Sie die zu löschende Datei an und in der Menüleiste auf den Papierkorb ❼. Bestätigen Sie gegebenenfalls das Löschen, und die Datei landet im Papierkorb.

Dateien umbenennen

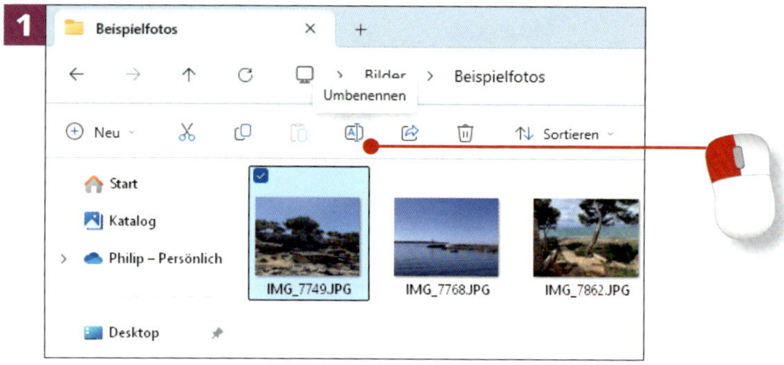

Wenn Sie viele Bilder gespeichert haben, z. B. von Ihrem Handy, wird es unübersichtlich. Sehen Sie hier, wie Sie Bilder eindeutig betiteln.

Schritt 1

Öffnen Sie den Ordner, in dem die Datei liegt, die Sie umbenennen möchten. Klicken Sie die Datei an. In der Menüleiste klicken Sie auf das **Umbenennen**-Symbol.

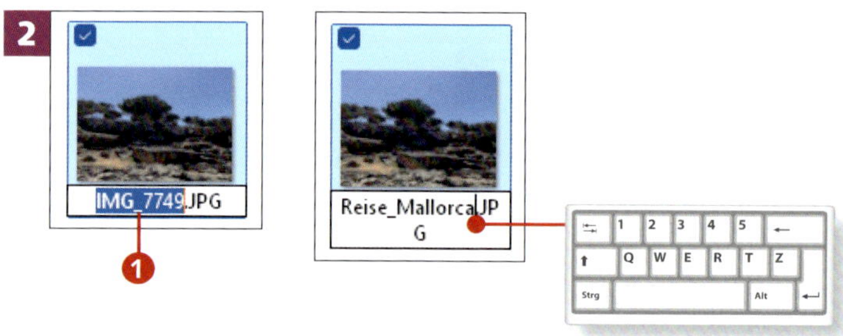

Schritt 2

Der Name des Bildes ist nun blau hinterlegt ❶. Tippen Sie, ohne zu klicken, den neuen Namen ein. Leerzeichen sind hier erlaubt. Der erste Buchstabe, den Sie tippen, ersetzt die blaue Markierung. Lassen Sie die Dateiendung, hier *.JPG*, unverändert! Zum Speichern drücken Sie [↵].

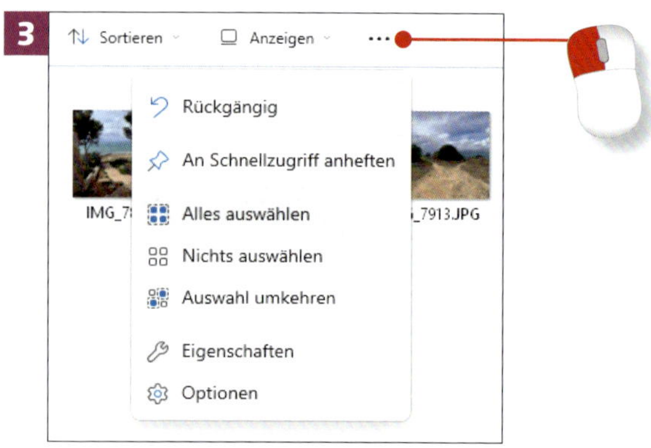

Schritt 3

Um alle Bilder eines Ordners auf einmal umzubenennen, klicken Sie zuerst das erste Bild einmal an. Drücken Sie dann [Strg] + [A]. Alternativ klicken Sie auf die drei Punkte und hier auf **Alles auswählen**. Haben Sie nicht alle, sondern nur einige Bilder markiert (wie ab Schritt 3 auf Seite 248 beschrieben), beachten Sie Schritt 6 dieser Anleitung.

Schritt 4

Klicken Sie auf **Umbenennen**. Der Name des ersten Bildes wird blau hinterlegt ❷. Tippen Sie den neuen Namen ein, und drücken Sie [↵].

Schritt 5

Die markierten Bilder tragen nun den neuen Namen und eine laufende Nummer.

Schritt 6

Um beim Umbenennen mehrerer, aber nicht aller Bilder in einem Ordner die Bilder nicht umzusortieren, klicken Sie mit der rechten Maustaste auf das *erste* der markierten Bilder. Im Kontextmenü klicken Sie auf das **Umbenennen**-Symbol ❸. Jetzt geben Sie den neuen Namen ein und drücken [↵]. Die Bilder tragen die neuen Namen in der bisherigen Reihenfolge.

Ordner dem Schnellzugriff anheften

Klicken Sie den gewünschten Ordner mit der rechten Maustaste an. Im Kontextmenü klicken Sie mit der linken Maustaste auf **An Schnellzugriff anheften**. Ab sofort wird der Ordner auch dort angezeigt. Mit Dateien können Sie genauso verfahren und sie dem Schnellzugriff anheften. Zum Entfernen aus dem Schnellzugriff klicken Sie die Datei oder den Ordner mit der rechten Maustaste an und wählen im Kontextmenü auf **Vom Schnellzugriff lösen**. Die Datei bzw. der Ordner ist dann wieder »nur« an ihrem bzw. seinem Standardplatz zu finden.

Ordner anlegen, verschieben und löschen

Sie können Ordner anlegen, um sie mit Dateien zu füllen. Ebenso können Sie Ordner verschieben und löschen.

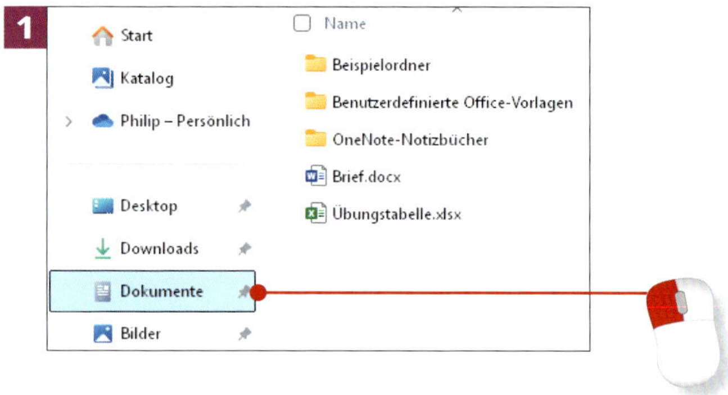

Schritt 1

Öffnen Sie einen Hauptordner, in dem Sie einen neuen Ordner anlegen möchten. Im Beispiel wird der Ordner **Dokumente** geöffnet.

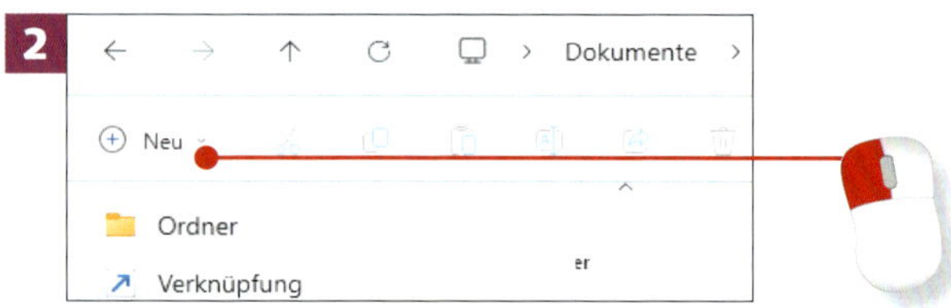

Schritt 2

Klicken Sie in der Menüleiste auf die Schaltfläche **Neu** und in der Liste direkt oben auf **Ordner**.

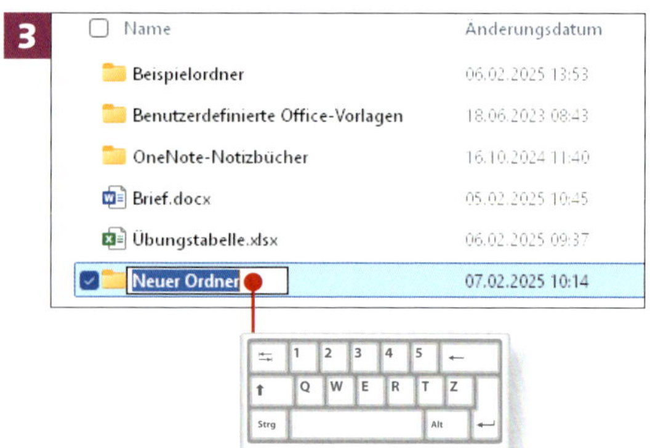

Schritt 3

Im Hauptbereich wird der Ordner unten angelegt. Im Namensfeld ist der Text **Neuer Ordner** schon blau hinterlegt. Tippen Sie, ohne zu klicken, den Namen ein. Bestätigen Sie den neuen Namen noch mit [↵]; jetzt ist der neue Ordner einsatzbereit.

Der Explorer sortiert alphabetisch

Wenn ein Ordner umbenannt oder ein neuer Ordner hinzugefügt wird, ändert sich die Reihenfolge beim nächsten Öffnen der Hauptordner so, dass die Ordner wieder von A bis Z sortiert sind. Um die Reihenfolge sofort zu ändern, drücken Sie [F5] oben auf Ihrer Tastatur.

Schritt 4

Sie haben den neuen Ordner im falschen Hauptordner angelegt? Kein Problem, verschieben Sie ihn: Klicken Sie den Ordner einmal an. Ziehen Sie den Ordner mit gedrückter Maustaste zum richtigen Ordner, hier **Bilder**. Sobald Sie die Meldung **Nach Bilder verschieben** ❶ lesen, lassen Sie die Taste los.

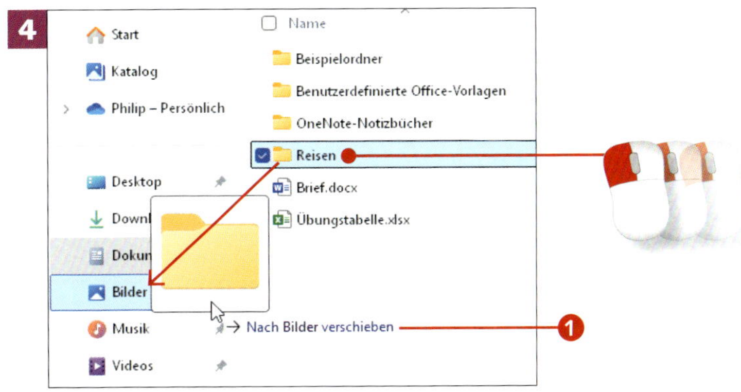

Schritt 5

Ist der Zielordner nicht eingeblendet, schneiden Sie den Ordner mit dem Scherensymbol in der Menüleiste aus. Klicken Sie im Zielordner auf **Einfügen** ❷.

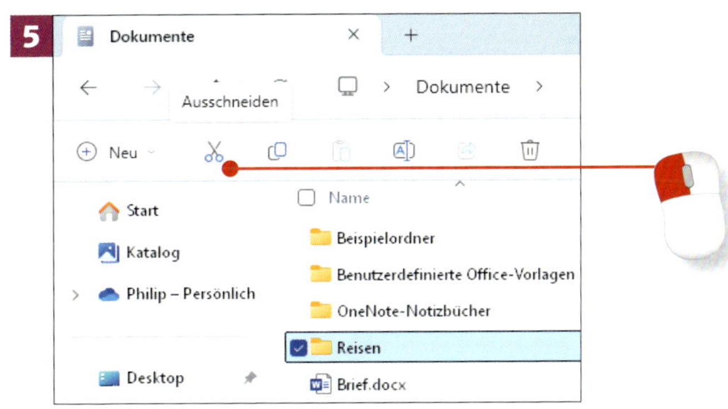

Schritt 6

Zum Löschen klicken Sie den Ordner an und in der Menüleiste auf **Löschen**. Bestätigen Sie gegebenenfalls das Löschen. Solange Sie den Papierkorb nicht leeren, können Sie Dateien darin wiederherstellen (siehe den Abschnitt »Mit der Maus arbeiten« auf Seite 38).

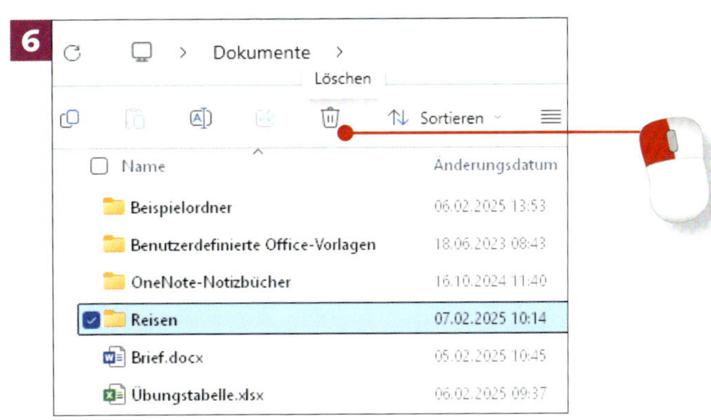

Dateien suchen

1

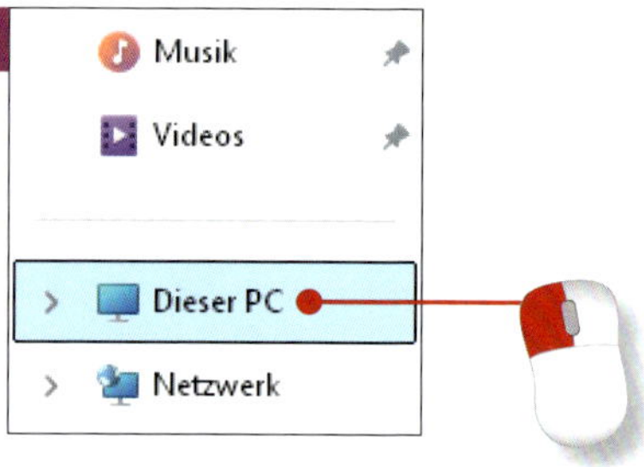

2

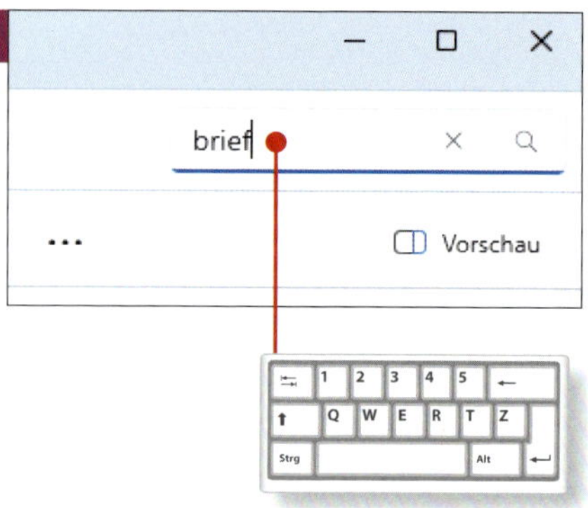

3

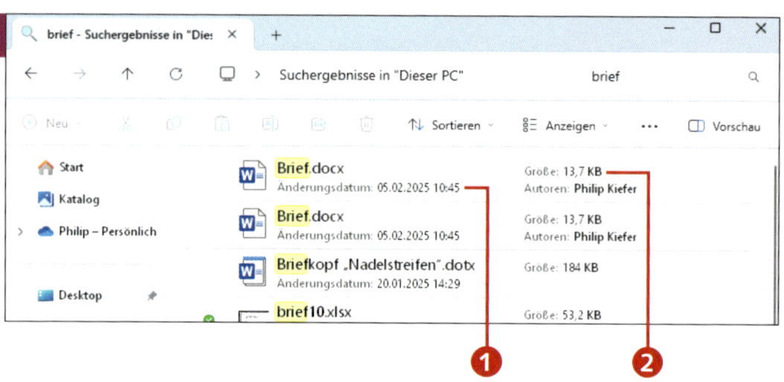

Der Explorer erleichtert es Ihnen, Dateien zu suchen und zu finden.

Schritt 1

In welchem Ordner und auf welchem Laufwerk haben Sie die Datei nur gespeichert? Um auf dem ganzen Computer zu suchen, klicken Sie links auf **Dieser PC**. Wenn Sie wissen, in welchem Hauptordner die Datei sein könnte, klicken Sie direkt diesen Ordner an. Wegen der Datenmenge dauert das Durchsuchen des ganzen Computers länger als das Durchsuchen eines einzelnen Ordners.

Schritt 2

Rechts neben der Adresszeile finden Sie das *Suchfeld*. Geben Sie ein Suchwort ein, z. B. »Brief«. Bereits während der Eingabe wird die Suche nach passenden Elementen gestartet. Bringen Sie aber ein wenig Geduld auf!

Schritt 3

Der Explorer zeigt im Hauptbereich das Ergebnis der Suche an (Dokumente und Ordner mit dem Suchbegriff im Namen). Zu jedem Treffer werden einige Angaben gemacht, unter anderem das Änderungsdatum ❶ und die Dateigröße ❷.

Schritt 4

Sie können die Suche auch eingrenzen: Wenn Sie ungefähr wissen, wann Sie die Datei erstellt haben, klicken Sie auf **Suchoptionen** (je nach Fenstergröße direkt oder unter den drei Punkten) und bewegen den Mauszeiger auf **Änderungsdatum**. Wählen Sie einen Zeitraum aus, z. B. **Diese Woche**.

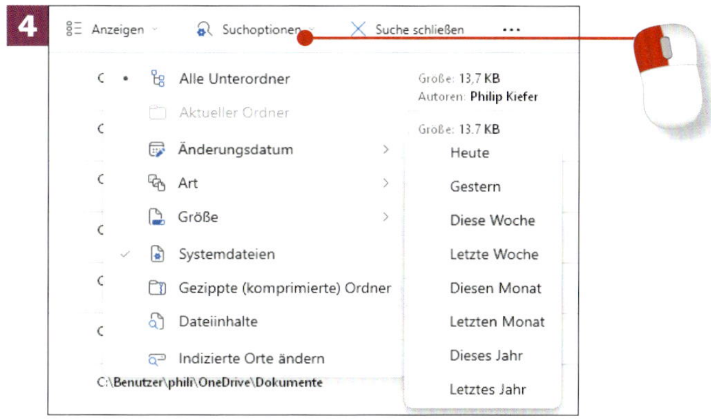

Schritt 5

Im Suchfeld wird eine Angabe ergänzt und die Suche erneut durchgeführt. In der Trefferliste werden jetzt nur noch diejenigen Dateien angezeigt, die zur gewählten Suchoption passen.

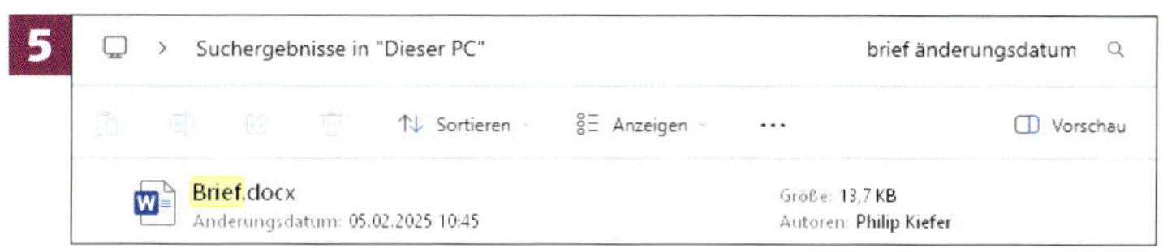

Schritt 6

Kennen Sie den Dateityp, klicken Sie im Menü aus Schritt 4 auf **Art** ❸. In der Liste wählen Sie den Typ aus, z. B. **Dokument**. Als Suchergebnisse werden alle passenden Dateien mit Endungen wie *.docx*, *.txt* und *.rtf* angezeigt.

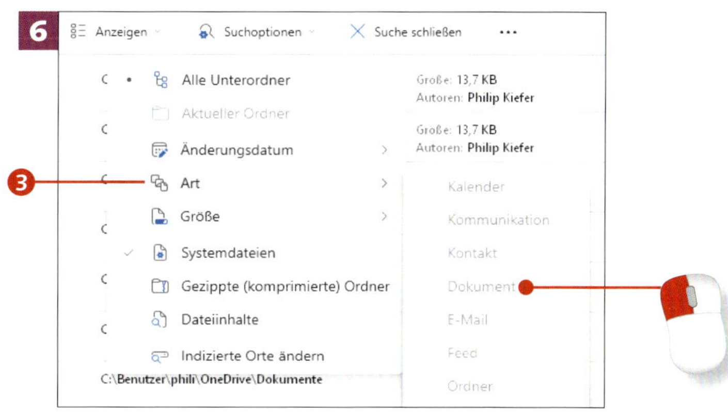

Dateitypen immer anzeigen lassen

Aus Sicherheitsgründen ist das Einblenden der Dateiendungen zu empfehlen, z. B. um als Bilder getarnte *.exe*-Dateien aus dem Internet zu erkennen. Zum Einblenden klicken Sie auf **Anzeigen ▸ Einblenden ▸ Dateinamenerweiterungen** (siehe Seite 246).

Dateien mit der Zwischenablage verwalten

Windows hält noch ein weiteres Werkzeug zum Umgang mit Dateien vor: die Zwischenablage. Dort können Sie Textteile ablegen, die Sie immer wieder benötigen, z. B. eine Signatur.

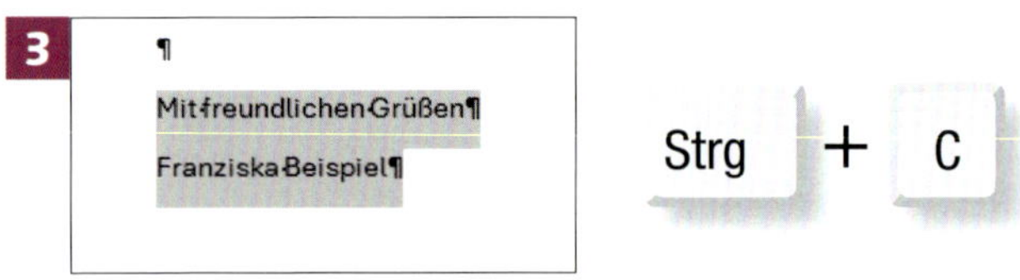

Schritt 1

Bevor Sie die Zwischenablage benutzen können, aktivieren Sie sie einmal: Drücken Sie [Windows] + [V], und klicken Sie im kleinen Fenster **Zwischenablage** auf **Aktivieren**.

Schritt 2

Windows meldet: **Nichts vorhanden**, weil Sie die Ablage bisher noch nicht genutzt haben. Sie können hier Dokumente oder Bitmaps (Bilddateien mit der Endung *.bmp*) ablegen, die Sie häufiger verwenden und die nicht größer als 4 MB (Megabyte) sind.

Schritt 3

Öffnen Sie Word. Schreiben Sie einen Text, den Sie häufig verwenden, z. B. »Mit freundlichen Grüßen«, und Ihren Namen. Markieren Sie diesen Text und drücken Sie zum Kopieren gleichzeitig [Strg] + [C].

Wird alles gespeichert, was ich kopiere?

Die Zwischenablage nimmt 25 Einträge auf. Der 26. Eintrag ersetzt dann den ersten, sofern er nicht dauerhaft angepinnt wurde (siehe Schritt 5). Wie der Name schon sagt, ist es ein Zwischenspeicher, kein dauerhafter Speicher. Alle Einträge, die nicht angepinnt wurden, werden beim Herunterfahren des Computers aus dem »Kurzzeitgedächtnis« des Computers gelöscht. An den Stellen, an denen Sie sie kopiert oder eingefügt haben, bleiben sie natürlich erhalten.

Schritt 4

Wollen Sie z. B. in eine E-Mail den Text aus der Zwischenablage einfügen, schreiben Sie den Text der E-Mail. Setzen Sie den Cursor an die Stelle, an der der zwischengelagerte Text eingefügt werden soll. Drücken Sie [Win] + [V], und klicken Sie auf den einzufügenden Text. Das Zwischenablagefenster verschwindet, und in der E-Mail steht Ihre Signatur.

4

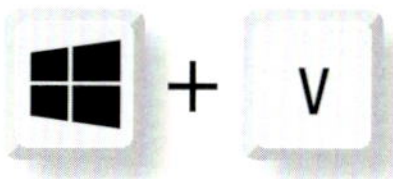

Schritt 5

Der Inhalt der Zwischenablage steht Ihnen bis zum nächsten Herunterfahren zur Verfügung. Um ihn langfristig nutzen zu können, rufen Sie die Zwischenablage auf ([Win] + [V]) und klicken auf den Pin unten rechts an Ihrem Eintrag. Windows merkt sich diesen Eintrag nun.

5

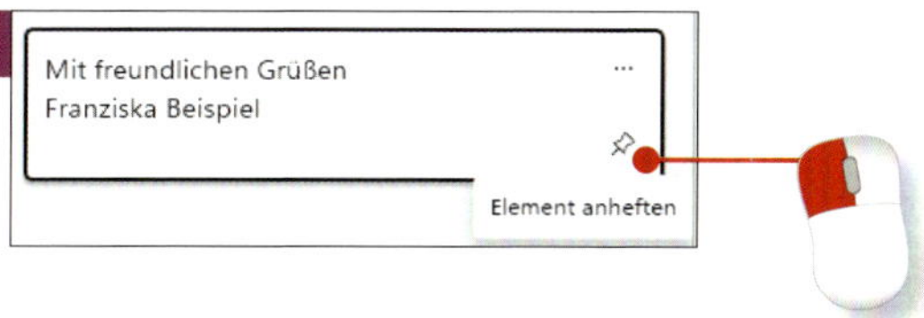

Schritt 6

Auch aus einem Dokument kopierte Bilder ❶ (nicht größer als 4 MB!) können Sie in der Zwischenablage ablegen und mit einem Klick wieder in ein Dokument einfügen, selbst wenn Sie nach dem Kopieren des Bildes noch weitere Elemente kopiert haben. Das Kopieren und das Einfügen mit der Zwischenablage müssen nicht unmittelbar aufeinanderfolgen.

6

Daten auf einen USB-Stick kopieren

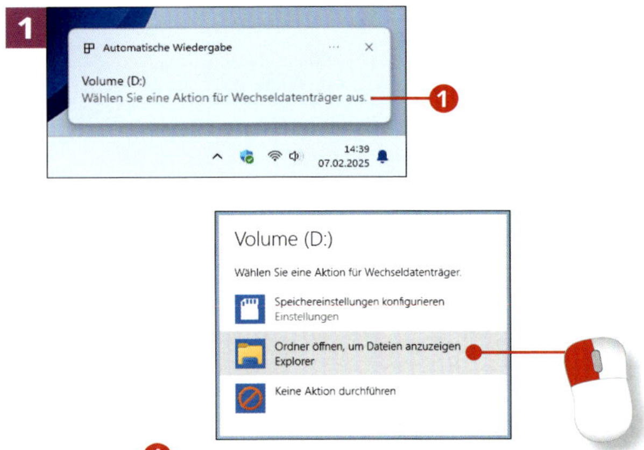

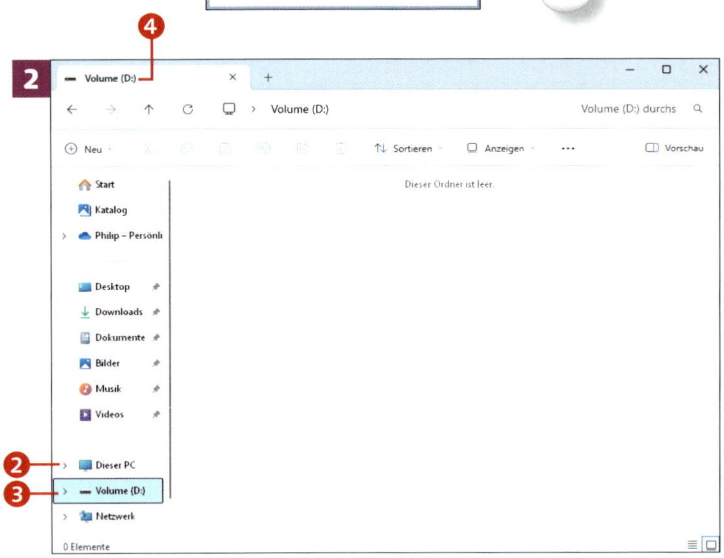

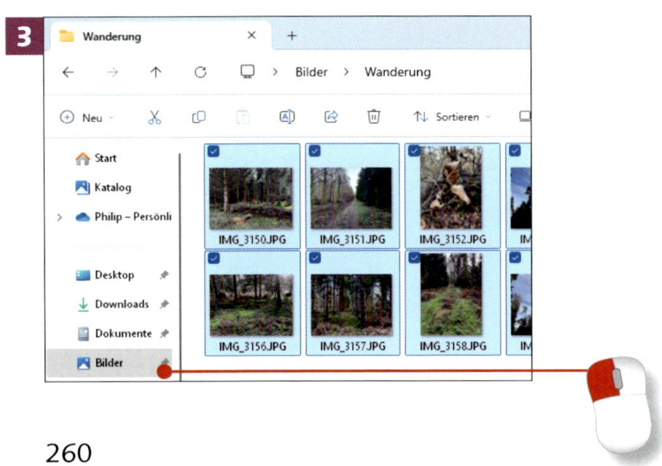

Heute gibt es viele Möglichkeiten, Dateien an andere Personen weiterzugeben. Ein bequemer Weg ist die Weitergabe per USB-Stick.

Schritt 1

Schließen Sie den USB-Stick an (siehe Seite 282). Beim ersten Mal fordert Windows Sie auf, eine Aktion auszuwählen ❶. Klicken Sie auf **Ordner öffnen, um Dateien anzuzeigen**. Künftig öffnet Windows den Explorer mit dem Inhalt des USB-Sticks direkt.

Schritt 2

Der Explorer wird geöffnet. Sie sehen links unterhalb von **Dieser PC** ❷ die angeschlossenen Laufwerke. Jedes Laufwerk hat einen Buchstaben (Ihre Festplatte hat z. B. immer den Buchstaben **C**). Der USB-Stick im Beispiel hat hier den Buchstaben **D** ❸. Sie sehen ihn auch oben auf dem Reiter über dem Navigations- und Hauptbereich ❹.

Schritt 3

Wechseln Sie im Explorer zum Ordner mit den Daten, die Sie kopieren möchten: Markieren Sie die Dateien und/oder Ordner, die Sie auf den USB-Stick kopieren möchten.

Schritt 4

Klicken Sie in der Menüleiste auf **Kopieren**. Scrollen Sie links im Navigationsbereich nach unten zum Laufwerksbuchstaben des USB-Sticks, hier **(D:)**. Klicken Sie darauf 5.

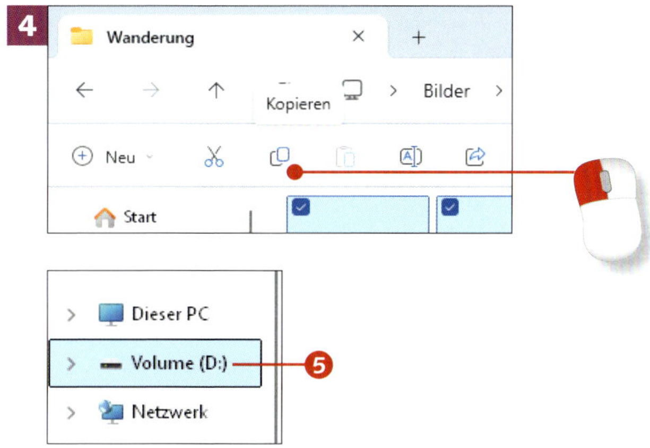

Schritt 5

Klicken Sie nun in der Menüleiste auf **Einfügen**. Der Kopiervorgang wird daraufhin gestartet. Sie können den Fortschritt anhand des grünen Balkens verfolgen 6.

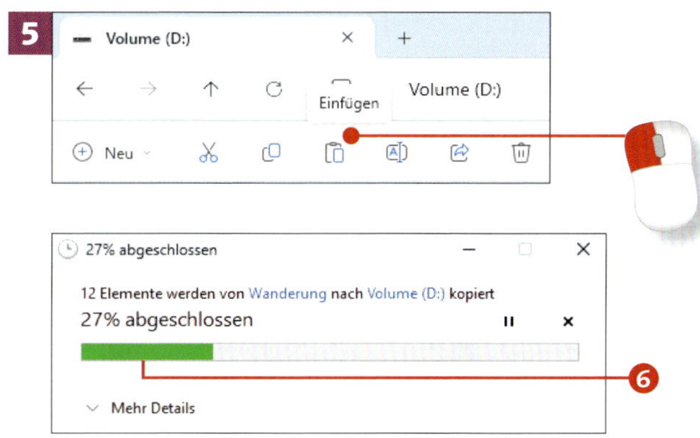

Schritt 6

Im Anschluss stehen Ihnen die kopierten Elemente auf dem USB-Stick zur Verfügung, und Sie können diesen vom Computer abziehen.

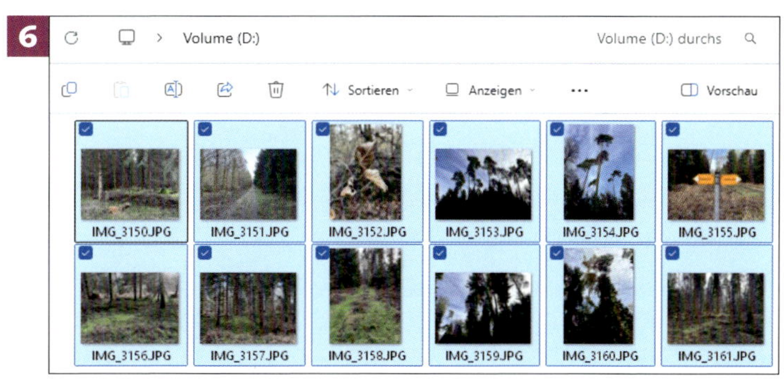

Und umgekehrt?
Möchten Sie Dateien von einem USB-Stick auf Ihr Notebook kopieren, wiederholen Sie Schritt 1. Markieren Sie alle Dateien auf dem USB-Stick, und klicken Sie in der Menüleiste auf **Kopieren**. Wählen Sie den passenden Ordner bzw. Unterordner aus, und klicken Sie auf **Einfügen** in der Menüleiste.

Onlinespeicher nutzen

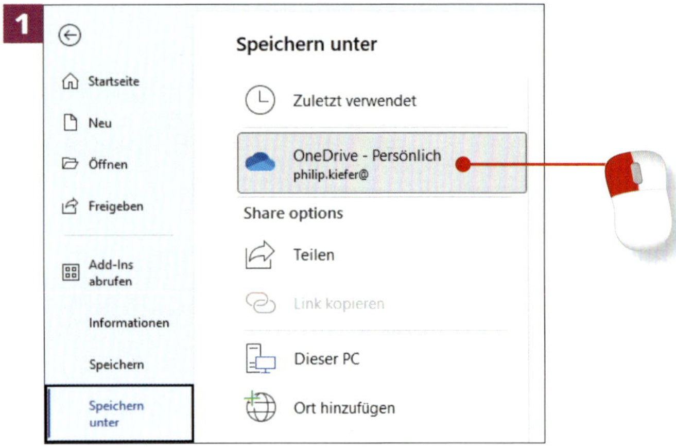

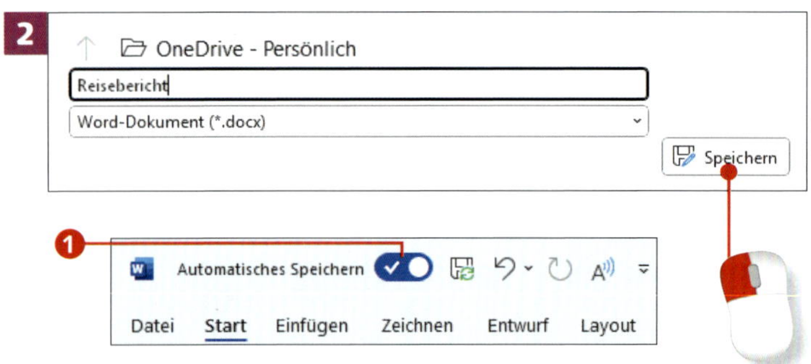

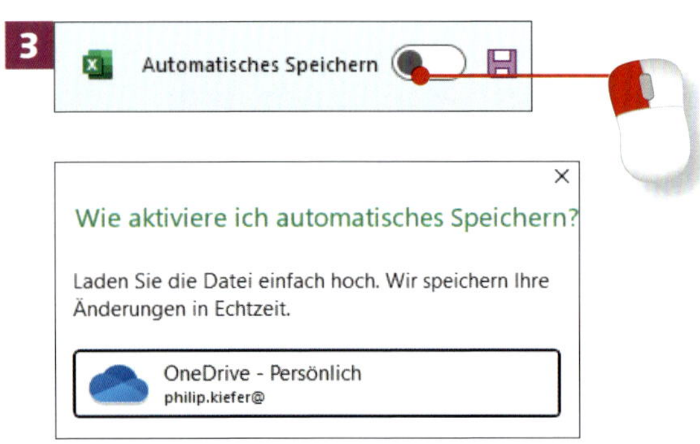

Windows stellt Ihnen mit OneDrive einen Onlinespeicher zur Verfügung. Damit können Sie auf Ihre Daten auch auf dem Smartphone oder auf anderen Computern zugreifen.

Schritt 1

OneDrive steht Ihnen immer zur Verfügung, solange Sie den Dienst nicht deinstallieren oder ausschalten. Ein Dokument können Sie ganz einfach in OneDrive speichern: Klicken Sie auf **Datei ▸ Speichern unter** und dann auf **OneDrive – Persönlich**.

Schritt 2

Weiter rechts im Fenster **Speichern unter** klicken Sie auf **Speichern**. Sie können natürlich auch auf OneDrive Ordner erstellen und auswählen. Word kehrt nach dem Speichern zur Dokumentansicht zurück. Oben links ist jetzt die Option **Automatisches Speichern** ❶ eingeschaltet. Ihr Dokument wird nun regelmäßig automatisch gespeichert; Sie müssen dafür nichts weiter tun.

Schritt 3

Oder gehen Sie umgekehrt vor: Klicken Sie auf **Automatisches Speichern**, dann auf **OneDrive – Persönlich**.

Schritt 4

Geben Sie der Datei eine sinnvolle Bezeichnung und bestätigen Sie mit **OK**, um sie auf OneDrive hochzuladen.

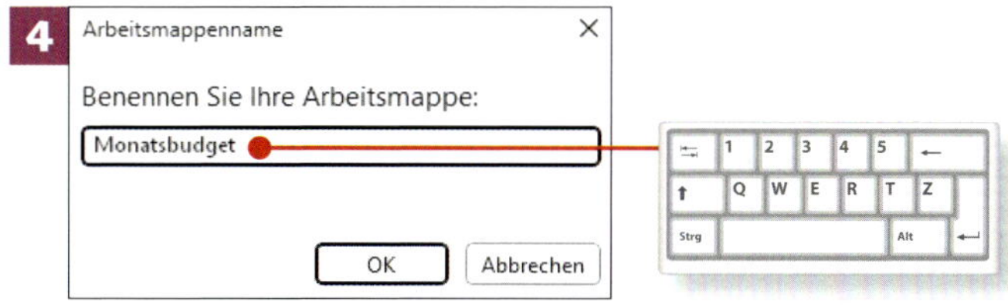

Schritt 5

Ihre Dateien können Sie auch über Ihr Outlook-Konto in Edge aufrufen: Klicken Sie auf die neun Quadrate oben links und dann auf **OneDrive**. In der Übersicht sehen Sie alle bisher angelegten Dokumente, die Sie durch einen Klick in der entsprechenden Online-Office-Anwendung öffnen können (siehe den Abschnitt »Web-Apps verwenden« auf Seite 206).

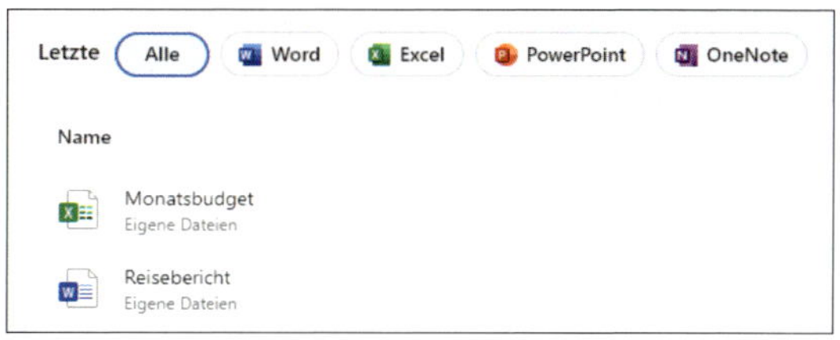

Schritt 6

Auch im Explorer können Sie Ihren OneDrive-Ordner ansteuern. Klicken Sie dazu in der Navigationsleiste des Explorers auf den Eintrag mit der blauen Wolke, das Symbol für OneDrive. Ein weiteres OneDrive-Symbol finden Sie im Infobereich rechts unten auf dem Bildschirm ❷.

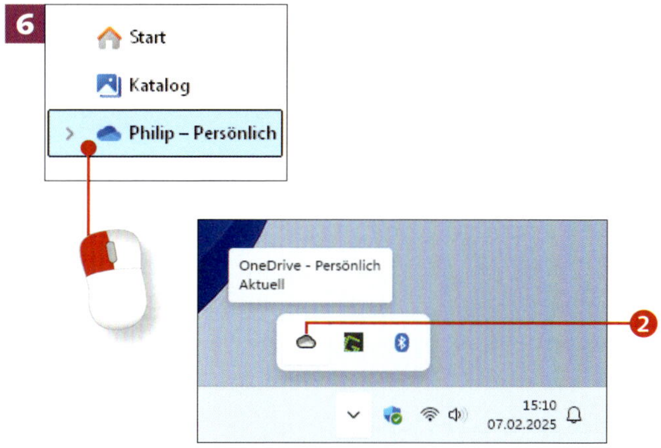

Kapitel 10
Spezielle Einstellungen vornehmen

Auf Ihrem Computer ist Windows schon eingerichtet. Zu Beginn wurden bestimmte Einstellungen wie die Farbe des Startbildschirms und das Bild auf dem Desktop festgelegt. Ändern Sie diese Einstellungen nach Ihren Wünschen. Nicht ändern sollten Sie das automatische Windows-Update, da es zur Computersicherheit beiträgt.

Die Optik ändern
Für den Desktop können Sie wechselnde Hintergründe einstellen. Auf dem Anmeldebildschirm lassen Sie sich Ihr Lieblingsbild anzeigen. Zwischen dunklem und hellem Design wechseln Sie per Mausklick.

Den Bildschirm anpassen
Hier sind sowohl die Bildschirmhelligkeit als auch die angezeigte Schriftgröße gemeint: Wenn Ihnen die Schrift zu klein vorkommt, ändern Sie die Standardeinstellung einfach zu einer größeren Ansicht.

Den Computer aktuell halten
Betriebssystem und Apps werden laufend weiterentwickelt, um Sicherheitslücken zu schließen und noch benutzerfreundlicher zu werden. Stellen Sie sicher, dass alle Aktualisierungen (Updates) installiert werden und das Betriebssystem, in diesem Fall Windows 11, wie auch die Apps auf dem aktuellen Stand sind.

Das Bild auf dem Desktop legen Sie selbst im Menü **Einstellungen** fest. ❶

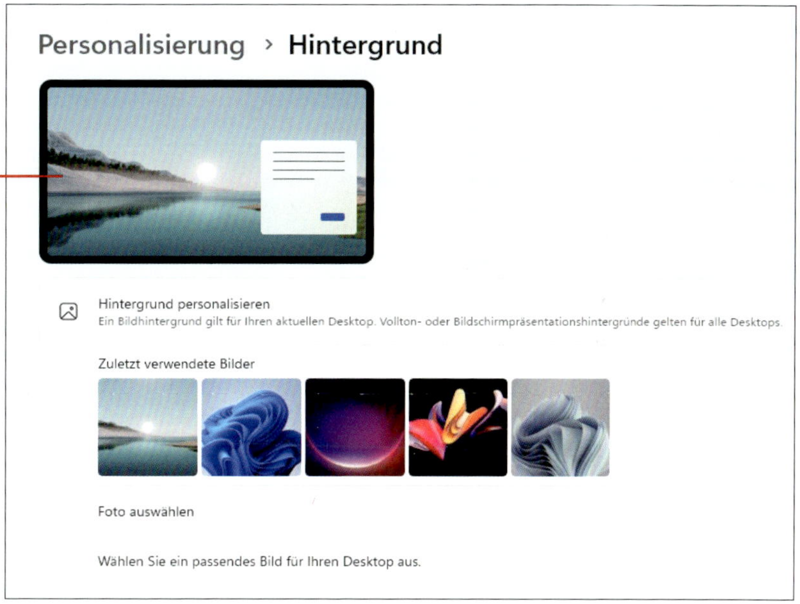

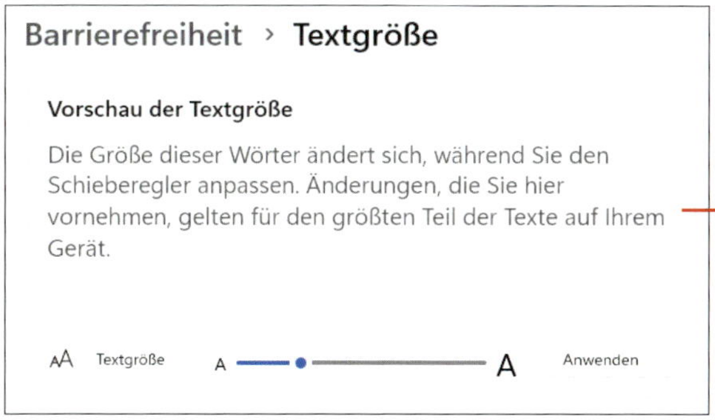

❷ Stellen Sie eine größere Schriftanzeige ein, um das Lesen zu erleichtern.

Auch den Update-Stand prüfen Sie in den **Einstellungen**. ❸

Desktop und Sperrbildschirm anpassen

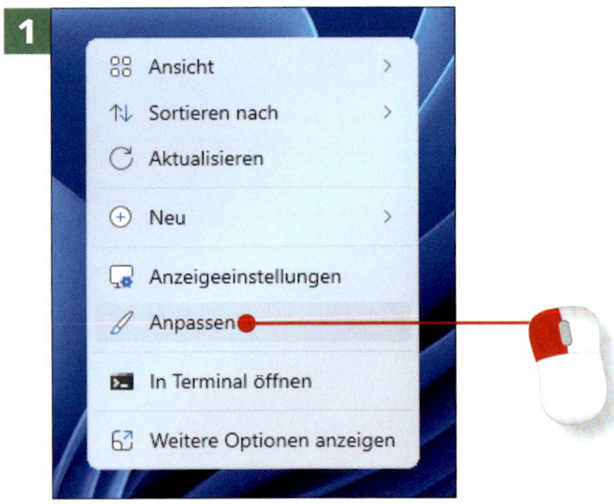

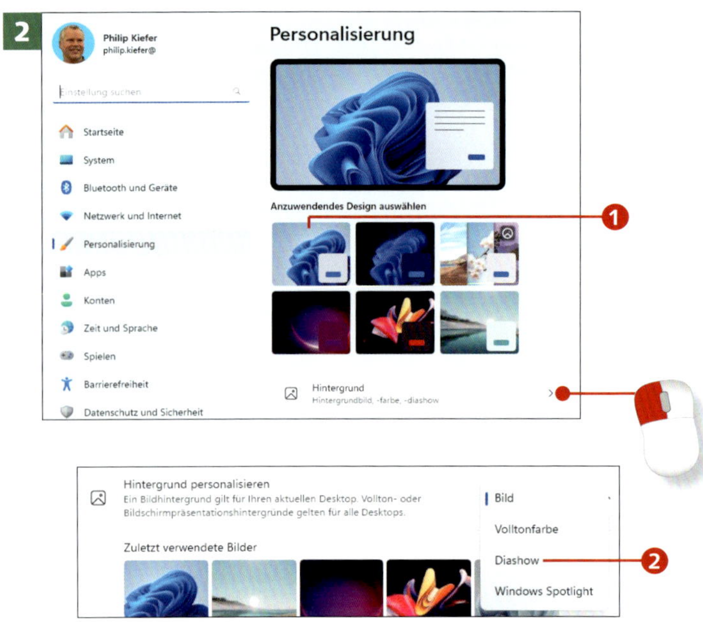

Desktop-Hintergründe sind wandelbar: Eine Diaschau Ihrer eigenen Bilder ist genauso möglich wie ein bestimmtes Bild. Auch den Sperrbildschirm können Sie anpassen.

Schritt 1

Klicken Sie mit der rechten Maustaste auf eine freie Stelle auf dem Desktop. Im Kontextmenü klicken Sie auf **Anpassen**. Windows öffnet die Einstellungen mit der Seite **Personalisierung**.

Schritt 2

Der aktuelle Hintergrund steht im Abschnitt **Anzuwendendes Design auswählen** an erster Stelle ❶. Klicken Sie unterhalb auf **Hintergrund**: Hier können Sie ein **Bild**, eine **Diashow** oder eine **Volltonfarbe** als Desktop-Hintergrund festlegen.

Schritt 3

Sollen Ihre eigenen Bilder im Wechsel angezeigt werden, wählen Sie **Diashow** ❷ aus. Windows zeigt Ihnen Ihren OneDrive-Ordner **Bilder** ❸ an. Sind Ihre Bilder auf dem Computer gespeichert, klicken Sie auf **Durchsuchen**. Windows öffnet den **Explorer**.

Schritt 4

Klicken Sie einen Unterordner ❹ einmal an, der die für die Diashow gewünschten Bilder enthält. Bestätigen Sie die Auswahl mit einem Klick auf **Diesen Ordner auswählen**. In der Vorschau der Einstellungen oben sehen Sie nun nacheinander die Bilder dieses Ordners.

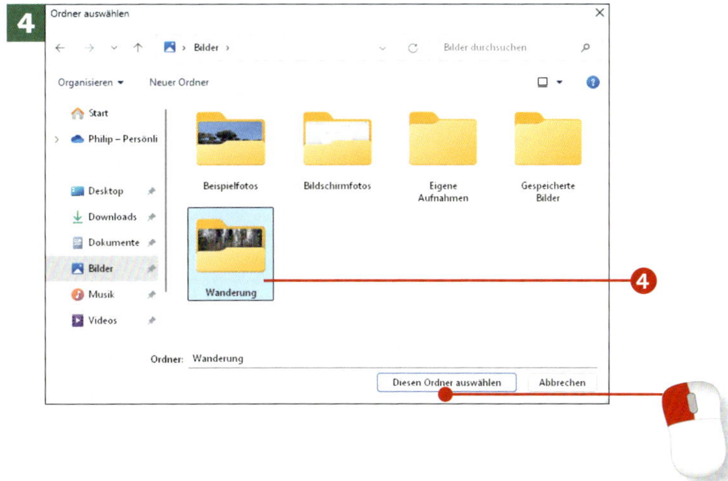

Schritt 5

Scrollen Sie etwas nach unten zum Bereich **Bildänderungsintervall**. Legen Sie hier nach einem Mausklick auf das Menü fest, in welchem zeitlichen Abstand die Bilder wechseln sollen, z. B. alle **10 Minuten**. Sobald alle Bilder einmal zu sehen waren, fängt Windows wieder beim ersten an. Die Hintergrundfarbe kann sich jetzt ändern und den angezeigten Bildern anpassen.

Schritt 6

Damit nicht immer die gleiche Reihenfolge gezeigt wird, schalten Sie die unsortierte Anzeige ein: Klicken Sie neben **Die Bilder unsortiert anzeigen** auf den Schieber **Aus**, springt die Anzeige auf **Ein**. Die Einstellungen werden direkt gespeichert.

Bilderordner vorbereiten

Legen Sie einen Ordner an, in den Sie alle Bilder kopieren, die Sie als Desktop-Hintergrund sehen möchten. In Schritt 4 wählen Sie dann diesen Ordner aus.

Desktop und Sperrbildschirm anpassen (Forts.)

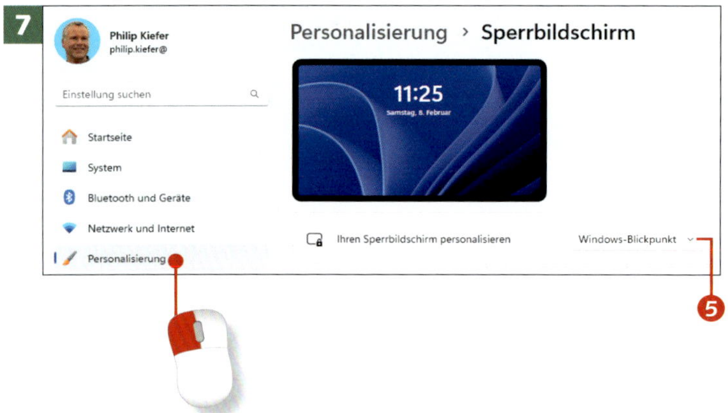

Schritt 7

Auch den Sperrbildschirm können Sie anpassen. Klicken Sie links wieder auf **Personalisierung** und im rechten Fensterteil auf **Sperrbildschirm**. Standard ist die die Einstellung **Windows-Blickpunkt** ❺: Bei bestehender Internetverbindung werden alle paar Tage wechselnde Fotos von Windows angezeigt. Gelegentlich fragt Windows, ob Ihnen die Bilder gefallen, was Sie aber nicht beantworten müssen.

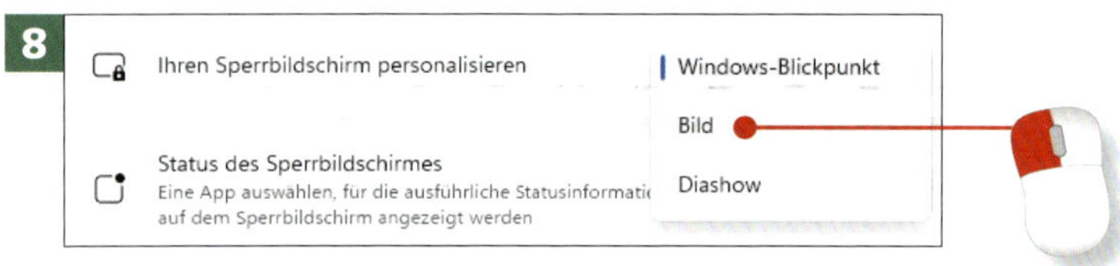

Schritt 8

Klicken Sie auf den Pfeil neben **Ihren Sperrbildschirm personalisieren**, und wählen Sie **Bild**. Sie können ein Windows-Bild ❻ oder ein eigenes Foto aussuchen. Klicken Sie im zweiten Fall auf **Fotos durchsuchen** ❼. Suchen Sie ein Bild durch Anklicken aus. Bestätigen Sie mit **Bild auswählen**.

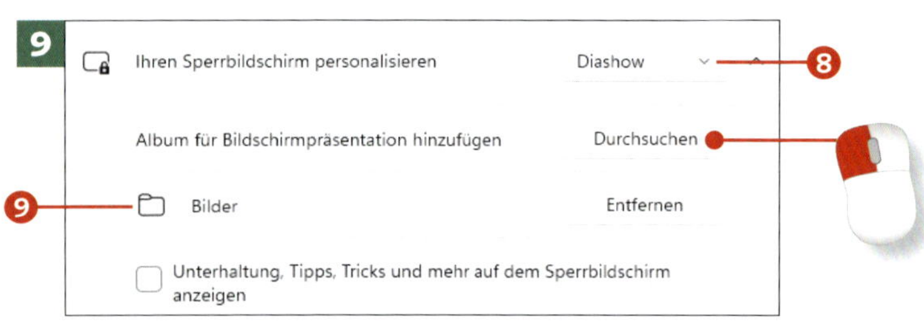

Schritt 9

Für eine Diashow klicken Sie auf **Diashow** ❽. Windows wählt automatisch den Ordner aus, den Sie für den Desktop ausgesucht haben ❾. Wünschen Sie einen anderen Ordner, klicken Sie auf **Entfernen**. Zum Auswählen eines Ordners klicken Sie auf **Durchsuchen**.

Schritt 10

Kehren Sie zurück zur Hauptseite **Personalisierung**, hier gibt es noch mehr zu entdecken. Klicken Sie im Bereich **Anzuwendendes Design auswählen** ein dunkles Design an.

10

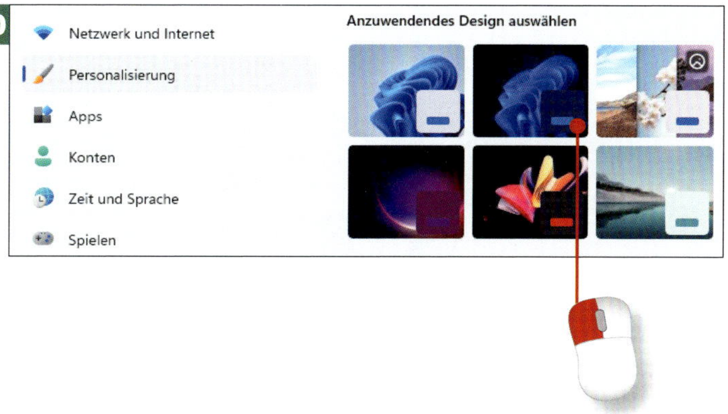

Schritt 11

In den Anwendungen **Einstellungen** und **Explorer** ist nun die Schriftfarbe Weiß und der Hintergrund dunkel. Sagt Ihnen diese Einstellung zu, brauchen Sie nichts weiter zu tun. Ist Ihnen doch ein anderes Design lieber, wiederholen Sie Schritt 10 mit einer anderen Auswahl. Beachten Sie, dass die Diashow aus Schritt 3 und 4 mit dem neuen Design nicht mehr angezeigt wird.

11

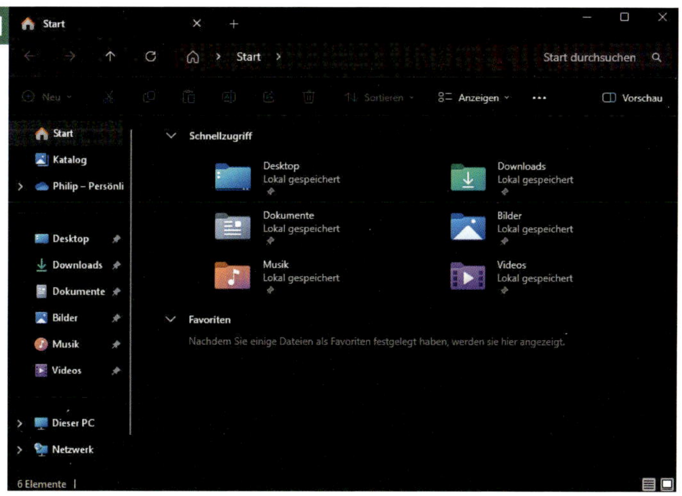

Schritt 12

Zum Schließen der Einstellungen klicken Sie auf das Schließkreuz oben rechts.

12

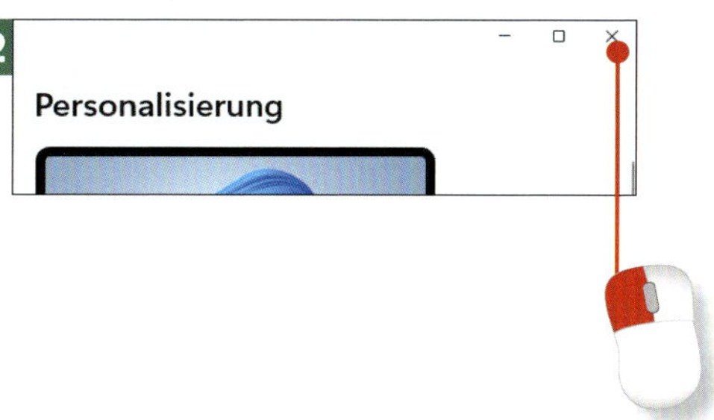

Einstellungen rund um die Bildschirmanzeige vornehmen

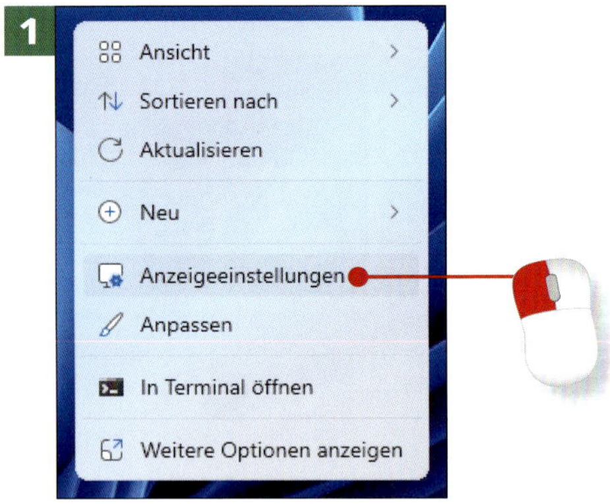

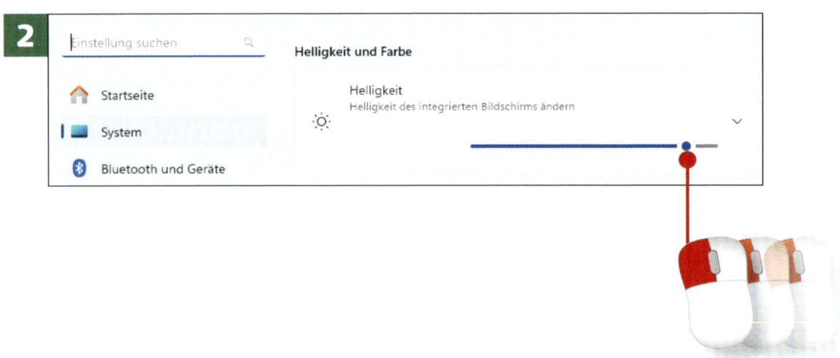

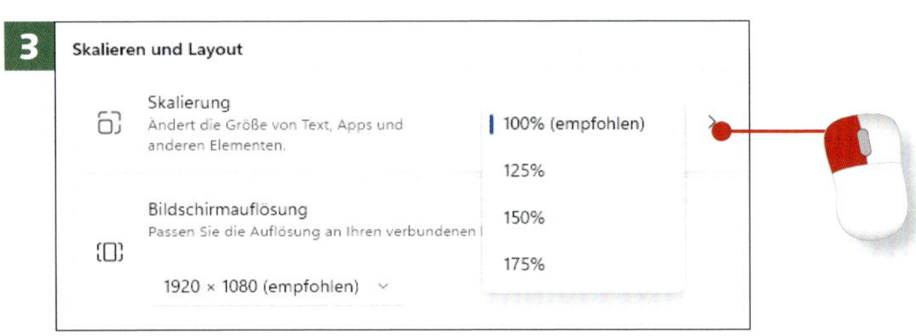

Der Bildschirm ist zu dunkel, die Schrift zu klein? Lesen Sie hier, wie Sie solche Einstellungen ändern.

Schritt 1

Klicken Sie mit der *rechten* Maustaste an eine freie Stelle des Desktops und dann im Kontextmenü auf **Anzeigeeinstellungen**.

Schritt 2

Die Kategorie **System ▸ Bildschirm** ist schon aktiviert. Hier stellen Sie unter anderem die Bildschirmhelligkeit ein. Ziehen Sie gegebenenfalls den Schieberegler **Helligkeit des integrierten Bildschirms ändern** mit gedrückter Maustaste z. B. nach links, reduzieren Sie die Helligkeit. Bei angeschlossenen Bildschirmen finden Sie entsprechende Einstellungsmöglichkeiten direkt am Bildschirm.

Schritt 3

Unter **Skalieren und Layout** regeln Sie die Größe von Text, Apps usw. Klicken Sie auf den Pfeil neben **…% (empfohlen)**. Im Beispiel steht dort 100 %, bei anderen Computern ein anderer Wert. Wählen Sie zum Vergrößern einen höheren Wert aus dem Menü.

Schritt 4

Alle Elemente auf dem Bildschirm werden nun vergrößert dargestellt. Einige Apps müssen erst geschlossen und wieder geöffnet werden, bevor die Änderung aktiv wird.

4

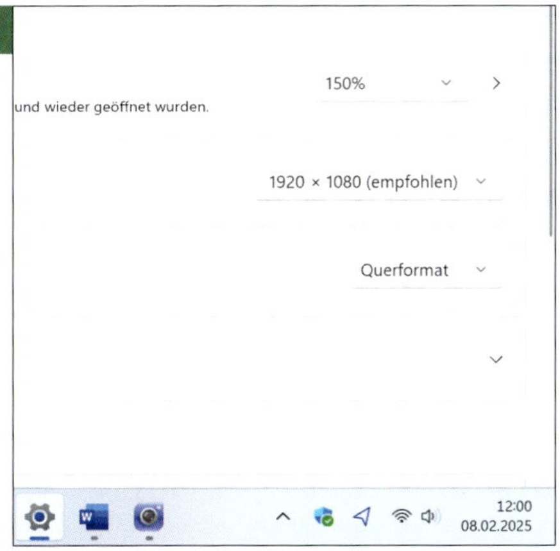

Schritt 5

Testen Sie, ob Sie mit der größeren Darstellung zufrieden sind: Öffnen Sie z. B. eine beliebige Internetseite in Edge. Ist Ihnen die kleinere Darstellung lieber, wechseln Sie wieder zu den **Bildschirm**-Einstellungen und wiederholen Schritt 3. Klicken Sie auf **100%** bzw. **125%**.

5

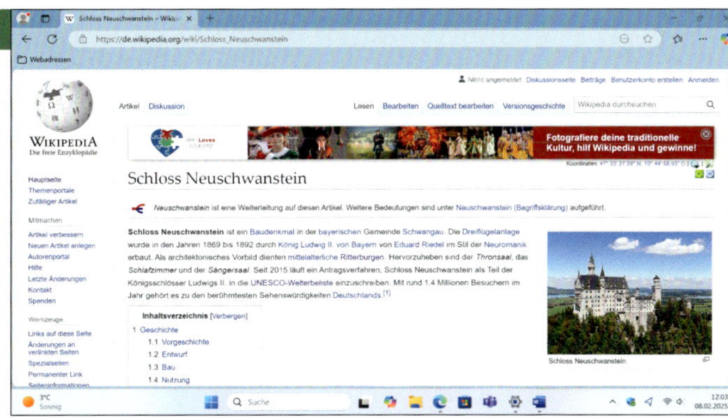

Schritt 6

Sie können auch ganz gezielt nur die Schrift vergrößern. Klicken Sie dazu in den Einstellungen links in der Liste auf **Barrierefreiheit**.

6

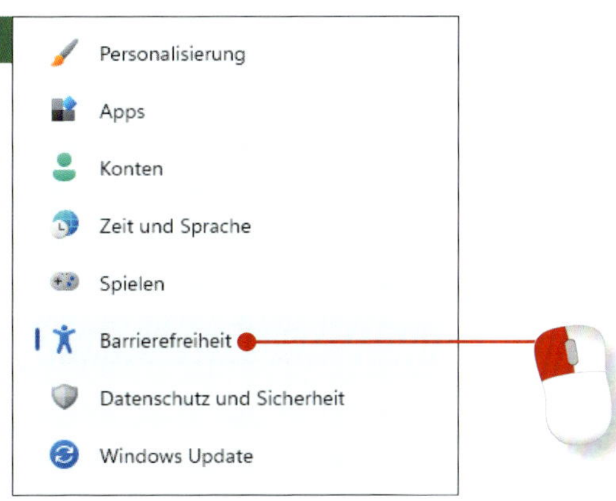

Einstellungen rund um die Bildschirmanzeige vornehmen (Forts.)

Schritt 7

Im rechten Fensterteil klicken Sie oben auf **Textgröße**. Ihnen wird anschließend eine Vorschau der aktuellen Textgröße angezeigt.

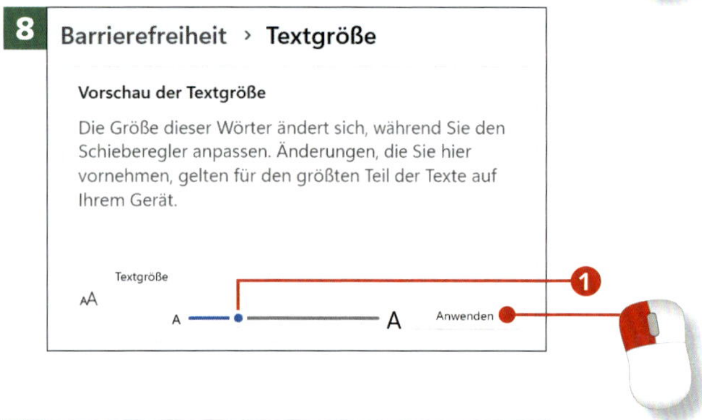

Schritt 8

Ziehen Sie den blauen Punkt **1** an der Leiste **Textgröße** mit gedrückter Maustaste nach rechts. Bestätigen Sie mit **Anwenden**, sobald die richtige Größe erreicht ist. Testen Sie z. B. im Internet, ob die Größe auch hier für Sie »stimmt«. Aufgrund der größeren Schrift sehen Sie allerdings weniger Text auf dem Bildschirm und müssen mehr scrollen. Die Textgröße können Sie jederzeit wieder ändern.

Schritt 9

Klicken Sie oben auf **Barrierefreiheit** und dann auf **Visuelle Effekte**. Ändern Sie die Anzeigedauer bei Benachrichtigungen **2**: Klicken Sie neben **5 Sekunden** auf den Pfeil und wählen Sie z. B. **15 Sekunden**. So können Sie Benachrichtigungen Ihres Computers lesen, bevor sie wieder verschwinden.

Was macht der Nachtmodus?

Computerbildschirme strahlen blaues Licht aus, das auf Dauer nicht gut für die Augen und fürs Gehirn ist. Der *Nachtmodus* (siehe Schritt 11) erhöht den Gelblichtanteil und erzeugt wärmere Farben.

Schritt 10

Klicken Sie nun in der Liste links auf **System** und im rechten Fensterteil auf **Bildschirm**.

Schritt 11

Nutzen Sie eine weitere Einstellung, die Ihre Augen entlastet: den **Nachtmodus** (siehe den Kasten links). Klicken Sie auf **Aus**, sodass vor dem Schieberegler nun **Ein** steht. Klicken Sie auf den Pfeil rechts neben dem Schieberegler ❸.

Schritt 12

Noch ein Klick auf einen Schieberegler, diesmal bei **Nachtmodus planen**: Unter **Stunden festlegen** ❹ passen Sie die Zeiten an. Klicken Sie auf eine Uhrzeit, und wählen Sie die passende aus der Liste aus. Bestätigen Sie sie mit dem Haken unten an der Liste. Legen Sie so auch die anderen Zeiten fest. Schließen Sie die Einstellungen dann mit dem Schließkreuz.

10

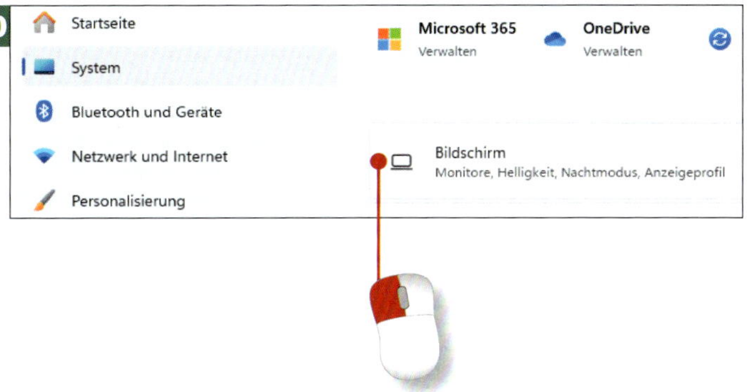

11

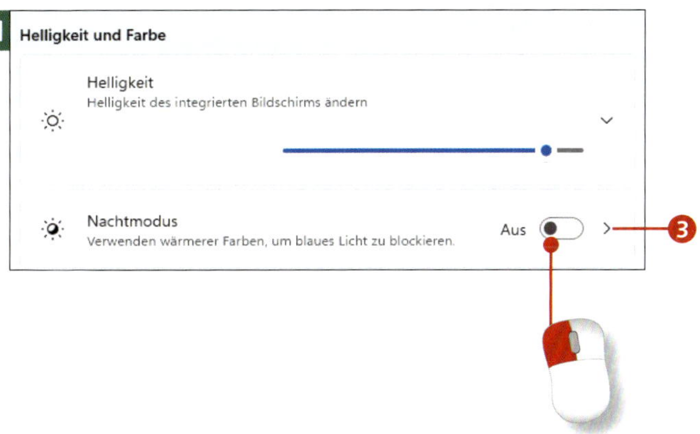

12

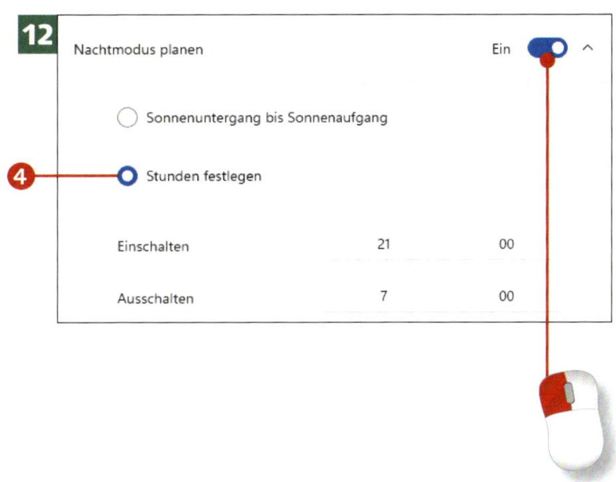

Windows-Updates prüfen und ausführen

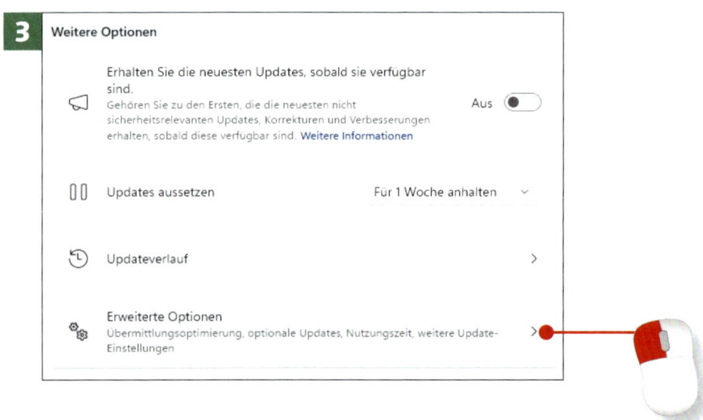

Patch Day

Am zweiten Dienstag im Monat veröffentlicht Microsoft seine Softwareaktualisierungen, die sogenannten *Patches* (auf Deutsch: »Flicken«). Damit werden Sicherheitslücken geschlossen sowie Weiterentwicklungen von Windows und Office installiert. Für gefährliche Sicherheitslücken stellt Microsoft Patches auch außerhalb der Patch Days bereit.

Updates schließen Sicherheitslücken und aktualisieren Programme. Auch Ihr Betriebssystem Windows wird von Microsoft regelmäßig mit Updates versorgt. Lesen Sie hier, wie Sie die Einstellungen überprüfen und Updates automatisch installieren lassen.

Schritt 1

Auch den Update-Bereich finden Sie im Fenster **Einstellungen**, das Sie z. B. im Startmenü aufrufen. Wählen Sie dort in der Kategorienliste ganz unten den Eintrag **Windows Update**.

Schritt 2

Nun wird rechts die Seite **Windows Update** angezeigt. Windows meldet als Erstes, ob Ihr Gerät auf dem neuesten Stand ist (1) oder nicht. Die meisten Windows-Updates werden im Hintergrund automatisch installiert. Sie können jedoch auch **Nach Updates suchen** wählen.

Schritt 3

Klicken Sie nun weiter unten auf **Erweiterte Optionen**.

Schritt 4

Sie sehen weitere Update-Einstellungen. Prüfen Sie, ob auch Updates für andere Microsoft-Produkte, z. B. das Office-Paket, installiert werden. Der Regler sollte auf **Ein** stehen ❷. Lassen Sie sich benachrichtigen, wenn ein Neustart erforderlich ist. Klicken Sie dazu auf den Schieberegler, sodass er auf **Ein** springt.

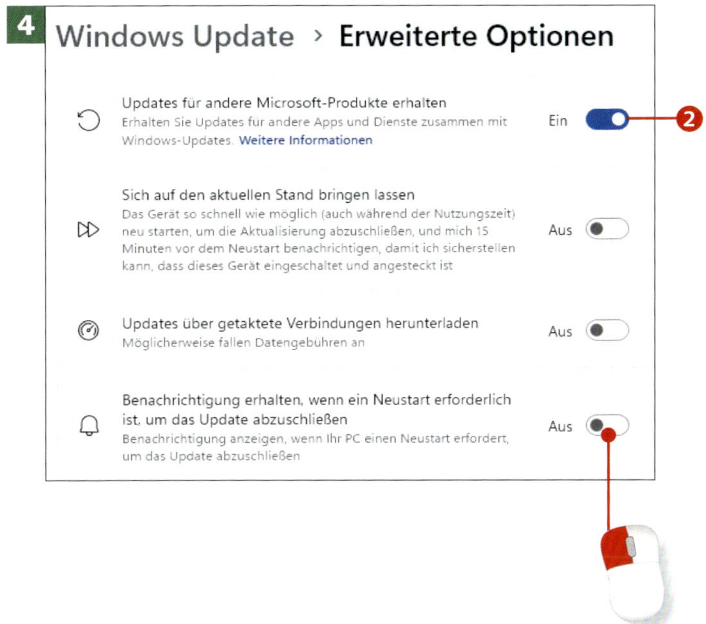

Schritt 5

Einmal im Jahr gibt es ein größeres Update, das auch kleine Änderungen am Aussehen verschiedener Apps oder Ihres Desktops vornimmt. Wundern Sie sich also nicht, wenn etwa einige Symbole plötzlich anders aussehen oder neu angeordnet sind. Nach manchen Updates ist ein Neustart (nach einem Klick auf **Ein/Aus**) erforderlich, damit das Update vollständig installiert werden kann.

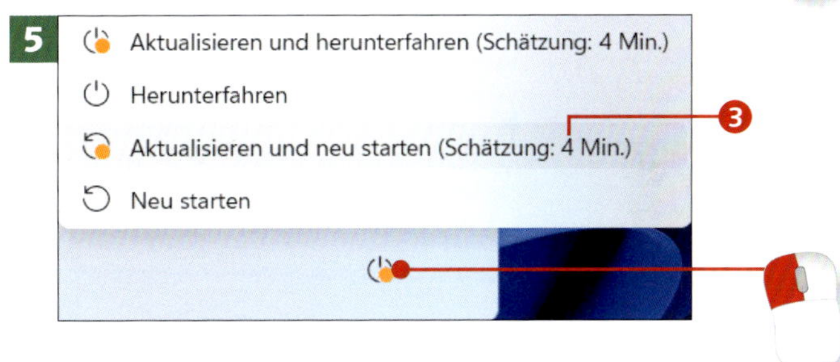

Schritt 6

Folgen Sie den Anweisungen, und schalten Sie den Computer nicht aus. Der *Neustart*, also das Herunterfahren und sofortige Wiederhochfahren, kann durchaus etwas länger dauern. Die ungefähre Dauer wird beim Ausschalten angezeigt (❸ in Schritt 5).

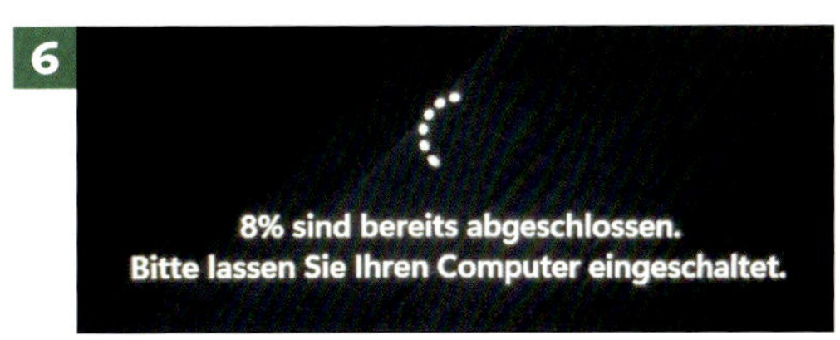

Apps auf den neuesten Stand bringen

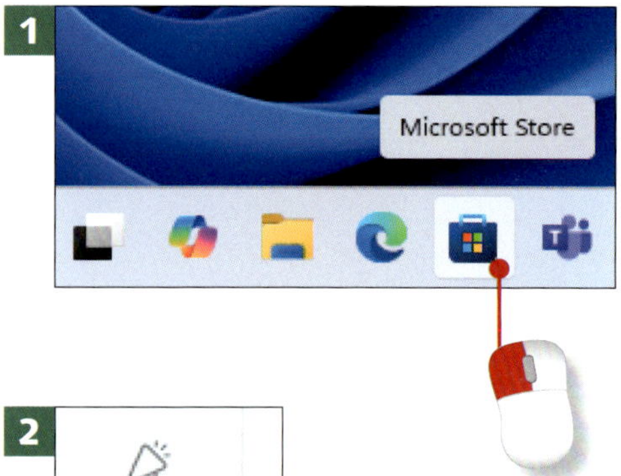

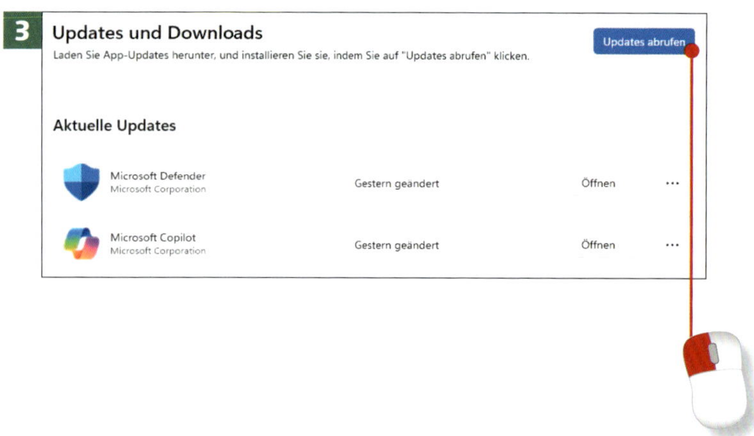

Damit neue Sicherheitslücken geschlossen werden können, sind für alle Apps Updates nötig. Apps aus dem Microsoft Store werden auch über den Store aktualisiert.

Schritt 1

Auch für Apps gibt es Updates. Rufen Sie die App *Microsoft Store* über das Symbol in der Taskleiste auf.

Schritt 2

Klicken Sie links unten auf **Downloads**. Sie gelangen damit zum Bereich **Updates und Downloads**.

Schritt 3

Ihnen wird eine Liste der letzten Aktualisierungen angezeigt. Um auf weitere Updates zu prüfen, klicken Sie rechts oben auf die Schaltfläche **Updates abrufen**. Das funktioniert nur, wenn Sie auf dem Computer mit Ihrem Microsoft-Benutzerkonto angemeldet sind.

Schritt 4

Die Updates werden installiert. Bei den einzelnen Apps wird der Lade- und Installationsfortschritt angezeigt ❶. Nach der Installation werden die Apps ebenfalls in der Liste **Aktuelle Updates** angezeigt.

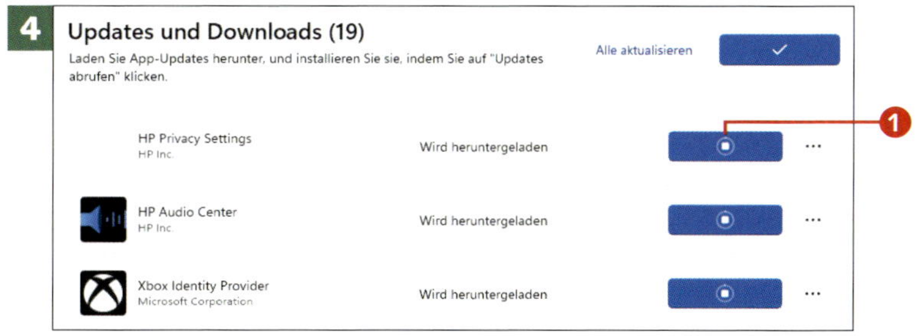

Schritt 5

Andere Programme, z. B. der Browser *Firefox*, werden ebenfalls regelmäßig aktualisiert. Sie erhalten meist nur die Meldung, dass ein Update installiert wird und dass Sie das Programm nach der Installation neu starten sollen. Klicken Sie dazu auf die Schaltfläche **Zum Abschließen des Updates Firefox neu starten**.

Schritt 6

Bei den meisten Programmen können Sie auch selbst prüfen, ob ein Update nötig ist. Beim *Adobe Acrobat Reader* wählen Sie z. B. unter **Menü ▸ Hilfe** den Eintrag **Nach Updates suchen**. Nach einigen Sekunden zeigt das Programm an, ob es aktuell ist oder ob ein Update nötig ist.

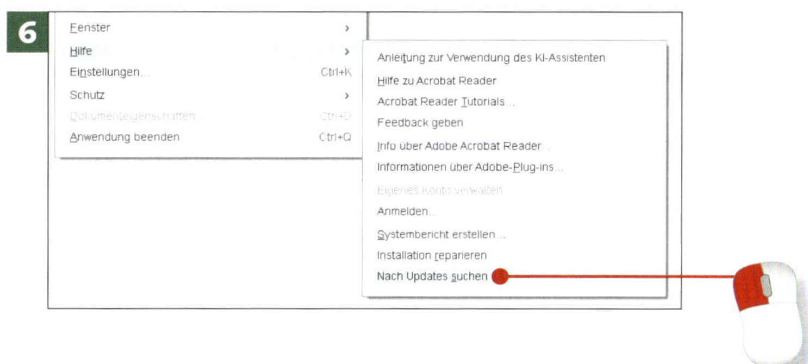

Der Microsoft Store

Neue Apps können Sie nur über den *Microsoft Store* beziehen. Sehr viele Apps sind kostenlos, für andere müssen Sie bezahlen. Ein Klick auf eine App öffnet die App-Detailseite. Hier können Sie auf **Herunterladen** klicken, dann wird die App installiert.

Kapitel 11
Zusätzliche Geräte verwenden

An Ihren Computer können Sie mehr als Maus und Drucker anschließen: Lampen, Ventilatoren und Kameras, alle mit USB-Anschluss. Praktisch sind auch externe Festplatten für die Sicherung Ihrer Daten und Ihres Systems. In diesem Kapitel lernen Sie, wie Sie die Geräte richtig anschließen und verwenden.

Flexibel Daten tauschen und für mehr Speicher sorgen
Externe Festplatten bieten viel Speicherplatz, sind dabei aber trotzdem klein. Damit sind sie ein ideales Sicherungs- und Speichermedium. Auch USB-Sticks bieten viel Speicherplatz. Sie sind noch deutlich kleiner als die Festplatten.

Webcam und Mikrofon nutzen
Notebooks haben meist sowohl ein integriertes Mikrofon als auch eine Kamera. Damit telefonieren Sie übers Internet oder diktieren Texte. Bei PCs und zum besseren Hören und Sprechen, gerade beim Videotelefonieren, können Sie auch einen Kopfhörer mit Mikrofon, ein sogenanntes Headset, anschließen.

Drucker installieren und Scanner verwenden
Schließen Sie Ihren Drucker an den Computer an; die Installation läuft bei neueren Modellen automatisch. Mit einem Scanner übertragen Sie Bilder aus Büchern oder alte Fotos auf Ihren Computer.

1 USB-Sticks gibt es in vielen Formen und Farben. Sie lassen sich auch an Smartphones anschließen.

2 Per Kopfhörer mit integriertem Mikrofon plaudern Sie übers Internet – dank Bluetooth auch kabellos.

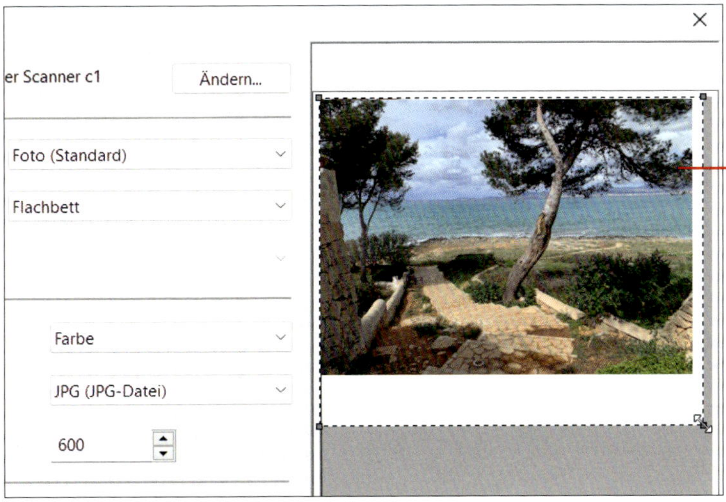

3 Gescannte Bilder werden als Bilddatei auf Ihrem Computer gespeichert.

Eine externe Festplatte anschließen

1

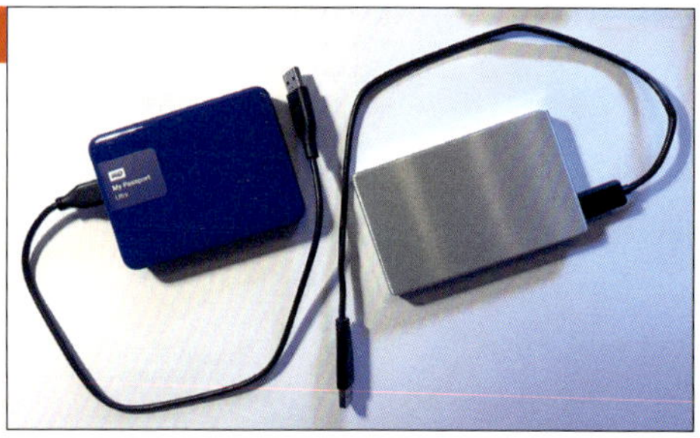

2

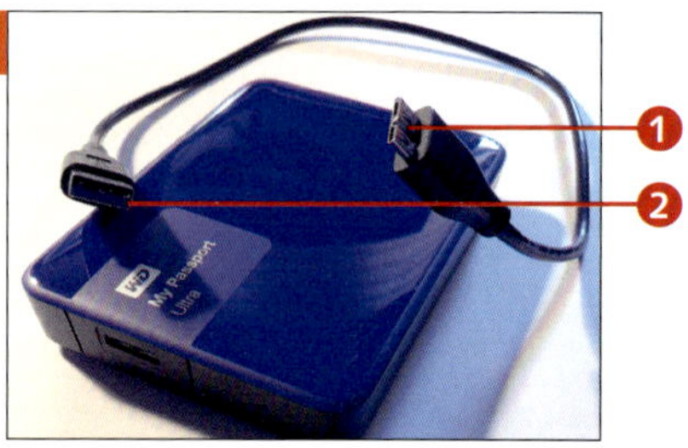

3

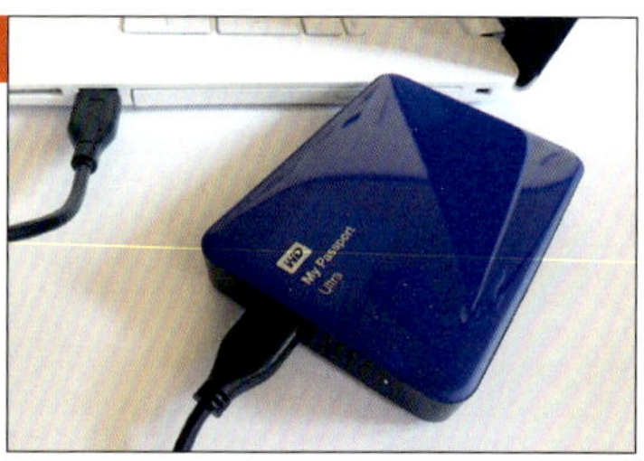

Zur Datensicherung können Sie Ihre Daten regelmäßig auf einer externen Festplatte speichern.

Schritt 1

Externe Festplatten bieten sehr viel Speicherplatz. Sie sind besonders geeignet, wenn Sie viele Fotos, Musik und Hörbücher auf dem Computer speichern und diese Daten regelmäßig sichern wollen. Bei weniger Daten reichen USB-Sticks (siehe den Abschnitt »USB-Sticks anschließen und verwenden« auf Seite 282).

Schritt 2

Stecken Sie den flachen Stecker des USB-Kabels ❶ an die externe Festplatte. Das andere Ende ❷ stecken Sie in eine USB-Buchse am Computer. Großformatige externe Festplatten haben noch einen eigenen Stromanschluss; stecken Sie bei diesen den Stromstecker in eine Steckdose.

Schritt 3

Achten Sie darauf, die richtigen Buchsen zu benutzen, damit weder Stecker noch Geräte beschädigt werden. Windows installiert den erforderlichen Treiber in Sekundenschnelle.

Blauer oder schwarzer Stecker?

Hat der USB-Stecker innen ein blaues Bauteil, handelt es sich um einen USB-3-Stecker. Geräte mit diesem Stecker können Daten schneller übertragen als die USB-2-Stecker. Schließen Sie solche Stecker und Sticks am Computer an die USB-3-Buchse an. Auch diese ist innen blau. Wichtiger als die Farbe ist aber die Bezeichnung **SS** (siehe den Abschnitt »Welche Anschlüsse hat ein PC?« bzw. »Welche Anschlüsse hat ein Notebook?« ab Seite 14).

Schritt 4

Nach der Installation werden Sie gegebenenfalls aufgefordert, eine Aktion auszuwählen. Klicken Sie auf **Ordner öffnen, um Dateien anzuzeigen**. Die Festplatte wird im **Explorer** geöffnet ❸. Jetzt können Sie Dateien von Ihrem Computer auf die Festplatte kopieren oder verschieben.

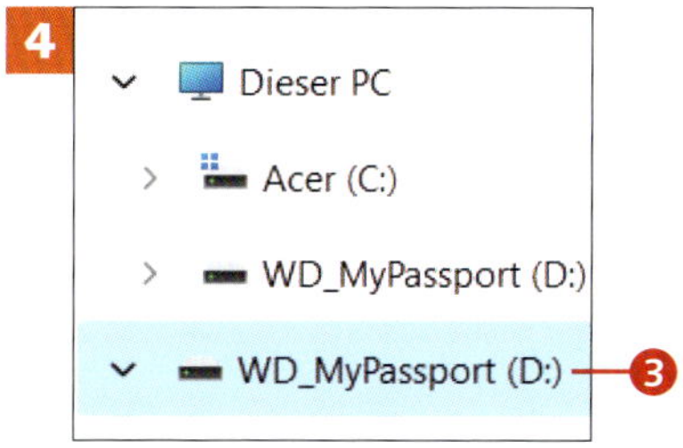

Schritt 5

Markieren Sie die entsprechenden Daten auf Ihrem Computer, hier den Ordner *Wanderung*. Klicken Sie in der Menüleiste auf die Schaltfläche **Kopieren** ❹. Wechseln Sie im Navigationsbereich wieder zur externen Festplatte, indem Sie auf ihren Namen klicken. Jetzt klicken Sie in der Menüleiste auf die **Einfügen**-Schaltfläche ❺.

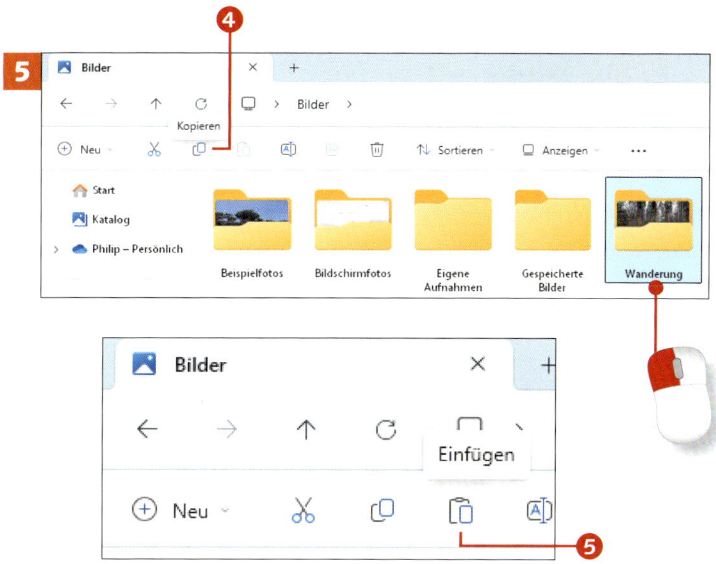

Schritt 6

Sind Sie fertig, ziehen Sie nicht einfach den Stecker heraus. Klicken Sie auf dem Desktop rechts unten im Infobereich auf den kleinen Pfeil, um ausgeblendete Symbole einzublenden. Klicken Sie dann auf das Symbol für den USB-Stecker und auf **[Name des Geräts] auswerfen** ❻. Erst nach der Bestätigung ziehen Sie die Festplatte sicher ab.

USB-Sticks anschließen und verwenden

1

2

3

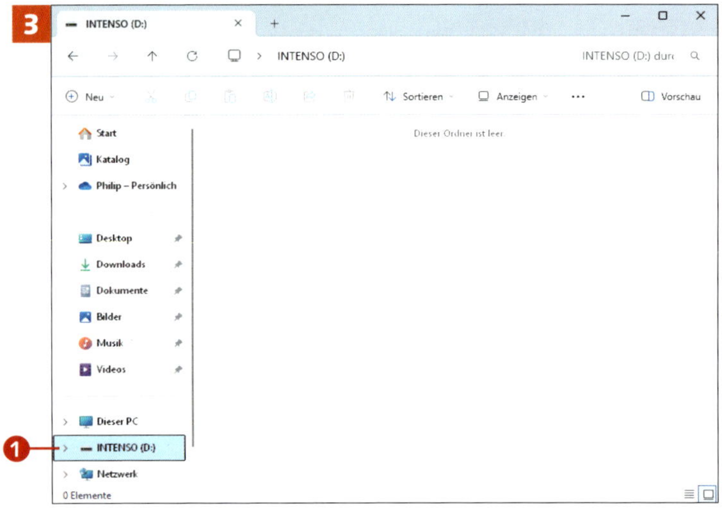

Wie viel Speicher ist nötig?

Wenn Sie »nur« Dokumente sichern möchten, die nicht viel Speicherplatz benötigen, greifen Sie zu einem 16-GB-Stick. Sollen viele Fotos und auch Videos auf dem Stick Platz finden, entscheiden Sie sich für mindestens 64 GB.

USB-Sticks sind klein, können aber viele Daten für Sie speichern. Sie eignen sich bestens zur Sicherung Ihrer Daten oder zur Weitergabe vieler Fotos an Freunde.

Schritt 1

Im Handel gibt es zahlreiche Formen und Größen von USB-Sticks. Achten Sie bei Ihrer Auswahl darauf, dass Sie den USB-Stick gut handhaben können. Sehr kleine Sticks rutschen leicht aus der Hand.

Schritt 2

USB-Sticks können große Datenmengen aufnehmen. Es gibt sie mit sehr unterschiedlichem Speicherplatz. Sticks mit viel Speicher kosten entsprechend mehr als solche mit wenig Speicherplatz. Stecken Sie den USB-Stick in eine USB-Buchse an Ihrem Computer.

Schritt 3

Nach der kurzen Installation öffnet sich der **Explorer**, oder Sie klicken auf **Ordner öffnen, um Dateien anzuzeigen**. Unterhalb von **Dieser PC** wird jetzt auch der USB-Stick (1) angezeigt; der Name kann variieren. Neue USB-Sticks sind leer, eventuell sehen Sie einige Systemdateien.

Schritt 4

Markieren Sie die Daten, die Sie auf dem Stick sichern möchten, und ziehen Sie sie mit gedrückter Maustaste zum USB-Stick links in der Navigationsleiste. Oder klicken Sie in der Menüleiste auf die **Kopieren**-Schaltfläche und dann wieder auf das USB-Laufwerk (Ihren Stick). Klicken Sie oben auf **Einfügen**.

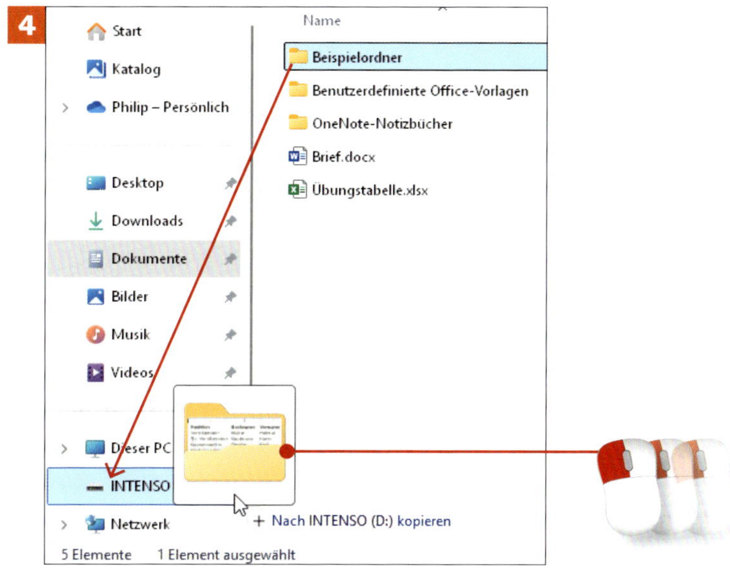

Schritt 5

Viele USB-Sticks können Sie sowohl am PC als auch am Smartphone oder Tablet anschließen; sie bringen zwei verschiedene Seiten mit. Der kleine Micro-USB-Stecker ❷ und der Lightning-Stecker ❸ passen in verschiedene ältere Smartphone-Anschlüsse, der USB-2- oder -3-Stecker ❹ passt in Ihren Computer. Neuer Standard ist USB-C ❺.

Schritt 6

Manche USB-Sticks haben zusätzlich einen Steckplatz für Ihre Kamera-Karte, den *Kartenleser*. Sollte Ihr Computer keinen Schlitz für SD-Karten haben, können Sie die Kamera entweder per Kabel anschließen oder den Kartenleser-USB-Stick nutzen. Der Computer erkennt nach dem Einstecken den Stick und öffnet den passenden **Explorer**-Ordner.

Kopfhörer verwenden

1

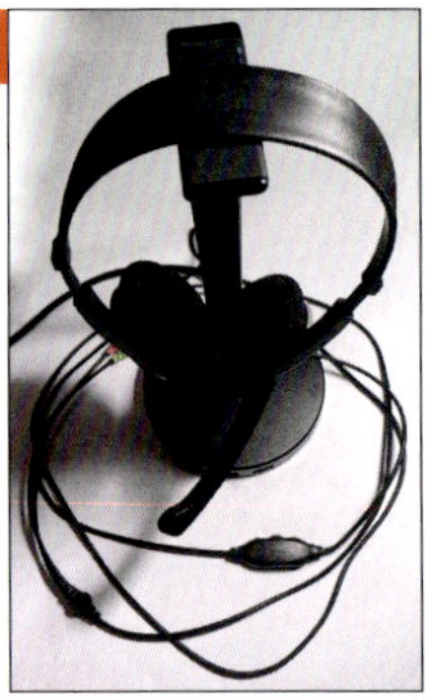

2

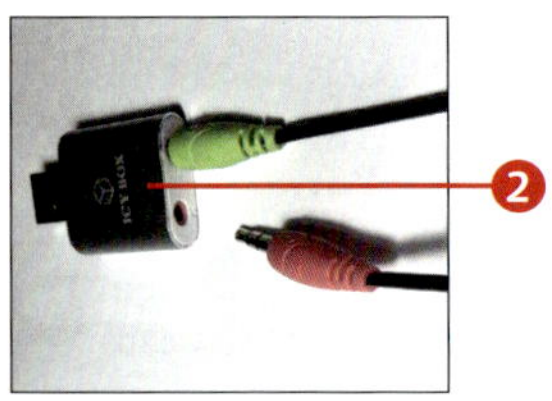

3

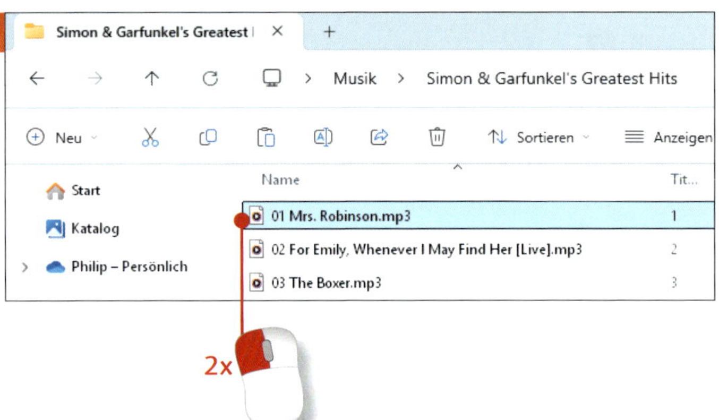

Externe Lautsprecher statt Kopfhörer

Wenn Sie gern Musik oder Hörbücher hören, aber keinen Kopfhörer tragen möchten, können Sie auch externe Lautsprecher an Ihren Computer anschließen. Der kleine runde Anschlussstecker kommt dann in die gleiche Buchse wie der Kopfhörerstecker (Kopfhörersymbol bzw. **Out**).

Ihr Notebook verfügt über eingebaute Lautsprecher. Wenn Sie aber etwas genau hören möchten, sollten Sie Kopfhörer verwenden.

Schritt 1

Kopfhörer, die über nur einen Stecker verfügen, werden an der Buchse angeschlossen, die mit dem Kopfhörersymbol gekennzeichnet ist.

Schritt 2

Viele Notebooks haben nur einen einzigen, kombinierten Anschluss für Kopfhörer und Mikrofon ❶. Bei Kopfhörern mit Mikrofon und zwei Steckern stöpseln Sie den grünen Stecker in die Kopfhörerbuchse und den rosa Stecker in die Mikrofonbuchse, oder Sie benutzen einen Adapter ❷ mit USB-Anschluss, wenn Ihr Computer nicht die richtigen Anschlussbuchsen hat. Der Computer installiert den Kopfhörer automatisch.

Schritt 3

Setzen Sie den Kopfhörer auf. Klicken Sie doppelt auf einen Musiktitel in Ihrem *Musik*-Ordner im Explorer, wählen Sie Musik direkt in der App *Medienwiedergabe* aus oder klicken Sie unter *www.youtube.com* ein *YouTube-Video* an.

Schritt 4

Passen Sie die Lautstärke an: In der App *Medienwiedergabe*, die sich beim Doppelklick auf einen Musiktitel öffnet, klicken Sie auf das Lautsprechersymbol und ziehen dann den Kreis auf der Lautstärkeleiste nach rechts (lauter) oder links (leiser). Genauso steuern Sie den Regler unten rechts im Infobereich: Klicken Sie auf das Lautsprechersymbol ❸ und ziehen Sie den Regler ❹ nach rechts (lauter) oder links (leiser).

4

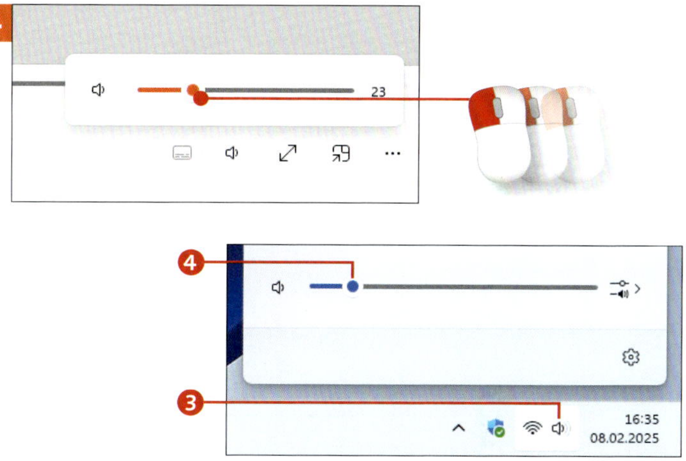

Schritt 5

Auch bei YouTube-Videos oder Beiträgen der Mediatheken regeln Sie die Lautstärke mit einer Lautstärkeleiste ❺. Alternativ nutzen Sie die Sondertasten auf Ihrer Tastatur: Der Lautsprecher mit nur einer Schallwelle ❻ verringert die Lautstärke, das Symbol daneben ❼ macht den Ton lauter. Drücken Sie die gewünschte Taste mehrmals kurz, bis die Lautstärke stimmt.

5

Schritt 6

Hören Sie nichts, prüfen Sie, ob das Kopfhörersymbol im Infobereich ❽ mit einem × versehen und damit stummgeschaltet ist. Klicken Sie auf das Symbol und noch mal auf das durchkreuzte Lautsprechersymbol.

6

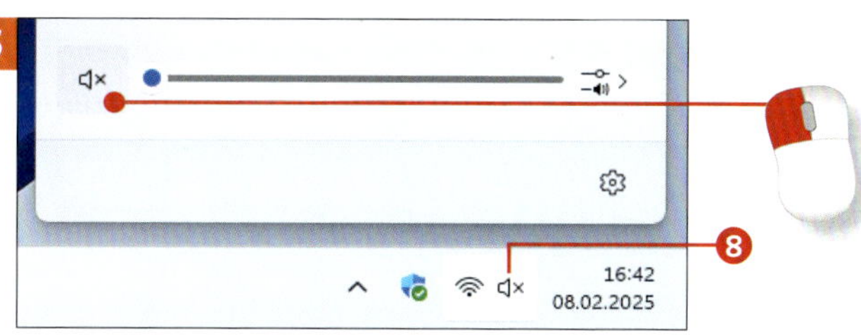

YouTube? Mediathek?

Eine sehr umfangreiche Sammlung an Musiktiteln und Filmen bietet *YouTube* (*www.youtube.com*). Auch Mediatheken bieten Filme und Fernsehsendungen an (siehe den Abschnitt »Nachrichten im Internet lesen oder anschauen« auf Seite 92).

Geräte per Bluetooth verbinden

Auch kabellos lassen sich Geräte verbinden: per Bluetooth.

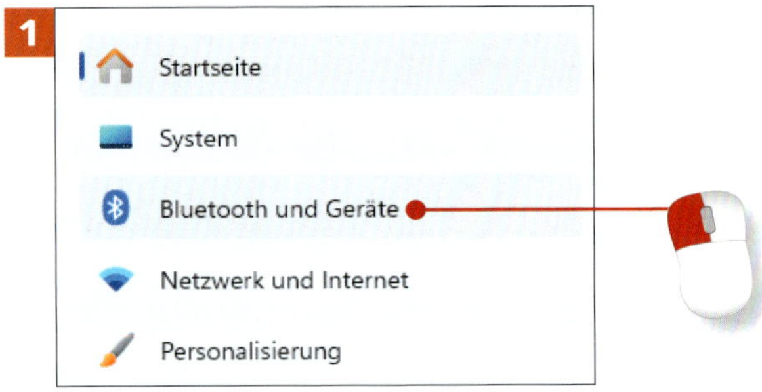

Schritt 1

Kopfhörer, Maus, Lautsprecher, Tastatur: Viele Geräte lassen sich über Bluetooth anschließen. Prüfen Sie zuerst, ob Bluetooth auf Ihrem Computer eingeschaltet ist. Klicken dazu in den **Einstellungen**, die Sie z. B. im Startmenü aufrufen, auf den Eintrag **Bluetooth und Geräte**.

Schritt 2

Der Schalter unter **Bluetooth** sollte eingeschaltet sein. Ist bei Ihrem Computer Bluetooth ausgeschaltet, klicken Sie auf den Regler, sodass daneben **Ein** steht ❶. Schalten Sie Ihr Bluetooth-Gerät ein. Klicken Sie auf **Gerät hinzufügen**.

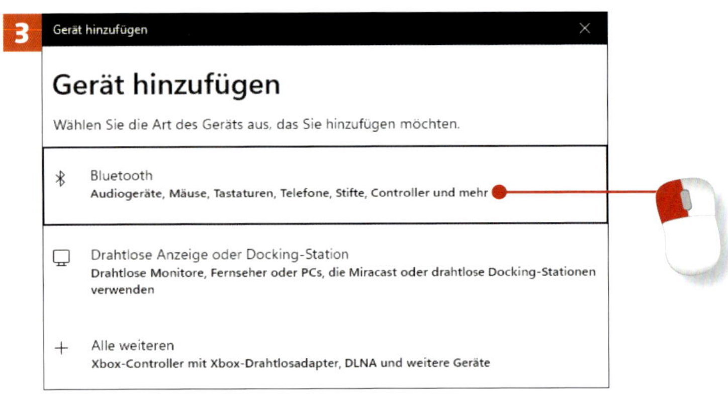

Schritt 3

Im Fenster, das sich nun öffnet, klicken Sie auf **Bluetooth**, denn Sie möchten ja ein Bluetooth-Gerät hinzufügen. Der Computer startet anschließend die Suche nach den verfügbaren Geräten.

Schritt 4

Klicken Sie das zu verbindende Gerät an, in diesem Fall **Lautsprecher**. Sollte es nicht angezeigt werden, prüfen Sie, ob Bluetooth auch bei dem anderen Gerät aktiviert ist und ob die Entfernung nicht zu groß ist (bei Bluetooth sollten es nicht mehr als 10 m sein, und zwar ohne Wände dazwischen).

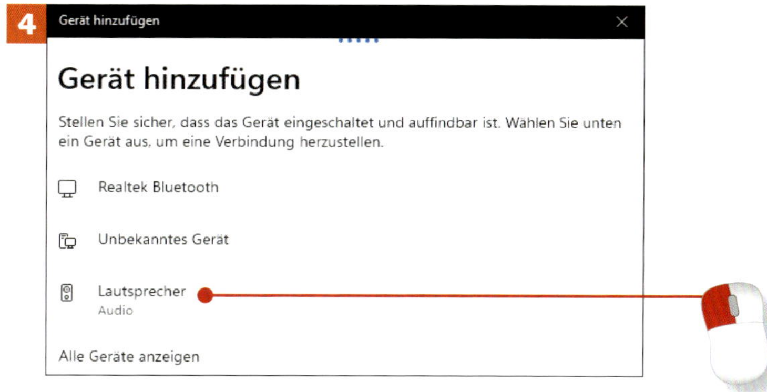

Schritt 5

Windows startet bei dem Lautsprecher sofort mit dem *Koppeln* (Verbinden). In manchen Fällen muss ein Code eingegeben bzw. bestätigt werden, der auf dem zu verbindenden Gerät angezeigt wird.

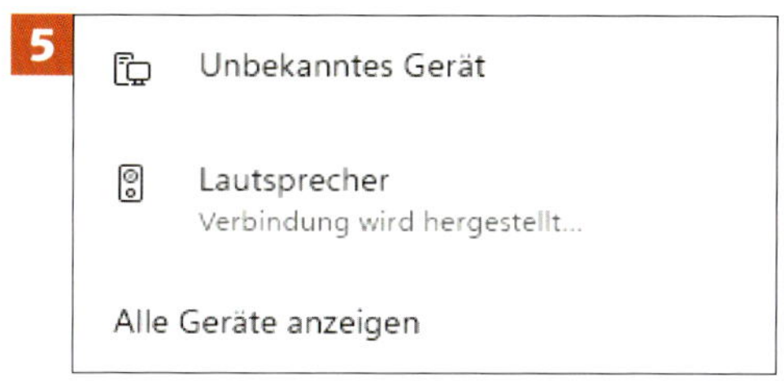

Schritt 6

Die erfolgreiche Kopplung wird mit der Meldung **Ihr Gerät ist einsatzbereit** bestätigt. Ihr Computer überträgt nun Systemklänge, Musik, Hörbücher usw. an den Bluetooth-Lautsprecher, der die Töne mit besserem Klang wiedergibt als die allermeisten Computer. Klicken Sie unten im weißen Fenster auf **Fertig**.

Trennen nicht vergessen!

Solange Sie die Geräte nicht trennen, verbinden sie sich immer wieder, sobald beide eingeschaltet sind. Wenn Sie dies nicht möchten, klicken Sie in den **Einstellungen** unter **Bluetooth und Geräte** auf das Gerät und dann auf **Trennen**.

Einen Drucker installieren

1

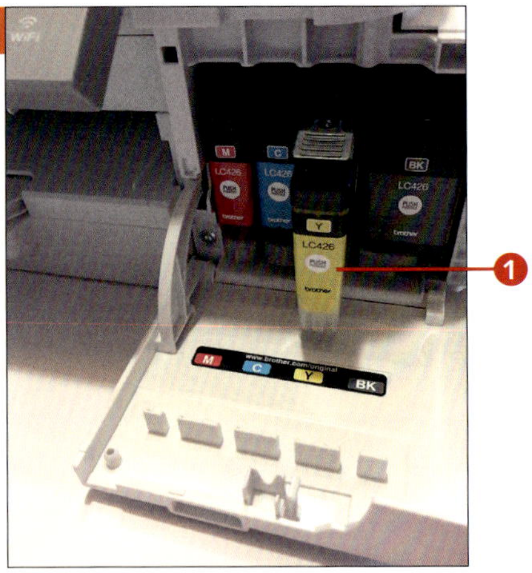

2

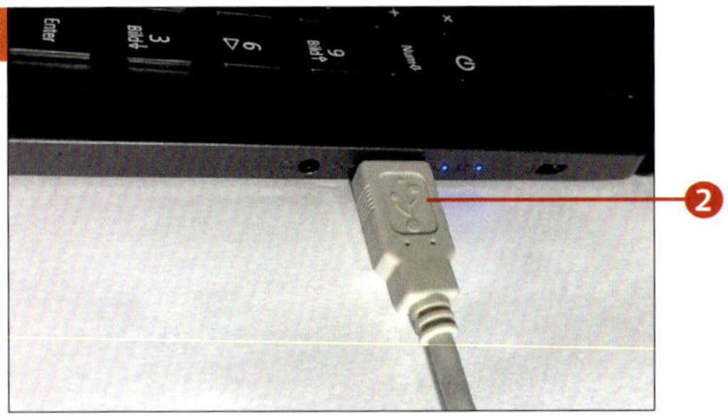

3

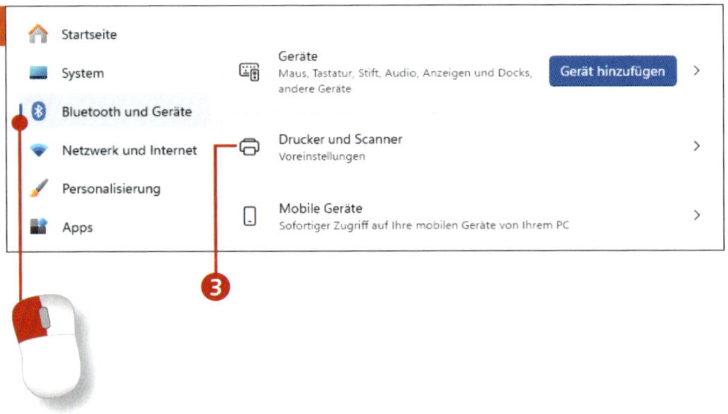

Drucker auspacken, Kabel einstecken – fertig. Ganz so leicht ist es zwar nicht, aber Windows macht die Installation der Druckersoftware einfach. Um die Kabel richtig anzuschließen und die Druckerpatronen korrekt einzusetzen, lesen Sie bitte die Kurzanleitung Ihres Druckers.

Schritt 1

Packen Sie den Drucker aus, entfernen Sie die Schutzfolien und Sicherungen. Packen Sie die Farbpatronen aus, entfernen Sie auch hier die Sicherungsstreifen, soweit vorhanden, und setzen Sie die Farbpatronen 1 ein.

Schritt 2

Schließen Sie das Drucker-USB-Kabel 2 sowohl beim Drucker als auch beim eingeschalteten Computer an, und schalten Sie den Drucker ein. Windows bringt schon sehr viele sogenannte *Treiber* mit und startet nach dem Anschluss im Hintergrund die automatische Installation.

Schritt 3

Wählen Sie im Fenster **Einstellungen**, das Sie z. B. im Startmenü aufrufen, **Bluetooth und Geräte** und anschließend **Drucker und Scanner** 3.

Schritt 4

In den Einstellungen werden die angeschlossenen Geräte und Ihr Drucker ❹ angezeigt, sofern die automatische Installation geklappt hat.

Schritt 5

Sollte Ihr Drucker nicht aufgeführt sein, besuchen Sie die Internetseite des Herstellers. Wählen Sie das Druckermodell, Ihr Betriebssystem und den passenden Treiber aus.

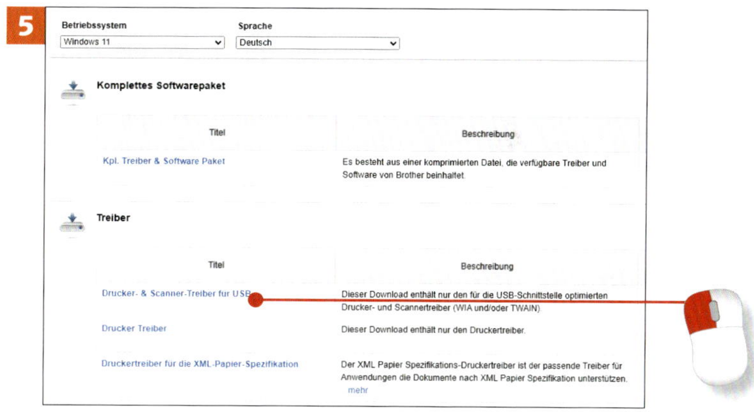

Schritt 6

Akzeptieren Sie die Nutzungsbedingungen (EULA), und starten Sie den Download. Folgen Sie den Anweisungen (siehe den Abschnitt »Programme aus dem Internet herunterladen« auf Seite 98). Führen Sie die Installation durch.

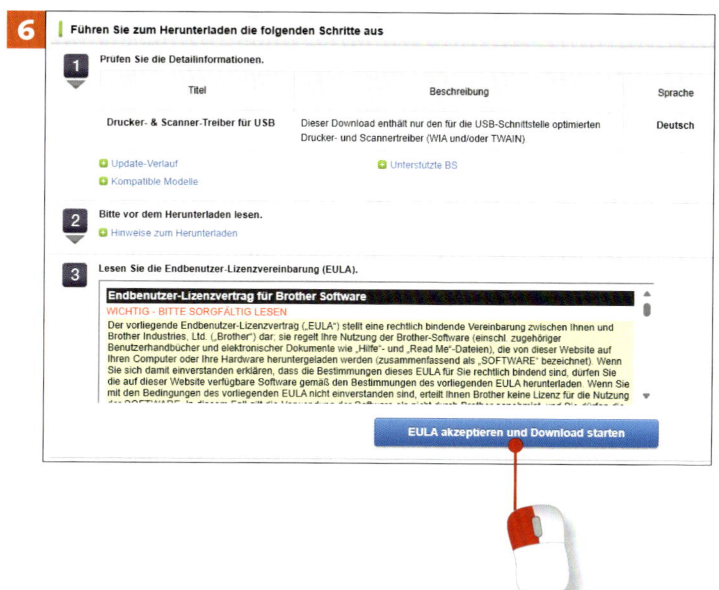

!

Drucker mit Scanfunktion

Wenn Ihr Drucker auch scannen kann (siehe den nächsten Abschnitt), installieren Sie die komplette Software. Sie können Ihren Drucker/Scanner auch in Ihr Heimnetzwerk einbinden; drücken Sie dazu den *WPS-Knopf* erst am Drucker und dann am Router.

Einen Scanner einrichten und nutzen

Scanner sind entweder Bestandteil von Multifunktionsgeräten oder eigenständige Geräte. Wenn Sie Fotos oder Dokumente scannen, machen Sie praktisch eine Kopie, die nicht ausgedruckt, sondern im Computer gespeichert wird.

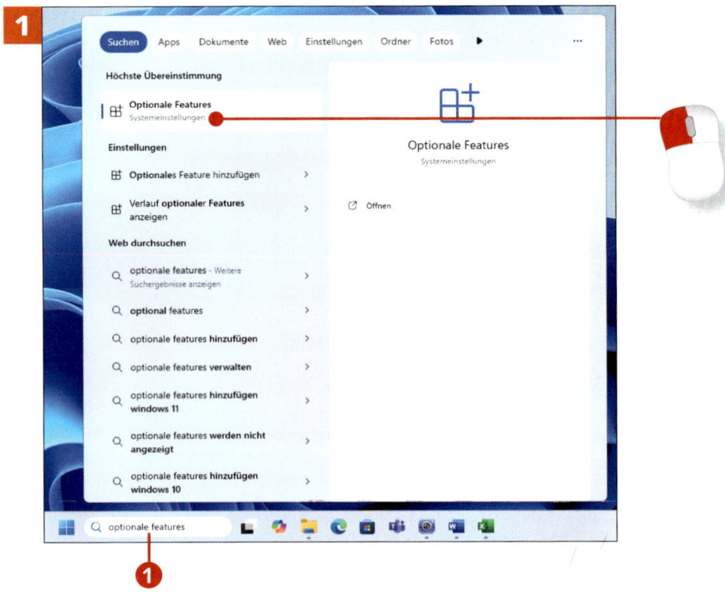

Schritt 1

Schalten Sie den Scanner ein, und verbinden Sie ihn per Kabel oder WLAN mit dem Computer. Tippen Sie »optionale features« ❶ in das Suchfeld an der Taskleiste ein, und klicken Sie auf den gefundenen Eintrag **Optionale Features**.

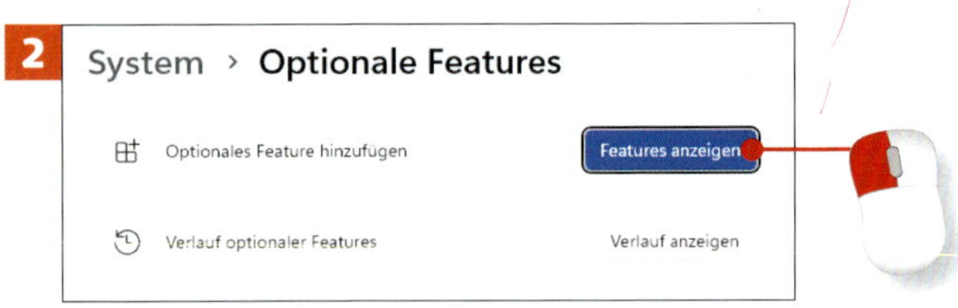

Schritt 2

Im Fenster **Einstellungen** wird Ihnen die Schaltfläche **Features anzeigen** angeboten, die Sie anklicken.

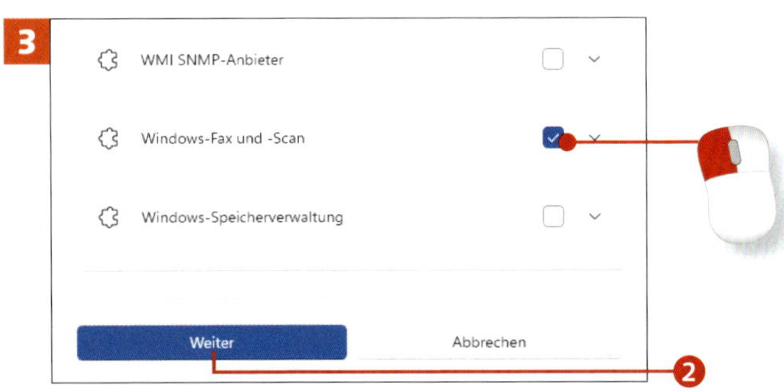

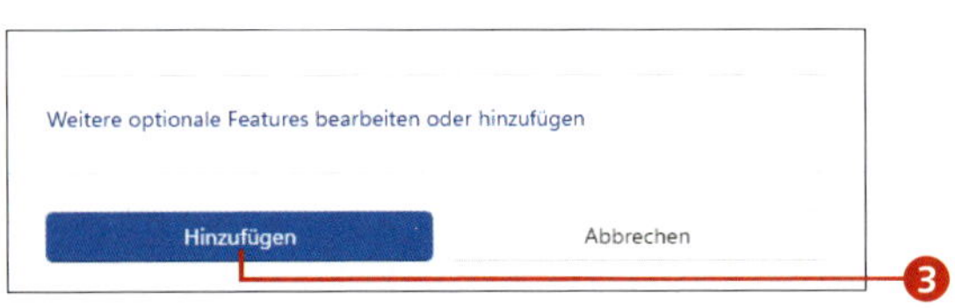

Schritt 3

Scrollen Sie in der Liste nach unten, und setzen Sie per Mausklick ein Häkchen bei **Windows-Fax und -Scan**. Bestätigen Sie mit **Weiter** ❷ und dann mit **Hinzufügen** ❸. Die Installation kann einige Minuten dauern.

Schritt 4

Sie starten **Windows-Fax und -Scan** am einfachsten, indem Sie im Startmenü danach suchen und den gefundenen Eintrag anklicken. Klappen Sie den Deckel des Scanners hoch. Legen Sie das Bild oder den Text, den Sie scannen möchten, auf die Glasfläche des Scanners, wobei die Seite mit dem Bild bzw. Text nach unten zu liegen kommt. Schließen Sie den Deckel vorsichtig.

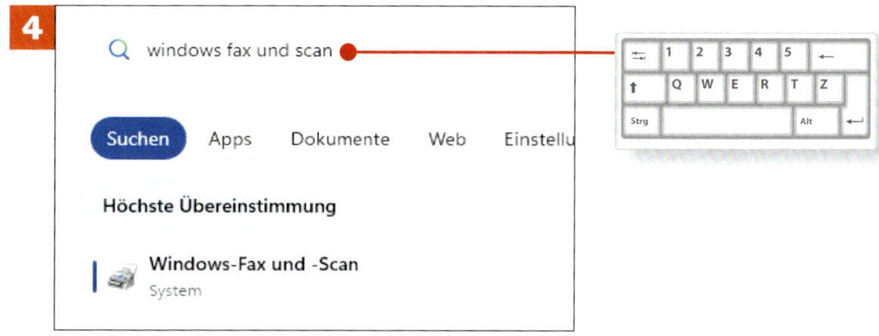

Schritt 5

An Ihrem Computer klicken Sie oben links auf **Neuer Scan** ❹. Das Scanfenster wird geöffnet. Hier legen Sie fest, was Sie scannen: Ist es ein Bild, dann lassen Sie die Einstellung bei **Profil** unverändert. Erhöhen Sie für ein Bild die Auflösung auf 600 oder 1.200 ❺. Machen Sie dann weiter mit Schritt 7. Möchten Sie ein Dokument scannen, klicken Sie auf den Pfeil am Feld **Profil** ❻ und im Menü auf **Dokumente**.

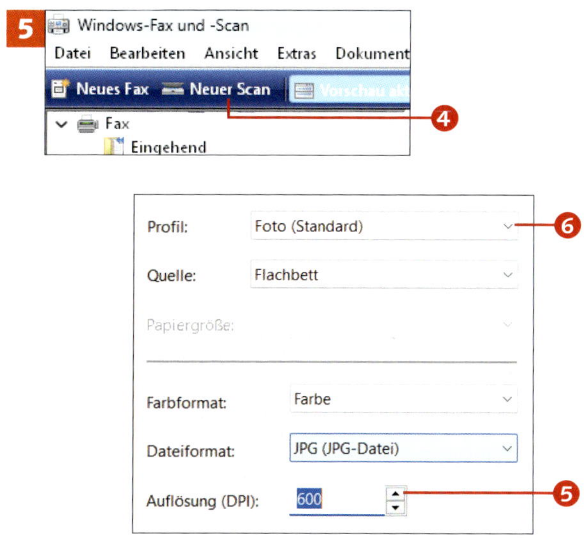

Schritt 6

Achten Sie darauf, dass bei **Quelle** tatsächlich **Flachbett** (= das Original liegt auf der Glasfläche) steht. Wenn nicht, klicken Sie auf den Pfeil und dann auf **Flachbett**.

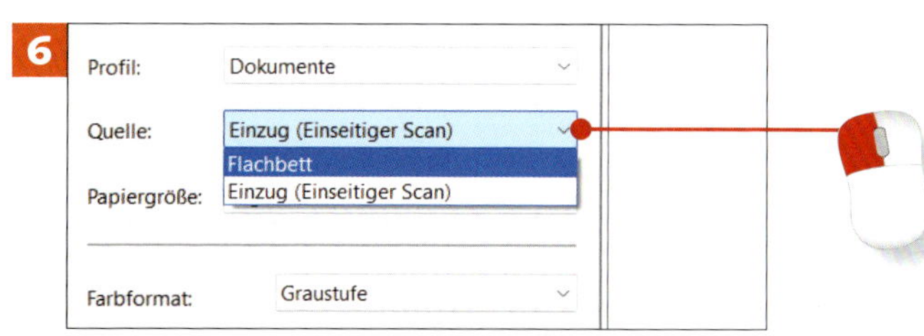

Einen Scanner einrichten und nutzen (Forts.)

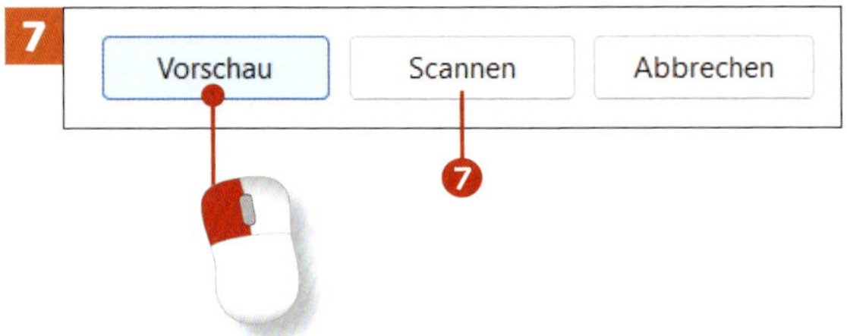

Schritt 7

Klicken Sie unten auf **Vorschau**. Der Scanner tastet geräuschvoll die Vorlage ab. Lassen Sie den Vorlagendeckel des Scanners in dieser Zeit geschlossen.

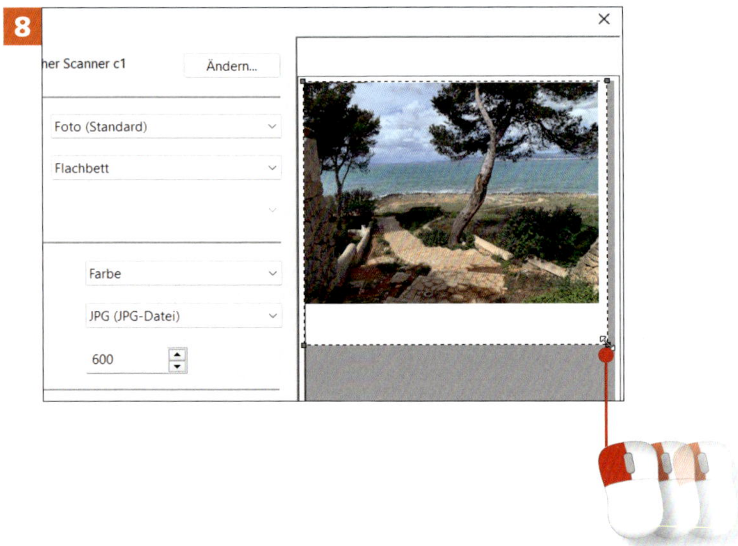

Schritt 8

Sie sehen dann das Bild. Ziehen Sie bei Fotos den gestrichelten Rahmen mit gedrückter Maustaste bis zum Rand des Fotos, damit nachher nur das Bild und keine große weiße Fläche gespeichert wird. Bei Dokumenten lassen Sie den Rand unverändert. Klicken Sie auf **Scannen** ❼. Erneut rattert der Scanner das Flachbett entlang.

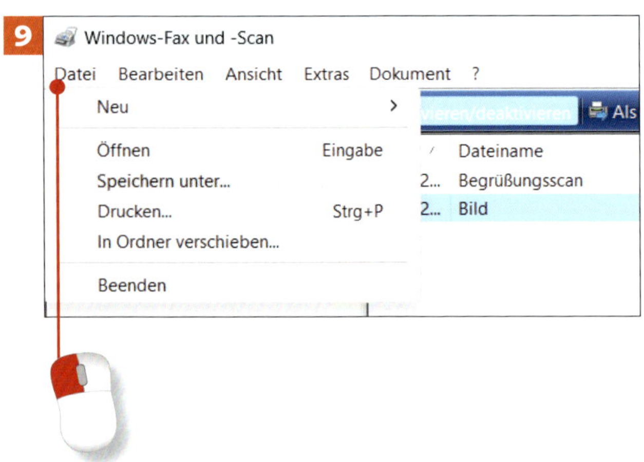

Schritt 9

Ist der Scan fertig, schließt sich das kleine Scanfenster, und Sie sehen das Bild bzw. das Dokument im Hauptbereich des Scanprogramms. Speichern Sie die Datei: Klicken Sie auf **Datei ▸ Speichern unter**, und geben Sie einen Dateinamen ein.

Eigene Scanprogramme
Viele Scanner bringen ein eigenes Scanprogramm mit. Lesen Sie zum Nutzen die Anleitung Ihres Scanners.

Schritt 10

Merken Sie sich, wo die Datei gespeichert werden soll: Im Beispiel ist es der Ordner *Dokumente\Gescannte Dokumente*. Um einen anderen Ordner auszuwählen, klicken Sie auf den Speicherort ❽ und in der Liste auf einen anderen Ordner. In beiden Fällen klicken Sie anschließend auf **Speichern**.

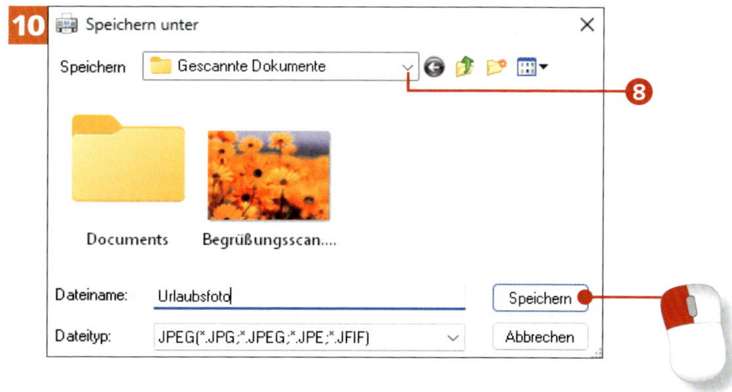

Schritt 11

Wenn Ihr Scanner das zulässt, können Sie auch mehrere Dokumentseiten in einem Rutsch scannen. Klappen Sie auf der Oberseite des Deckels das Einlegefach aus, und legen Sie die Blätter ein. Achten Sie auf die Richtung ❾.

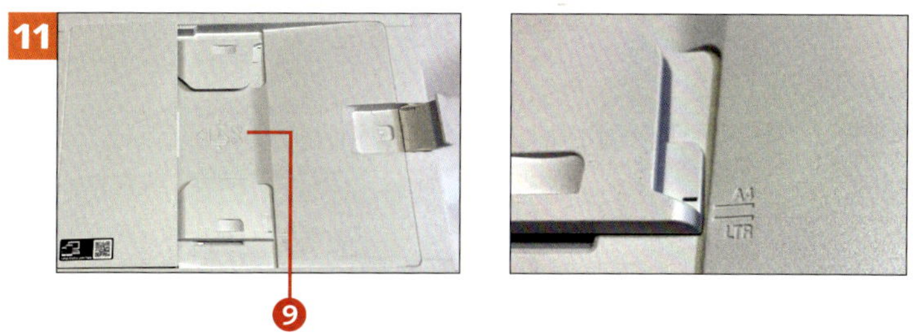

Schritt 12

Klicken Sie – wieder am Computer – auf **Neuer Scan** und auf **Dokumente**. Bei **Quelle** ❿ nutzen Sie diesmal **Einzug**. Legen Sie darunter die Papiergröße fest: **A4 210 × 297 mm**. Bei **Dateiformat** wechseln Sie zu **JPG**. Wenn Ihr Scanner es anbietet, wählen Sie **PDF**. Klicken Sie dann auf **Scannen**. Die Dokumente werden als mehrseitiges Bild gespeichert bzw. im Fall des Formats PDF direkt als Dokument.

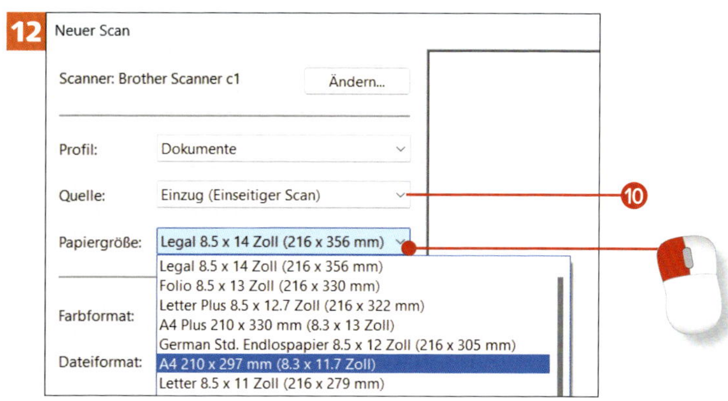

Kapitel 12
Für Sicherheit sorgen

Einige Sicherheitsfragen, die das Internet betreffen, kennen Sie bereits aus Kapitel 4, »Internet zu Hause und unterwegs«. Hier geht es um den Schutz Ihres Computers. Auch um dieses Thema sollten Sie sich regelmäßig kümmern: Welche Daten geben Sie durch die Nutzung von Apps frei? Wie sichern Sie Ihre Daten? Und wie schützen Sie Ihren Computer vor Angriffen aus dem Internet?

Datensammelei verhindern
Microsoft sammelt gern Daten, aber das ist nur zum Teil notwendig. Bestimmen Sie über die Einstellungen, welche Daten Microsoft sammeln darf.

Vor Viren und anderen Bedrohungen schützen
Sobald Sie Ihren Computer mit dem Internet verbunden haben, sollten Sie ihn auch vor Schädlingen aus dem World Wide Web (WWW) schützen. Die schon vorinstallierte App *Windows-Sicherheit* unterstützt Sie dabei.

Mit der Firewall verteidigen
Microsoft bringt nicht nur ein zuverlässiges Schutzprogramm gegen Viren & Co. mit, sondern auch eine Firewall. Sie bildet den ersten und wichtigsten Schutzwall gegen Angriffe aus dem Internet.

Sie bestimmen, welche Daten Microsoft auf und von Ihrem Computer sammelt. **1**

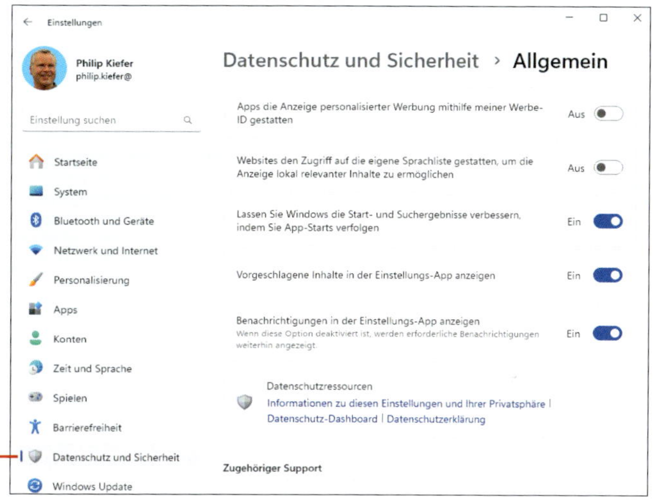

2 Ihren Computer mit seinen Benutzerkonten, Apps und Dateien sichern Sie mit Windows-Mitteln.

3 Die Firewall ist die erste Schutzmauer Ihres Computers gegen Schädlinge aus dem Internet.

Die App »Windows-Sicherheit«

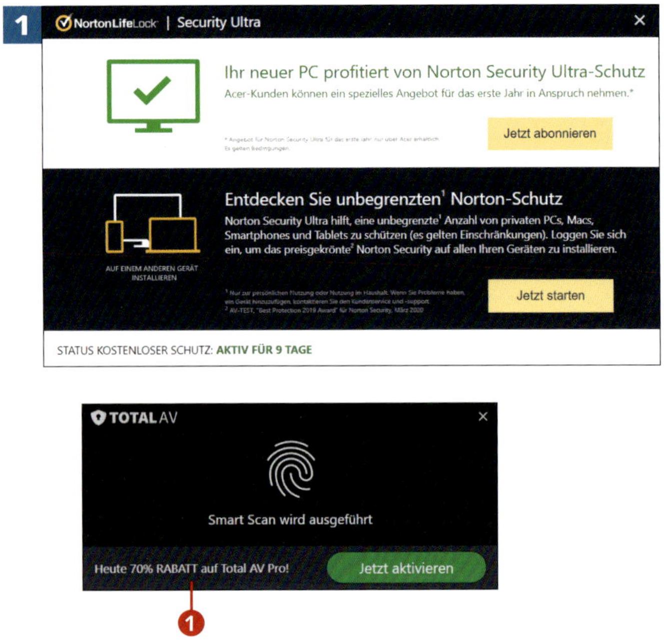

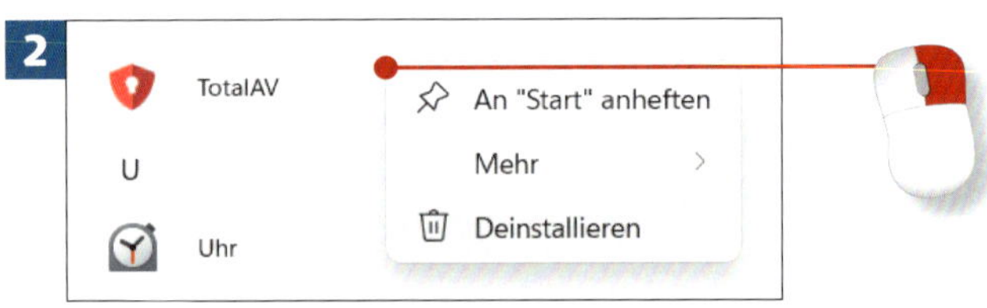

Eine Antiviren-App soll Trojaner und Ransomware fernhalten und den Computer vor Viren schützen. All das leistet die Windows-Sicherheit.

Schritt 1

Eine Virenschutz-App reicht, und Windows hat bereits eine sehr leistungsfähige Schutz-App an Bord. Deinstallieren Sie daher die Virenschutztestversion, die gegebenenfalls mit Ihrem Computer mitgeliefert wurde. Sie wird sich nach einigen Wochen von selbst bemerkbar machen und Sie z. B. zum Kauf der Vollversion aufrufen ❶.

Schritt 2

Klicken Sie im Startmenü mit der rechten Maustaste auf den Eintrag der Virenschutz-App und dann mit links auf **Deinstallieren**. Bei den meisten Apps öffnet sich nun das Fenster **Einstellungen** mit dem Bereich **Installierte Apps**.

Schritt 3

Klicken Sie bei der zu deinstallierenden App auf das Symbol mit den drei Punkten ❷ und wählen Sie erneut **Deinstallieren**.

Schritt 4

Windows fragt, ob diese App Änderungen an Ihrem Gerät vornehmen darf. Bestätigen Sie mit **Ja**. Bestätigen Sie dann noch einmal, dass Sie diese App wirklich deinstallieren wollen. Nach einigen Sekunden erhalten Sie die Meldung, dass die App deinstalliert wurde. Je nach App braucht es nun noch einen Neustart des Computers.

Schritt 5

Rufen Sie jetzt die Startseite der **Windows-Sicherheit** auf, z. B. im Startmenü unter **Alle** und dort unter dem Buchstaben **W**.

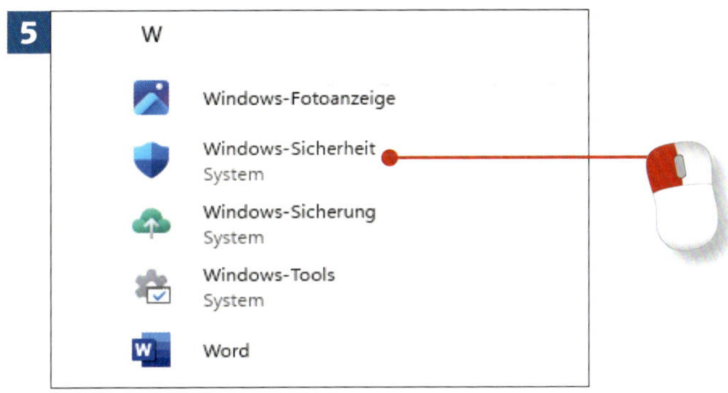

Schritt 6

Noch schneller geht das Öffnen der Windows-Sicherheit über das Symbol im Infobereich: Klicken Sie auf das Symbol mit dem Schutzschild, eventuell klicken Sie zunächst auf den kleinen Pfeil, um es einzublenden. Das Symbol zeigt Ihnen an, ob alles in Ordnung ist ❸ oder ob ein mögliches Sicherheitsproblem vorliegt ❹.

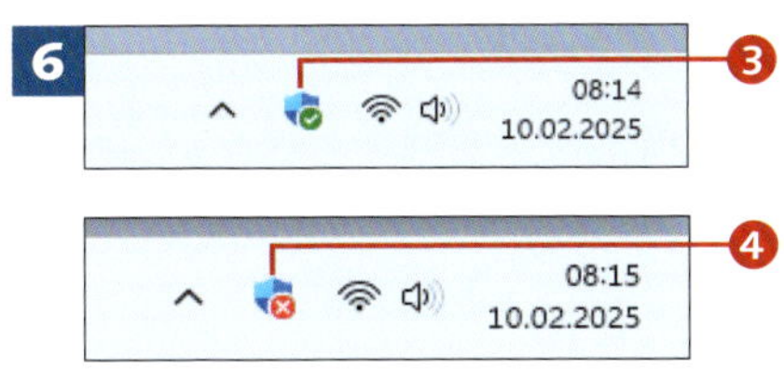

Windows-Sicherheit ist nicht aktiv?
Ist auf Ihrem Computer noch die Testversion einer anderen Virenschutz-App installiert, kann es sein, dass sich die Schutz-App von Windows nicht einschaltet. Deinstallieren Sie die Testversion (siehe Schritte 2 bis 4), und bestätigen Sie die Aktivierung der Sicherheits-App von Windows.

Die App »Windows-Sicherheit« (Forts.)

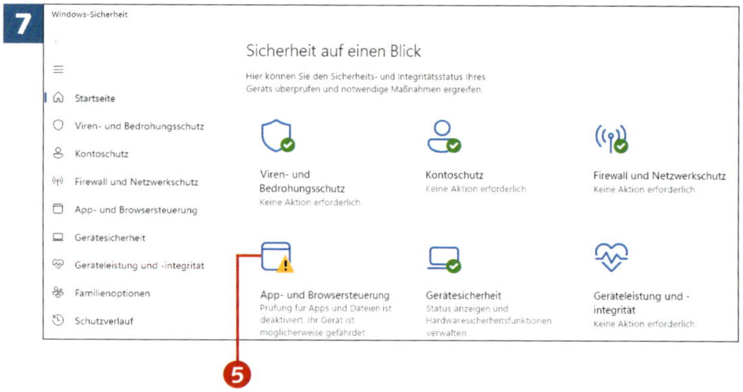

Schritt 7

Die Startseite der Windows-Sicherheit zeigt Ihnen auf einen Blick, ob Ihr Computer sicher ist. Grün bedeutet: alles in Ordnung. Gelb oder Rot weisen auf ein Problem hin. Im Beispiel wird der Bereich **App- und Browsersteuerung** 5 als kritisch hervorgehoben.

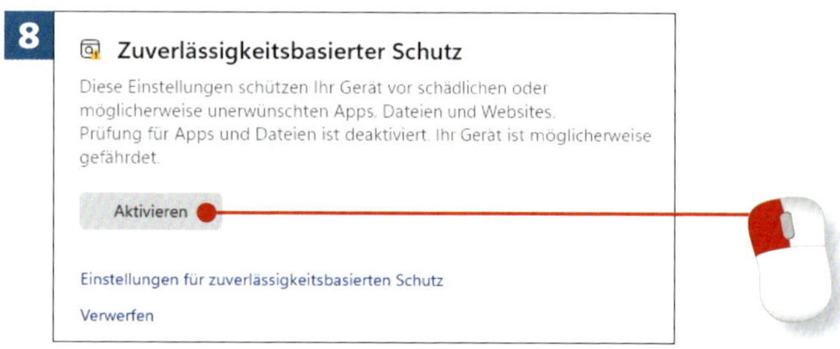

Schritt 8

Windows macht es Ihnen aber leicht und schlägt direkt eine Lösung vor, hier **Aktivieren**. Klicken Sie darauf.

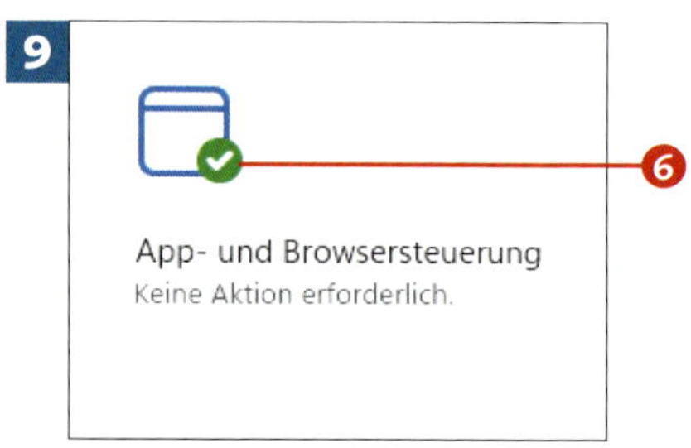

Schritt 9

Windows fragt als Nächstes, ob die App Windows-Sicherheit Änderungen an Ihrem Gerät vornehmen darf. Bestätigen Sie mit **Ja**. Das gelbe Warndreieck bei **App- und Browsersteuerung** wird durch das grüne »OK«-Symbol 6 ersetzt. Je nach Problem fordert Windows Sie zu einem Neustart auf; folgen Sie den Anweisungen.

Schritt 10

Windows-Sicherheit schützt Sie gut, sofern die App aktuell ist. Dazu wird eine Internetverbindung benötigt. Im Bereich **Viren- und Bedrohungsschutz** wird das Datum der letzten Überprüfung ❼ angegeben.

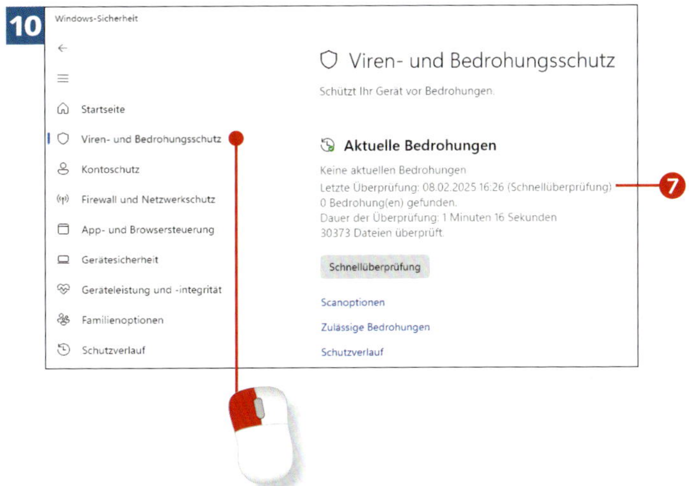

Schritt 11

Ist das letzte Schutzupdate schon etwas her, z. B. weil Sie den Computer ein paar Tage nicht genutzt haben oder er nicht mit dem Internet verbunden war, aktualisiert sich die Schutz-App bei der nächsten Gelegenheit wieder. Sie können die Aktualisierung auch selbst starten: Klicken Sie unter **Schutzupdates** auf **Nach Updates suchen**. Windows prüft nun, ob entsprechende Updates verfügbar sind.

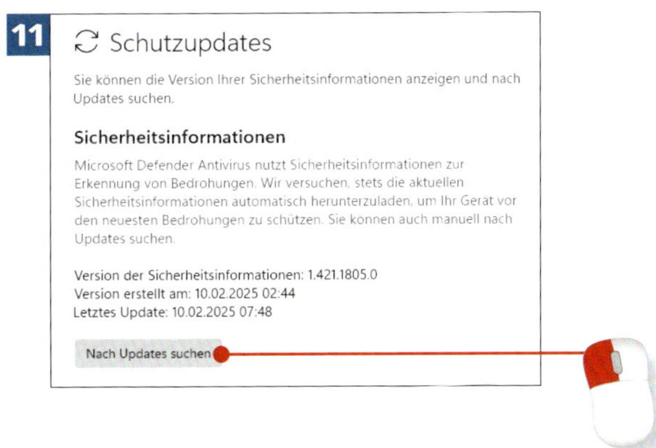

Schritt 12

Zum Schutz Ihres Computers sollte die *Firewall* (»Brandschutzmauer«) immer aktiv sein. Dies sehen Sie im Bereich **Firewall und Netzwerkschutz**. Bei eingeschalteter Firewall finden Sie auch hier die grünen Häkchen. (Mehr zur Firewall lesen Sie im Abschnitt »Weitere Maßnahmen für die Computersicherheit« auf Seite 310.)

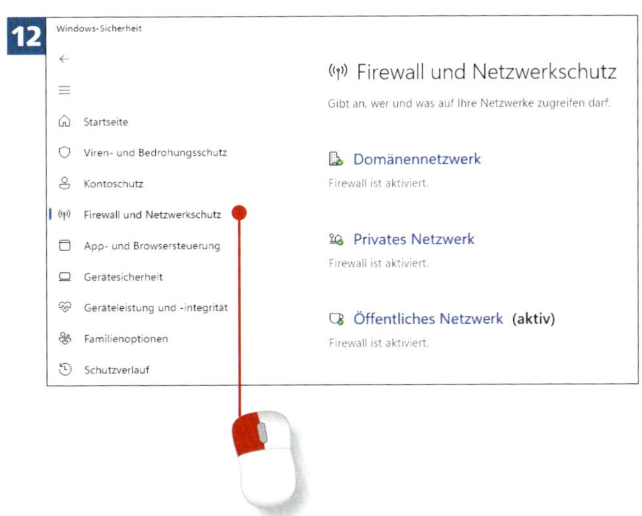

Den Computer auf Viren überprüfen

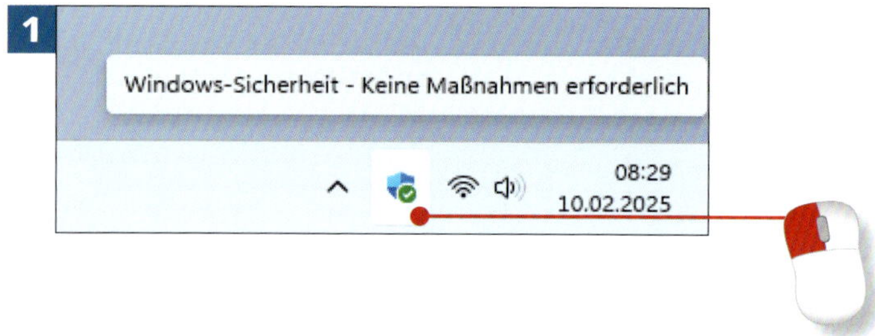

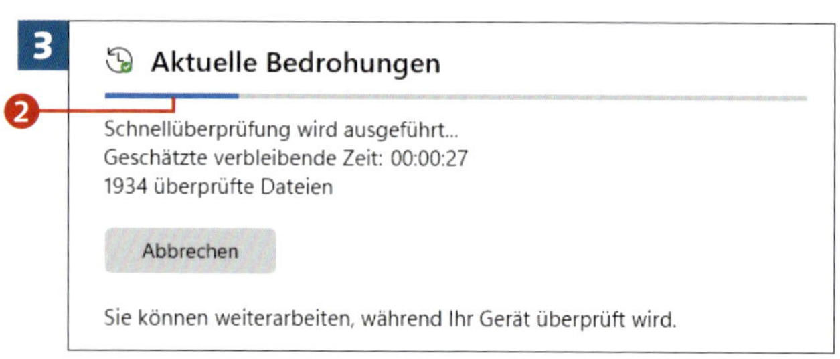

Auch wenn die Windows-Sicherheit automatisch für Schutz vor Viren sorgt, sollten Sie regelmäßig selbst eine gründliche Überprüfung starten.

Schritt 1

Öffnen Sie erneut die **Windows-Sicherheit**, z. B. per Symbol im Infobereich der Taskleiste.

Schritt 2

Klicken Sie links auf **Viren- und Bedrohungsschutz** ❶. Starten Sie eine Untersuchung mit einem Klick auf **Schnellüberprüfung**.

Schritt 3

Die Untersuchung auf **Aktuelle Bedrohungen** startet; ihr Fortschritt wird anhand des blauen Balkens ❷ angezeigt. Nach Abschluss der Überprüfung erhalten Sie das Ergebnis sowohl in der App Windows-Sicherheit selbst als auch in dem Info-Fenster der Benachrichtigungen, das Sie mit dem Symbol rechts neben dem Datum in der Taskleiste öffnen. Im Fall einer Bedrohung teilt Ihnen Windows mit, was unternommen wurde und was Sie selbst tun sollten.

Schritt 4

Eine Untersuchung, die viel gründlicher als die Schnellüberprüfung ist, sollten Sie bei regelmäßiger Nutzung des Computers einmal wöchentlich vornehmen. Klicken Sie dazu im Abschnitt **Viren- und Bedrohungsschutz** auf **Scanoptionen**. Im Hauptbereich rechts klicken Sie für eine Komplettuntersuchung auf **Vollständige Überprüfung** ❸ und unten auf **Jetzt überprüfen**.

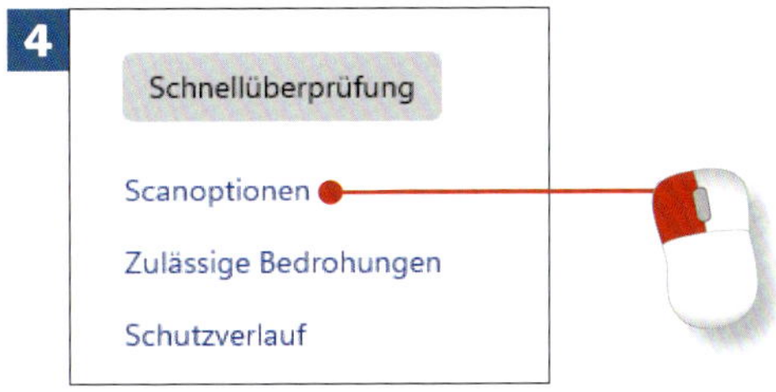

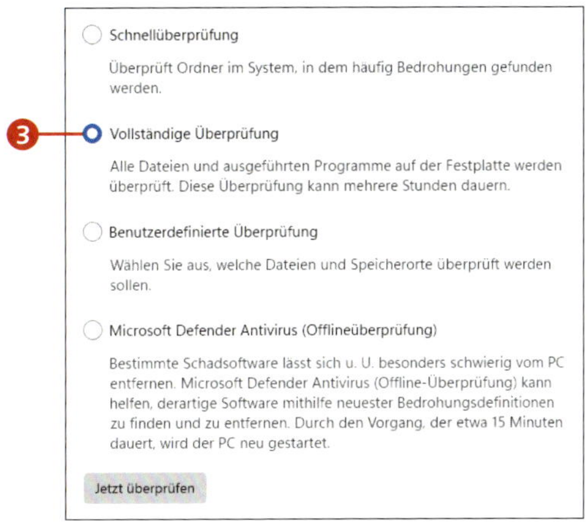

Schritt 5

Windows zeigt den Untersuchungsfortschritt an ❹ und meldet erkannte Bedrohungen. Lassen Sie den Computer während der Untersuchung an. Sie können in dieser Zeit an anderen Dingen arbeiten. Eventuell wird der Computer während der Untersuchung etwas langsamer als gewohnt.

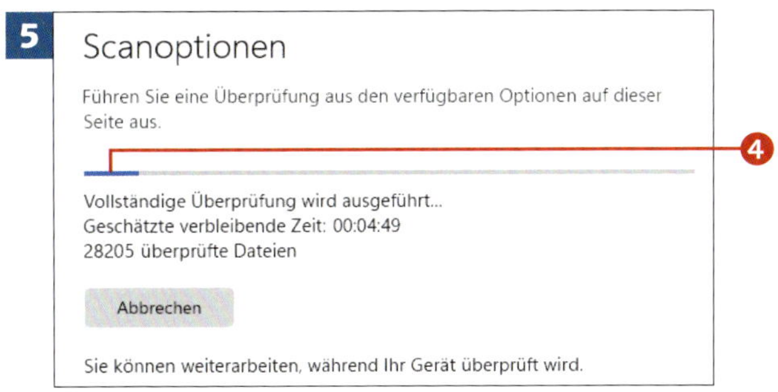

Schritt 6

Nach diesem Virenscan erhalten Sie einen Überprüfungsbericht, in dem steht, wie viele Elemente in welcher Zeit überprüft wurden. Auch die Anzahl der gefundenen Bedrohungen wird angezeigt, hier sollte im Normalfall **0 Bedrohung(en) gefunden** ❺ stehen.

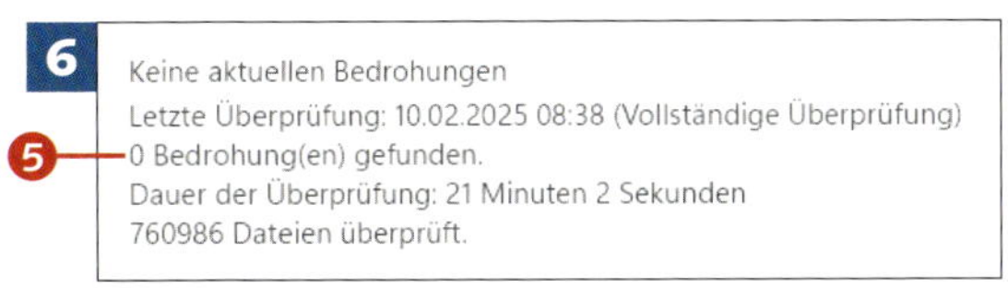

Datenschutzeinstellungen

1

2

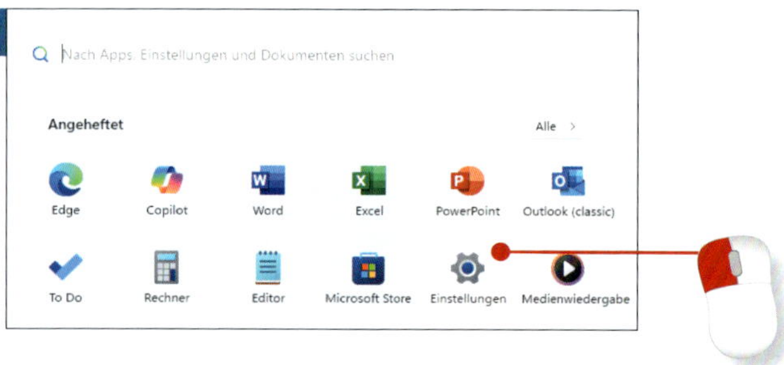

3

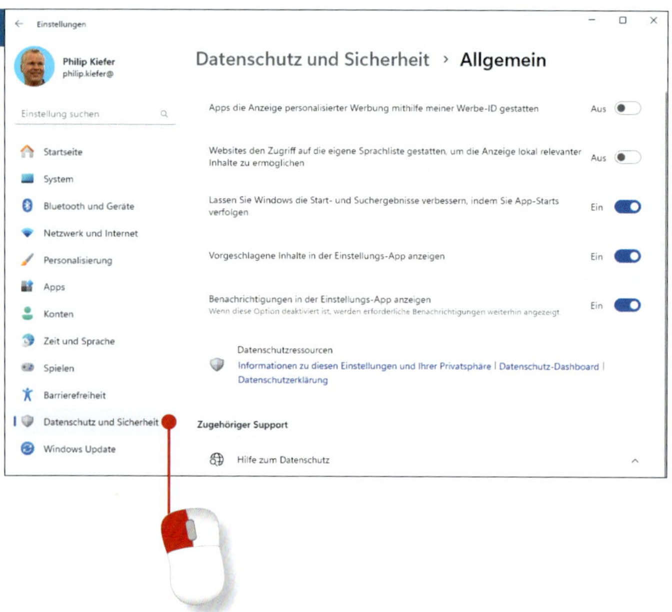

Welche Daten sammelt Microsoft von Ihnen? Prüfen und optimieren Sie den Datenschutz auf Ihrem Computer, profitieren Sie aber auch von Microsofts Sicherheitsniveau.

Schritt 1

Bei der ersten Einrichtung von Windows und bei verschiedenen Updates wurden Sie nach bestimmten *Datenschutzeinstellungen* gefragt.

Schritt 2

Diese Einstellungen können Sie jederzeit überprüfen und ändern. Dafür gibt es die *Windows-Einstellungen* auf Ihrem Computer und die Einstellungen Ihres *Microsoft-Kontos* im Internet. Rufen Sie im Startmenü die **Einstellungen** auf.

Schritt 3

In den Windows-Einstellungen klicken Sie in der Liste links auf **Datenschutz und Sicherheit**. Klicken Sie im rechten Fensterteil auf **Allgemein**. Prüfen Sie die einzelnen Einstellungen. Zum Ändern klicken Sie auf den entsprechenden Schieberegler.

Schritt 4

Gehen Sie unter **Datenschutz und Sicherheit** weiteren Einträge im Abschnitt **Windows-Berechtigungen** durch. Nehmen Sie unter anderem Einstellungen zu **Spracherkennung**, **Aktivitätsverlauf** oder **Suchberechtigungen** vor.

4

Schritt 5

Als Nächstes öffnen Sie im Internetbrowser Edge Ihr Microsoft-Konto, und zwar unter der Webadresse *account.microsoft.com*. Klicken Sie auf **Anmelden**.

5

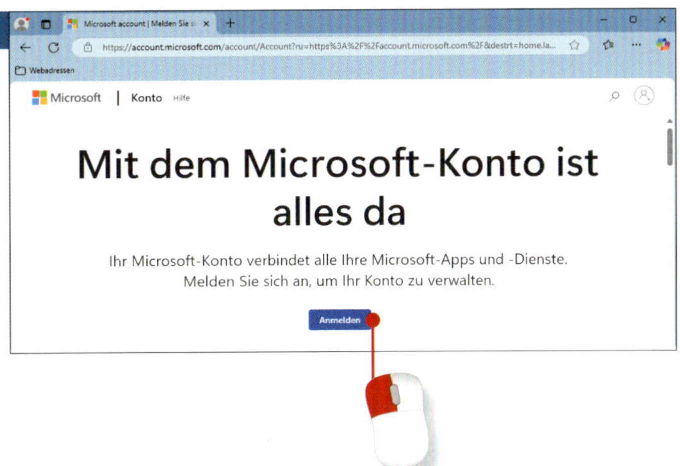

Schritt 6

Melden Sie sich mit den zu Ihrem Microsoft-Konto gehörenden Zugangsdaten an, die aus einer E-Mail-Adresse sowie dem zugehörigen Kennwort bestehen. Bestätigen Sie erneut mit **Anmelden**.

6

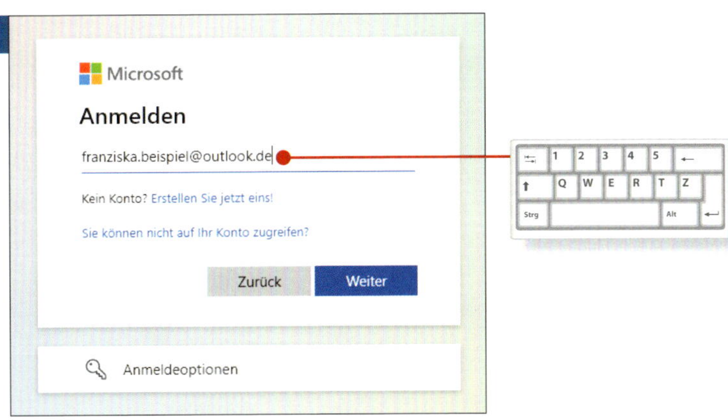

Zusätzliche Überprüfung erforderlich?

Manchmal überprüft Microsoft, ob Sie auch wirklich die Person sind, die vorgeben zu sein, und sendet Ihnen einen Einmalcode per SMS auf Ihr Handy oder per E-Mail an Ihre alternative E-Mail-Adresse.

Datenschutzeinstellungen (Forts.)

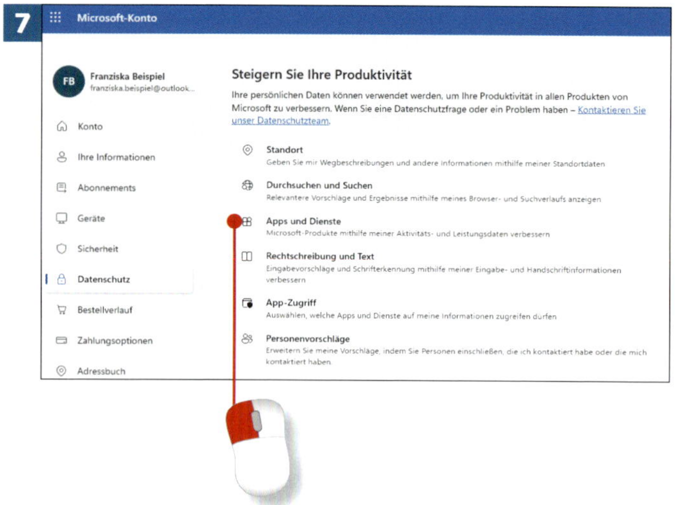

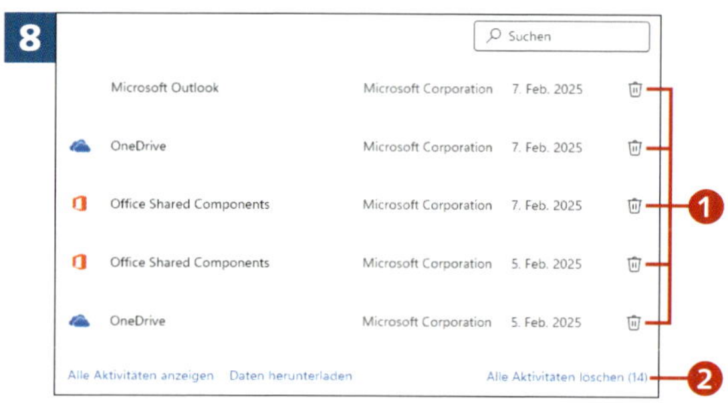

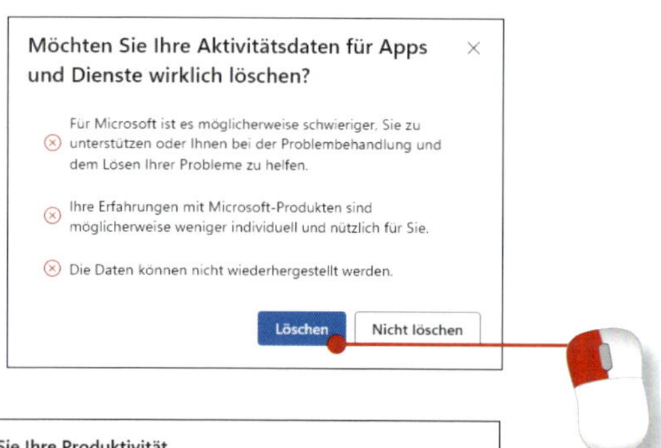

Schritt 7

Wählen Sie nach der Anmeldung links die Kategorie **Datenschutz**. Nun können Sie die Aktivität Ihres **Standortes**, Browser- und Suchverlauf (**Durchsuchen und Suchen**) und weitere Bereiche überprüfen. Klicken Sie z. B. auf **Apps und Dienste**.

Schritt 8

Sind dort bereits Daten vorhanden, können Sie sie löschen, entweder jeden Eintrag einzeln ❶ oder alle auf einmal ❷. Bei der zweiten Option erklärt Microsoft Ihnen zunächst, was nach dem Löschen passiert – diese personenbezogenen Daten sind dann weg. Da das der Sinn der Sache ist, klicken Sie auf **Löschen**. Sie können jetzt einstellen, dass die Daten turnusmäßig gelöscht werden.

Schritt 9

Klicken Sie unter **Datenschutz** als Nächstes auf **Standort**, um gegebenenfalls Ihren Standortverlauf zu löschen, also Informationen darüber, wo Sie sich zu bestimmten Zeitpunkten aufgehalten haben.

Schritt 10

Klicken Sie unter **Datenschutz** auf **Durchsuchen und Suchen**, wird Ihnen der mit dem Microsoft-Konto synchronisierte Browserverlauf angezeigt, der die von Ihnen besuchten Webseiten und durchgeführte Suchen speichert. Auch hier können Sie wieder einzelne ❸ oder alle Aktivitäten löschen.

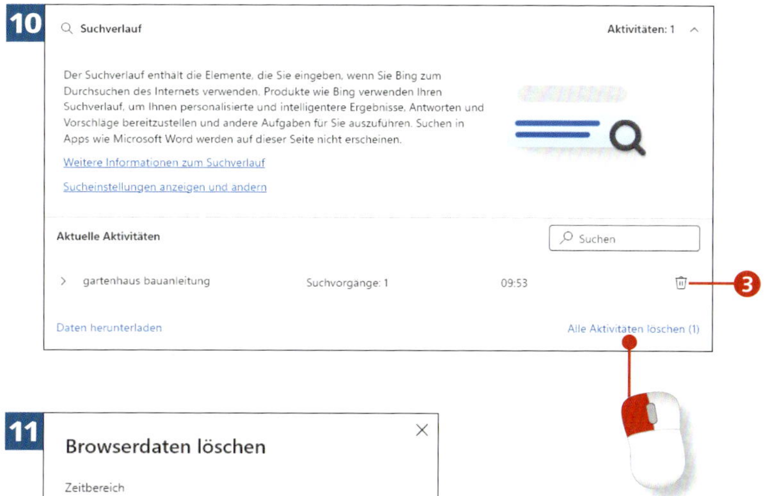

Schritt 11

Den Browserverlauf direkt in Edge löschen Sie, indem Sie bei geöffnetem Browserfenster die Tasten Strg + ⇧ + Entf drücken. Edge öffnet die Einstellungsseite mit dem kleinen Fenster **Browserdaten löschen** im Vordergrund. Entscheiden Sie zunächst per Menüauswahl, aus welchem Zeitbereich Daten gelöscht werden sollen, hier **Gesamte Zeit**.

Schritt 12

Die zu löschenden Daten sind bereits ausgewählt. Möchten Sie bestimmte Daten behalten, klicken Sie in das entsprechende Kästchen, um das Häkchen zu entfernen ❹. Klicken Sie schließlich auf **Jetzt löschen**.

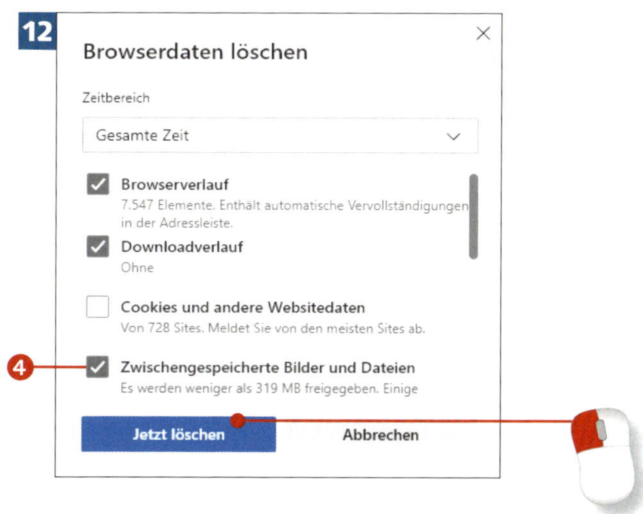

Zugriffsrechte für Apps

1

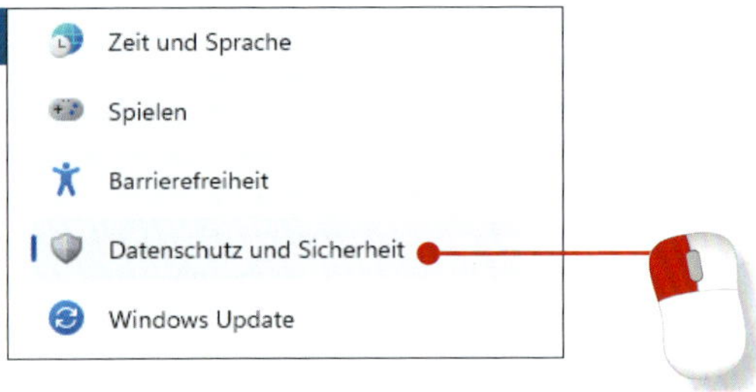

2

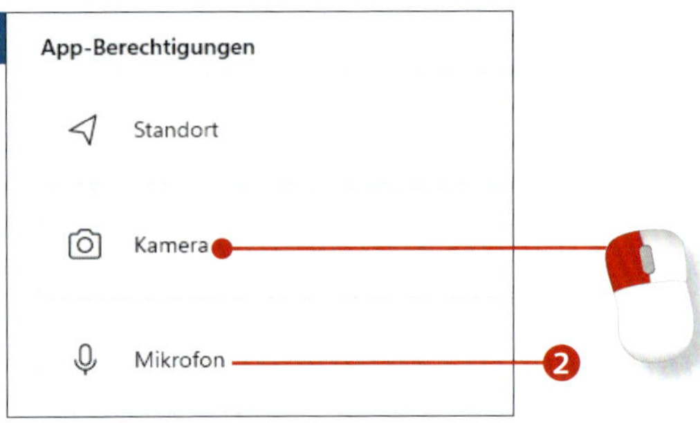

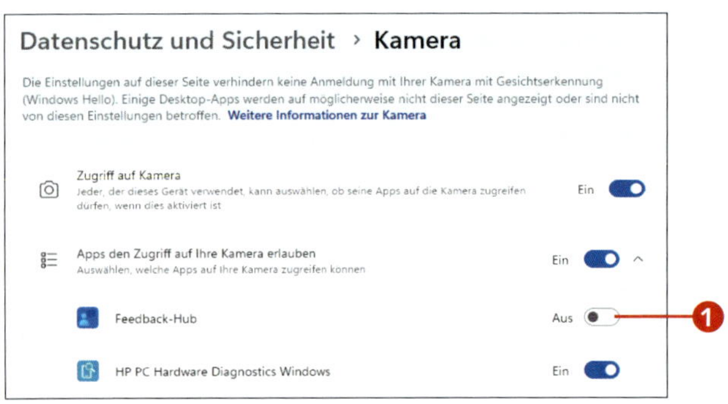

3

Bestimmen Sie selbst, welche App Zugriff auf die Kamera, Ihren Standort und weitere persönliche Daten erhalten darf.

Schritt 1

Apps benötigen bestimmte Berechtigungen, um zweckgemäß zu funktionieren. Aber sie benötigen nicht alle möglichen Daten. Zum Regulieren klicken Sie im Startmenü auf das **Einstellungen**-Symbol und im zugehörigen Fenster auf **Datenschutz und Sicherheit**.

Schritt 2

Scrollen Sie im rechten Fensterteil zum Bereich **App-Berechtigungen**. Klicken Sie auf **Kamera**. Sie sehen hier, welche Apps auf die Kamera zugreifen, sie also einschalten dürfen. Klicken Sie bei allen Apps, denen Sie den Zugriff auf die Kamera nicht erlauben, auf den Schalter. Er springt dann auf **Aus** ❶.

Schritt 3

Wählen Sie im Abschnitt **App-Berechtigungen** dann den Eintrag **Mikrofon** ❷. Auch hier stellen Sie ein, welche App auf das Mikrofon zugreifen darf. Die Einstellungen werden sofort übernommen.

Schritt 4

Legen Sie auch bei der Kategorie **Standort** fest, welche Apps auf Ihren Standort zugreifen dürfen. Verfahren Sie auf gleiche Weise in den Kategorien **Kontakte**, **Kalender**, **Stimmaktivierung** usw. Schließen Sie dann die Einstellungen mit einem Klick auf das Schließkreuz.

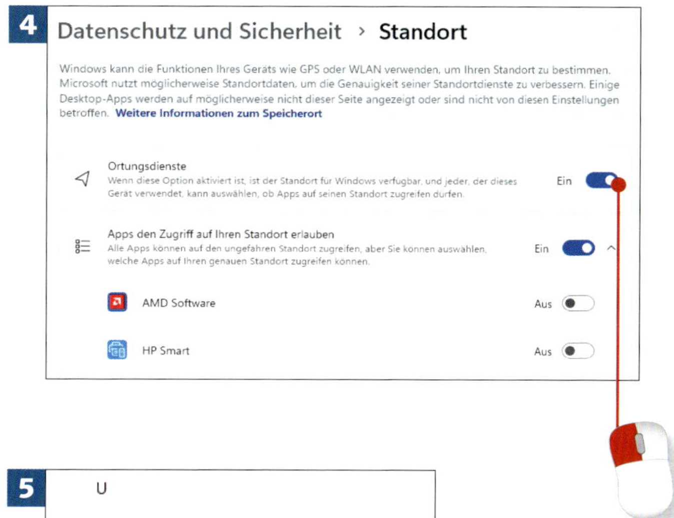

Schritt 5

Sichten Sie von Zeit zu Zeit Ihre Apps im Startmenü: Um eine App zu entfernen, die Sie nicht benötigen, klicken Sie diese im Startmenü unter **Alle** mit der rechten Maustaste an. Wählen Sie im Kontextmenü **Deinstallieren**. Beachten Sie aber, dass dies bei einigen System-Apps nicht funktioniert.

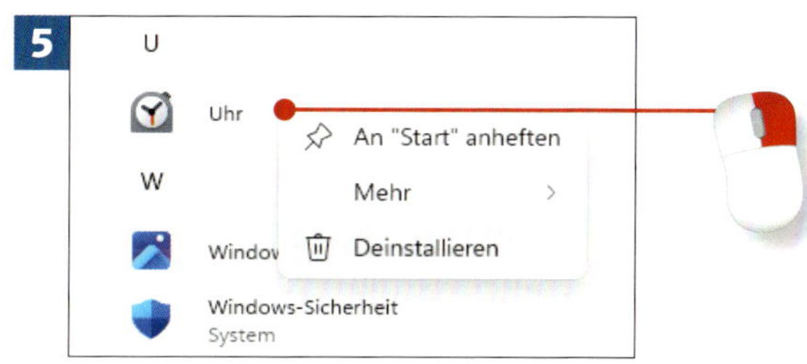

Schritt 6

Bei Store-Apps brauchen Sie nun nur noch mit **Deinstallieren** zu bestätigen. Bei anderen Apps öffnet sich das Fenster **Einstellungen** mit dem Bereich **Installierte Apps**, in dem Sie die Deinstallation jeweils unter den drei Punkten ❸ auswählen.

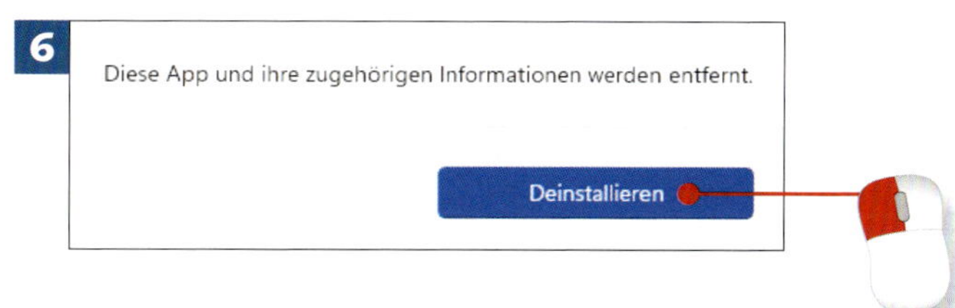

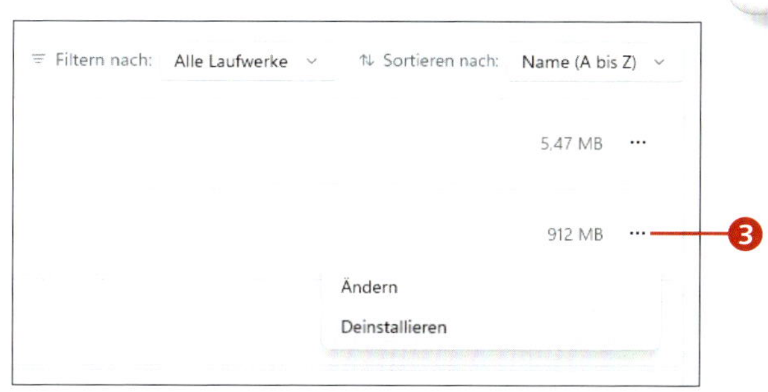

Wichtige Daten automatisch sichern

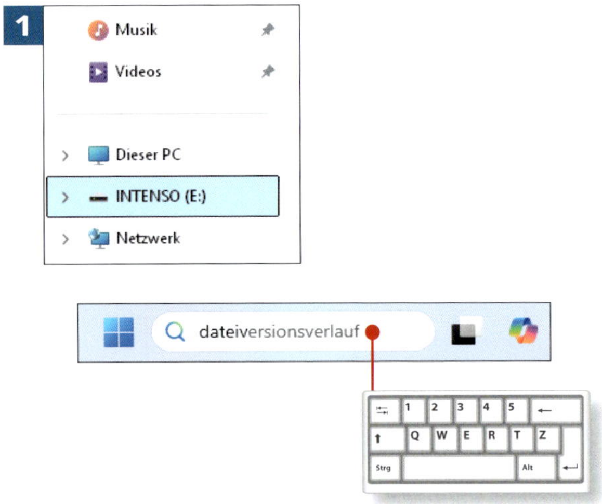

Damit Ihre Daten nicht verloren sind, wenn Ihre Festplatte kaputtgeht, sichern Sie Ihre Dateien auf USB-Sticks oder externen Festplatten. Windows arbeitet parallel dazu mit dem Dateiversionsverlauf.

Schritt 1

Schließen Sie eine externe Festplatte oder einen USB-Stick mit viel freiem Speicherplatz (mindestens 30 GB) an. Schalten Sie dann den *Dateiversionsverlauf* ein: Tippen Sie in das Suchfeld in der Taskleiste »dateiversionsverlauf« ein.

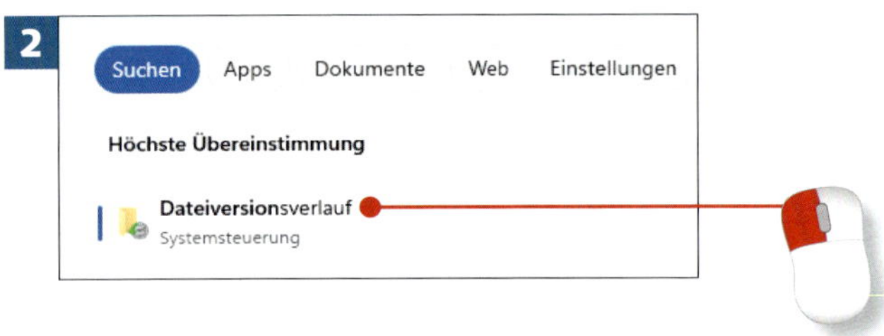

Schritt 2

Bei den Suchergebnissen klicken Sie auf **Dateiversionsverlauf**. Die sogenannte Systemsteuerung mit der gesuchten Option wird geöffnet.

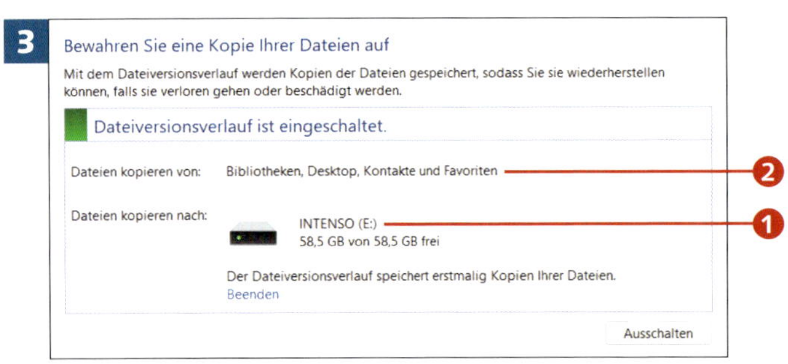

Schritt 3

Windows schlägt als Speicherort Ihr Laufwerk bzw. Ihren USB-Stick ❶ vor und welche Dateien gesichert werden sollen ❷. Nach einem Mausklick auf **Einschalten** beginnt Windows sofort mit der ersten Sicherung. Nach Abschluss der Sicherung erscheint die Anzeige, wann die Daten zuletzt kopiert wurden.

Schritt 4

Klicken Sie jetzt links auf **Erweiterte Einstellungen** ❸. Ändern Sie den Sicherungsrhythmus: Klicken Sie auf den Pfeil neben **Speichern von Datenkopien** und dann auf einen Zeitraum, z. B. **Täglich**.

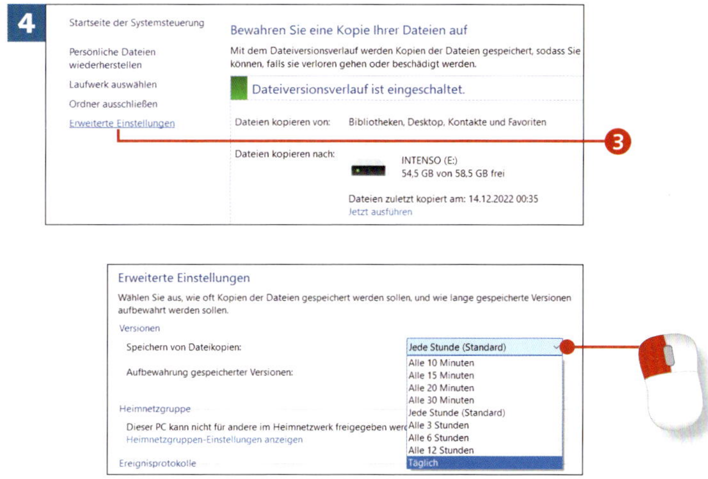

Schritt 5

Den Aufbewahrungszeitraum können Sie in der Zeile darunter ändern. Klicken Sie dazu auf **Für immer (Standard)** ❹ und in der zugehörigen Menüliste auf **Bis Platz benötigt wird**. Sichern Sie die Einstellungen mit einem Klick auf **Änderungen speichern**.

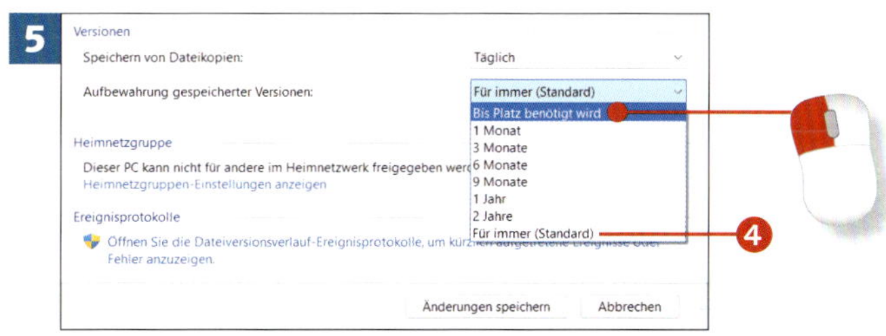

Schritt 6

Um eine Version wiederherzustellen, rufen Sie wieder die Systemeinstellung **Dateiversionsverlauf** auf (siehe Schritte 1 und 2). Klicken Sie links auf **Persönliche Dateien wiederherstellen**. Windows zeigt die letzte Sicherung an. Soll alles wiederhergestellt werden, klicken Sie direkt auf das Kreissymbol ❺. Für einzelne Dateien klicken Sie auf den betreffenden Ordner, darin auf die Datei und dann auf den grünen Pfeil.

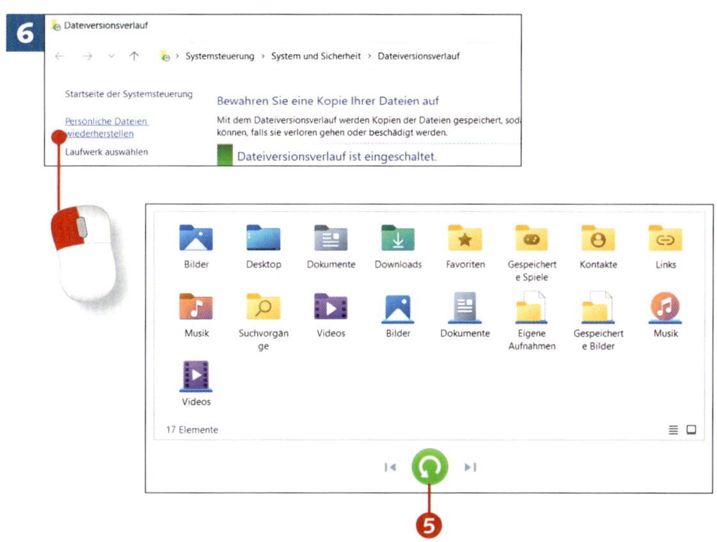

Weitere Maßnahmen für die Computersicherheit

In den vorangegangenen Abschnitten haben Sie schon einiges darüber erfahren, wie Sie Ihren Computer sicher halten. Hier finden Sie zwei ergänzende Tipps.

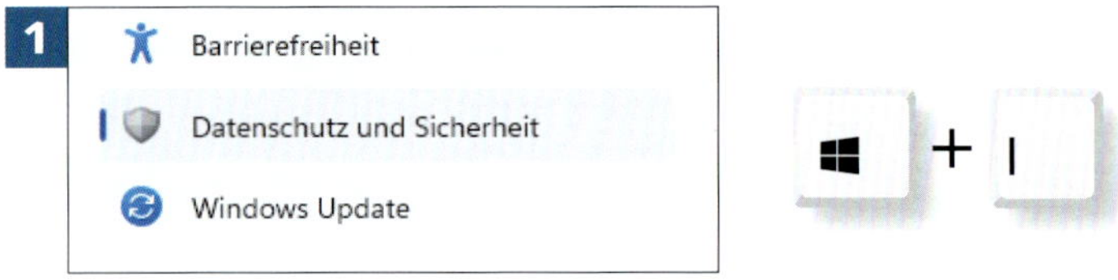

Schritt 1

Prüfen Sie, ob an Ihrem Computer die *Firewall* (»Brandschutzmauer«) eingeschaltet ist. Sie schützt vor Angriffen aus dem Internet. Öffnen Sie die Windows-**Einstellungen**, z. B. durch gleichzeitiges Drücken von ⊞ + I, und wählen Sie links den Eintrag **Datenschutz und Sicherheit**.

Schritt 2

Entscheiden Sie sich für den Eintrag **Windows-Sicherheit**.

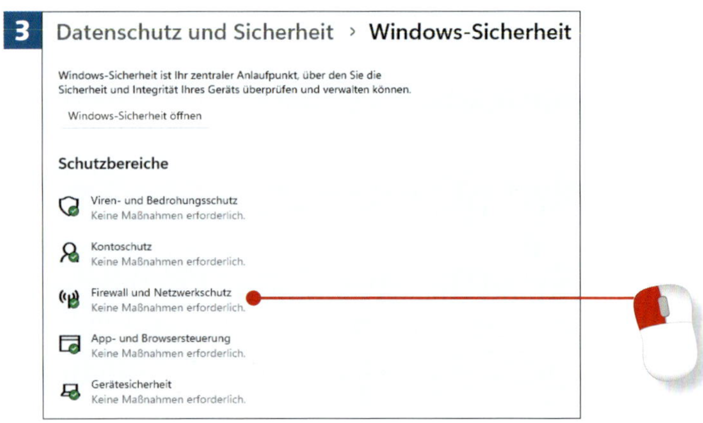

Schritt 3

Im Abschnitt **Schutzbereiche** sollte bei **Firewall und Netzwerkschutz** die Information **Keine Maßnahmen erforderlich** stehen. Sollte dies nicht der Fall sein, klicken Sie den Eintrag an.

Schritt 4

Aktivieren Sie die Firewall. Auch eine Benachrichtigung rechts unten auf dem Bildschirm weist auf Probleme hin. Klicken Sie in diesem Fall auf die Meldung (1), woraufhin die Firewall ohne weitere Nachricht aktiviert wird.

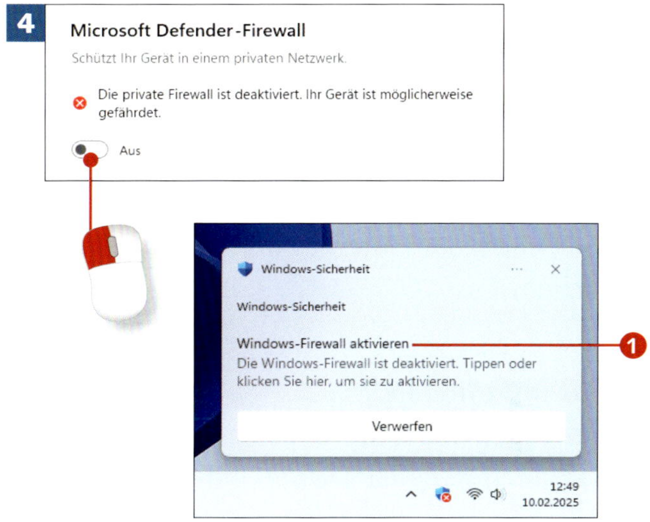

Schritt 5

Ein trotz Firewall vorhandenes Einfallstor für Viren sind E-Mails. Öffnen Sie möglichst keine E-Mails von Unbekannten. Wenn Sie doch eine geöffnet haben, klicken Sie nicht auf die Links darin! Prüfen Sie, wohin ein Link Sie führen würde, indem Sie mit dem Mauszeiger über ihn fahren, ohne zu klicken. Direkt am Link oder links unten steht die Zieladresse, im Beispiel eine Unterseite von *outlook.com* von Microsoft.

Schritt 6

E-Mail-Absender können gefälscht werden. E-Mails von scheinbar bekannten Unternehmen stammen oft von Betrügern. Prüfen Sie, ob Sie mit dem vermeintlichen Absender etwas zu tun hatten. Klären Sie durch eine Google-Suche, ob es gerade wieder eine Spam-Welle mit diesem Pseudoabsender gibt. Öffnen Sie in solchen E-Mails keine Anhänge!

Aber die E-Mail ist doch an mich gerichtet?
Findige Betrüger kaufen Adressdatenbanken im Internet und passen ihre E-Mails mit den Daten so an, dass Sie sich persönlich angesprochen fühlen. Wenn Sie nichts gekauft haben, müssen Sie auch keine Rechnung zahlen, selbst wenn der Betreff der E-Mail »Mahnung« oder ähnlich lautet!

Kapitel 13
Probleme lösen

Computer und die Software, die darauf läuft, sind nicht perfekt. Immer mal wieder treten Probleme auf, für die Sie auf verschiedenen Wegen Lösungen finden. In diesem Kapitel erfahren Sie, wie Sie im Internet und in der Windows-Hilfe auf Ihrem Computer nach einer Lösung suchen.

Hilfe im Internet finden
Im Internet finden Sie meist eine Lösung für Ihr Computerproblem durch eine allgemeine Suche oder durch gezieltes Suchen in Foren und Blogs.

Mit Microsoft Probleme lösen
Mit der [F1]-Taste oder dem Suchbegriff »Hilfe« gelangen Sie zur Hilfe-App von Microsoft. Dort können Sie ebenfalls Fragen stellen.

Anleitungen für Word im Hilfebereich lesen
In Word, Excel & Co. erhalten Sie Hilfe auch durch einen Klick auf den gleichnamigen Reiter im Menüband. Die Programme listen dann passende Tipps auf.

❶ In einem Fachforum oder einem Blog finden Sie Lösungen für Ihr Computerproblem.

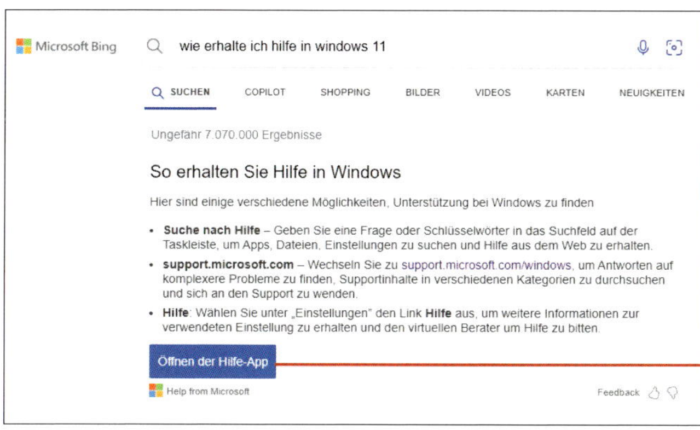

❷ Auch die Windows-Hilfe mit der Hilfe-App hält Lösungen bereit.

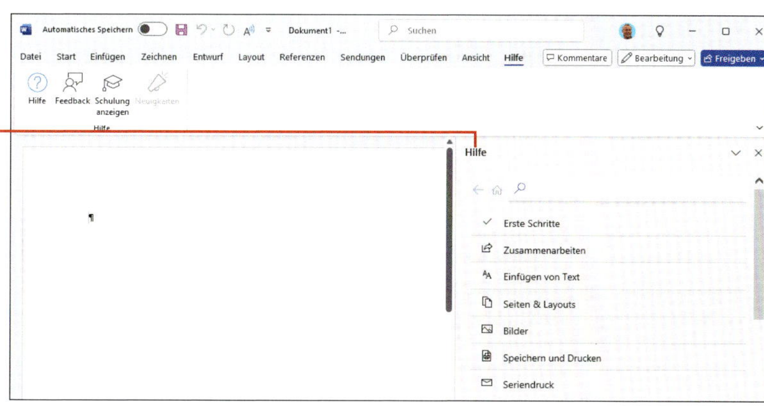

❸ Die programminterne Hilfe gibt Anleitungen bei einigen Computerproblemen, z. B. in Word.

Hilfe übers Internet suchen

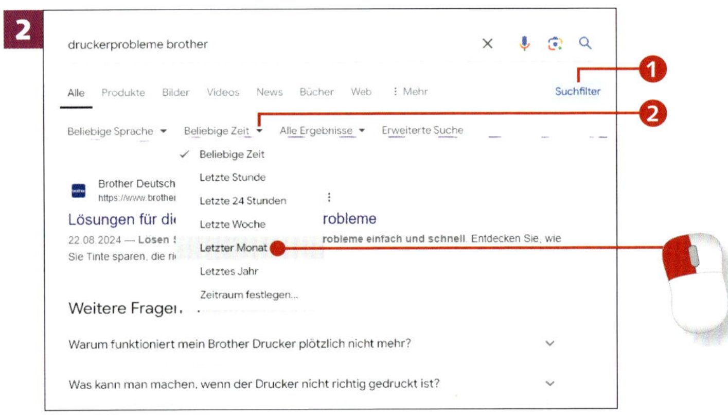

Achtung, versteckte Werbung!
Vermeiden Sie Suchergebnisse mit Kaufangeboten. Zum Teil handelt es sich hierbei um Seiten, die Ihnen gar keine Lösung Ihres Problems bieten.

Beschreiben Sie Ihr Computerproblem nicht zu kurz, da Sie sonst viele unpassende Suchergebnisse erhalten, aber auch nicht zu genau, da die Trefferquote in dem Fall zu klein ausfällt.

Schritt 1

Ihr Drucker tut plötzlich nichts mehr? Wenn Sie im Internetbrowser »druckerprobleme« eingeben, erhalten Sie extrem viele Treffer. Grenzen Sie die Suche deshalb ein. Geben Sie z. B. den Druckerhersteller mit an.

Schritt 2

Unter den Suchergebnissen finden sich auch viele alte Einträge, die bei einem neuen Drucker eher nicht weiterhelfen. Grenzen Sie also den Zeitraum ein. Bei Google klicken Sie dazu zunächst auf **Suchfilter** ❶ und dann unter der Suchleiste auf die Schaltfläche **Beliebige Zeit** ❷. Klicken Sie in der Liste auf **Letzter Monat**.

Schritt 3

Die Zahl der Treffer reduziert sich deutlich. Wenn Sie hier bereits einen Treffer sehen, der Ihnen interessant erscheint, klicken Sie ihn an (siehe dazu den Abschnitt »Richtig suchen im Internet« auf Seite 88).

Schritt 4

Sie können aber auch erst den Suchbegriff verfeinern: Beschreiben Sie das Problem genauer, z. B.: »Drucker reagiert nicht«. Setzen Sie die Wörter in Anführungszeichen, dann sucht Google nach genau dieser Wortkombination. Die Treffer werden weniger und passen besser zu Ihrem Problem. Werden es zu wenige Treffer, entfernen Sie die Anführungszeichen wieder.

Schritt 5

Wenn Sie ein Ergebnis angeklickt haben und wieder zur Liste der Suchergebnisse zurückkehren möchten, klicken Sie oben links auf den Pfeil nach links.

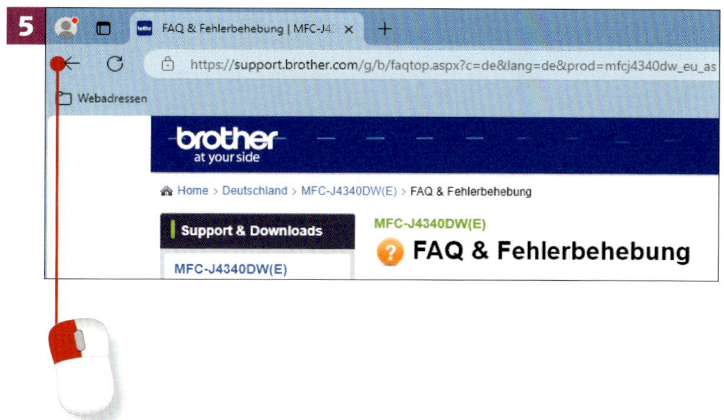

Schritt 6

Hilfreich können Lösungsvorschläge von Computernutzern, Fachzeitschriften sowie Firmenhilfeseiten sein. Im Beispiel wird die Lösung der Computerzeitschrift *chip.de* angeklickt. Stimmen Sie gegebenenfalls den Cookie-Einstellungen zu (siehe Seite 80).

Wonach nicht gesucht werden soll

Wenn Sie bestimmte Begriffe bei der Suche ausschließen möchten, tippen Sie den Suchbegriff ein, dann nach einem Leerzeichen ein Minus und direkt danach den unerwünschten Begriff. Ein Beispiel: »Drucker reagiert nicht -Preisvergleich«.

Hilfe übers Internet suchen (Forts.)

7

Schritt 7

Im Beispiel öffnet sich ein *chip.de*-Artikel mit Tipps. Gleichzeitig wird ein kurzes Video ❸ mit den Problemlösungen angeboten, das automatisch startet. Erschrecken Sie also nicht, wenn plötzlich jemand spricht. Bei vielen Hilfevideos ist etwas Werbung vorgeschaltet.

8

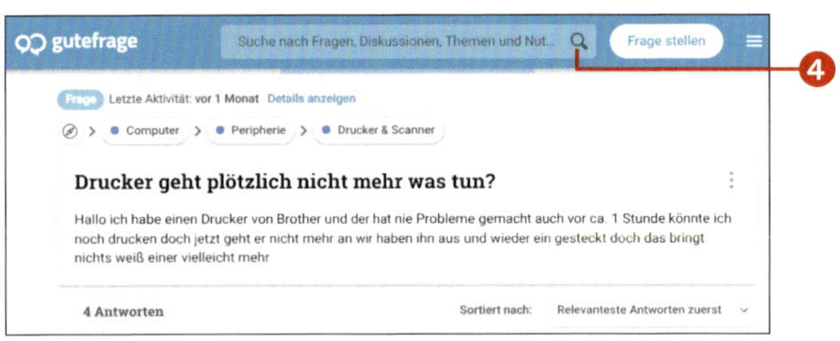

Schritt 8

Auch viele Hilfeforen sind im Internet zu finden, denn es gibt fast kein Computerproblem, das nicht schon jemand anders hatte. In einem Forum helfen Nutzer anderen Nutzern. Oft aufgerufen werden z. B. das Forum *gutefrage.net* und das *winfuture-forum.de*. Fast immer müssen Sie zunächst die Cookies oder Werbung akzeptieren. Tippen Sie dann im Suchfeld – erkennbar an der Lupe ❹ – Ihren Suchbegriff ein.

9

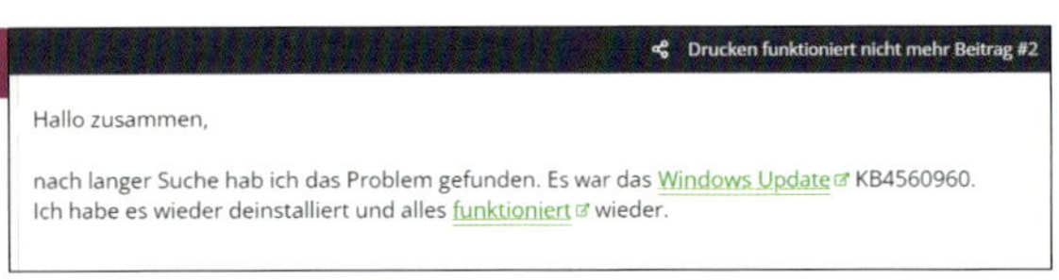

Schritt 9

Haben Sie eine Lösung für Ihr Problem gefunden, setzen Sie sie um. Bei Lösungen aus einem Forum denken Sie stets daran, dass hier viele Laien schreiben, die schon einmal ein ähnliches Problem lösen konnten. Diese Lösung muss nicht unbedingt die richtige für Ihr Problem sein.

Forenregeln (Netiquette)

Prüfen Sie zunächst mit der Suchfunktion des Forums, ob die Frage schon einmal beantwortet wurde. Schreiben Sie ganze Sätze, beachten Sie Groß- und Kleinschreibung, und verzichten Sie auf Ausrufezeichen. Bleiben Sie stets höflich und geduldig.

Schritt 10

Eine weitere Hilfequelle sind sogenannte *Blogs*, die von kundigen Nutzern mit Anleitungen und Erklärungen gefüllt werden. Hier können Sie in den Kommentaren Fragen stellen, die die Blogbetreiber in der Regel zügig beantworten.

10

Schritt 11

Gab es bisher keine hilfreiche Lösung, fragen Sie selbst nach. Wollen Sie die Frage in einem Forum stellen, müssen Sie sich erst registrieren, also wie hier mit E-Mail-Adresse, Nutzername, Passwort und Geburtsdatum ein Nutzerkonto anlegen. Bei manchen Hilfeseiten ist die Reihenfolge umgekehrt: Erst geben Sie Ihre Frage ein, danach registrieren Sie sich, dann schicken Sie Ihre Frage ab.

11

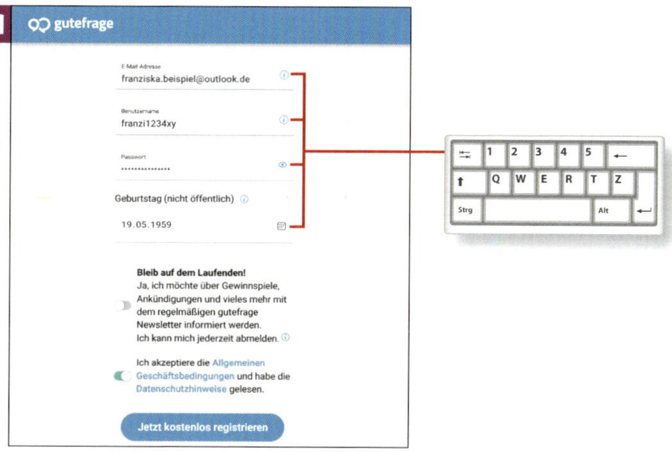

Schritt 12

Sind Sie Mitglied eines Netzwerkes wie Facebook oder X (ehemals Twitter), können Sie dort nach einer passenden Gruppe suchen und Ihre Frage stellen. Ihre Frage wird nicht in allen Foren direkt gepostet (sichtbar für die anderen Forennutzer); haben Sie ein wenig Geduld.

12

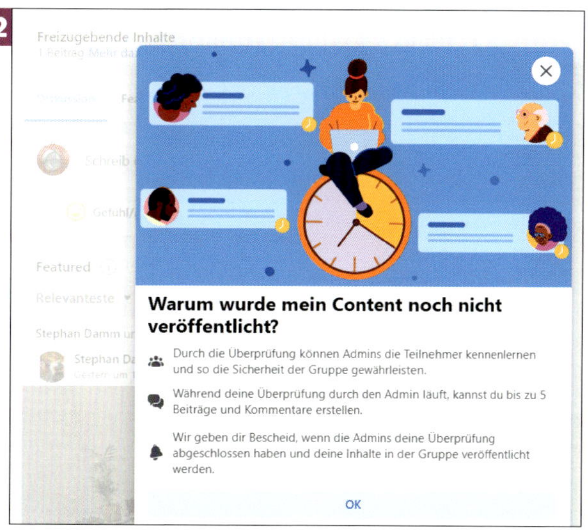

Die Windows-Hilfe nutzen

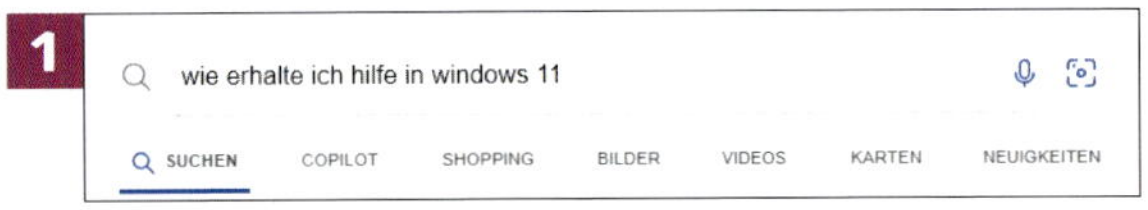

Auch Ihr Computer bietet Hilfe: Mit [F1] rufen Sie sie auf. Auch in Word, Excel & Co. gibt es eine »Hilfe«-Option.

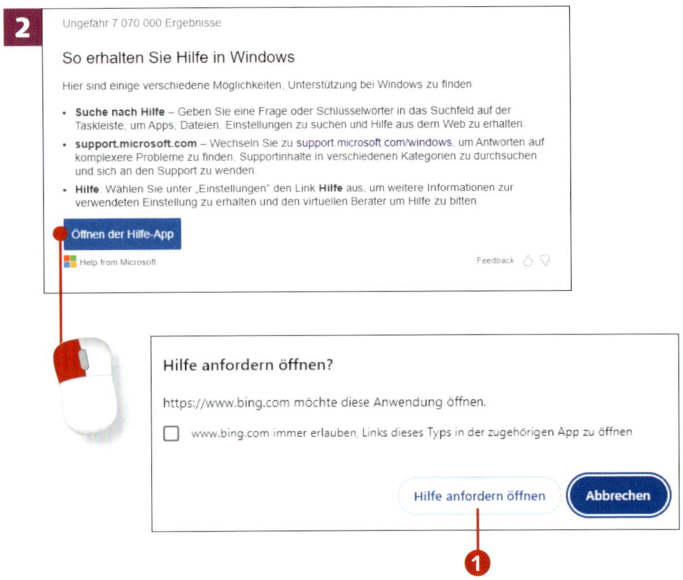

Schritt 1

Lassen Sie sich den Desktop anzeigen: Drücken Sie [⊞] + [D], falls Sie gerade eine App nutzen. Drücken Sie die Taste [F1]; die Windows-Hilfe wird im Internet geöffnet. Es wird eine Seite mit Suchergebnissen zur Windows-11-Hilfe geöffnet, und die Suchanfrage »wie erhalte ich hilfe in windows 11« wurde bereits eingetragen.

Schritt 2

Die Ergebnisse auf diese Frage sind viel zu allgemein. Klicken Sie auf **Öffnen der Hilfe-App**, um Ihre spezielle Frage zu stellen. Bestätigen Sie, dass die App geöffnet werden darf, mit **Hilfe anfordern öffnen** ❶.

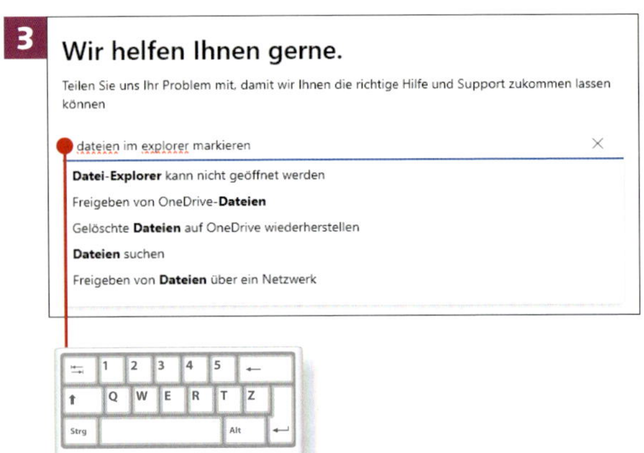

Schritt 3

Tippen Sie Ihre Frage oder Ihr Problem ein, und drücken Sie [⊞] bzw. wählen Sie einen der Vorschläge aus. Wird der passende Artikel aufgelistet, klicken Sie auf den zugehörigen **Hilfe**-Link; falls nicht, formulieren Sie Ihre Frage neu.

Schritt 4

Benötigen Sie in Word Unterstützung, rufen Sie die Registerkarte **Hilfe** auf. Klicken Sie hier auf **Hilfe** ❷. Word zeigt jetzt rechts den gleichnamigen Aufgabenbereich.

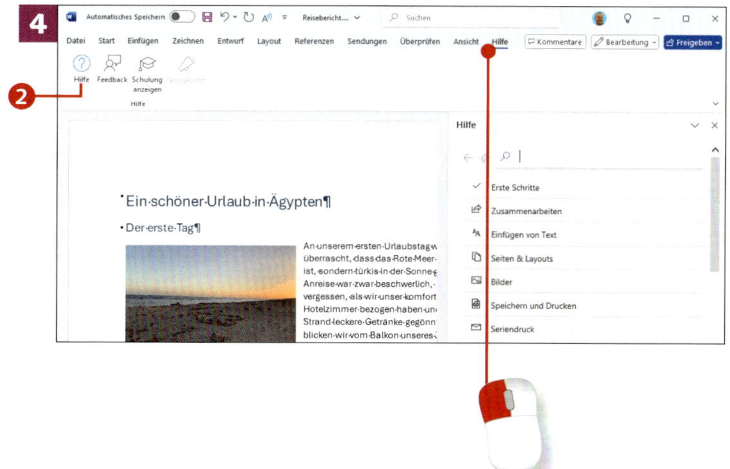

Schritt 5

Tippen Sie in das Textfeld eines oder mehrere Suchwörter oder eine Frage ein. Schon während der Eingabe macht Word einige Suchvorschläge ❸, die Sie anklicken können. Drücken Sie ansonsten [↵], um die Suche auszuführen.

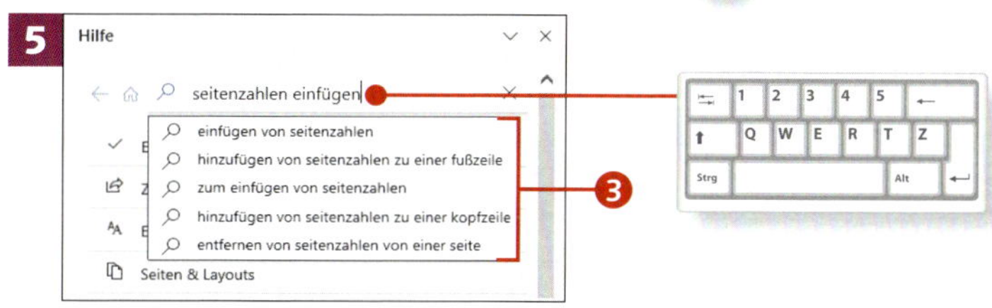

Schritt 6

Die aus Word-Sicht beste Antwort sehen Sie als erste, darunter folgen weitere Tipps. Passt der erste Vorschlag, klicken Sie auf **So wird's gemacht**. Word öffnet die richtige Registerkarte und zeigt mit einer kleinen Erläuterung auf den benötigten Befehl. Im Hilfe-Aufgabenbereich rechts beschreibt Word die weiteren Schritte oder zeigt sie Ihnen in einem Video. Den Hilfebereich finden Sie auch in Excel und PowerPoint.

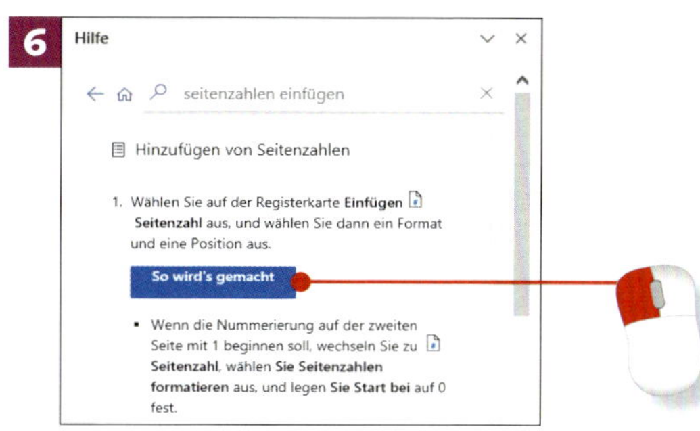

Hilfe vor Ort: Senioren helfen Senioren

Viele Seniorengruppen und -organisationen, z. B. ZWAR (*www.zwar-ev.de*), bieten anderen Senioren Hilfe am Computer an. Meist gibt es wöchentliche Treffen; viele Helfer sind auch telefonisch zu erreichen.

Glossar

Antivirensoftware

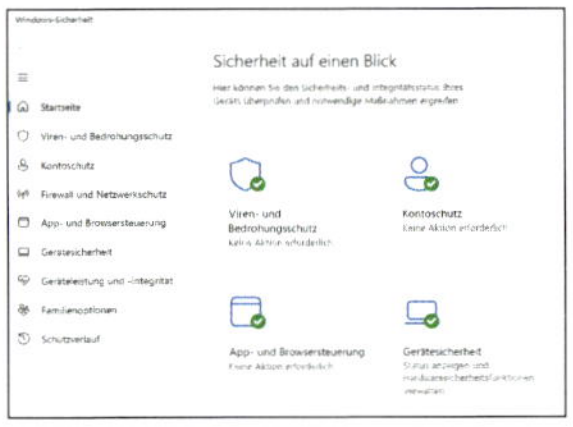

Antivirenschutz, Internetschutzpaket, Antivirensoftware, Virenschutz-App – sie alle haben ein Ziel: Ihren Computer vor Viren, Trojanern und anderen Schädlingen zu schützen. Nutzen Sie immer ein Paket mit Internetschutz, damit Sie auch beim Surfen im Internet geschützt sind. Bei Windows 11 ist es bereits integriert.

App

Windows bietet viele Anwendungen, die auf eine Thematik spezialisiert sind: *Fotos*, *Internet*, *Nachrichten*, *Adressbuch*, *Spiele*, *Wetter*, *Karten* usw. Diese Anwendungen werden *Apps* genannt. Einige Apps sind auf Ihrem Computer vorinstalliert; viele weitere können Sie über den Microsoft Store beziehen. Microsoft nennt Desktop-Programme ebenfalls Apps, auch wenn sie anders installiert werden.

Cookie

Cookies – zu Deutsch »Kekse« – finden Sie nicht nur auf dem Kaffeetisch, sondern auch im Internet. Hier sind es kleine Dateien, die auf Ihrem Computer gespeichert werden. Sie ermöglichen es, dass die jeweilige Internetseite bei Ihrem nächsten Besuch schneller geöffnet wird und dass der Websitebetreiber feststellen kann, ob Sie bzw. Ihr Computer seine Website schon einmal besucht haben. Er kann aber nicht herausfinden, wer genau Sie sind. Wenn Sie alle Cookies ablehnen, können Sie z. B. auch nicht die Warenkorbfunktion eines Internethändlers nutzen.

Dateityp

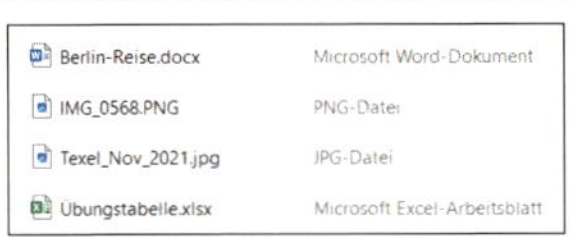

Jede Datei wird in einem bestimmten Format gespeichert, damit sie mit der passenden App wieder geöffnet werden kann. Jedes Format hat seine eigene Dateiendung, die nach dem Dateinamen und einem Punkt folgt: Bei Excel-Tabellen heißt das Format .xlsx, bei Texten aus Word .docx und bei Bildern oft .jpg oder .png.

Glossar

Desktop

Der Desktop (»Schreibtisch«) ist die erste Oberfläche, die Sie nach dem Start Ihres Computers bzw. nach dem Schließen oder Minimieren aller Programme sehen. Vom Desktop aus starten Sie Programme; Sie können hier Verknüpfungen zu einzelnen Dateien anlegen und z. B. den Papierkorb schnell aufrufen.

Einstellungen

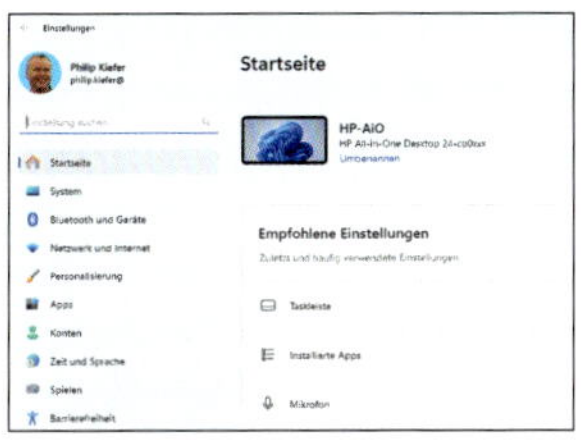

Mit der Tastenkombination [Windows] + [I] gelangen Sie zu den **Einstellungen**. Hier definieren Sie das Aussehen von Windows, verbinden externe Geräte mit Ihrem Computer, z. B. einen Drucker, veranlassen Aktualisierungen (Updates) und vieles mehr.

Hardware

Bei Computern werden mit Hardware alle Teile bezeichnet, die man anfassen kann: Bildschirm, Tastatur, Festplatte, Lüfter usw.

Kontextmenü

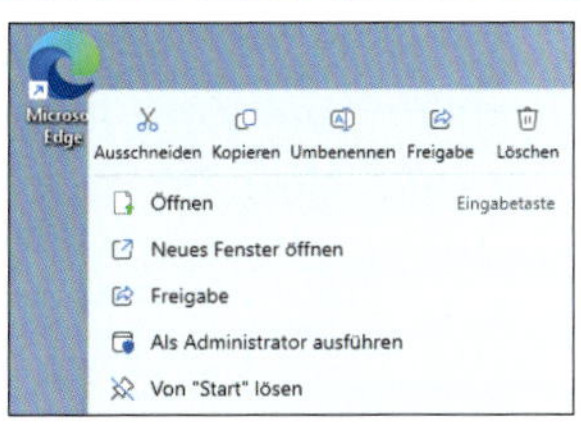

Kontextmenüs stellen eine Auswahl von Befehlen zur Verfügung, die zur jeweiligen Situation passen. Sie rufen das Kontextmenü mit einem Klick auf die rechte Maustaste an der Stelle auf, an der Sie das Menü benötigen.

LAN

LAN steht für *Local Area Network* und bedeutet *lokales Netzwerk*. Das LAN ist kabelgebunden – sobald Sie also Router und Computer per Netzwerkkabel verbinden, nutzen Sie ein LAN. Der Router stellt die Verbindung zum Internet her. Das drahtlose Netzwerk heißt *Wireless LAN* (siehe WLAN).

Glossar

Link

Ein Link (oder auch *Hyperlink*) ist ein elektronischer Querverweis zu einer Stelle, die durch einen Klick auf diesen Link aufrufbar ist. Links führen z. B. zu Internetseiten; häufig wird die Adresse oder eine Vorschau eingeblendet, wenn Sie mit dem Mauszeiger auf den Link zeigen. Text-Links sind meist durch eine Unterstreichung hervorgehoben.

Microsoft-Konto

Ein Microsoft-Konto benötigen Sie für den Zugriff auf viele Microsoft-Dienste und -Apps. Dieses Konto verwenden Sie z. B. zum Anmelden bei Ihrem E-Mail-Konto *outlook.com* und bei *Teams*. Ihre Dateien, Fotos, Kontakte und Einstellungen sind geräteübergreifend verfügbar. Zum Anlegen eines Microsoft-Kontos geben Sie eine E-Mail-Adresse und einige persönliche Daten an.

Microsoft Store

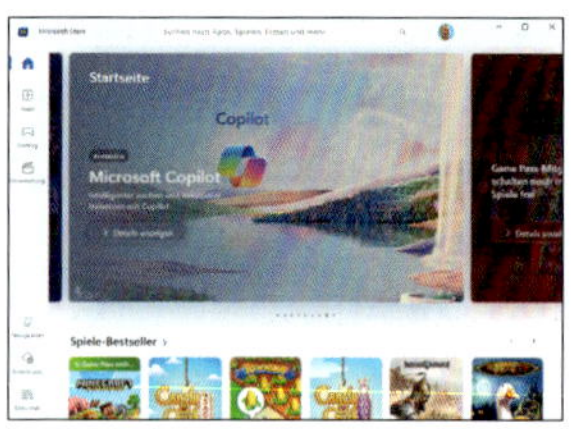

Der Microsoft Store (»Laden«) ist der Ort, an dem Sie zahlreiche Apps finden können. Er stellt diese Apps entweder kostenlos oder gegen Gebühr bereit. Ob sie etwas kostet, steht jeweils an der App. Wenn Sie eine App ausgesucht haben, wird sie installiert und steht Ihnen direkt zur Verfügung. Im Store aktualisieren Sie auch die schon auf Ihrem Computer installierten Apps.

Newsletter

Newsletter heißt übersetzt »Nachrichtenbrief«; das ist auch der Ursprung der elektronischen Newsletter. Mit ihnen verbreiten Unternehmen, Kirchen, Vereine usw. ihre Neuigkeiten auf schnellem Weg per E-Mail.

Papierkorb

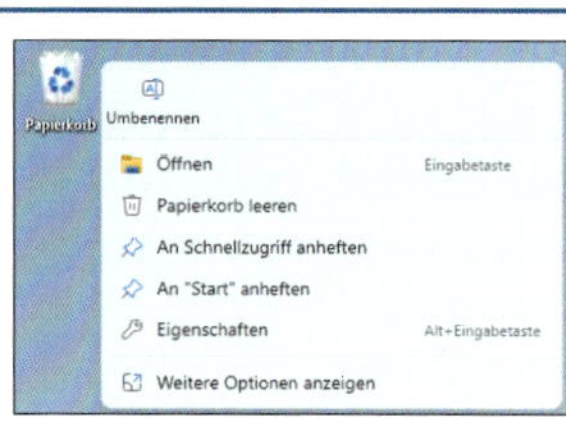

Gelöschte Dateien, Verknüpfungen und Ordner landen erst einmal im Papierkorb. Von dort können Sie sie wiederherstellen, sollten Sie sie doch noch brauchen. Der Papierkorb sollte regelmäßig geleert werden. Dazu klicken Sie mit der rechten Maustaste auf die **Papierkorb**-Schaltfläche auf dem Desktop und darin auf **Papierkorb leeren**.

Glossar

Plug and Play

Einfach einstöpseln und nutzen – das ist mit *Plug and Play* (»Einstecken und Abspielen«) gemeint. Egal, ob Drucker, externe Festplatte oder eine Maus mit Kabel: Sie stecken den Stecker in den Computer und können das Gerät kurz danach nutzen, ohne erst aufwendige Installationen vornehmen zu müssen.

Programm

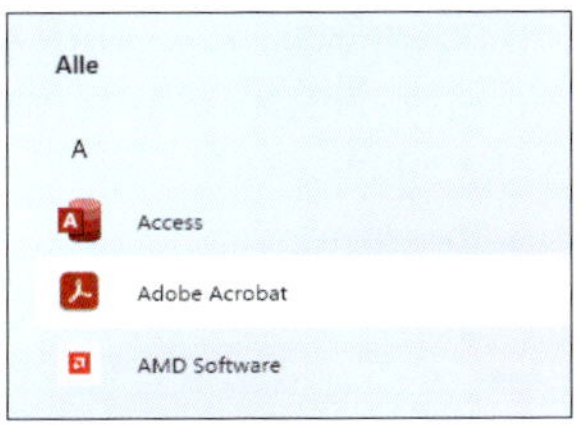

Ein Programm, genauer gesagt ein Desktop-Programm, hat bestimmte Aufgaben. Das Programm *Adobe Acrobat* z. B. bietet zahlreiche Funktionen für den Umgang mit PDF-Dateien. Desktop-Programme werden meist mithilfe einer Installationsdatei eingerichtet, die Sie auf der Website ihres Herstellers im Internet finden. Microsoft nennt Programme unabhängig von der Art der Installation *Apps*.

QuickInfo

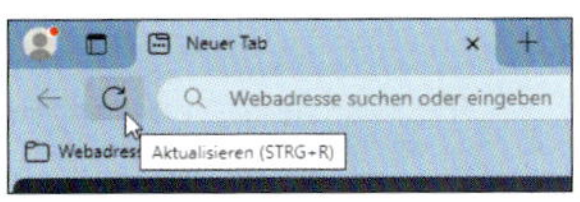

Wenn Sie wissen wollen, welche Aktion oder Funktion sich hinter einer Schaltfläche verbirgt, lassen Sie den Mauszeiger kurz über der Schaltfläche verharren. Dann erscheint ein kleines Feld mit einer Information: die QuickInfo.

Registerkarte

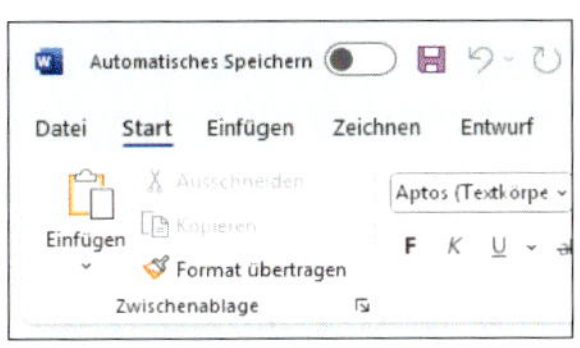

Wie bei Karteikästen mit Registerkarten aus Pappe trennen Registerkarten bei Programmen verschiedene Themenbereiche. So können platzsparend viele Schaltflächen auf verschiedenen Registerkarten angeordnet werden. Die immer sichtbaren beschrifteten Schaltflächen der Registerkarten heißen *Reiter*. Sie tragen den Namen der Registerkarte.

Router

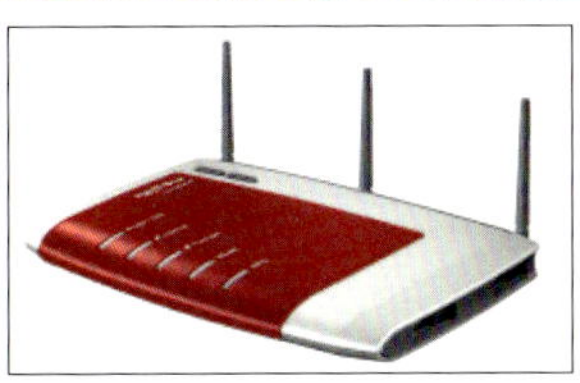

Der Router stellt die Verbindung zum Internet her. Ihre Geräte verbinden sich dann mit dem Router und erhalten so Zugang zum Internet. Die Verbindung kann drahtlos oder kabelgebunden hergestellt werden. Viele Computer erkennen den Router automatisch und versuchen, sich mit ihm zu verbinden. Sie müssen dann nur noch die Zugangsdaten Ihres Internetanbieters eingeben.

Glossar

Scannen

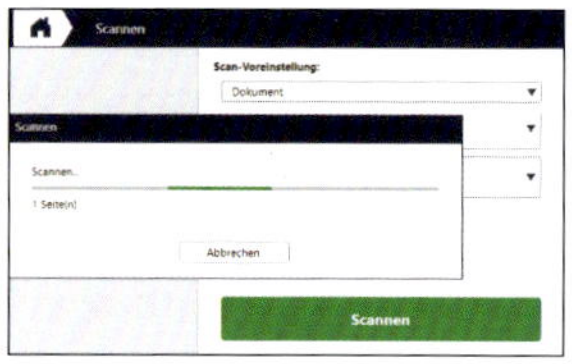

»Scannen« heißt wörtlich etwas (elektronisch) abtasten, rastern. Ihr Scanner tastet die Vorlage ab und überträgt die Abtastdaten an Ihren Computer, der sie als Bild oder Textdokument speichert. Bilder, Briefe, Buchseiten – alles können Sie scannen und elektronisch speichern.

Schaltfläche

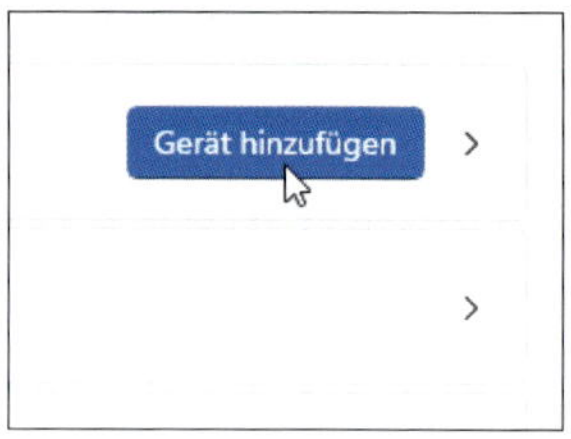

Durch das Klicken auf eine Schaltfläche wird eine Aktion ausgelöst, z. B. wird ein markierter Text fett gesetzt. Auch im Internet finden Sie zahlreiche Schaltflächen. Sie werden auch *Buttons* oder *Knöpfe* genannt.

Scrollen

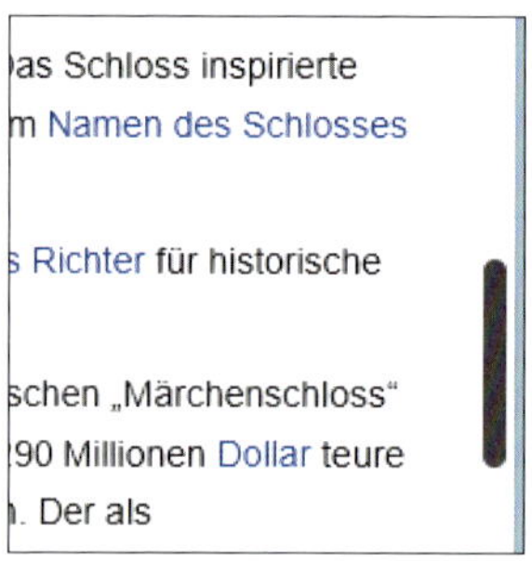

Bei längeren Texten in Word, zum Bewegen in Apps oder auf langen Internetseiten verschieben Sie durch Drehen des Mausrades den sichtbaren Ausschnitt so, dass Sie auch den Rest der Bildschirminhalte sehen können. Neben dem Mausrad können Sie dazu den Scrollbalken auf der *Bildlaufleiste* nutzen: Ziehen Sie ihn langsam in die gewünschte Richtung.

Software

Software ist bei Computern das, was Sie nicht anfassen können, vor allem die ausführbaren Apps und Programme. Die Software steuert die Hardware. Sogenannte *Treiber* sind ebenfalls Software und sorgen dafür, dass es an den Schnittstellen zwischen der Soft- und der Hardware nicht hakt.

Spam

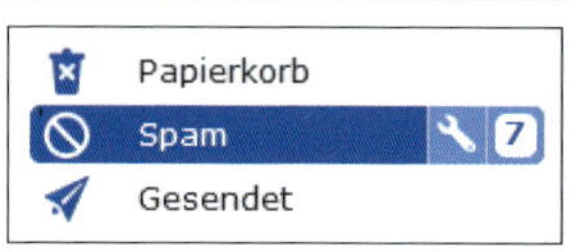

Spam (auch *Junkmail* genannt) ist der Massenversand nicht angeforderter Werbe-E-Mails. Auch *Phishingmails*, mit denen Sie dazu verführt werden sollen, Ihre vertraulichen Daten auf einer gefälschten Seite einzugeben, zählen zum Spam. Häufig strotzen Spammails vor Fehlern; es gibt aber auch täuschend echte Spammails.

Glossar

Sperrbildschirm

Der Sperrbildschirm erscheint beim Hochfahren des Computers und kann mit einem Tastendruck ausgeblendet werden. Je nach Einstellung geben Sie dann Ihre PIN oder Ihr Passwort ein. Der Hintergrund des Sperrbildschirms lässt sich individuell einrichten.

Startmenü

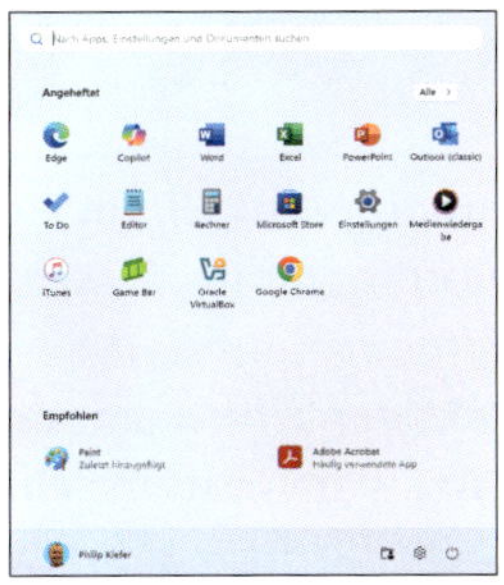

Im Startmenü werden die Kacheln von Apps und Programmen angezeigt. Von hier starten Sie die Anwendungen mit einem Mausklick. Sie rufen das Startmenü mit der Taste ⊞ auf Ihrer Tastatur oder mit einem Klick auf das Windows-Logo unten auf Ihrem Bildschirm auf. Über das Startmenü schalten Sie den Computer auch aus.

Taskleiste

Die Taskleiste ist die Leiste am unteren Bildschirmrand, die auch bei geöffneten App-Fenstern immer sichtbar ist. Hier sehen Sie die Symbole der Apps, die angeheftet wurden, und die Symbole der gerade geöffneten Apps, außerdem eine Suchfunktion. Im rechten Teil der Taskleiste finden Sie weitere Anzeigen, z. B. Uhrzeit und WLAN-Verbindung.

Trojaner

Trojaner sind Programme, die sich auf einen Computer einschleusen und dann ihre schädliche Tätigkeit beginnen: Sie benutzen den gekaperten Computer als Spam-Schleuder oder blockieren wichtige Funktionen, um dann ein kostenpflichtiges Hilfsprogramm anzubieten. Ein Schutzpaket kann sie abwehren.

USB

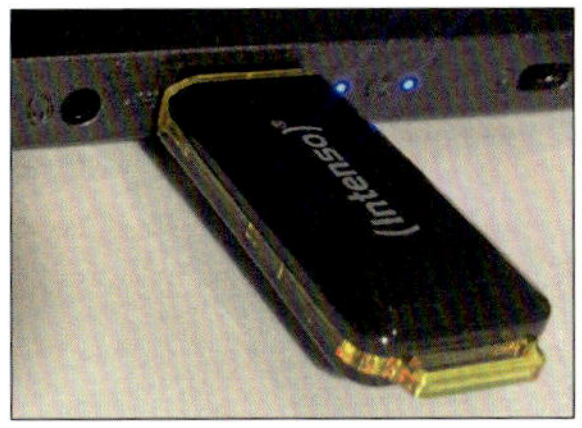

USB ist die Abkürzung für *Universal Serial Bus*, also für eine universelle Schnittstelle, um externe Geräte mit dem Computer zu verbinden. Das ist auch bei laufendem Betrieb möglich. So können Sie Ihren Computer schnell und einfach erweitern (um Maus, Bildschirm, externe Festplatte) oder Daten leicht übertragen (USB-Stick, Kamera, Handy).

Glossar

Vierfachpfeil		In Apps wie Word oder Excel können Sie Bilder und andere Objekte leicht verschieben. Sobald Sie das Objekt angeklickt haben und mit der Maus über ihm verharren, sehen Sie den Vierfachpfeil. Greifen Sie mit gedrückter Maustaste das Objekt, und verschieben Sie es an die gewünschte Stelle. Möchten Sie dagegen die Größe des Objekts ändern, verwenden Sie die runden Ziehpunkte am Rand.
Virus		Ein Computervirus ist ein sich selbst verbreitendes Computerprogramm. Es schleust sich in andere Programme ein, infiziert sie und vermehrt sich so. Ein aktiver Virus kann dem Computer durch Änderungen am System schaden. Ein Schutzpaket vermindert das Risiko durch Viren deutlich.
Wechseldatenträger		Als Wechseldatenträger werden alle Geräte und Medien bezeichnet, auf denen Sie Daten speichern können und die nicht Bestandteil des Computers sind: externe Festplatten, USB-Sticks, Speicherkarten, DVDs usw.
WLAN		WLAN ist die Abkürzung für *Wireless Local Area Network*, auf Deutsch »drahtloses lokales Netzwerk«. Der Computer stellt per Funktechnik und ohne Kabel eine Verbindung mit dem Router her. Die Stärke der Verbindung wird mit dem Viertelkreissymbol angezeigt. Da WLAN-Verbindungen drahtlos sind, gibt es hier auch kein Kabel.
Ziehen/Ziehpunkte		Durch das Ziehen an Ziehpunkten von Bildern können Sie diese vergrößern oder verkleinern. Wenn Sie an den Punkten an einer Seite ziehen, ändern Sie die Proportionen und verzerren das Bild womöglich. Ziehen Sie die Punkte an den Ecken des Bildes in Richtung Bildmitte bzw. in die Gegenrichtung, verkleinern bzw. vergrößern Sie das Bild proportional.

Stichwortverzeichnis

Stichwortverzeichnis

Stichwortverzeichnis

Stichwortverzeichnis

Stichwortverzeichnis

Stichwortverzeichnis

Stichwortverzeichnis

S

T

Stichwortverzeichnis

Y

Z